रज़ा
पुस्तक माला

गोपन और अयन

संचयन : एक

रज़ा फ़ाउण्डेशन | THE RAZA FOUNDATION

अभिराम भडकमकर

राष्ट्रीय नाट्य विद्यालय से स्नातक। अभिव्यक्ति की विभिन्न सम्भावनाएँ और कलाभिव्यक्तियों के प्रयोग के बल पर अल्पावधि में ही एक बहुआयामी कलाकार के रूप में स्थापित व्यक्तित्व।

नाटक, फ़िल्म और साहित्य—तीनों क्षेत्रों में लेखक, अभिनेता और निर्देशक के रूप में सक्रिय।

'ज्याचा त्याचा प्रश्न' (सवाल अपना-अपना), 'लड़ी नजरिया', 'देहभान', 'याच दिवशी याच वेळी' (इसी दिन इसी वक़्त) आदि प्रमुख नाटक। अनेक नाटकों की हिन्दी, कन्नड़ तथा गुजराती में प्रस्तुति।

विभिन्न राष्ट्रीय तथा अन्तरराष्ट्रीय महोत्सवों में प्रदर्शित 'आम्ही असू लाडके' (हम होंगे लाड़ले) फिल्म का लेखन और निर्देशन।

बहुचर्चित उपन्यास 'ऍट एनी कॉस्ट', कथा-संग्रह 'चुड़ैल' तथा मराठी फिल्म 'बालगन्धर्व' का लेखन।

प्रतिष्ठित संगीत नाटक अकादेमी पुरस्कार समेत महाराष्ट्र राज्य वाङ्मय पुरस्कार, नाट्यदर्पण, महाराष्ट्र राज्य साहित्य परिषद पुरस्कार, राज्य फिल्म लेखन पुरस्कार जैसे अनेकों पुरस्कारों से सम्मानित।

अनुवादक
गोरख थोरात

पुणे विश्वविद्यालय से एम.ए. तथा पी-एच.डी.

प्रकाशित कृतियाँ : ***समीक्षा :*** चित्रा मुद्गल के कथा-साहित्य का अनुशीलन, हिन्दी साहित्य के चर्चित आयाम, प्रेमचन्द तथा अण्णाभाऊ साठे के उपन्यासों में नारी-चेतना, ऐसा सहारा और कहाँ, प्रयोजनमूलक हिन्दी।

अनुवाद : भालचन्द्र नेमाड़े द्वारा लिखित 'हिन्दू : जीने का समृद्ध कबाड़' उपन्यास तथा 'देखणी' कविता संग्रह। अभिराम भडकमकर द्वारा लिखित उपन्यास 'बालगन्धर्व'। साहित्य अकादेमी द्वारा प्रकाशित कहानी-संग्रह 'समकालीन सिंधी कथा'। यशवंतराव चव्हाण महाराष्ट्र मुक्त विश्वविद्यालय के लिए इतिहास, समाजशास्त्र तथा राजनीति विज्ञान से सम्बन्धित छह पुस्तकों का अनुवाद।

पुरस्कार : भालचन्द्र नेमाड़े लिखित 'हिन्दू : जीने का समृद्ध कबाड़' उपन्यास के लिए महाराष्ट्र राज्य हिन्दी अकादेमी द्वारा मामा वरेरकर अनुवाद पुरस्कार।

सम्प्रति : असोसिएट प्रोफेसर, हिन्दी विभाग, सर परशुरामभाऊ महाविद्यालय, पुणे-411030

गोपन और अयन

खण्ड : एक

सितांशु यशश्चन्द्र

गुजराती से अनुवाद

डॉ. बंसीधर शर्मा

तुलसीभाई पटेल

अशोक पाण्डे

राजकमल प्रकाशन

रज़ा पुस्तक माला : **संचयन**
प्रधान सम्पादक : अशोक वाजपेयी | सम्पादक : पीयूष दईया
राजकमल प्रकाशन प्रा.लि. और रज़ा फ़ाउण्डेशन का सह-प्रकाशन

ISBN : 978-93-88753-16-6

मूल्य : ₹995

पहला संस्करण : 2019

प्रकाशक : राजकमल प्रकाशन प्रा. लि.
1-बी, नेताजी सुभाष मार्ग, दरियागंज
नई दिल्ली-110 002

शाखाएँ : अशोक राजपथ, साइंस कॉलेज के सामने, पटना-800 006
पहली मंजिल, दरबारी बिल्डिंग, महात्मा गांधी मार्ग, इलाहाबाद-211 001
36 ए, शेक्सपियर सरणी, कोलकाता-700 017

वेबसाइट : www.rajkamalprakashan.com
ई-मेल : info@rajkamalprakashan.com

मुद्रक : यश प्रिंटोग्राफिक्स
नोएडा-201 301 (उत्तर प्रदेश)

GOPAN AUR AYAN
Prose by Sitanshu Yashaschandra

आमुख
अशोक वाजपेयी

आमुख

कलाओं में भारतीय आधुनिकता के एक मूर्धन्य सैयद हैदर रज़ा एक अथक और अनोखे चित्रकार तो थे ही उनकी अन्य कलाओं में भी गहरी दिलचस्पी थी। विशेषतः कविता और विचार में। वे हिन्दी को अपनी मातृभाषा मानते थे और हालाँकि उनका फ्रेंच और अँग्रेज़ी का ज्ञान और उन पर अधिकार गहरा था, वे, फ्रांस में साठ वर्ष बिताने के बाद भी, हिन्दी में रमे रहे। यह आकस्मिक नहीं है कि अपने कला-जीवन के उत्तरार्द्ध में उनके सभी चित्रों के शीर्षक हिन्दी में होते थे। वे संसार के श्रेष्ठ चित्रकारों में, २०-२१वीं सदियों में, शायद अकेले हैं जिन्होंने अपने सौ से अधिक चित्रों में देवनागरी में संस्कृत, हिन्दी और उर्दू कविता में पंक्तियाँ अंकित कीं। बरसों तक मैं जब उनके साथ कुछ समय पेरिस में बिताने जाता था तो उनके इसरार पर अपने साथ नवप्रकाशित हिन्दी कविता की पुस्तकें ले जाता था : उनके पुस्तक-संग्रह में, जो अब दिल्ली स्थित रज़ा अभिलेखागार का एक हिस्सा है, हिन्दी कविता का एक बड़ा संग्रह शामिल था।

रज़ा की एक चिन्ता यह भी थी कि हिन्दी में कई विषयों में अच्छी पुस्तकों की कमी है। विशेषतः कलाओं और विचार आदि को लेकर। वे चाहते थे कि हमें कुछ पहल करनी चाहिये। २०१६ में साढ़े चौरानवे वर्ष की आयु में उनकी मृत्यु के बाद रज़ा फ़ाउण्डेशन ने उनकी इच्छा का सम्मान करते हुए हिन्दी में कुछ नयी क़िस्म की पुस्तकें प्रकाशित करने की पहल *रज़ा पुस्तक माला* के रूप में की है, जिनमें कुछ अप्राप्य पूर्व प्रकाशित पुस्तकों का पुनर्प्रकाशन भी शामिल है। उनमें गाँधी, संस्कृति-

चिन्तन, संवाद, भारतीय भाषाओं से विशेषत: कला-चिन्तन के हिन्दी अनुवाद, कविता आदि की पुस्तकें शामिल की जा रही हैं। सभी पुस्तकों पर रज़ा साहब और उनके समकालीन मित्र चित्रकारों आदि की प्रतिकृतियाँ आवरणों पर होंगी।

हमारी परम्परा में गद्य को कवियों का निकष माना गया है। *रज़ा पुस्तक माला* के अन्तर्गत हम इधर सक्रिय भारतीय कवियों के गद्य के अनुवाद की एक सीरीज़ प्रस्तुत कर रहे हैं। इस सीरीज़ में बाङ्ला के मूर्धन्य कवि शंख घोष के गद्य का संचयन दो खण्डों में प्रकाशित हो चुका है। अब गुजराती कवि सितांशु यशश्चन्द्र के गद्य का हिन्दी अनुवाद दो ज़िल्दों में पेश है। पाठक पायेंगे कि सितांशु के कवि-चिन्तन का वितान गद्य में कितना व्यापक है—उसमें परम्परा, आधुनिकता, साहित्य के कई पक्षों से लेकर कुछ स्थानीयताओं पर कुशाग्रता और ताज़ेपन से सोचा गया है। हमें भरोसा है कि यह गद्य हिन्दी की अपनी आलोचना में कुछ नया जोड़ेगा।

अशोक वाजपेयी

दिसम्बर २०१८, नयी दिल्ली

धन्यवाद

सितांशु यशश्चन्द्र

धन्यवाद

बड़ी ख़ुशी है कि साहित्य मीमांसा एवं आलोचना के मेरे लेख हिन्दी अनुवाद में ग्रन्थस्थ हो रहे हैं। रज़ा फ़ाउण्डेशन और राजकमल प्रकाशन द्वारा यह पुस्तक प्रस्तुत हो रही है, इस का गहरा औचित्य है और मुझे इस का बहुत आनन्द है।

•

इस औचित्य और आनन्द की भूमिका मेरे लिये इस प्रकार है : विशेष को मिटाये बिना सामान्य अथवा साधारण की रचना करने की जो भारतीय क्षमता है, वो भारतीय साहित्य की प्राणप्रद क्षमता है। गुजराती आदि भारतीय भाषाओं को 'क्षेत्रीय भाषाएँ' रूपी पहचान दे कर, इन मर्यादित मानी गयी भाषाओं के साहित्य को अनुवाद के ज़रिये व्यापक माने गये वाचकवर्ग के पास रखने का उपकार करने की कोलोनियल मानसिकता भारतीय साहित्य के लिये विघातक है। गुजराती आदि भारतीय भाषाएँ एक विस्तृत सेमिओटिक नेटवर्क अर्थात् संकेतन-अनुबन्ध-व्यवस्था का अन्य-समतुल्य हिस्सा है, ऐसी सोच ही भारतीय साहित्य को अपना अनूठा सामर्थ्य देती है, उसे गतिशील एवं नवजीवन सभर रखती है। इस क्षमता के दो वर्तमान उद्गार है रज़ा फ़ाउण्डेशन और राजकमल प्रकाशन। दोनों ने इस भारतीय क्षमता को, कहो 'लांग' को, बहुत से कार्यरूप दे कर 'पारोल' में प्रगट करने का काम निरन्तर किया है। मेरे गुजराती लेखन के हिन्दी अनुवाद की यह पुस्तक, दो खण्डों में, रज़ा फ़ाउण्डेशन

एवं राजकमल प्रकाशन द्वारा प्रकाशित हो रही है उस का औचित्य और आनन्द इस भूमिका पर आधारित है।

•

न केवल ये दो संस्थाएँ, आनन्द की बात है कि अन्य कुछ साहित्यिक संस्थाएँ और प्रकाशन संस्थाएँ भी, इसी सोच को आगे बढ़ाती है। मूल बात ये है कि विशेष को मिटाये बिना सामान्य अथवा साधारण की रचना करने की, और तुल्यमूल्य संकेतकों से बुनी हुई एक संकेतन-व्यवस्था रचने की जो भारतीय क्षमता है, उस का जतन होता रहे। राष्ट्रीय या अन्तरराष्ट्रीय राज्यसत्ता, उपभोक्तावाद को बढावा देने वाली, सम्मोहक वाग्मिता के छल पर टिकी हुई धनसत्ता एवं आत्ममुग्ध, असहिष्णु विविध विचारसरणियाँ/आइडियोलोजीज़ की तन्त्रात्मक सत्ता, आदि परिबलों से शासित होने से भारतीय क्षमता को बचाते हुए, उस का संवर्धन होता रहे।

•

सविशेष धन्यवाद अशोक वाजपेयी जी का। भारतीय भाषाओं के साहित्य की अनेक धाराओं के अनेक संगम-स्थान उन्होंने 'भारत भवन' के उनके कार्यकाल से आज तक रचे हैं। यह ग्रन्थमाला उन की सोच का एक सुफल है।

गुजराती में से मेरे लेखों के हिन्दी अनुवाद करने का काम सरल तो था नहीं। गुजराती साहित्य की अपनी निरीक्षण परम्परा तथा सृजनात्मक लेखन की धारा बड़ी लम्बी है और उसी में से मेरी साहित्य तत्त्व-मीमांसा एवं कृतिनिष्ठ तथा तुलनात्मक आलोचना की परिभाषा निपजी है। उसी में मेरी सोच प्रतिष्ठित (एम्बेडेड) है। भारतीय साहित्य के गुजराती विवर्तों को ऐतिहासिक परिप्रेक्ष्य में जाने बिना मेरे लेखन का सही अनुवाद करना सम्भव नहीं है, मैं जानता हूँ। इसीलिये, इन लेखों का हिन्दी अनुवाद टिकाऊ स्नेह और बड़े कौशल्य से जिन्होंने किया है, उन अनुवादक सहृदयों का मैं गहरा ऋणी हूँ।

श्री पीयूष दईया जी के अन्तर्दृष्टिपूर्ण, सजग-सतर्क एवं स्नेहपूर्ण सम्पादन-कार्य से ही तो दो खण्ड़ों में विस्तृत इस ग्रन्थ का विभावन एवं प्रकाशन

हो सका है। ऊष्मापूर्ण धन्यवाद, पीयूष जी। ऐसे कार्यकुशल सम्पादक को और थोड़े बहुत प्रकाशन-पराङ्मुख इस लेखक को, दोनों को निरन्तर सहाय करने वाले गुजराती कवि-चित्रकार पीयूष ठक्कर का हम दोनों की ओर से धन्यवाद।

ये पुस्तक पढ़ने वाले हिन्दीभाषी सहृदय पाठकों का सविनय धन्यवाद, जिनकी दृष्टि का जल मिलने से ही तो यह पन्ने पल्लवित होंगे।

सितांशु यशश्चन्द्र

वडोदरा, दिसम्बर १०, २०१८

क्रम

सम्मूढ़ता

The greatest poverty is not to live
in a physical world...
— Wallace Stevens.[१]

क

अनुभव पाने की उत्कट प्यास को सर्जक एवं भावक का लक्षण माना जा सकता है। वस्तु-जगत के बीचोंबीच चैतन्यशील और कार्यशील मानव (मानवमात्र) जीता है और इससे अनुभव प्राप्त करता है। चेतना और कार्य तो मानवमात्र के अस्तित्व की शर्तें हैं और ऐसे अंश हैं जो मानव अस्तित्व से अलग नहीं हो सकते। मानव हुए इसलिए ये दो शर्तें कुबूल करनी ही होंगी—चैतन्यशील होने की और कार्यशील होने की। इर्द-गिर्द का वस्तु-जगत भी हमारे इर्द-गिर्द अनिवार्य रूप से होगा ही। और इसी कारण मानवमात्र सतत अनुभव तो करता ही रहता है—वह ध्यानस्थ हो कि स्वप्नस्थ; वह कर्मठ हो या बिलकुल प्रमादी, फिर भी अनुभव पाता रहेगा।

फिर भी हम कह सकते हैं कि अनुभव पाने की उत्कट प्यास, यह सर्जक एवं भावक का कदाचित् प्रथम लक्षण है। स्पष्ट है कि इस प्रकार के विधान में 'अनुभव' शब्द कुछ अलग रूप से प्रयुक्त होता है। 'अनुभव' प्राप्त करते ही रहना यह यदि मानवमात्र के लिये अनिवार्य शर्त हो तो फिर सर्जक और भावक की 'अनुभव' पाने की प्यास (अगर यह उनका अनिवार्य लक्षण हो तो) अलग ढंग से समझनी होगी। क्या सर्जक-भावक

इतरजनों की अपेक्षा अधिक मात्रा में अनुभव लेना चाहता है ? या अलग ही ढंग का अनुभव लेना चाहता है ? और, अन्त में, सर्जक-भावक अनुभव का संविधान ही बदलने के लिये मथता है या मनचाहा करता है ? इस अन्तिम, चौथी सम्भावना को चारों ओर से जाँचना, उसकी गहराई में जाना और उसे प्रथम तीन सम्भावनाओं के सन्दर्भ में देखना—यह काम अब हमें यहाँ पद्धतिपूर्वक प्राप्त होता है।

मानवमात्र चैतन्यशील और क्रियाशील होता है तथा वस्तु-जगत के बीचोंबीच जीता है, अत: वह अनुभव तो निरन्तर करता ही रहता है। मनुष्य बिना काम रह नहीं सकता, फिर चाहे यह काम प्रयोजनपूर्वक हो या न हो, सम्पूर्ण अभिज्ञापूर्वक हो या बिलकुल ही कम, न के बराबर सजगता के साथ किया गया हो। लेकिन मनुष्य कोई-न-कोई काम करता रहता है। अत: वस्तु-जगत में वह कोई-न-कोई परिवर्तन लाता है। वह चन्द्र पर क़दम भरता हो या अपने आँगन में, उसके पैर के दबाव से कहीं कुछ धूल एक ढंग से व्यवस्थित हो; तो अब अन्य ढंग से व्यवस्थित हो जाती है। और साथ-ही-साथ, यह बदली हुई व्यवस्थित धूल चन्द्र पर या आँगन में अंकित वह क़दम, मनुष्य के भीतर भी कहीं कुछ व्यवस्था बदल देता है। मनुष्य का प्रत्येक पदचिह्न बाह्य वस्तुगत की मृत्तिका में और उसकी अपनी मनोवृत्तिका में, दोनों में अंकित होता है। संक्षेप में, मनुष्य अपने अस्तित्व की कार्यशील रहने की शर्त के कारण वस्तु-जगत में सतत कोई-न-कोई संवैधानिक परिवर्तन करता रहता है और इन संवैधानिक परिवर्तनों के कारण (ख़ुद भी इस सन्दर्भ का अंश होने से) स्वयं ही किसी-न-किसी परिवर्तन का अनुभव करता है। इस समग्र प्रक्रिया को हम मानवमात्र को प्राप्त अनुभव का एक स्वरूप कह सकते हैं।

मानवमात्र चैतन्यशील और क्रियाशील होता है तथा वस्तु-जगत के बीचोंबीच जीता है। उसके अस्तित्व की एक शर्त अगर क्रियाशीलता है तो दूसरी शर्त चैतन्यशीलता है। क्रियाशीलता उसके चैतन्य का ही अंश है। लेकिन चैतन्य को यहाँ क्रिया की समकक्ष (मानो कि वर्गीकरण के वंशवृक्ष में एक स्तर नीचे!) रखा गया है, इसके पीछे एक दृष्टि, कहिये कि एक दलील है, जो इस प्रकार है।

कर्म को चैतन्य से उद्भूत मानते हैं, यह योग्य ही है। अचेतन वस्तु कर्म नहीं कर सकती। लेकिन अब चेतन के उद्भव के बारे में विचार करना

चाहिए। चेतन कहाँ से उत्पन्न हुआ इसके बारे में रहस्यवादी दृष्टि से, अगम्यवादी दृष्टि से जगतभर में विचारणाएँ हुई हैं। सांख्य, वेदान्त और ईश्वर प्रत्यभिज्ञावाद की दृष्टि से की गयी विचारणाएँ तो भारतीय रस-सिद्धान्त की कई प्रमुख धाराओं के साथ, तत् धारा के आश्रय की सिद्धान्त-भूमिका तथा परिभाषा द्वारा, संकलित भी हैं। यहाँ इन सब की चर्चा यथास्थान नहीं है। लेकिन मुद्दा यह है कि चैतन्य का मानव-सन्दर्भ में विचार करने वालों के लिए तो मानवीय चेतना के संविधान के बारे में (और केवल तत्सम्बन्धी) विशेष विचार करना आवश्यक हो जाता है। परात्पर चैतन्य नहीं, मानव चेतना जब हमारी जिज्ञासा और जाँच का क्षेत्र होती है तब हमारी शोध-पद्धति ही नवीन, अलग हो जाती है। फ़र्क यह होगा कि चेतना के स्रोत के बारे में अगम्य-रहस्यवादी ढंग से विचार करना टाला जा सकता है और विशेष में, सांख्य-वेदान्त आदि में जिस सुनिश्चित क्रम में तत्त्वों की व्याख्या की गयी है, यह क्रम भी अनिवार्य नहीं रहेगा। संक्षेप में, ''मानवमात्र क्रियाशील और चैतन्यशील होता है''—यह विधान करते समय ''और'' संज्ञा एक सादी, क्रमसूचक नहीं ऐसी अन्वय संज्ञा हो सकती है। कर्म और चैतन्य के बीच, मानव-सन्दर्भ में उच्चावच कोष्ठक बनाना टाला जा सकता है। इसके फलस्वरूप, कवि-कर्म, भाव-कर्म, कवि-चैतन्य—इन सबके बीच भी आरम्भ से ही कोई जड़ क्रमव्यवस्था थोपी न जाय और प्रश्नों की जाँच करने की हमारी पद्धति कोई वाद के पूर्णनिर्णित पिरामिड में बन्दी न हो जाय।

मानव चेतना को इस तरह पहचानते हैं तब मानव को प्राप्त अनुभव का एक अन्य परिणाम हमारे समक्ष आता है। अपने कार्य के कारण वस्तु-जगत की संरचना बदलकर मनुष्य अनुभव प्राप्त करता है, यह एक परिणाम हमने देखा। लेकिन साथ ही हम यह भी देख सकते हैं कि मानव की चेतना यदि केवल परात्पर में नहीं किन्तु मानवीय परिस्थिति में तत्त्वतः सन्दर्भित हो तब मानव एक अलग ही रीति से भी अनुभव पा सकता है। कौन-सी है यह रीति?

हमने उक्ति-पुनरुक्ति द्वारा कहा कि मानव वस्तु-जगत के बीचोंबीच रहता है ('बीचोंबीच से उसके केन्द्र का सूचन नहीं है, लेकिन उसके भरे-पूरे सहवास में, यह प्रयोग है।') अब, मानव के अपने कार्यों से इस वस्तु-जगत में संरचना के और इससे संविधान के परिवर्तन आते हैं। हमने

यह भी देखा कि इन परिवर्तनों से मानव का अपना आन्तरिक संरचना-तन्त्र बदलता है और समग्र प्रक्रिया के रूप में उसे अनुभव प्राप्त होता है। लेकिन वस्तु-जगत केवल मानव (और मानवव्यक्ति) के आघात से ही बदलता है, ऐसा नहीं है। वस्तु-जगत जड़ नहीं है। मानव, जाति और व्यक्ति बदलती है, तभी उतना ही और उसी प्रकार ही वस्तु-जगत बदलता है, यह मानना शायद यूरोप की अन्तिम चार-पाँच शतक की एक दिशाभूल हो सकती है। मध्यकालीन विचार-पद्धति ईश्वर को केन्द्र में रखकर चलती थी, इसके स्थान पर अन्तिम चार-पाँच शतक से पाश्चात्य विचारणा में मानव को केन्द्र में रखने का उपक्रम था। इसके फलस्वरूप सभी विचारणा की नींव में, मानव द्वारा वस्तु-जगत पर होने वाले आघातों के महत्त्व को कुछ ज़्यादा ही माना गया हो, लेकिन मानव-जाति से भिन्न वस्तु-जगत और मानवव्यक्ति से भिन्न समाज तथा (मानव-सर्जित और प्रकृतिदत्त) वस्तुओं के सम्बन्ध से उत्पन्न वस्तु-जगत : ये दोनों अपनी निजी शक्तियों और प्रक्रियाओं के कारण परिवर्तित होते ही रहते हैं। ये परिवर्तन मानवसर्जित नहीं हैं। मानवव्यक्ति और कई बार मानव-जाति सर्जित भी नहीं हैं और फिर भी, मानव (व्यक्ति और जाति) की चेतना इन परिवर्तनों के साथ गाढ़ रूप से संकलित हो जाती है।

मानवव्यक्ति (और कई बार मानव-जाति) से नियन्त्रित न होने वाले वास्तव परिबलों के अनुभव की निजी मुद्रा होती है। इस मुद्रा को अलग करने पर अनुभव और कलानुभव दोनों के बारे में विशेष स्पष्टता होगी। इमेन्युएल काण्ट जिसे 'Beautiful' से अलग बनाकर 'Sublime' कहता है, 'भगवद्‌गीता' में जिसका ख़्याल 'विश्वरूपदर्शन' में दिया गया है, आल्बेर कामू और अन्य अस्तित्ववादी विचारक जिसे मानव से सिर्फ़ विमुख प्रकृति की अस्पष्टता के रूप में, तो होमर, सोफोक्लिस आदि प्राचीन ग्रीक सर्जक जिसे मानव को नचाने वाली, नमित करती, बलियसी नियति को प्रचण्डता के रूप में देखते हैं; ऐसे ये सभी विविध, अन्योन्य से अलग परिबलों का अनुभव भी मानव करता है। इन अनुभवों का कला-निर्माण के साथ सम्बन्ध है, उसकी चर्चा, मानवीय चैतन्य की यह अनुभव प्राप्त करने की और विशेष तो इस अनुभव के साथ एक नूतन, अपूर्व रूप में जन्म पाने की शक्ति को लक्ष्य में लेने का कार्य अब हमें पद्धतिपूर्वक प्राप्त होता है।

चैतन्यशील और क्रियाशील होने के अतिरिक्त मानवमात्र स्वप्नशील भी होता है। स्वप्न देखना (आदर्श अपनाने के अर्थ में नहीं, लेकिन सचमुच नींद में सपने देखने के अर्थ में) यह मानवमात्र के लिये मानसिक स्वास्थ्य की दृष्टि से अनिवार्य आवश्यकता है। अपने असम्प्रज्ञ चित्तप्रदेश में गाड़ दी गयी इच्छाओं की संतृप्ति मानव स्वप्न में करता है, अगर वह ऐसा नहीं कर पाता तो वह अपने स्वास्थ्य की रक्षा नहीं कर पाता। यह तो डॉक्टरों के द्वारा साबित हुआ है। स्वप्न में होने वाला अनुभव, यह मानव के अनुभव का तीसरा परिणाम! कई बार तो होमर, व्यास, काण्ट और कामू द्वारा कथित दु:सह वास्तविक सृष्टि के जुड़वाँ भाई सदृश्य, ऐसी ही दु:सह प्रबल सृष्टि का अनुभव स्वप्न में होता है। मानवमात्र अनिवार्य रूप से स्वप्नशील है, अत: अनुभव के इस तीसरे परिणाम का बहुत ही बुनियादी महत्त्व है। 'आदर्श—सनक', 'सुनहरे सपने', 'महान ध्येय' आदि से बिलकुल ही अलग हर रोज़ प्रत्येक मनुष्य को नींद में आने वाले सपनों का सम्बन्ध मनुष्य को होने वाली कई बीमारियों के साथ और मानव संस्कृति के विशिष्ट संविधान के साथ है। एक ओर बीमारी तथा दूसरी ओर संस्कृति—इन दोनों के बीच एक व्यापक मिलावट वाले प्रदेश का हमारा अनुभव, स्वप्नानुभव यह मानवमात्र का अनुभव है। (ऐसा नहीं कि रोमाण्टिक कवि-कलाकारों का कोई असंगत, अनोखा, महान अनुभव ही हो।) यहाँ इसका स्पष्ट उल्लेख करना चाहिए। सिग्मण्ड फ्राइड ने और कार्ल युंग ने इन अनुभवों का वैज्ञानिक विश्लेषण किया है, यह तो अब सुविदित है। इन अनुभवों से मिलते-जुलते अनुभव मादक-उत्तेजक द्रव्यों (drugs) की सहायता से भारत में तो शतियों से और पश्चिम में दशकों से बड़े पैमाने पर किये जा रहे हैं। भाँग, गाँजा जैसे वनस्पति द्रव्यों की सहायता से और एल.एस.डी. जैसे रासायनिक कृत्रिम द्रव्यों की सहायता से आल्डस हकस्ली जिसे 'doors of percertion' कहते थे, इनके द्वारा सुलाकर स्वप्न समान अनुभव देश-विदेश में असंख्य व्यक्ति कर रहे हैं। हम यहाँ ख़ास तो यह उल्लेख करना चाहते हैं कि अनुभव का यह तीसरा परिणाम भी मानवमात्र के लिये अनिवार्य है। द्रव्यों की सहायता से अनुभव लेता हो या न लेता हो, मनुष्यमात्र स्वप्न तो देखता ही है। बिना स्वप्न देखे वह जी नहीं सकता। (किसी आलंकारिक अर्थ में नहीं, सादे डॉक्टरी अर्थ में) इसीलिए अनुभव का यह तीसरा परिणाम भी मानव चाहे या न चाहे, उसके लिये अनिवार्य है।

इस तरह वस्तु-जगत के बीचोंबीच रहने वाला चैतन्यशील, कार्यशील और स्वप्नशील मानव (मानवमात्र) इस त्रिपरिमाण का अनुभव अविरत करता ही रहता है। तो फिर कलाकार और कला के भावक के लक्षण के रूप में अनुभव की प्यास को दर्शाकर हम क्या सूचित करना चाहते हैं? मानवमात्र में अधिक संख्या में, अधिक तीव्रता से या अलग ही सामग्री का अनुभव कलाकार-भावक करता है? या फिर संख्या, तीव्रता या सामग्री की बहुलता का विचार न करते हुए यह अनुभव का आन्तरिक संविधान ही बदल डालता है? अगर ऐसा है तो हमें स्पष्टतापूर्वक और चौकसी सहित बताना होगा कि किस तरह?

ऊपर आलेखित त्रिपरिमाण वास्तवानुभव से कलानुभव को अगर अलग करना हो तो इन दोनों के अध्ययन की स्पष्ट और सुनिश्चित शोध-पद्धति आवश्यक है। कलानुभव और वास्तवानुभव एक-दूसरे से भिन्न हैं, यह कह देने से कुछ भी सिद्ध नहीं होता। दोनों में से एक 'सुख-दुःख मोह स्वभाव' है और दूसरा 'ब्रह्मानन्द सहोदर' है, इतना उल्लेख करने पर भी एक रिपोर्ट या अहवाल से विशेष कुछ प्राप्त नहीं होता है। इन दोनों की तात्विक एवं संरचनात्मक मीमांसा करना, यही एक उपाय है। इसके लिये संस्कृत काव्य-शास्त्र और पाश्चात्य सौन्दर्य-मीमांसा के बुनियादी सिद्धान्तों की तुलनात्मक और विभिन्न पद्धतियों की पद्धतिगत (Methodological) नोंध तथा बारीक़ अभ्यास सहायक हो सकता है। भावि अध्ययन के लिये नये औज़ार प्रस्तुत कर सकता है। इस निबन्ध में यही प्रयास है।

ख

व्यक्ति को वस्तुओं के बीच रख देने से ही उसे अनुभव की प्राप्ति होगी, ऐसा नहीं भी बन पाता। अनुभवमात्र की कुछ पूर्व शर्तें भी होती हैं। ऐसा हो सकता है कि मनुष्य अनेकानेक वस्तुओं से घिरा होने पर भी केवल उत्तेजना के स्तर से आगे बढ़कर अनुभव प्राप्त करने तक नहीं पहुँच सकता। उपरान्त, ऐसा भी हो सकता है कि अनेकानेक अनुभवों से घिरा होने पर भी वह सौन्दर्यानुभव और आनन्द तक नहीं पहुँच सकता। तो, अनुभव मात्र कब सम्भवित हो और सौन्दर्यानुभव कब सम्भवित हो, इसकी जाँच भी आवश्यक हो जाती है।

जर्मन तत्त्व-चिन्तक इमेन्युएल काण्ट के 'The Critique of Pure Reason' में अनुभवमात्र कब सम्भवित हो इस प्रश्न पर विचार, काण्ट से पहले, पश्चिम में शायद ही किया गया था, ऐसा मूलगामी अध्ययन किया गया। पाश्चात्य सौन्दर्य-शास्त्र पर काण्ट का प्रगाढ़ प्रभाव देखा जा सकता है। शोपनहावर, हेगल, नीत्शे, नोर्थोप फ्राय और अर्न्स्ट केसीरर जैसे चिन्तकों के मौलिक चिन्तन की जड़ काण्ट का अपना सौन्दर्य विचार उनके 'The Critique of Judgment' में सविस्तर निरूपित हुआ, उसमें सौन्दर्यानुभव (aesthetic experience) के चार क्षण (moments) के रूप में चार आंशिक परिभाषाओं द्वारा सौन्दर्य का स्वरूप समझाया गया है। इन दो ग्रन्थों को जोड़ने वाली कड़ी रूप काण्ट के तीसरे ग्रन्थ 'The Critique of Practical Reason' में मानव-व्यवहार के संविधान का विश्लेषण किया गया है। काण्ट की अपूर्वता और उसके असाधारण प्रभाव की जड़ में क्या है? वह स्वयं जिसे 'कोपरनिकन रिवोल्यूशन' कहता है, उसके ये क्रान्तिकर विचार किस प्रकार हमें नूतन दृष्टि दे सकते हैं?— ऐसे प्रश्न पैदा होंगे। पोल वालेरी, मार्लो पोंटी और कलोद लेवी स्ट्रोअस जैसे पूर्वोत्तर बीसवीं शती के विचारकों के नाम गुजरात में अब लिये जा रहे हैं। इन्हें यथातथ्य समझने के लिये भी काण्ट का तत्त्वविचार समझना होगा और ख़ासकर तो हम 'अनुभव' के बारे में और उसके सन्दर्भ में 'रमणीयता' के बारे में जो कुछ मूलगामी विचार करना चाहते हैं, ये सच्चे और स्वस्थ हों, इसलिए भी काण्ट के अनुभव तत्त्व का विश्लेषण यथार्थ रूप में समझ लेना चाहिए। काण्ट ने 'Pure Reason' में और 'Judgment' में जो बुनियादी विचार प्रस्तुत किये उन्हें एक शब्द में सूचित करना चाहें तो वह शब्द है : आकार। 'Form' उसमें भी 'a priori form' की विचारणा प्रस्तुत करके काण्ट ने अनुभव मात्र की पूर्वशर्त के बारे में और अनुभव मात्र की संरचना के बारे में पाश्चात्य विचार परम्परा में नूतन प्रेरणा दी और नये वैचारिक उपकरणों का सर्जन किया। वस्तु-जगत से प्राप्त अपरम्पार संवेदनाओं को ग्रहण करके, उनका जो कोई निजी स्वरूप हो, उससे अलग स्वरूप रचा जाय ऐसी संरचना में उन संवेदनाओं को साँचे में डालकर, मनुष्य जिसे ग्रहण कर सके वैसी व्यवस्था में उन संवेदनाओं को व्यवस्थित करने की चित्त की क्षमता यानि 'a priori form'। काण्ट इस तरह दुधारी शर्त के रूप में 'आकार' की विभावना हमारे समक्ष प्रस्तुत करता है : 'आकार' संवेदनाओं के अपरम्पार पुंज में

एक मानवीय और मानवगम्य व्यवस्था लाता है और उन्हें अनुभव के लिये लभ्य बनाता है। तो दूसरी तरफ़ यह मानवीय व्यवस्था तो मानव-चित्त पर थोपी गयी व्यवस्था होने के कारण और उत्तेजनाओं के आदि रूप में समाहित वस्तु में जो व्यवस्था हो सकती है, वह व्यवस्था के समरूप नहीं होने के कारण, यह मानवीय व्यवस्था स्थापित करता 'a priori form' असल वस्तु को तो हमारे अनुभव के लिये अलभ्य ही कर देता है। हम जो अनुभव करते हैं यह असल वस्तु की आदि संरचना नहीं होती है, ये तो आदि में से उद्भूत उत्तेजनाओं की हमारे चित्त द्वारा पुनः रचित कोई नये ही आकार की संरचना होती है। इस तरह, 'a priori form' अनुभव को लक्ष्य बनाता है, लेकिन वस्तु को तो अलभ्य ही बनाता है। काण्ट के इस आकारवाद को यहाँ हमारे इन दो मुद्दों के रूप में देखकर आगे बढ़ेंगे। इसकी सविस्तार चर्चा आगे तृतीय प्रकरण में की गयी है।

दूसरी तरफ़ भारतीय विचार पम्पराओं में भी लौकिक और अलौकिक (अर्थात् कलात्मक) अनुभवों के लिये पूर्व शर्तें और उनकी प्रक्रियाओं की विश्लेषणा बारीक़ी के साथ और शास्त्रीयतापूर्वक अलग-अलग ढंग से की गयी है। षड्दर्शनों में और प्रत्यभिज्ञावाद जैसी अन्य परम्पराओं में भी मायागत लौकिक अनुभवों की तथा कलागत अलौकिक अनुभवों की ऐसी चर्चाएँ हैं ही। इस निबन्ध के अन्त में प्रस्तुत बृहद सन्दर्भ-सूची में इन विभिन्न विश्लेषणों का एक व्यवस्थित आकलन पेश करने का यत्न है। अतः यहाँ उसकी पुनरुक्ति नहीं करेंगे। लेकिन यहाँ यह उल्लेख किया जा सकता है कि भारतीय सौन्दर्य-शास्त्र में मुख्य धाराओं में से अनेक में प्राप्त सामग्री की संरचना का महत्त्व कलानुभव के सन्दर्भ में बुनियादी माना गया है। यहाँ रचना संज्ञा ही केन्द्रीय संज्ञा है। रसविचार में भी नाटक (और काव्यमात्र) के विविध अंगों का संयोग कलानुभव की नींव में रखा गया है। यहाँ भी संयोग संज्ञा का महत्त्व विशिष्ट है और उसकी विशद चर्चा भरताचार्य के अनुगामी सौन्दर्य मीमांसकों ने की है। संक्षेप में मायागत लौकिक अनुभव और कलागत अलौकिक अनुभव : दोनों अनुभवों के विश्लेषण में भारतीय तत्त्वविचारक ने संरचना की सूक्ष्मतापूर्ण शास्त्रीय चिकित्सा की है, जो देखी जा सकती है।

फिर भी केवल 'form' और 'संयोग' की विभावनाओं द्वारा ही और इन विभावनाओं के साथ संकलित परिभाषा द्वारा ही अनुभवमात्र और कलानुभव

का विश्लेषण किया जा सकता है या अन्य कोई दृष्टि और उस दृष्टि के साथ संकलित साधनों द्वारा भी अनुभवमात्र और कलानुभव की सूझ-समझ विश्लेषणात्मक ढंग से पायी जा सकती है? यह प्रश्न करने की स्वतन्त्रता अब हमें प्राप्त होती है।

इस भूमिका पर से हम कह सकते हैं कि 'Form' और संयोग से भिन्न 'रमणीयता' की विभावना और उसमें से प्राप्त होने वाली तथा उसमें से अब निष्पन्न होने वाली परिभाषा हमारे लिये उपकारक होगी। यहाँ 'रमणीयता' की संज्ञा तथा विभावना पण्डितराज जगन्नाथ के कला-विचार में जिस रूप से प्रस्तुत हैं, उसके साथ अलबत्ता हमारा सम्बन्ध है ही, लेकिन इसके अतिरिक्त आज बीसवीं शती के अन्तिम चरण में काण्ट से क्रोचे और पोंटी-स्ट्रोअस तक विस्तारित परम्परा के दर्शन जब हमें उपलब्ध हैं तब हमारी तुलनात्मक पद्धति हमें 'रमणीयता' की विभावना जो अन्य परिमाण खोल देती है, इन नये परिमाणों के साथ भी हमारा निकटवर्ती सम्बन्ध है और उसका हमें शोध भी है ही।

'रमणीयता' के अतिरिक्त एक अन्य संज्ञा भी 'form/संयोग' की विभावनाओं से अलग ढंग से सोचने की सम्भावितता उत्पन्न कर सकती है। यह संज्ञा है 'विकल्प' शब्द, जो बौद्ध परिभाषा का है। अनुभव के तत्पूर्ववर्ती विभिन्न अंगों का एक गुम्फन हो और हमें यह समग्र रूप से प्राप्त हो, उस प्रक्रिया का नाम है 'विकल्प'। लेकिन इस ढंग से सोचने पर उस विकल्प में रचित संरचना की तात्कालिकता (tentativeness) का ख़्याल हमारे मन में उत्कट रूप से रहेगा। घटकों का जो कोई गुम्फन हमें अनुभव प्राप्त कराता है यह गुम्फन तो अनेक में से एक सम्भवितता ही है। और यह भी न तो सबसे अच्छी और न तो सबसे सच्ची, केवल एक यह इच्छा से 'arbitrarily' द्वारा उत्पन्न एक सम्भावना है, यह सजगता 'विकल्पवाद' की जड़ है। 'विकल्प' शब्द का सामान्य अर्थ 'an alternative' होता है। इस सामान्य अर्थ का प्रतिघोष भी उसके तात्विक संज्ञार्थ में देखा जा सकता है। विकल्प संरचना एक वैकल्पिक संरचना भी है—न विशेष सच्ची, न अन्तिम, न एकमात्र।

'रमणीयता' का विकल्प के साथ सम्बन्ध स्थापित कराना, यह भी इस स्थान पर हमें प्राप्त काम है। प्रस्तुत निबन्ध में 'आकारवाद' के पक्ष या विपक्ष में, खण्डन-मण्डन पद्धति से लिखने का विचार नहीं किया है,

किन्तु तुलनात्मक पद्धति द्वारा उपर्युक्त विविध सिद्धान्तों में से एक नयी सूझ-समझ पाने के लिये लिखने का उपक्रम है। अनुभवमात्र को और कलानुभव को यथातथ्य जाँचने-पहचानने के प्रयत्न स्वरूप इस तुलनात्मक पद्धति का स्वीकार किया है। 'रमणीयता' संज्ञा को 'विकल्प' की विभावना के साथ रखने पर जो सम्भावना और सुविधा निष्पन्न होते हैं, यही है वास्तव की सामग्री के विविध तात्कालिक (Tentative) रूपों में से, चित्त को आनन्ददायक रमण करने योग्य (अर्थात् 'रमणीय') रूप जो हो, उसका अध्ययन हम उपर्युक्त 'तात्कालिकता' की भूमिका पर से, किसी पूर्वसिद्धवाद के आग्रह से युक्त होकर कर सकेंगे।

यहाँ केवल 'वाग्विकल्पों' की ही मीमांसा करेंगे। चित्र, संगीत, शिल्प, स्थापत्य, नृत्य आदि की नहीं, लेकिन केवल 'काव्य' (Literature) की ही मीमांसा होगी। इसीलिए हम, भाषा के स्वकीय संरचना के प्रश्नों को हमारे समक्ष स्पष्टतापूर्वक प्रस्तुत कर सकेंगे।

अन्त में, 'विकल्प' शब्द को उसके पारिभाषिक अर्थ के साथ-साथ उसके सामान्य अर्थ में ग्रहण करने वाला एक अभिनव दृष्टिकोण पाया जाता है। काव्य के अनुभव को 'रमणीय' अर्थात् रमण योग्य, क्रीड़ा के योग्य मानें तो ये किसके विकल्प के रूप में? काव्य 'रमणीय' होने के उपरान्त और क्या-क्या हो सकता है? यह प्रश्न हमें 'समाधि' अर्थात् 'contemplation' की सम्भावना तक ले जाता है। काव्य 'रमणयोग्य' हो सकता है और समाधियोग्य भी हो सकता है। इन दो शक्यताओं के बीच क्या सम्बन्ध है? 'Play' और 'Contemplation' के बीच क्या सम्बन्ध है?—ये प्रश्न भी अनुभव की और काव्यानुभव की हमारी चर्चा में बुनियादी प्रश्न हो जाते हैं।

अनुभवमात्र के संविधान को जिन कतिपय पद्धतियों से जाँचा जा सकता है, इन पद्धतियों की रूपरेखा पर दृष्टिपात कर लेने के बाद, हम पुनः मूल प्रश्न पर आ सकते हैं। सर्जक-भावक का लक्षण यदि अनुभव पाने की प्यास हो और यदि मानवमात्र के लिये अनुभव, उसके तीन परिणामों में प्राप्त करना अनिवार्य हो, तो फिर सर्जक-भावक के अनुभव को किस तरह समझा जाय? ऐसा क्या है जो सामान्यतः मानवमात्र के लिये, उसकी कार्यशीलता, चैतन्यशीलता और स्वप्नशीलता के बावजूद अनुभव के रूप में प्राप्त नहीं होता, और इसीलिए जिसे मानव सर्जक या भावक होकर

कला द्वारा कला में अनुभव पाना चाहता है ?

इसका एक मार्मिक उत्तर एक कला (नाट्यकला) के उद्‌भव विषयक एक भारतीय मिथक में प्राप्त हो सकता है। नाट्यशास्त्र के प्रथम ही अध्याय में, भरतमुनि नाटक के उद्‌भव की बात एक पुराण-कथा के रूप में करते हैं :

अनध्याय के किसी समय पर नाट्यकोविद भरत जपजाप पूरा करके अपने पुत्रों के बीच बैठे थे तब आत्रेय और अन्य मुनि उनके पास आये और नाट्यवेद की उत्पत्ति के बारे में पूछने लगे। नाट्य की उत्पत्ति के बारे में इस प्रश्न का भरत द्वारा दिया गया उत्तर उनके ही शब्दों में देखिए :

पूर्व कृतयुगे विप्राः वृत्तेः स्वायंभुवेन्तरे।
त्रेतायुगेऽथ सम्प्राप्ते मनोर्वैवस्वतस्य च॥८॥

ग्रामधर्मप्रवृत्ते तु कामलोभवशं गते।
ईर्ष्या क्रोधाभिसम्मूढे लोके सुखितदुःखिते॥९॥

देवदानवगन्धर्वक्षरक्षमहोरगैः।
जम्बूद्वीपे समाक्रान्ते लोकपाल प्रतिष्ठिते॥१०॥

महेन्द्रप्रमुखैर्देवैसक्तः किल पितामहः।
क्रीडनीयकमिच्छामो दृश्यं श्रव्यं च यद्‌भवेत्॥११॥[२]

अर्थात् (भरताचार्य ने मुनियों को कहा कि) 'हे विप्रो! स्वयंभू (मनु) का कृतयुग समाप्त हुआ और वैवस्वत मुनि के त्रेतायुग का आरम्भ हुआ तब,

(और जब) लोग ग्राम्यधर्म में निमग्न थे, काम और लोभ के वशीभूत हुए थे, ईर्ष्या और क्रोध से सम्मूढ़ हो गये थे और सुखित-दुखित हो गये थे तब,

(और जब) जम्बूद्वीप देव, दानव, गन्धर्व, यक्ष, राक्षस और महान उरंगों से भरा हुआ था तब,

देवों ने महेन्द्र को आगे करके पितामह (ब्रह्मा) को कहा : 'जो दृश्य और श्राव्य हो ऐसा क्रीड़नीयक हम चाहते हैं।'

—इसके उत्तर के रूप में ब्रह्मा ने नाट्य का सर्जन किया।

अब, नाटक की 'उत्पत्ति' की इस पुराण-कथा की समृद्धि पाने के लिये

इसे बारीक़ी से देखें। इस तरह देखने से कुछ बातें दृष्टिगत होती हैं : (१) नाटक की उत्पत्ति के समय, जब नाटक जैसी कुछ वस्तु देवों को भी आवश्यक लगीं तब कौन-सा युग था? (२) उस युग में लोगों की दशा कैसी थी? (३) तब जम्बूद्वीप की व्यवस्था, जीवन-व्यवस्था कैसी थी? और (४) देवों ने इस परिस्थिति में ब्रह्मा से किस वस्तु की माँग की?— इन चार प्रश्नों के मुद्दे इन चार श्लोकों में भरत ने आलेखित किये हैं। यही चार प्रश्न यहाँ क्यों प्रस्तुत किये गये हैं?

सर्वप्रथम, नाटक जैसी कोई वस्तु की माँग की गयी तब कौन-सा युग था, इसकी बातें भरताचार्य ने की हैं। वे कोई सुवर्ण युग की बात नहीं करते हैं। अलबत्ता, वे किसी एक युग की बात ही नहीं करते हैं। भरताचार्य ने यहाँ दो युगों के नाम दिये हैं। स्वयंभू मनु का कृतयुग पूरा हुआ और वैवस्वत मुनि का त्रेता युग शुरू हुआ तब नाटक की उत्पत्ति की आवश्यकता पैदा हुई। इस तरह, कोई एक युग नहीं, किन्तु युगान्तरकाल नाटक के उद्‌भव के साथ जुड़ा हुआ है, ऐसा उपर्युक्त श्लोकों में से प्रथम श्लोक में भरताचार्य सूचित करते हैं।

युगान्तर का समय कैसा था? 'लोकपाल प्रतिष्ठित।' केवल अराजकता का समय नहीं था, केवल रिक्तता का समय नहीं था। जम्बूद्वीप देव, दानव, गन्धर्व, यक्ष, राक्षस, महा उरोगे से भरा-पूरा था और ये सभी लोकपालों से प्रतिष्ठित और रक्षित भूमि में, इस प्रकार की व्यवस्था में जी रहे थे। इस 'लोकपाल प्रतिष्ठित' व्यवस्था में लोगों की स्थिति कैसी थी?—चिन्ताजनक। भरताचार्य कहते हैं तद्नुसार लोग ग्राम्यधर्म में निमग्न, काम और लोभ के वशीभूत, सुखी भी सही और दुःखी भी सही; इस प्रकार वे जी रहे थे। लेकिन इन सबके अतिरिक्त भरताचार्य एक अन्य विशेषण प्रयुक्त करते हैं : ईर्ष्या क्रोधाभिसम्मूढ़े। ईर्ष्या और क्रोध से लोग सम्मूढ़ हो गये थे। सम्मूढ़ता की यह बात इन श्लोकों में, नाट्योत्पत्ति की इस पुराण-कथा में अति महत्त्वपूर्ण मानी जा सकती है।

युगान्तर के इस समय में क्या-क्या नहीं था? लोगों के लिये उत्तेजनाओं का पार नहीं था। सुख था, दुःख था, काम, क्रोध, लोभ, ईर्ष्या, क्रोध सब कुछ था। उपरान्त, जम्बूद्वीप में कौन-कौन नहीं थे? देव, दानव, गन्धर्व, यक्ष, राक्षस, महा उरेगो—भरचक था देश! उपरान्त अराजकता भी नहीं थी—लोकपाल प्रतिष्ठित था यह द्वीप!

संक्षेप में, उत्तेजनाओं का पार नहीं था और इन उत्तेजनाओं के पुंज में एक प्रकार की व्यवस्था भी थी।

फिर भी, लोग सम्मूढ़ थे और इसीलिए ही महेन्द्र को आगे करके जो देव ब्रह्मा के पास गये उनकी माँग का स्वरूप भी विशिष्ट है। देव ब्रह्मा के पास नहीं माँगते हैं कोई तेजस्वी नया सेनापति या नया तपस्वी महर्षि। वे तो इस आपत्काल के क्षण में माँगते हैं, 'क्रीड़नीयक : जिससे क्रीड़ा की जा सके ऐसा कुछ'।

—इस तरह दो शब्द हमारे समक्ष आते हैं और एक-दूसरे के साथ संलग्न होते हैं, 'सम्मूढ़ता' और 'क्रीड़नीयक'।

भरताचार्य तो एक पुराण-कथा की रचना ही यहाँ प्रस्तुत करते हैं—कुछ भी कहे बिना बहुत कुछ सूचित कर देते हैं। किसी भी सिद्धान्त की स्थापना किये बिना बहुत बड़ी सूझ दे जाते हैं। इस पुराण-कथा में हम देख सकते हैं कि अपार उत्तेजनाओं के ढेर के बीच जीने वाले और एक प्रकार की व्यवस्था में जीवित रहने पर भी लोग 'सम्मूढ़' हो सकते हैं। यह 'सम्मूढ़ता' अर्थात् अनुभव प्राप्त करने की अशक्ति। मनुष्य के जीवन में जब ऐसा समय आता है तब उसे ज़रूरत पड़ती है 'क्रीड़नीयक'-की क्रीड़ा के योग्य, ऐसा कुछ जो क्रीड़ा को प्रेरित करे। नाटक एक क्रीड़नीयक है। यह क्रीड़नीयक मनुष्य को उसकी सम्मूढ़ता से मुक्त करता है। यह क्रीड़नीयक उस भरचक वास्तव सृष्टि का ही 'भावानुकीर्तन' करता है, लेकिन ऐसा 'भावानुकीर्तन' करता है कि जिस वास्तव सृष्टि में उसके पास अपार उत्तेजनापुंज होने पर भी मनुष्य को अनुभव प्रेरित नहीं करता था, वही अब इस क्रीड़ानीयक के रूप में उसके रसानुभव का उपादान बनता है।

'क्रीड़ा' शब्द 'रमण' शब्द के कुछ निकट है। 'रमणयोग्य' अथवा 'रमणीय' जो है, वह भी नाट्य और अन्य कलाप्रकाररूपी 'क्रीड़ानीयकों' की तरह ही मनुष्य को उसकी सम्मूढ़ता से मुक्त करता है और जो उत्तेजनापुंज के बीच रहने पर भी मूढ़ और अनुभवशून्य रहता था, वही उत्तेजना का पुंज कोई अनोखे अनुभव में बदल देता है।

ग

त्रिपरिमाण वास्तवानुभव की भरचकता के बीच, सामग्री के ढेर के बीच, लोकपाल व्यवस्थित जम्बूद्वीप के देव-दानव-गन्धर्व समाक्रान्त प्रदेश में भी हो सकता है कि मनुष्य अनुभव के लिये तृषातुर हो। तब भावक के रूप में और सर्जक के रूप में उसकी तृषा मिटे इसके लिये कुछ क्रीड़ायोग्य, रमणयोग्य वस्तु चाहता है। यह वस्तु क्या हो सकती है इसका उसे पता नहीं। उसका नाम उसे मालूम नहीं है, या उसका स्वरूप भी जानता नहीं है। ब्रह्मा ने क्रीड़ा योग्य, रमण योग्य वस्तु का निर्माण किया। उसका नामकरण किया : नाट्य। यह कलामात्र का पर्याय है।

एक पुराण-कथा में जो सूचित किया गया है, उसका विश्लेषणात्मक, तार्किक और निबन्ध रूप अध्ययन करने के प्रति अब हम साधिकार गति कर सकते हैं।

सन्दर्भ

1. Wallace Stevens, Poems, ed. Samuel Morse (New York : Random House, 1958), p. 124
2. Bharat, The Natya Sastra Text, I, ed. Manomohan Ghosh (Calcutta : Manisha Granthalay, 1967), p. 1-2

गुजराती से अनुवाद : तुलसीभाई पटेल

आलेख का रचना-वर्ष : १९७९

सम्प्रज्ञता : उपनिबन्धन

क

Form, रचना, संयोग, विकल्प, माया—आदि शब्दों पर हमने उनके तात्विक परिवेश में विचार किया। उनके अर्थ की कुछ समानता भी हमारे ध्यान में आयी। फिर भी उनका मुख्यतया प्रयोग करने वाले क्रमशः काण्ट, वामन, भरत, बौद्ध चिन्तक और विविध भारतीय दर्शनों के आचार्य, अलबत्ता, एक-दूसरे से अलग अर्थविशेषों में अपनी-अपनी संज्ञा का प्रयोग करते थे। इसके अतिरिक्त 'क्रीड़नीयक' और 'रमणीयता', 'समाधि' और 'सम्मूढ़ता' आदि शब्दों पर भी हमने ससन्दर्भ विचार किया। अलबत्ता, इन प्रत्येक की भी स्वकीय अर्थछाया होगी ही। इन सबके बीच 'रमणीयता' (अर्थात् 'रमणयोग्यता') संज्ञा के अर्थ की गहराई में जाने का काम यहाँ हाथ पर लिया है। इसीलिए सामग्री और उत्तेजना की बहुलता होने पर भी अनुभव जब असम्भव होता हो या अल्परूप में खण्डित रूप में हाथ में आता हो, तब आकार, रचना, संयोग या समाधिपूर्वक नहीं, लेकिन यह सामग्री और उत्तेजना रमणीयतापूर्वक अनुभवप्रद किस तरह हो सके, इसकी जाँच करनी चाहिए। यह तो आरम्भ में ही स्पष्टतापूर्वक स्वीकार करना चाहिए कि 'रमणीयता' के 'आकार', 'समाधि' आदि से व्यावर्तक लक्षण तय करते समय 'रमणीयता' के 'आकार', 'समाधि' आदि के समान लक्षण भी हो सकते हैं।

'रमणीयता' को समझने के लिये, रमण अथवा क्रीड़ा की अशक्यता जिसमें हो, ऐसी परिस्थिति के अध्ययन से हम आरम्भ कर सकते हैं।

बाह्य सामग्री बहुत हो और चित्त की उत्तेजनाएँ भी अतिशय हों, फिर भी

अनुभव अशक्य हो, ऐसी परिस्थिति को हम दो भागों में विभाजित कर सकते हैं। एक तो, वह परिस्थिति, जिसमें बाह्य सामग्री वास्तविक हो और दूसरी वह परिस्थिति जिसमें बाह्य सामग्री शाब्दिक हो। शब्द भी वस्तुओं में ही (उनके गुण, क्रिया, जाति आदि में) संकेतित होते हैं यह सही; लेकिन शब्द केवल वस्तुओं के 'लेबल' नहीं हैं। सौन्दर्य-शास्त्रीय दृष्टि से और तत्त्वज्ञान की दृष्टि से शब्दों का निजी अस्तित्व है और अपना स्वकीय महत्त्व है, इसलिए यहाँ सामग्री के वास्तव और शब्द ऐसे दो विभाग किये हैं। यहाँ शब्द अर्थात् 'वास्तविकता' से जो अलग हो गयी है ऐसी निरर्थक और केवल व्यर्थ अभिभूषण समान खोखली पदावली ही नहीं। ऐसी पदावली तो व्यवहार में होती ही है। लेकिन 'शब्द' संज्ञा यहाँ ऐसी पदावली सूचित करने के लिये प्रयुक्त नहीं हुई। 'शब्द' अर्थात् क्या, इसकी चर्चा इस प्रकरण में जगन्नाथ की सौन्दर्य की परिभाषा और भर्तृहरि की ज्ञान की मीमांसा को लक्ष्य में रखकर करेंगे और इस सन्दर्भ में, हमारी मुख्य शोध, रमणयोग्य अनुभव अर्थात् क्या? इसकी चर्चा आगे करेंगे।

संक्षेप में, उपर्युक्त तीन मुद्दों को इकट्ठा करके इस प्रकरण की भूमिका तैयार करते हुए कहा जा सकता है कि

(१) 'रमणीयता' के जगन्नाथ कथित और अन्य, इस तरह अनेक परिमाणों की जाँच करने के लिये तथा उन्हें 'समाधि' आदि की अर्थछायाओं से अलग तय करने के लिए,

(२) रमण अथवा क्रीड़ा की शक्यता का अभाव हो ऐसी परिस्थितियों का अध्ययन निषेधात्मक रूप से उपयोगी हो सकता है, और

(३) इस अध्ययन का क्षेत्र वास्तविक और शाब्दिक, इस तरह विविध सामग्री से निर्मित होता है ऐसा अगर हम समझें तो मानें, तो तत्त्वज्ञान की दृष्टि से तथा सौन्दर्य-शास्त्रीय दृष्टि से हमारा अध्ययन परिपूर्ण होगा।

यह भूमिका तैयार कर हम आगे चर्चा करेंगे।

ख

अनुभव कब अशक्य बनता है? प्रथम उत्तर तो यह प्राप्त होगा कि जब

या तो जिसका अनुभव करना है वह न हो अथवा तो जो अनुभव करने वाला है वह न हो तो अनुभव अशक्य बनता है। ज्ञाता के अभाव में अथवा ज्ञेय के अभाव में ज्ञान अशक्य बनता है। पश्चिम की ज्ञान-मीमांसा (Epistemology) इस तरह मुख्यत: आगे बढ़ती है और भारतीय ज्ञान-मीमांसा की भी अनेक शाखाएँ इस तरह आगे बढ़ती हैं।

लेकिन एक प्रवाह भारतीय ज्ञान-मीमांसा में नये ढंग से प्रवाहित है और वह है भर्तृहरि के 'वाक्यपदीय' ग्रन्थ से बहता प्रवाह। भर्तृहरि के इस ग्रन्थ में केवल व्याकरण नहीं है लेकिन भाषा का तत्त्वज्ञान है और उसके अंश के रूप में एक नवीन भूमिकायुक्त ज्ञान-मीमांसा भी है। इस ग्रन्थ के एक उत्तम भाष्यकार पुण्यराज, भर्तृहरि की ज्ञान-मीमांसा का एक मुद्दा हमारे समक्ष सचोट रूप से प्रस्तुत करते हैं। पुण्यराज कहते हैं :

> त्रीणि ज्योतींषि त्रय: प्रकाशा:। योऽयम् जातवेदा यश्च
> पुरुषेषु आन्तर: प्रकाशो यश्च प्रकाशयो: प्रकाशयिता
> शल्दाख्य: प्रकाश: तत्रेतत् सर्वम् उपनिबद्धम्।[१]
>
> अर्थात् ज्योति के तीन उद्‌भव स्थान हैं और तीन प्रकाश हैं। (एक) जो अग्नि का प्रकाश है वह, (दूसरा) जो मानव के चित्त का प्रकाश है वह, (और तीसरा) 'शब्द' नाम से अभिज्ञ प्रकाश जो (अन्य) प्रकाशों को प्रकाशित करता है। यह जो कुछ है वह वहाँ (शब्द प्रकाश में) उपनिबद्ध है।

पुण्यराज का यह वर्गीकरण पढ़ने पर सर्वप्रथम तो यह ध्यान आकर्षित करता है कि उन्होंने तीन प्रकाशों की बात की है, दो नहीं। अग्नि का प्रकाश, पुरुष के चित्त का प्रकाश और तीसरा 'शब्द' नाम से पहचाना जाता प्रकाश। पश्चिम की ज्ञान-मीमांसा के और न्याय, वैशेषिक आदि दर्शनों की ज्ञान-मीमांसा के अंगों की तुलना में पुण्यराज का (और भर्तृहरि का) यह वर्गीकरण करने से उसके प्रथम दो अंग समझ सकते हैं। प्रथम, प्रकाश वस्तुओं में से या ज्ञेय में से (thing अथवा objects में से) बाहर आता प्रकाश। ये दो 'subject-object' की ध्रुव-द्वयी तो समझी जा सकती है। लेकिन तत्पश्चात् पुण्यराज, भर्तृहरि का अनुसरण करके तीसरे प्रकाश की बात करता है : 'शब्दाख्य: प्रकाश:'।

वास्तविक और चैतसिक प्रकाशों की ध्रुवद्वयी (bi-polar) व्यवस्था में

शब्द प्रकाश की बात जोड़कर भर्तृहरि-पुण्यराज एक नूतन ज्ञान-मीमांसा (epistemology) की नींव डालता है, इस बात का आरम्भ में ही उल्लेख करें। आगे बढ़ते, इस नवीन ज्ञान-मीमांसा की शक्यता को, इस निबन्ध में विशेष स्थान मिलेगा और उसका नवीन सौन्दर्य-शास्त्र के लिये उपयोग करने का यत्न करेंगे।

लेकिन इस समय इन तीन प्रकाशों की बात करने का उद्देश्य अलग, प्रारम्भिक है। इस समय तो इस प्रकरण के प्रथम विभाग में उल्लेख किया। तद्नुसार अनुभव की (और रमणीयता की)अशक्यता की ही व्यवस्थित जाँच करने का उद्देश्य है।

त्रिविध प्रकाश यदि अनुभव की शक्यता के तीन तत्त्व बनते हैं तो इन प्रकाशों का अभाव अनुभव की अशक्यता के तीन तत्त्व बन सकता है। अनुभव की अशक्यता, इस प्रकार मात्र एक सामान्य स्थिति न होकर त्रिविध अंगों में विभाजित होकर अध्ययन और वर्गीकरण द्वारा विशेष स्पष्टतापूर्वक समझी जा सकती है। सामान्य रूप से तो ज्ञेय और ज्ञाता का अभाव ही ज्ञान के अभाव का कारण माना जा सकता है। लेकिन त्रिविध प्रकाशों में तीसरे प्रकाश की बात यहाँ अलग ही समझ प्रेरित करती है।

वस्तु भी हो और चित्त भी हो, दोनों योग्य रूप से प्रकाशित हो, फिर भी अनुभव शक्य न हो—इस स्थिति को समझने के लिये भर्तृहरि-पुण्यराज की ज्ञान-मीमांसा हमें साधन प्रदान करती है। इस प्रकार यहाँ 'शब्द-तत्त्व' का महत्त्व, ज्ञान-मीमांसागत महत्त्व बनता है।

तो, भर्तृहरि-पुण्यराज की ज्ञान-मीमांसा में इन तीन प्रकाशों का परस्पर सम्बन्ध क्या है, इसकी जाँच करने पर ही अनुभव की अशक्यता, अनुभव की शक्यता, अनुभव की अखण्डता के अन्त में अनुभव की रमणीयता, इन चारों को ज्ञान-मीमांसा के सन्दर्भ में समझ सकते हैं। इस तरह प्रश्न यह है कि इस ज्ञान-मीमांसा में वस्तु का प्रकाश, चित्त का प्रकाश और शब्द का प्रकाश एक-दूसरे के साथ किस प्रकार संलग्न हैं?

यह सम्बन्ध, शब्द-तत्त्व को लक्ष्य में रखकर देखने पर तीन प्रकार का हो सकता है :

(१) शब्द-तत्त्व अन्य तत्त्वों के समकक्ष हो,

(२) शब्द-तत्त्व अन्य दो तत्त्व की अपेक्षा अनुभव की शक्यता के लिये कम महत्त्वपूर्ण हो, अथवा

(३) शब्द-तत्त्व अन्य दो तत्त्वों की अपेक्षा की शक्यता के लिये विशेष महत्त्वपूर्ण हो।

शब्द को केवल अवगमन अर्थात प्रत्यायन का साधन मानने वाली कई विचारधाराएँ साहित्यशास्त्र में प्रचलित हैं। इससे भी आगे बढ़कर शब्द को अनुभव के पथ पर बाधा मानने वाली विचारधाराएँ भी प्रचलित हैं। सर्वप्रथम तो इस बात की स्पष्टता करनी होगी कि भर्तृहरि के शब्द-तत्त्व विचार में इन दो में से एक भी भूल नहीं की गयी है। शब्द केवल अवगमन का साधन नहीं है और न तो शब्द एक बाधा है। शब्द तो तीनों प्रकाशों में एक प्रकाश है, शब्द तो अनुभव के लिये एक अनिवार्य शर्त है। यह मुद्दा, हम जिस सौन्दर्य-शास्त्र के इस निबन्ध में समझना-विकसित करना चाहते हैं, इसके लिये अति महत्त्वपूर्ण है।

लेकिन शब्द-तत्त्व के बारे में एक अन्य बात भी पुण्यराज उपर्युक्त खण्ड में करते हैं। वे कहते हैं 'तत्रेतत् सर्वम् उपनिबद्धम्' : शब्द नामक प्रकाश में यह सब कुछ उपनिबद्ध बनता है। यह सब कुछ अर्थात् अनुभव की सभी सामग्री इतना ही नहीं, 'प्रकाश' के अन्य दो तत्त्व भी। अर्थात् भर्तृहरि-पुण्यराज की ज्ञान-मीमांसा में शब्द-तत्त्व के साथ इस 'उपनिबद्धता' के कार्य को भी संलग्न किया गया है।

'उपनिबन्धन' की बात इस समय भी स्पष्टतापूर्वक समझनी चाहिए। शब्द को भर्तृहरि 'ब्रह्म' मानता है, सर्वोपरि महत्त्व का ज्ञान-अंग मानता है। वाक्यदीप में उन्होंने कहा है : 'अनादिनिधनम् ब्रह्म शब्द-तत्त्वम् यदक्षरम्।' शब्द आदि के बिना, अन्त के बिना, अक्षर ऐसा ब्रह्मतत्त्व है'—ऐसा वे कहते हैं। अब इस मन्तव्य को अगर केवल एक मान्यता, श्रद्धा या गूढ़वादी रहस्य के स्तर से अलग स्तर पर समझना हो तो हमें यह समझना ही होगा कि 'speculative' लगने वाले इस विधान के भीतर कोई स्पष्ट और पद्धतिगत, 'systemetic' जैसी 'critical' भूमिका है। पुण्यराज की 'उपनिबन्ध' संज्ञा का प्रयोग करती टीका इस भूमिका को स्पष्ट करती है।

शब्द-तत्त्व में अनुभव की सभी सामग्री और अन्य दो प्रकाश निबन्धन पाते हैं, यह कहने से क्या सूचित होता है ? यही कि शब्द-तत्त्व के इस

ज्ञान–मीमांसा की पद्धति द्वारा जाँच करने पर वह वस्तुप्रकाश और चित्तप्रकाश से कम महत्त्वपूर्ण प्रकाश तो नहीं है, लेकिन उनके समकक्ष प्रकाश भी नहीं है। वास्तव और चैतसिक प्रकाशों का सम्बन्ध बाँधने वाला, उनको एकत्र करने वाला, उन्हें अनुभव का संविधान प्रदान करने वाला मूल तत्त्व है शब्द–तत्त्व।

काण्ट की ज्ञान–मीमांसा में भी इस प्रकार का प्रश्न दो समर्थ पाश्चात्य चिन्तकों ने उठाया था। शोपनहावर और हाईडेगर—इन दो चिन्तकों ने उन्नीसवीं और बीसवीं शती में क्रमश: प्रश्न उठाया था कि 'subject' और 'object' के ध्रुव तो बराबर थे लेकिन दोनों परस्पर किस प्रकार साथ में संकलित होते हैं? इस मुद्दे की सविस्तार चर्चा आगे करेंगे। यहाँ इस स्थान पर केवल इतनी ही टिप्पणी करनी है कि हाईडेगर, काण्ट की ज्ञान–मीमांसा का 'triune' (ट्राइयून) जिसे कहता है वह ज्ञानघटकत्रिक की अपेक्षा से भी विशेष स्पष्ट और विशेष पद्धतिनिबद्ध त्रिक भर्तृहरि–पुण्यराज के इन त्रिविध प्रकाशों में तुलनात्मक पद्धति से अध्ययन करने वाले विद्वानों को प्राप्त हो सके, ऐसा हो सकता है। 'Sensibility' और 'Understanding' ये दो 'stems of knowledge' के अतिरिक्त ज्ञान का तीसरा 'common, but to us unknown root' काण्ट सूचित करता है, ऐसी हाईडेगर एक स्थान पर टिप्पणी करता है।[३] भर्तृहरि–पुण्यराज की ज्ञान–मीमांसा के तीन प्रकाश और इन तीनों में भी मूलगामी ऐसा शब्द प्रकाश, उनका काण्ट के हाईडेगर कथित 'triune' के साथ तुलनात्मक रूप से अध्ययन इस तरह शक्य और आवश्यक हो जाता है। आगे इस निबन्ध में यह अध्ययन करने की पद्धतिगत शक्यता और इसके लिये उपकरण हमें प्राप्त होते हैं।

ग

अनुभव अशक्य कब बनता है? यह प्रश्न पूर्व विभाग के आरम्भ में पूछा गया था। इसके उत्तर में कहा जा सकता है कि अनुभव देने वाले तीन तत्त्वों में से किसी भी एक के अभाव में अनुभव खण्डित हो सकता है सही। लेकिन इस त्रिक के मूल में जाकर कहा जा सकता है कि अनुभव की अशक्यता के मूल में तो शब्द तत्त्व में प्राप्त होने वाले 'उपनिबन्धन'

का अभाव ही रहा है। अनुभव की प्राप्ति होती है इस उपनिबन्ध में। अनुभव की अशक्यता स्थापित होती है उसके अभाव में।

अनुभव का आदि है इस शब्दस्थ उपनिबन्धन का सद्‌भाव। अनुभव का अन्त है उस उपनिबन्ध का अभाव। ऐसे ज्ञान–मीमांसागत अर्थ में ही भर्तृहरि का विधान हम समझ सकते हैं कि शब्द–तत्त्व अनादि है और शब्द–तत्त्व अनिधन है। अर्थात्‌, जो तत्त्व (अन्त में उसमें निहित उपनिबन्धन का परिबल) स्वयं ही अनुभव के आदि और अन्त के उस पार रहा है, यह शब्द–तत्त्व तो केवल अनुभवसाक्षिक ज्ञान रखने वाले मानव के लिये अनादि और अनिधन है। 'शब्दब्रह्म' की भावना, इस प्रकार, कोई गूढ़वादी मान्यता नहीं है, लेकिन व्यवस्थित ज्ञान–मीमांसा की विभावना बनती है।

घ

सम्मूढ़ता से सम्प्रज्ञता तक और सम्प्रज्ञता से क्रीड़ा अथवा रमण तक मनुष्य की गति किस तरह होती है, यह जानने के लिये ज्ञान–मीमांसा का पूर्वार्ध 'उपनिबन्धन' की विभावना में केन्द्रित है, ऐसा माना जा सकता है। अलबत्ता, सम्मूढ़ता से सम्प्रज्ञता तक की मनुष्य की गति को समझने के लिये 'उपनिबन्धन' की विभावना बिलकुल एक ही विभावना नहीं है। काण्ट और तत्पश्चात्‌ अर्न्स्ट केसीरर जिसे 'symbolic form' कहता है, यह विभावना भी इसके लिये ही एक अन्य साधन है। इन दोनों की तुलना भी करनी चाहिए।

लेकिन इसके अलावा एक अन्य प्रश्न भी खड़ा होता है : उपर्युक्त गति के उत्तरार्ध को समझने के लिये ज्ञान–मीमांसागत विभावना का प्रश्न। सम्प्रज्ञता हर समय क्रीड़ा अथवा रमण के समरूप नहीं है। क्रीड़ा सम्प्रज्ञ न ही हो ऐसा नहीं है। यह भी कहना चाहिए कि कलारूप क्रीड़ा, कला–नन्दकारी रमणीयता सर्वथा सम्प्रज्ञ होती है। फिर भी, सम्प्रज्ञता और क्रीड़ा के बीच भेद नहीं समझेंगे तो हमारा शोध विफल होगा।

उपरान्त, कलानन्द हमेशा क्रीड़ा / रमण में ही मिलता है ऐसा नहीं है। समाधि भी कलानन्दकारी है। तो समाधि और रमण के बीच अभेद ही है, ऐसी सस्ती और भोली विभावना समक्ष आरम्भ में ही रुक जाना उचित

नहीं है। इसके बजाय, समाधि और रमण के बीच के व्यावर्तक लक्षणों पर स्थिर दृष्टि से सोचना और इसके बाद भी उनके बीच कोई सम्बन्ध हो तो इन्हें भी व्यवस्थापूर्वक समझना चाहिए, यही उचित है।

इस तरह सम्मूढ़ता से सम्प्रज्ञता तक और सम्प्रज्ञता से समाधि तक (या पाश्चात्य सौन्दर्य-शास्त्र की परिभाषा में 'contemplation' अथवा 'aesthetic contemplation' तक) जो गति है, उसे जानना भी ज़रूरी है। इसके लिये ज्ञान-मीमांसागत साधन भी प्राप्त करना—शिक्षित करना भी प्रत्येक सच्ची सौन्दर्य-मीमांसा का प्रथम कर्तव्य है।

इन दो प्रकरणों के विश्लेषणात्मक अभिगम द्वारा, व्यवस्थित ढंग से और क्रमशः सौन्दर्य-मीमांसा के मूल में ज्ञान-मीमांसा के साधन और पद्धति व्यवस्थित हुए हैं। उसका भी एक प्रयोजन है। 'सहृदयों का अनुभव ही केवल एकमात्र प्रमाण है', —ऐसा कहकर सौन्दर्य-मीमांसा हमारी कुछ परम्पराओं में अस्तित्व-मीमांसा के प्रति (Ontological) अत्यधिक झुकाव दर्शाती थी। अलबत्ता, अस्तित्व की छानबीन आवश्यक है। परन्तु 'प्रमाणं तत्र केवलं' की बात अथवा जगन्नाथ कहते हैं तद्नुसार 'तस्य च कारणं केवलं कविगता प्रतिभा' की बात, क्रमशः भावक की प्रवृत्ति को अनेक सर्जकों की प्रवृत्ति को पाने के हमारे प्रयासों को कुछ ज़्यादा ही अस्तित्वमीमांसक प्रवृत्ति बना देती है और भव्य विधानों से चाहे हम मुग्ध हो जायें फिर भी हमारे शान्त, व्यवस्थित और सतर्क ज्ञान में बिलकुल वृद्धि नहीं होती।

'Ontos' और 'Episteme' ये दो शब्द महत्त्वपूर्ण हैं। 'Ontos' अर्थात् 'होना', 'अस्तित्व' अथवा 'सद्भाव'। 'Episteme' अर्थात् 'ज्ञान'। 'Ontos' का महत्त्व है ही। उसके बिना कुछ भी नहीं है। 'नासतो विद्यते भावः।' फिर भी 'Episteme' की भूमिका के बिना 'Ontos' की बात कितनी विशदता से और चौकसाई से हो सकती है, यह सवाल तो शेष रहेगा ही।

इन दो प्रकरणों में, क्रमशः और व्यवस्था की दृष्टि से 'Episteme' का बुनियादी स्थान बहुत ही है और उस दृष्टि से अध्ययन करने के साधन भी स्पष्टतापूर्वक तैयार करने का उपक्रम है, यह ऊपर दर्शाया है तद्नुसार इसलिए कि 'केवल' 'Ontological' भूमिका पर सर्जक-भावक की

प्रवृत्ति को समझने की 'रमणीयता' की विभावना सर्वप्रथम व्यवस्थित ढंग से प्रस्तुतकर्ता जगन्नाथ सहित अनेक भारतीय सौन्दर्य-मीमांसकों की अध्ययन-पद्धति से तत्त्वत: अलग अध्ययन-पद्धति का स्वीकार करने का और विकसित करने का यहाँ सतर्क प्रयास है।

इस भूमिका के साथ, अब आगे दो प्रकरणों में 'रमणीयता' और ज्ञान-मीमांसा तथा अस्तित्व-मीमांसा की दृष्टि से, इसका विकल्प जो हो सकती है वह 'symbolic form' विभावनाओं का अध्ययन आगे करेंगे। सर्वप्रथम, अन्तिम बीस बरसों से गुजराती साहित्य में और क्रोचे-वालेरी-केसीरर-लेंगर आदि की विचारधाराओं में प्रमुख स्थान पर स्थित 'symboloic form' की विभावना को, उसके ज्ञान-मीमांसागत मूल का विश्लेषण कर उसे समझने का आरम्भ करें।

सन्दर्भ

1. देखिए : Gaurinath Shastri, The Pholosophy of Words and Meaning (Calcutta : Sanskrit College Research Series, 1959), p. 4
2. Bhartrhari, Vakyapadiya, ed. K.V. Abhyankar and V.P. Limaye (Poona : Univertisy of Poona, Sanskrit and Prakrit Series, 1965) P. 1
3. Heidegger, Kant and the Problem of Metaphysics. tr. James S. Churchill (Bloomington : Indiana University Press, 1962), P. 141. और देखिए : Charies M. Sherover, Heidegger Kand and Time (Bloomington : Indiana Unuversity Press, 1971), p. 39

गुजराती से अनुवाद : तुलसीभाई पटेल

आलेख का रचना-वर्ष : १९७९

सम्प्रज्ञता : कला-रूप

क

बीसवीं शताब्दी के उत्तरार्ध की गुजराती साहित्य मीमांसा में 'आकार' शब्द एक महत्त्वपूर्ण संज्ञा हो गया है। लेकिन सूज़न लेंगर और पॉल वालेरी की आकार (form) विषयक विभावनाओं के मूल में कौन-से तात्विक विचार समाहित हैं तथा इन तात्विक विचारों का अपना मूल स्वरूप किस पद्धति से निर्मित हुआ : इन प्रश्नों की एक भी व्यवस्थित चर्चा नहीं हुई। इस क्षति को दूर करने का यहाँ उपक्रम है।

'Form' अथवा 'art form' यह सौन्दर्यशास्त्रीय संज्ञा है। इसके मूल में 'Form' की तत्त्वज्ञान सन्दर्भयुक्त दार्शनिक संज्ञा ठेठ प्लेटो की विचारणा में पायी जाती है। लेकिन जिस अर्थ में लेंगर, वालेरी आदि विवेचक तथा उनका अनुसरण करने वाले प्रमुख गुजराती विवेचक 'Form' संज्ञा का प्रयोग करते हैं, उसके मूल में तो प्लेटो से लेकर अपने समय तक की तात्विक विचारणा को जड़मूल से बदल देने वाले विचारक इमेन्युअल काण्ट का क्रान्तिकारी ग्रन्थ Critique of Pure Reason (प्रथम संस्करण : १७८१, द्वितीय संस्करण : १७८७) है।

तो, कला में आकार से क्या तात्पर्य है? इसकी आधुनिक विभावना, तत्त्वज्ञान की भूमिका पर समझने के लिये काण्ट ने कौन-सा अभिगम प्रस्तुत किया, उसकी उचित ढंग से चिकित्सा होनी चाहिए।

काण्ट के Critique of Pure Reason के आरम्भ के एक अंश पर प्रत्यक्ष दृष्टिपात करेंगे। काण्ट कहता है :

> The effect of an object upon the faculty of representation, so far as we are affected by the said object, is Sensation.

'Faculty of representation' अर्थात् हमारा 'संवेदनतन्त्र'। अथवा, काण्ट की 'representation' संज्ञा को स्पष्टतापूर्वक समझनी हो तो, उसे 'सम-वेदनतन्त्र' कह सकते हैं। लेकिन काण्ट यह तो बिलकुल नहीं मानते कि यह तन्त्र मूल वस्तु के रूप को यथार्थ रूप में पा सकता है। इसीलिए यहाँ वे कहते हैं कि बाह्य जगत के किसी पदार्थ के स्पर्श की मात्रा का असर हमारे संवेदनतन्त्र पर जो (और जितना) हो, उसे 'Sensation' अर्थात् 'उत्तेजना' कह सकते हैं।

यह प्रथम विधान स्वयं महत्त्वपूर्ण है। मानव की अनुभव प्रक्रिया में एक जो विरोध है, यहाँ काण्ट उसका सूचन करता है। विरोध यह है कि काण्ट वर्णन करता है यह अनुभव-प्रक्रिया मनुष्य के लिये कोई भी अनुभव पाने की एकमात्र शर्त है। किन्तु फिर भी यह एकमात्र शर्त स्वयं ही, उस प्रक्रिया के स्वरूप के कारण मानव को प्राप्य अनुभव को कुछ वितथ कर देती है। अनुभव पाने की प्रक्रिया में ही कोई संरचनागत तत्त्व है, जो अनुभव को मूल वस्तु के यथार्थ ज्ञान से अलग कर देता है। इसीलिए पहले ही वाक्य में काण्ट 'Sensation' (उत्तेजना) की परिभाषा प्रस्तुत करता है। अब हम मूल वस्तु (The thing-in-itself) के साथ संलग्न नहीं हैं। अब हमारे पास जो है, वह है केवल 'Sensation'।

आगे बढ़ते हुए काण्ट कहता है :

> That sort of intuition which relates to an object by means of sensation, is called Empirical Intuition. The undetermined object of an Empirical Intuition is called Phenomenon.

यहाँ काण्ट 'subject-object' द्वैत की दायीं ओर अर्थात् 'object' की ओर क्या होता है, उसकी बात करता है। अनुभव की प्रक्रिया में यदि एक ओर 'उत्तेजना' प्राप्त चित्त हो तो दूसरी तरफ़ ऐसी ही अमुक निश्चित स्थिति से ग्रस्त वस्तु-जगत होता है। वस्तु-जगत की यह स्थिति अर्थात् 'Phenomenon'। गुजराती में इस शब्द का भाषान्तर करना सरल नहीं है। संस्कृत संज्ञा 'माया' इसके बहुत निकट है। लेकिन 'Phenomenon' की विभावना और 'माया' की विभावना इतने विभिन्न परिवेशों में तथा

सन्दर्भों में निर्मित हुई है कि दोनों को मात्र पर्याय मानने वाला अपने पर जोख़िम उठाकर ही ऐसा कर सकता है।

'Phonomenon' संज्ञा मूलतः ग्रीक भाषा का शब्द 'phainein' है, जिसका अर्थ होता है, 'दिखाना' (to show) इस शब्द से ग्रीक में 'Phainesthai' जैसा शब्द बना, जिसका अर्थ होता है 'देखना' (to appear)। इस तरह 'Phenomenon' संज्ञा के मूल में 'दृश्य' ऐसा अर्थ है। उसकी व्याप्ति के रूप में जो 'इन्द्रियगम्य' है उसे 'Phenomenon' कह सकते हैं।

लेकिन काण्ट की फ़िलॉसोफ़ी में तो इस अर्थ में ही कॉपरनिकन क्रान्ति हुई। काण्ट की फ़िलॉसफ़ी के सन्दर्भ में 'Phenomenon' यह केवल 'इन्द्रियगम्य' या 'इन्द्रियों' द्वारा 'पाया जाय उतना ही' यह अर्थ न होते हुए, इस संज्ञा का अर्थ कुछ ऐसा हुआ कि 'इन्द्रियों के द्वारा अनुभव पाने की प्रक्रिया की अनिवार्य शर्त से रचित।' इस तरह 'Phenomenon' अर्थात् 'इन्द्रियगम्य जगत' नहीं किन्तु 'इन्द्रिजन्य' अथवा 'इन्द्रियोद्भूत जगत' अर्थ होता है।

लेकिन इस तरह भाषान्तर करने में तकलीफ़ यह है कि काण्ट की फ़िलॉसफ़ी का कोई ढाँचा गुजराती भाषा में अभी नहीं है, इस कारण 'इन्द्रियजन्य जगत' संज्ञा का अभिप्रेत अर्थ यदि पाठक न समझ सके तो काण्ट की मूल संज्ञा को अन्याय होगा। अतः इतनी स्पष्टता के बाद काण्ट की संज्ञा का भाषान्तर, उस पादटीप में सूचित करने पर भी इस निबन्ध में तो उसका लिप्यन्तर ही करेंगे।

'Intuition' संज्ञा भी यहाँ काण्ट नवीन ढंग से प्रयोजित करता है। सामान्यतः इस संज्ञा के आसपास गूढ़वाद का सन्दर्भ रहता है। 'सहजस्फुरणा' संज्ञा में भी इस प्रकार की रहस्यमयता देखी जा सकती है। लेकिन काण्ट की परिभाषा में तो 'Intuition' का अर्थ 'सहजस्फुरणा' के समान ही 'सहजग्राहकता' भी होता है। मानो कि 'स्व' और 'पर' के बीच बराबर समतुला बनाकर काण्ट की यह संज्ञा उपस्थित है।

यहाँ काण्ट 'Empirical Intuition' की अर्थात् सहस्फुरणा की एक विशेषता की बात करता है। 'Empirical' यानि क्या ? इस संज्ञा का मूल भी ग्रीक भाषा में है। मूल शब्द है : 'empeiria' अर्थात् अनुभव। इसके

भी दो अंग हैं : 'en' (अन्तर्गत) और 'peria' (प्रयोग-trial)। इस दृष्टि से सोचने पर 'Empirical' शब्द हमारी 'विकल्प' संज्ञा के कितने निकट आ जाता है! वास्तव में सामग्री के साथ चित्त के जो विभिन्न प्रायोगिक सम्बन्ध निर्मित होते हैं, उन प्रायोगिक सम्बन्ध रूप जो अनुभव पैदा होता है, उन्हें 'Empirical' विशेषण कहा जा सकता है। प्रायोगिक सम्बन्ध अर्थात् अन्तिम नहीं, 'क्षणक्षण परिवर्तित ढंग' जैसे, 'परिवर्तनशील और एकाधिक सच्चाई वाले सम्बन्ध।' 'विकल्प' में भी यही कल्पना है। प्राप्त सामग्री की रचना एक ढंग से हो, तो दूसरे ढंग से भी हो सकती है, उपरान्त इनसे भी अलग ढंग से हो सकती है—इस तरह अनेक रचनाओं द्वारा अनेक आकार पैदा हो सकते हैं और प्राप्त सामग्री के एकाधिक, लेकिन एक समान सच्चे अनुभव चित्त को मिलते हैं। 'विकल्प' की विभावना अन्तर्गत यह कल्पना भी है।

फिर भी, जैसे 'Phemomenon' संज्ञा 'माया' की विभावना का केवल पर्याय नहीं है, इस तरह 'Empirical' विशेषण 'वैकल्पिक' विशेषण का भी पर्याय नहीं है। दोनों का तुलनात्मक अध्ययन किया जा सके उतना सम्बन्ध दोनों के बीच है, यह दर्शाने का यहाँ आशय है।

तो, 'Empirical Intuition' का गुजराती में भाषान्तर 'अनुभवनिष्ठ सहजस्फुरणा' किया जा सकता है।

काण्ट यहाँ इन्द्रियनिर्भर अनुभव के आधार पर चालित सहजस्फुरणा की बात करता है। तो द्वितीय स्फुरणा कौन-सी ? Critique of pure Reason—की हम चर्चा करते हैं, उस विभाग के बाद तुरन्त आने वाले विभाग में काण्ट कहता है :

> I call all representation pure, in the transecendental meaning of the word, wherein nothing is met with that belongs to sensation. And accordingly we find existing in the mind a priori a pure form of sensuous intuition in general, in which all the manifold content of the phenomenal world is arranged and viewed under certain relations. This Pure Form of sensibility I shall call Pure Intuition.

—'Empirical Intuition' यह एक अलग, और 'Pure Intuition' यह

भी अलग। 'शुद्ध सहज स्फुरणा' तो अनुभव-मात्र की पूर्वशर्त है। 'अनुभवनिष्ठ सहज स्फुरणा' तो 'अनुभवस्थ' ('en'+'peira') होगी ही। तो 'शुद्ध सहज स्फुरणा' से रचा गया प्राप्त सामग्री के लिये पूर्ववर्ती संरचना यह एक प्रकार का आकार; काण्ट कहता है वैसा 'Pure Form'। यह 'Pure Form' यही पूर्ववर्ती आकार, अर्थात् अनुभव की प्रक्रिया बाह्य जगत, इन्द्रियसमूह और चित्त : इन तीनों के सान्निध्य द्वारा आरम्भ होती है, इससे पहले चित्त की एकान्त विशुद्धि में निहित आकार।

'Empirical Intuition' और 'Pure Intuition' के तफावत पर विचार करते हुए हम 'Pure Form' की विभावना तक पहुँच गये। लेकिन अब हम, पहले जिसकी चर्चा करते थे उस मूल विभाग की ओर लौटें। 'Phenomenon' की परिभाषा के बाद आगे काण्ट कहता है :

> That which in the Phenomenon corresponds to the Sensation I term its matter, but that which affects that the content of the Phenomenon can be arranged under certain relation I call its form.

फिनोमिन की 'सामग्री' एक बात है और फिनोमिन के संघटनरूप आकार यह अलग ही बात है। 'अनुभवनिष्ठ सहज स्फुरणा' (Empirical Intuition) के साथ अलबत्ता ये दोनों तत्त्व संकलित हैं। लेकिन 'सामग्री' वह 'आकार' नहीं है। कला मीमांसा की दृष्टि से नहीं किन्तु तात्त्विक भूमिका से अनुभवमात्र के ये भेद काण्ट बताता है, इस बात का यहाँ ख़ास उल्लेख करना चाहिए।

'अनुभवनिष्ठ सहजस्फुरणा' द्वारा चित्त प्राप्त सामग्री को सुडौल रूप देता है, उस सामग्री के अंगों का परस्पर सम्बन्ध स्थापित करता है। सम्बन्ध स्थापित करने की इस शक्ति को आकार कहते हैं। यह आकार 'शुद्ध' आकार से अलग है, कारण कि यह आकार अनुभव का पुरोवर्ती नहीं है, किन्तु वह अनुभव का सहगामी है, यों कहिए कि अनुभव से अलग किया जा न सके उसका संरचनात्मक परिणाम और वैसी संरचनात्मक शर्त है।

ख

शुद्ध चैतसिक पुरोवर्ती आकार (Pure Form) और सामग्रीगत अनुभवनिष्ठ अन्य आकार—इस भेद के बारे में विशेष गहराई से देखना अब शक्य बनता है। और तत्पश्चात् ही कलागत आकार (Art Form) के विषय में काण्ट की विभावना समझी जा सकती है। और तभी वालेरी-लेंगर आदि की बीसवीं शती के कलागत आकार विषयक मान्यताओं को पूरी तरह पा सकते हैं। तो काण्ट ने तात्विक भूमिका पर 'आकार' की विभावना का क्या विश्लेषण किया है, इसे आगे देखें।

चित्त की दो शक्तियों को काण्ट बुनियादी शक्तियाँ (Faculties) मानता है। (१) Sensibility और (२) Understanding. Sensibility (वेदनशीलता) और Understanding (अभिज्ञा) ये दो शक्तियाँ Knowledge (ज्ञान) को शक्य बनाती हैं।

अब 'आकार' इन दो शक्तियों के साथ संकलित प्रक्रिया है। काण्ट इसी कारण से ही (१) Forms of Sensibility (वेदनशीलता का आकार) और (२) Forms of Understanding (अभिज्ञा का आकार)—इस तरह दो प्रकार की संघटना-प्रक्रियाओं को (आकारों को) अलग करता है।

इन दो आकारों के बीच किस तरह तफावत है ? किन दो भिन्न रीतियों से 'वेदनशीलता' तथा 'अभिज्ञा' की शक्तियाँ संघटन कर सकती हैं ?—ये प्रश्न उपस्थित होते हैं। इनमें से प्रथम शक्ति और तत्स्थित आकार के बारे में काण्ट कहता है :

> Thus, if from the conscionsness of a body, I separate all that the understanding has thought into it as substance, force divisibility, etc., and all that is due to sensation, as impenetrability, hardness colour etc., what is left over are extension and figure. These therefore belong to pure perception which exists in the mind a priori as a mere form of sensibility even when no sensation or object of sense is actually present.[५]

विभाग 'क' में अभी हमने 'Pure Form' का स्वरूप समझा और उसके साथ संलग्न 'Pure Form' का परिचय प्राप्त किया। अब यहाँ काण्ट उस

'Pure Form' का ज्ञान-मीमांसागत सन्दर्भ अधिक स्पष्ट करता है। वह कहता है कि किसी भी पदार्थ के प्रति हमारी सजगता के तीन अंश होते हैं : एक, अभिज्ञा (Understanding) द्वारा उस सजगता का जो अंश रचा गया हो वह (as substance, force, divisibility etc.) दूसरा, उत्तेजना पाने से उस सभानता में जो अंश जुड़ गया हो वह (as impenetrability, hardness, colour etc.) और तीसरा अंश है, इन दो के अलावा समग्र सजगता।

तीसरे अंश में काण्ट 'extension and figure' को गिनाता है। ये दो न तो उत्तेजना (Sensation) की क्रिया द्वारा उत्पन्न हुए हैं न तो अभिज्ञा (Understanding) की शक्ति द्वारा उत्पन्न हुए हैं। ये दोनों 'शुद्ध ईक्षा' (Pure Perception) में समाहित हैं। प्रश्न होता है कि अभिज्ञा, उत्तेजना और इसके बीच कौन-सा भेद है?

इस भेद को समझना कठिन नहीं है। काण्ट की इन तीन संज्ञाओं के बीच 'अनुभव' साक्षिक भेद है, लेकिन नये ढंग से। Critical रीत से, Speculative रीत से नहीं। काण्ट की विचार व्यवस्था में 'अनुभव' का अर्थ है, बाह्य सामग्री, चित्तगत आकार निर्माण शक्तियाँ और इन्द्रियाँ : इन तीनों के संयोग से उत्पन्न प्रक्रिया। लेकिन चित्त की आकार निर्माण की शक्तियों को दो भाग में विभाजित करना होगा : एक, बाह्य सामग्री की उपस्थिति में प्रवर्तित चैतसिक शक्ति। प्रथम प्रकार में अभिज्ञा (Understanding) और उत्तेजना (Sensations) से संलग्न आकार-निर्मितियों का समावेश होगा, जब कि दूसरे प्रकार की 'विशुद्ध' आकार-निर्मित अर्थात् शुद्ध ईक्षा (pure perception) के साथ संकलित 'Pure Form'। यहाँ काण्ट इसे 'mere form of sensibility' भी कहता है।

यह आकार अनुभव मात्र की पूर्वशर्त है। 'Sensibility' और 'Pure Perception' और 'सभानता' तथा 'शुद्ध ईक्षा' का यह 'आकार' (Pure/Mere form) तो अनुभव की प्रक्रिया का आरम्भ हो उससे भी पहले चित्त की एक बुनियादी शक्ति या शक्यता के रूप में अस्तित्व में होती ही है। कला में आकार का महत्त्व काण्ट और काण्ट के अनुगामी विचारक देख सके, इसके मूल में यह घटना है कि अनुभवमात्र के मूल में समाहित तथा आदि ईक्षा के साथ संलग्न यह 'Pure/Mere form' को तात्विक भूमिका पर अलग करके काण्ट निरूपित कर सके थे। कला में सामग्री

का नहीं किन्तु आकार का महत्त्व है यह केवल अनेक मतों के अन्तर्गत एक मत नहीं है, लेकिन कलानुभव का एक बुनियादी सत्य है, यदि हम ऐसा कहते हैं तो उसकी भूमिका काण्ट के इस तात्विक विश्लेषण में और इसके द्वारा इन्होंने जो 'Pure/Mere Form of Sensibility and Pure Perception' को अलग सिद्ध किया इस विभावना में समाहित है।

यह 'Pure/Mere form' अलबत्ता, कलागत आकार से भिन्न है, किन्तु अनुभवमात्र में आकार का क्या महत्त्व है, यह बात इस विभावना के द्वारा ही समझ सकते हैं। स्थान और समय : ये दो शुद्ध ईक्षा के ऐसे ही आकार हैं। स्थान और समय की प्रक्रिया द्वारा जिसे निबद्ध न किया गया हो, ऐसा कुछ भी मनुष्य अनुभव नहीं कर सकता। इसका कारण कोई गूढ़ या गहन नहीं है। लेकिन विश्लेषण द्वारा काण्ट यह कारण बताता है :

The peculiar condition of our sensibility.

उत्तेजना (Sensation) से संवेदना (Sensible experience) तक पहुँचने के लिये पहला और बुनियादी तत्त्व यह इक्षगत आकार (Pure Form of Pure Perception) है। लेकिन उसका बिखर जाना, उत्तेजनापुंज का भयस्थान है। इसी तरह संवेदना का भयस्थान है इस समय उसका यह इच्छाधारी (arbitrary) हो जाना। अगर अनुभव को केवल स्वैर विहारी होने देंगे, तो सुग्रथित जगत अशक्य होगा। जो है उसका हमारा ज्ञान दृढ़ और व्यवस्थित रूप से निबन्धित हो, इसके लिये स्थानादि शुद्ध आकारों के अलावा अन्य कोई निबन्धन शक्ति आवश्यक है। यह शक्ति कौन-सी ?

इस प्रश्न के उत्तर में काण्ट अभिज्ञा और उसके आकारों की बात करता है। वह कहता है कि अनुभव के पुरोवर्ती शुद्ध आकार (स्थलकाल आदि) एक 'a priori' की भूमिका पर अनुभव की शक्यता की रचना करते हैं, यह सही किन्तु ये अनुभव की प्रक्रिया का अपना नियमन नहीं करते हैं। 'The source of the possibility of letting objects be objects for us' यह तत्त्व तो काण्ट की विचारणा में 'Understanding' अदा करता है। ऐसा वह क्यों कहता है ?

काण्ट की परिभाषा में 'Understanding' संज्ञा का विशिष्ट अर्थ है। 'Understanding' अर्थात् केवल समझ यह अर्थ तो नहीं है। बल्कि,

'Understanding' अर्थात् 'Pure Concepts' के मूल में निहित शक्ति। यह तो समझा जा सकता है कि 'शुद्ध विभावनाओं' के बिना कोई भी अनुभव सम्भव नहीं है। ये 'शुद्ध विभावनाएँ' चार प्रकार की हो सकती हैं : (१) Quantity की (२) Quality की (३) Relation की और (४) Modality की। प्रथम प्रकार में काण्ट तीन विभाग करता है। (क) Unity (ख) Plurality और (ग) Totality। दूसरे प्रकार में (क) Reality (ख) Negation और (ग) Limitation। तीसरे प्रकार में (क) Inherence और Subsistence (ख) Causality Dependence और (ग) Community। चौथे प्रकार में (क) Possibility (ख) Existence और (ग) Necessity (और उनके तीनों विरोधी) तो, इन सर्व 'शुद्ध विभावनाओं' के बिना अनुभव की प्रक्रिया पूर्ण भी नहीं होगी और सुनिश्चित भी नहीं होगी।

'Understanding' (अभिज्ञा) के इन आकारों को काण्ट 'Pure Concepts' के उपरान्त एक दूसरा नाम भी देता है। यह है 'Forms of Thought'। इस तरह, हमने काण्ट की विचारणा में निरूपित दो आकारों के बारे में यहाँ विशेष समझ पायी। 'Pure/Mere Forms of Sensibility' और 'Forms of Thought' या 'Pure Concepts' अथवा 'Forms of Understanding'।

'Sensibility' और 'Understanding' ये दोनों स्वयं ही काण्ट की विचारणा में ज्ञान के दो बुनियादी तत्त्व हैं। उपर्युक्त दो आकार उनसे संलग्न निबन्धन शक्तियाँ हैं। तो, अब प्रश्न यह होगा कि इन दो तत्त्व और इन दो आकारों के साथ कला-आकार का क्या सम्बन्ध है? इसके साथ संलग्न दूसरा प्रश्न यह है कि ज्ञान की इन दो बुनियादों का परस्पर सम्बन्ध क्या है तथा इन दोनों को जोड़नेवाला इससे भी अधिक मूलगामी ज्ञानगत तत्त्व अभी कोई है क्या? और अन्तिम प्रश्न यह है कि अगर कोई ऐसा तत्त्व है, तो उस तत्त्व की निबन्धनशक्ति कौन-सी और इस निबन्धन-शक्ति के साथ कला-आकार का क्या सम्बन्ध है? इन प्रश्नों पर चर्चा करने की शक्यता अब उपस्थित होती है।

ग

इन प्रश्नों को समझने के लिये 'Forms of Thought' अर्थात् 'विचार के आकारों' के बारे में कुछ विशेष विश्लेषण आवश्यक है। काण्ट की योजना में 'Concepts' (विभावनाएँ) दो प्रकार की होती हैं। (१) Pure Concept (शुद्ध विभावनाएँ)। ये शुद्ध विभावनाएँ चित्त की स्वकीय संरचनाएँ होती हैं। अनुभव की प्रक्रिया में ये व्यवस्थापन करती हैं, अनुभव की प्रक्रिया से पैदा नहीं होती। (२) Empirical Concepts (अनुभवनिष्ठ विभावनाएँ)। ये अनुभवनिष्ठ विभावनाएँ विशिष्ट अनुभव के बाद फलित होती हैं।

इन दो प्रकार की विभावनाओं में प्रथम प्रकार की विभावनाएँ (Pure concepts) अनेक होती हैं, जिसका विचार हमने quality, quantity, relation और modality इन चार जाति के आधार पर किया। लेकिन काण्ट कहता है कि इन सभी शुद्ध विभावनाओं के मूल में एक बुनियादी शुद्ध विभावना होती है :

> The basic pure concept of the objectivity of the object.[८]

लेकिन quality, quantity, relation और modality के मूल में निहित 'objectivity of the object' किस तरह चित्त को विभावित होती है, यह प्रश्न अब अभिज्ञानी प्रक्रिया खातिर बुनियादी प्रश्न बनता है।

काण्ट मानो इस प्रश्न का ही उत्तर दे रहे हों ऐसे Critique of pure Reason के 'Transcendental logic' विभाग के प्रकरण १ में 'Anytic of Conception' के बारे में लिखते हैं :

> Understanding was defined above only negatively as a nonsensuons faculty of cognition. Now independently of sensibility we cannot possibly have any intuition; concequently, the understanding is no faculty of intuition.

'Understanding' और 'Intuition' के बीच सम्बन्ध का इस प्रकार का अभाव दर्शाने के बाद काण्ट आगे लिखते हैं :

> But besides intution there is no other mode of cognition except through conceptions: consequently, the cognition of every, atleast very human, understanding is a cognition

through conception not intuitive but discursive.[१]

—यह अन्तिम क़दम अत्यन्त महत्त्वपूर्ण है। विभावनाएँ अपने शुद्ध स्वरूप में हों तब भी 'descursive' ही हो सकती हैं 'intuitve' नहीं, यह काण्ट यहाँ क्रमशः आगे दलील करते हुए कहता है। काण्ट ने यहाँ तात्विक भूमिका पर जो दर्शाया है यह, अर्थात् 'Forms of Thought' अथवा 'concepts' की अनिवार्य 'discussiveness', काण्ट के अपने तथा बीसवीं शती के पाश्चात्य कला-विचार के बुनियादी सत्य को समझने के लिये अत्यन्त आवश्यक है। कला के आकार में जो कुछ सिद्ध हो यह 'non-discuisively' सिद्ध होना चाहिए, ऐसा हम जो कहते हैं, यह किसलिए कहते हैं और उसका निश्चित अर्थ क्या है : ये दोनों मुद्दे काण्ट की उपर्युक्त तात्विक दलीलें तथा तद्जन्य दर्शन के बिना समझने का प्रयत्न मिथ्या है।

तो विभावनाएँ इस बुनियादी 'discursive' तरीक़े से ही चित्त में objectivity of object को विभाजित कर सकती है। फिर 'discursive' और 'intuitive' तरीक़ों के बीच भेद क्या है?

'Discursive' संज्ञा के मूल की जाँच करने पर इस भेद को समझने का एक साधन प्राप्त होता है। (काण्ट अपनी संज्ञाओं को अत्यन्त सूझपूर्वक तथा उसके व्युत्पत्तिमूलक अर्थ को ध्यान में लेकर प्रयोजित करते थे, इसलिए हम बार-बार संज्ञाओं की व्युत्पत्ति की जाँच करना उचित मानते हैं।) 'Discursive' विशेषण 'discourse' नाम पर से बना है। अब 'discourse' शब्द मूल 'discursus' पर से आया है। 'Dis' अर्थात् 'apart' 'अलग' और 'cursus' अर्थात् 'running' दौड़ जाना। 'cursus' भूतकृदन्त है और उसके मूल में है क्रियापद 'currere' 'to run' दौड़ना। इस तरह 'Discursive' विशेषण में विश्लेषणात्मक अनुभव की अर्थछाया है। हम 'Discourse' को विचार प्रधान वक्तव्य कहते हैं, सो योग्य ही है, किन्तु उसके मूल में यह 'curer' क्रियापद और 'dis' पूर्वग हैं और इसीलिए ज्ञान की एक विशिष्ट मुद्रा, 'विश्लेषणात्मक रीति' उसमें सूचित होती है।

कला क्षेत्र में इस प्रकार ज्ञान-मीमांसा की (epistemological) दृष्टि से देखने पर 'discursive' पद्धति केवल 'निबन्ध' (essay) की पद्धति नहीं

है, किन्तु इसके मूल में एक 'निबन्धन' (form) की विशिष्ट मुद्रा हो पाती है।

काण्ट की कला-विचारणा में कला के आकार को बार-बार 'without any concept' इस तरह निबन्धन का आकार कहा है। इस आग्रह के मूल में यह या वह कलावाद का आग्रह नहीं है, कलामात्र के निबन्धन की बुनियादी शर्त का दर्शन है, यह यहाँ देखा जा सकता है। इसीलिए काण्ट यहाँ अपने Critique of Pure Reason में 'Form of Thoughts' का स्वरूप समझाते हुए उन्हें 'discursive', 'intuitive' नहीं कहता है और ऐसा कहने के लिये बुनियादी कारण (इन आकारों में मूल में निहित अभिज्ञान शक्ति का स्वरूप) भी दर्शाता है।

तो अब हम इस स्थिति तक आ गये हैं कि इस 'Forms of Thought' और उस 'Forms of Sensible' के बीच सम्बन्ध की जाँच विशेष मूलगामी रूप से कर सकेंगे। दूसरे शब्दों में कहने से यह प्रश्न अधिक स्पष्ट होगा : काण्ट उसे 'Pure/Mere Form' कहता है और वह जिसे 'Pure Concepts' कहता है इन दोनों के बीच बुनियादी सम्बन्ध और भेद क्या है? इन दोनों के मूल में अभी कोई तीसरा विशेष बुनियादी चैतसिक ज्ञानगत तत्त्व है?

घ

वेदनशीलता और अभिज्ञा इन दोनों के मूल में कोई तीसरी ज्ञानगत शक्ति निहित है? वेदनशीलता का आकार और अभिज्ञा का आकार, इन दोनों के मूल में भी कोई तीसरा चैतसिक आकार या निबन्धन क्षमता समाविष्ट हैं? अब हमें इन प्रश्नों का उत्तर प्राप्त करना होगा। लेकिन यह उत्तर हमें न तो केवल तत्त्वज्ञान की भूमिका पर या न तो केवल कलानुभव के सन्दर्भ में पाना है। कलानुभव को अनुभवमात्र के व्यापक सन्दर्भ में रखकर तात्त्विक कला-मीमांसागत जैसी समग्र भूमिका पर, इस प्रश्न का उत्तर प्राप्त करना ही यहाँ अभिप्रेत है।

अस्तित्ववादी विचारक मार्टिन हाइडेगर काण्ट के तत्त्वविचार के गहन अभ्यासी थे। हमने उपस्थित किये प्रश्न के सन्दर्भ में उनकी एक पुस्तक

Kant's Problem of Metaphysics महत्त्वपूर्ण है। इस पुस्तक में हाइडेगर ने काण्ट के तत्त्वविचार में ज्ञान-मीमांसागत चिन्तन का विश्लेषण किया है : ज्ञान में काण्ट की मूल विचारणा में कहाँ-कहाँ इस प्रश्न की इन्होंने सविस्तार और सप्रमाण चर्चा की है : इनमें से हमारे लिये उपयोगी सामग्री पर यहाँ दृष्टिपात करेंगे।

हाइडेगर दर्शाता है तदनुसार काण्ट दो 'Stems of knowledge namely Sensibility and Understanding' का उल्लेख अनेक बार करता है। लेकिन तदुपरान्त The Critique of Pure Reason के एक विभाग में एक तीसरी चित्तगत शक्ति का उल्लेख करता है। इस शक्ति का काण्ट

> a blind but indispensable function of the soul, without which we should have no knowledge what-so-ever but of which we are scarcely ever conscious.

—इन शब्दों में वर्णन करता है।

जिसके बिना ज्ञान केवल अशक्य है लेकिन जिस विषय में हमारा सजग ज्ञान न के बराबर हो ऐसी हमारी ज्ञान-संघटना की मूल योजना है, ऐसा यह तत्त्व काण्ट के शब्दों में, 'a common but to us unknown root' होकर ज्ञान के वे दो तने (वेदनशीलता और अभिज्ञा)—को टिकाये रखते हैं।

काण्ट के शब्दों में यह शक्ति 'transcendental, pure, productive imagination' कही जाती है।

इस सन्दर्भ में हाइडेगर कहता है कि काण्ट की ज्ञान-मीमांसा केवल 'वेदनशीलता' और 'अभिज्ञा' के सन्दर्भ में नहीं समझ सकते। काण्ट का 'epistemological triune' पहचानना और समझना वास्तव में किसी भी आकारवाद को समझने के लिये अनिवार्य है। हाइडेगर स्पष्ट कहता है तदनुसार यह

> pure productive imagination independent of experience first renders experience possible.[१३]

विशुद्ध और उत्पादनक्षम कल्पना क्यों विशुद्ध मानी जाती है तथा क्यों उत्पादनक्षम मानी जाती है (यह क्या उत्पादन करती है?) इस प्रश्न का उत्तर देंगे, तभी इस प्रकार की संज्ञाओं का प्रयोग उचित माना जायेगा।

कल्पना 'विशुद्ध' है, इसका कारण तो ऊपर 'imagination, independent of experience' इन शब्दों में दिया ही गया है। अनुभवों से कल्पना पैदा नहीं होती। यह 'कल्पना' अर्थात् अनुभवजनकता या आकार-स्थापक-शक्ति, बाह्य सामग्री से स्वतन्त्र है। यह तो चित्त की एक ज्ञानविषयक शक्ति है।

कल्पना 'उत्पादनक्षम' है, इसका कारण ऊपर दिया गया है, 'imagination first renders experience possible' इन शब्दों में दिया गया है। यह कल्पना स्वयं 'अनुभव' को उत्पन्न करती है।

इस विवरण के बाद 'कल्पना' का स्वरूप स्पष्ट होता है। यह 'कल्पना' 'कल्पनाविहार करने लगे', 'काल्पनिक सुख के पीछे भटको नहीं' इत्यादि वाक्यों में प्रयुक्त 'कल्पना' संज्ञा से जो सूचित होता है इससे बिलकुल अलग ही वस्तु है। यह 'कल्पना' तो अनुभव की किसी सामग्री से भी प्रवर्तित चित्त के वास्तविक ज्ञान को सम्भवित बनाने वाली क्षमता है। काण्ट कहता है कि यह वेदनशीलता और अभिज्ञा से पूर्व है, कारण कि अनुभव की दो विभिन्न मुद्राओं को सम्भावित बनाने वाली उन दो शक्तियों—वेदनशीलता और अभिज्ञान—प्रवर्तित हो उसके पूर्व, वस्तु-जगत को सर्वप्रथम ज्ञानदायी संस्पर्श करने के लिये संवेदन या अभिज्ञान से अलग अत्यन्त प्राथमिक इक्षण होना चाहिए। जो मानवीय जगत से बाहर हैं वैसे, तत्त्वत्तः अज्ञात रह जाते हैं वैसे, the thing in itsef के वास्तव को मानवीय ज्ञान की सीमा के भीतर, मानव-चित्त की अनुभव प्राप्त करने की रीत के अनुसार, 'object' के वास्तव का रूप देने वाली शक्ति, अभिज्ञान और संवेदन से भी पूर्व इक्षण के साथ संकलित शक्ति यही 'कल्पना' है।

तो, चित्त के ज्ञानविषयक त्रिक को (epistemological triune) हम इस प्रकार समझ पायेंगे : प्रथम क्षमता है 'Imagination', 'which first renders experience possible' दूसरी क्षमता है 'Sensibility' जो 'a priori pure/mere form' को पैदा करती है तथा 'immediate relation to the object' को शक्य बनाती है। और तीसरी क्षमता है : 'Understanding' जो 'pure concept' अथवा 'forms of thought' को शक्य बनाती है।

तीसरी क्षमता 'conceptual-phenomenal' वास्तव को, माया के जगत

को चित्त के बिलकुल निकट ला देती है।

दूसरी क्षमता इससे कुछ दूर है और केवल तथा विशुद्ध संवेदनों के आकारों द्वारा चित्त के लिये मानो माया का तलावगाही रहस्य प्रगट कर देती है।

लेकिन प्रथम क्षमता, 'कल्पना' तो वस्तु जो है उसे 'the thing in-itself' को, माया से परे जो अस्तित्व है उसे, चित्त के लगभग साक्षात् सम्पर्क में रख देती है।

काण्ट के एक उत्तम अभ्यासी और अनुवादक नोर्मन केम्पस्मिथ कहता है :

> It is to productive imagination that the generation of unified experience is primarily due. In it something of the fruitful and inexhaustible character of noumenal reality is traceable.

अर्थात् सर्जक-कल्पना द्वारा ही प्राथमिक रूप से एकाग्र अनुभव की निर्मिति होती है; तथा इस कल्पना के स्तर पर ही वस्तु की अपनी सत्ता, रसप्रद एवं अनन्त सहज ही प्रतीत होती है।

अन्य आकार चित्त की अन्य ज्ञानविषयक क्षमताओं के साथ संकलित हैं। लेकिन इस बुनियादी क्षमता के साथ जो आदिम आकार संकलित है, इन्हें समझने पर ही कला के आकार की हमारी समझ विकसित हो सकती है।

Understanding, Sensibility और Imagination के साथ संकलित चित्तगत 'a priori' आकार जिस ढंग से और जिस प्रकार का अनुभव दे सकते हैं इनके साथ कलानुभव देने वाले कला के आकार का क्या सम्बन्ध है, इसकी जाँच अब की जा सकती है।

जर्मन चिन्तक हाइडेगर ने अगर तत्त्वज्ञान की भूमिका पर कल्पना का मूलगामी अध्ययन किया है तो इटालियन चिन्तक क्रोचे ने सौन्दर्य-शास्त्र की भूमिका पर कल्पना का समर्थ अर्थघटन किया है। यद्यपि मूल ग्रन्थ में दोनों में से किसी भी चिन्तक ने अन्योन्य का उल्लेख नहीं किया है तथापि काण्ट परम्परा के इन दो चिन्तकों के विधानों का मार्मिक सम्बन्ध, हम जिस प्रश्न का यहाँ विचार करते हैं तत् सन्दर्भ में स्पष्ट होता है।

क्रोचे का एक महत्त्वपूर्ण निबन्ध है : 'What is Art' इसमें वे लिखते हैं :

> Again (and this is the last and perhaps most important of all general negations that it suits me to recall in relation to this matter) with the definition of art as intuition, we deny that, it has the character of coneptual knowledge.

क्रोचे के मतानुसार कला की परिभाषा में, सर्वाधिक महत्त्वपूर्ण बात 'intuition' द्वारा प्राप्त अनुभव को 'conceptual knowledge' के रूप में प्राप्त अनुभव से अलग करने की है। यहाँ क्रोचे 'intuition' संज्ञा का प्रयोग कोई भावुकमय 'रहस्य' के अर्थ में नहीं; यहाँ 'intuition' का अर्थ 'कलाकार की कोई गूढ़ शक्ति' या वैसा कोई अर्थ नहीं है। क्रोचे की यह संज्ञा तो स्पष्ट रूप से काण्टिअन परम्परा की है। इस प्रकरण के आरम्भ में ही हमने 'empirical intuition' और 'pure intuition' इन दोनों के भेद के सन्दर्भ में 'Intuition' संज्ञा का काण्ट के तत्त्वज्ञान में जो अर्थ होता है, इसे समझने का प्रयास किया था।

क्रोचे के लिये भी कला, चित्त के वास्तव के साथ साक्षात् और सर्वप्रथम कल्पनाशील सम्बन्ध में निहित है, एक भी क़दम दूर नहीं।

Intuition और Conceptual Knowledge के बीच भेद दर्शाते हुए क्रोचे आगे लिखते हैं :

> Conceptual knowledge in its true form, which is philosophical, is always realistic, aiming at establising reality against unreality or at reducing unreality by including it in reality as a subordinate moment of reality itself. But intuition means precisely, indistinction of reality and unreality, the image with its value as mere image, the pure ideality of the image, and opposing the intuitive or sensible knowledge to the conceptual or intelligible, the aesthitic to the noetic. It aims at claiming the autonomy of this more simple and elementary form of knowledge.

क्रोचे का प्रत्येक वाक्य काण्ट के बुनियादी सिद्धान्तों को स्मरण कराता है। 'Aesthetic' और 'noetic' के बीच क्रोचे द्वारा किया गया भेद 'intuitive' ज्ञान और 'conceptnal' ज्ञान (सहजस्फूर्त ज्ञान और विभावनात्मक ज्ञान) के बीच भेद है, जो हमने इससे पहले देखा। अब क्रोचे इन दो के बीच भेद का सर्जन और भावन के सन्दर्भ में अर्थघटन करता है।

Intuitive पद्धति से जो सर्जन होता है वह 'the image with its value as mere image' का है। इस पद्धति से कलाकार जब 'जो कुछ है' उसका ज्ञान पाता है तब वह 'the pure ideality of the image' को जानता है और अपने चित्र में उसका सर्जन करता है। (तत्पश्चात् वह अपने माध्यम शब्द, रंग आदि में उसका अवतरण सिद्ध करता है।)

इसके साथ ही वह अपने सर्जन की स्वायत्तता (autonomy) सिद्ध कर लेता है। क्रोचे सूचित करता है, इस प्रकार यह स्वायत्तता मूलतः ज्ञान-मीमांसागत घटना है...claiming automomy of this more simple and elementary form of knowledge. 'Episteme' (ज्ञान) में कलाकृति के 'ontos' (अस्तिता) की स्वायत्ता की बुनियाद है। माध्यम को गौण मानने वाले तथा चैतसिक स्फूर्ति को प्रमुख मानने वाले क्रोच की समग्र विचारणा में यह तो स्पष्ट है।

आख़िर भावक जिसका अनुभव करता है, उस वास्तव के स्वरूप का वर्णन क्रोचे सूचक ढंग से करता है। 'Discursive' (विश्लेषणात्मक) संघटना तो अनुभव को इस तरह शक्य बनाती है कि सामग्री एक-दूसरे से अलग हो। एक भाग 'वास्तविक' होगा और दूसरा अवास्तविक। लेकिन कलाकार अनुभव को जिस ढंग से शक्य बनाता है, उसमें 'establishing reality against unreality' यह उद्देश्य नहीं होता है। भावक को जो अनुभव प्राप्त होता है, यह तो 'indistinction of reality and unreality' सिद्ध करने वाला अनुभव है। कलाकृति स्वायत्त है और स्वयंपूर्ण है अत: उसके अनुभव में एकमात्र वास्तव का 'Simple and elementary form' भावक समक्ष प्रस्तुत होता है।

वास्तव के सन्निकट निहित, चित्त को वस्तु का व्यवधानरहित संस्पर्श करने के लिये प्रयत्नशील ज्ञानविषयक 'triune' में भी मूल समान मनाती कल्पना का आकार वास्तव की अखण्डता को तात्त्विक भूमिका पर सिद्ध करने के लिये जिस तरह प्रयास करती है उसी तरह सौन्दर्य की भूमिका पर कवि की 'कल्पना' और 'सहजस्फूर्ति' (imagination and intuition) भी कृति की ज्ञानगत अखण्डता को सिद्ध करने का प्रयास करती है।

क्रोचे और काण्ट पर एकसाथ विचार करने से कला के आकार के बारे में जो समझ विकसित होती है, उस भूमिका पर ही अब काण्ट के The

Critique of Judgement ग्रन्थ ही की कला-मीमांसा पर दृष्टिपात करें।

The Critique of Judgement के एक भाग के रूप में काण्ट ने The Critique of Aesthetic Judgement लिखा है, उसमें सौन्दर्यमात्र की और उसके भागरूप कला सौन्दर्य की आंशिक परिभाषाओं के रूप में उन्होंने चार 'moments' निरूपित किये हैं। प्रत्येक 'moment' सौन्दर्य के एक अंश का आलेखन करता है और चारों को एक साथ देखने पर काण्ट का कलासमय अथवा संकेत समझ सकते हैं।

प्रथम आंशिक परिभाषा इस प्रकार है :

> Taste is the faculty of estimating an object or mode of representation by means of a delight or aversion apart from any interest. The object of such a delight is called beautiful.[१६]

'Entirely disinterested' ये शब्द ध्यान में लेने योग्य हैं। काण्ट जिसे 'appititive faculty of desire' कहता है, उसकी इच्छाएँ जो परिपूर्ण कर सके वह 'pleasent' हो सकता है, 'beautiful' नहीं। ऐसा नहीं कि सौन्दर्य सन्तर्पक नहीं है, लेकिन जो 'faculty of desire' (एषणातन्त्र) का सन्तर्पण कर सके वैसा सौन्दर्य नहीं। सौन्दर्य तो सुस्थिर 'object of contemplation' हो, चित्त की 'contemplation' की इच्छा का वह सन्तर्पण करता हो। यह 'contemplation' संज्ञा काण्ट की परम्परा में कई बार प्रयुक्त होती है और इस समय उसका भाषान्तर न करके आगे तुलनात्मक पद्धति का उपयोग करते हुए करेंगे।

दूसरी आंशिक परिभाषा सौन्दर्य का लक्षण इस तरह प्रस्तुत करती है :

> That which pleases universally without a concept.[१७]

यहाँ दो संज्ञाएँ महत्त्वपूर्ण हैं : 'Universality' और 'Concept' इन संज्ञाओं को समझने का प्रयास क्रमशः करें।

'Universal' संज्ञा का अर्थ है जो कुछ स्थान समय के बन्धन से परे है, सनातन है, हर समय हर किसी को समान रूप से पसन्द है, ऐसा कुछ कहने का अभिगम काण्ट का तो नहीं है। काण्ट यह संज्ञा, अपनी अन्य संज्ञाओं की तरह 'critically' (तर्कपूर्ण ढंग से अथवा व्यवस्थित रूप से)

प्रयुक्त करता है। काण्ट की व्यवस्था में सनातनता या टिकाऊपन का भाव गौण होकर आकृति की यथार्थता (जो जैसी है वैसी क्यों है, इसके उत्तर में) अनिवार्यतः प्रधान बनती है। सौन्दर्यवान वस्तु जैसी है वैसी अनिवार्य रूप से है अतः हर स्थल समय वह सौन्दर्यवान रहेगी। उसकी संरचना की यथातथ्यता अनिवार्य है।

अब मुद्दा मानो स्पष्ट करते हो, ऐसे एर्न्स्ट केसिरर कहता है :

> Aesthetic universality means that the predicate of beauty is not restricted to a special individual but extends over the whole field of judging subject. It the work of art were nothing but the freak and fancy of an individual artist, it would not possess this universal communicability. The imagination of the artist does not arbitrarity invent the forms of things. It shows us their forms in their true shape making them visible and recognizable.[१८]

—केसिरर स्पष्टतापूर्वक कहता है कि 'कलाकार की कल्पना वस्तुओं के आकार यदृच्छा से निर्मित नहीं करती। वह तो इन आकारों को उनके सही रूप में दर्शाता है और उन्हें इन्द्रियगम्य तथा अभिज्ञानक्षम बनाता है।' कला की 'universality' कला के आकार की यथातथ्यता के साथ दृढ़ रूप से संकलित है।

दूसरी संज्ञा है 'concept'। संज्ञा के रूप में तो हमने इसकी सविस्तार जाँच की है और क्रोचे की कलापरिभाषा में भी उसका महत्त्व समझा है। यहाँ उसमें इतना ही जोड़ना है कि क्रोचे की परिभाषा के मूल में काण्ट की इस आंशिक परिभाषा की बहुत बड़ी कलासूझ निहित है, जिसका उल्लेख करना चाहिए। चौथी आंशिक परिभाषा की चर्चा करते समय पुनः इस मुद्दे की चर्चा करेंगे।

तीसरी आंशिक परिभाषा का परिचय इन शब्दों में कराती है :

> The form of the purposiveness of an object so far as this is perceived without any representation of a purpose.[१९]

यहाँ काण्ट की मुख्य संज्ञा है : 'Purposiveness'। कोई भी पदार्थ का प्रयोजन क्या है इसकी चर्चा काण्ट के अन्तिम Critique में बुनियादी चर्चा बनती है। उसे teleology नाम से पहचानी जाती है। 'Telos' ग्रीक शब्द

है, और उसका अर्थ 'छोर' अथवा 'अन्त' होता है। 'Teleology' अर्थात् पदार्थ के प्रयोजन की मीमांसा।

काण्ट कहता है कि सौन्दर्य, एक पदार्थ की प्रयोजना का आकार तब बनता है जब इसे प्रयोजना के कोई भी प्रयोजन को सन्दर्भ के बाहर देखा जाता है। 'प्रयोजनविहीन प्रयोजना' अथवा 'Purposiveness without purpose' ये शब्द कोई शाब्दिक करामात नहीं है, किन्तु सौन्दर्यवान पदार्थ की रचना की बहुत बड़ी समझ प्रगट करने वाले शब्द हैं। कैसे, यह देखें।

प्रयोजन हो तो पदार्थ की संरचना कैसी होगी? प्रयोजन पदार्थ को उसके बाहर के किसी-न-किसी तत्त्व के साथ संलग्न करता है। मकान का प्रयोजन यदि निवास है तो यह प्रयोजन मकान को रहन-सहन की अलग-अलग आवश्यकताओं के साथ संलग्न करता है। इसका सीधा असर मकान की संरचना पर पड़ता है। मकान बनाते समय रहन-सहन की अलग-अलग आवश्यकताओं के अनुसार ही मकान की रचना होगी, मकान का आकार होगा। इस तरह, किसी भी पदार्थ की संरचना पर उसके प्रयोजन का असर यह होता है कि प्रयोजन द्वारा सूचित कोई-न-कोई बाह्य तत्त्व पदार्थ के आकार को नियन्त्रित करता है।

दूसरी ओर, अगर किसी पदार्थ का कोई प्रयोजन न हो तो क्या होगा? कृतक-रोमांटिक कलाकारों की दृष्टि अनुसार यह पदार्थ अ-तन्त्र बनेगा, लेकिन काण्ट की दृष्टि अनुसार यह पदार्थ स्वतन्त्र बनेगा। प्रयोजन नहीं होने पर यह पदार्थ अपने बाहर के किसी तत्त्व का वशवर्ती नहीं होगा। एक शिल्प की रचना करनी हो तो यह शिल्प मनुष्य के रहन-सहन के प्रयोजन से नहीं किया जाता इसलिए शिल्प की रचना रहन-सहन की विविध आवश्यकताओं के अनुसार नहीं होती, अर्थात् यह शिल्प संरचना की दृष्टि से स्वतन्त्र है।

लेकिन इसका अर्थ यह भी नहीं है कि उसका कोई संविधान ही नहीं है। उसकी रचना करते समय कतिपय नियमों का पालन तो करना ही होगा। यह शिल्प डगमगाकर टूट न जाय यह प्रयोजन तो होगा ही, किन्तु इस प्रयोजन को प्रयोजन नहीं कहा जा सकता। यह 'purpose' नहीं है, 'purposiveness' है; क्योंकि उसका भी कुछ 'telos' तो है ही; किन्तु

यह 'telos' अन्ततः उसके अपने सं-विधान के भीतर है। उसकी संरचना के अन्दर है। जब पदार्थ की संरचना स्वयं-पर्याप्त 'autonomous' हो तब उस संरचना के अपने नियमों से अलग अन्य नियम उस संरचना को परतन्त्र नहीं कर सकते। 'अनन्यपरतन्त्र' कलाकृति 'purposiveness without purpose' होती है।

यह काण्ट की 'teleology of art' है। वह कहता है कि कला का अन्तिम हेतु कला के भीतर है और कलाकृति का अन्तिम उस कलाकृति की संरचना के भीतर है। काण्ट ने स्पष्टतापूर्वक कहा है कि कलाकृति 'autonomous' अर्थात् स्वयंपर्याप्त है। पाश्चात्य परम्परा में अपूर्वता से कहा, लेकिन 'teleology' का यह मुद्दा अभी विशेष चर्चा की अपेक्षा रखता है। काण्ट यह नहीं मानता कि जिन आकारों का अन्तिम उनके भीतर ही हो और जो आकार 'purpose' की दृष्टि से 'autonomous' हो ये सभी आकार सौन्दर्य के आकार हैं। अगर ऐसा है तो कौन-से आकार सौन्दर्य के और कौन-से नहीं, इस प्रश्न की समीक्षा होनी चाहिए।

कला के (और अन्य सौन्दर्य के) आकार का इस दृष्टि से आलेखन करते हुए काण्ट कहता है :

> An object of experience may be viewed as purposive only relatively to the subject that is conscious of it. In other words, the idea that it is purposive may rest upon the mere harmony of the form of the object with our faculty of knowledge, a form which is directly apprehended without the intermidiation of conception.

कला के (तथा अन्य सौन्दर्य के) आकार में जो 'purposiveness' है, यह ज्ञानविषयक संवाद से पैदा होती है। कलाकृति का आकार, भावक की व्यवधानरहित और विभावना विहीन ज्ञानप्राप्ति की क्रिया के साथ इस तरह संवादी होना चाहिए, मानो कि उस आकार का प्रयोजन, उस प्रकार का ज्ञान भावक के लिये शक्य हो यही है, ऐसा प्रतीत होना चाहिए। लेकिन उस आकार में इस संवाद से अलग कोई प्रयोजना नहीं होनी चाहिए। यह संवाद 'necessary' अर्थात् निश्चित रूप से स्थापित होता हो (ऐसा नहीं कि आकस्मिक हो गया हो) फिर भी पहले से ही कलाकृति पर विभावनापूर्वक थोपा गया न हो।

इससे अलग किन्तु स्वयं प्रयोजनवती पदार्थ की आकृति हो सकती है। काण्ट इसका निरूपण इस तरह करता है :

> But the object may also be regarded as in itself purposive if the form of the thing as given in a concertion which precedes it and is its condition, agrees with the possibility of the thing itself.[२१]

यहाँ 'agreement' है, किन्तु आकार और उसके भावक के बीच संवाद से अलग है। यह 'agreement' अथवा समानता पदार्थ का आकार और पदार्थ की रचना के पूर्व की विभावना के बीच है। यह विभावना उस पदार्थ की संरचना को condition करती है; उसकी पूर्वशर्त हो जाती है। कला की और अन्य सौन्दर्य की आकृति को ऐसी कोई पूर्वशर्त नहीं होती।

'The harmony' और 'the agreement' के बीच इस भेद को ध्यान में लिये बिना काण्ट किसे 'autonomous form of art and beauty' कहता है, इसे नहीं समझ सकते।

कला की 'teleology' की चर्चा करते समय काण्ट की इस तीसरी आंशिक परिभाषा का महत्त्व कम नहीं आँकना चाहिए। कलाकृति की स्वयंपर्याप्तता का उनका दर्शन परिपूर्ण है। फिर भी कला और अन्य प्रतीकात्मक आकारों का समाहार समान संस्कृति के बीच इस स्वयंपर्याप्तता को क्षति न हो ऐसे सम्बन्ध की काण्ट कल्पना कर सकते थे। वे कहते हैं :

> [Art] is a kind of representation which has its end in itself but which nonetheless, although it has no purpose external to itself, prompts the culture of the mental powers with a view to social communications.[२२]

चौथी आंशिक परिभाषा अनुसार :

> the beautiful is that which without any concept is recognized as the object of a necessary satisfaction.[२३]

काण्ट यहाँ कलानन्द की 'necessity' की बात करता है।

कहीं ऐसा भ्रम प्रवर्तित हो सकता है कि एक निश्चित वर्ग के सभी सदस्य यदि सहमत हों तो कोई भी कृति उस वर्ग के लिये कलाकृति हो जाती है। इस भ्रम को दूर करने के लिये काण्ट 'necessity' का उल्लेख करता

है। आकार के सन्दर्भ में यह संज्ञा समीक्षायोग्य है।

The Critique of Pure Reason में भी इस संज्ञा का प्रयोग हुआ है। यहाँ काण्ट कहता है :

> Necessity and strict universality are pure criteria of a priori knowledge, and are inseparably connected with each other.

'A priori' ज्ञान के आकार की यह 'necessity' और कला के आकार की उपर्युक्त 'necessity' के बीच कुछ तफावत है।

'A priori' आकारों की 'necessity' में ज्ञान की प्रक्रिया का आरम्भ हो इससे पूर्व की स्थिति का भी समावेश है। यह 'a priori' है और इसलिए सैद्धान्तिक और ज्ञान-प्रक्रियापरोक्ष है।

दूसरी ओर सौन्दर्य के आकार की 'necessity' के बारे में काण्ट स्वयं अलग ढंग से बात करता है। काण्ट कहता है कि इसके मूल में 'The effect resulting form the free play of our cognitive powers.' अर्थात् ज्ञान-प्रक्रिया-सापेक्ष और ज्ञान-संकलित शक्तियों के स्वातन्त्र्य में ही कला और अन्य सौन्दर्य की 'आवश्यकता' समाहित है। यदि चित्त के ज्ञान-संकलित उपकरण स्वतन्त्र रूप से, बिना किसी अवरोध रममाण हो तो वे सौन्दर्य के या अन्य कला के आकार को 'सुन्दर' रूप में अवश्य अनुभव करेंगे।

च

काण्ट के कला-विचार को उसके तीसरे Critique में चाहे हम पढ़ें लेकिन उसे समझने के लिये उसके प्रथम Critique की भूमिका ही नहीं, अपितु उसका पुनः-पुनः अनुसन्धान भी अनिवार्य है।

काण्ट के समग्र तत्त्वविचार में 'आकार' (form) संज्ञा मूलगत महत्त्व धारण कर पुनः-पुनः आती है; उसमें कला के तथा अन्य सौन्दर्य के सन्दर्भ में जब वह आती है तब शुद्ध प्रमा (Pure Reason) के आकारों के साथ उसका क्या सम्बन्ध है, इसकी हमने इस प्रकरण में पद्धतिगत सूचन द्वारा मूलगामी चर्चा करने का प्रयत्न किया।

अमुक 'आकारों' में विभावना का क्या स्थान है और सर्व वेदनशीलता तथा अभिज्ञा के ज्ञानगत विभावनों के मूल में भी क्या है, तद्विषयक ससन्दर्भ चर्चा भी की।

और अन्त में हमने निष्कर्ष पाया कि ज्ञान-मीमांसागत त्रिक के मूल में जो ज्ञानगत शक्ति है, वह है कल्पना। यही वेदनशीलता एवं अभिज्ञा के मूल में हैं।

इन सभी के सन्दर्भ में काण्ट की सौन्दर्य और कला की चार आंशिक परिभाषाओं के दो शब्द विशेष ध्यान आकर्षित करते हैं। एक तो कला सौन्दर्य का आकार 'without a concept' होता है; काण्ट यह दो बार कहता है। कला सौन्दर्य का आकार 'discursive' नहीं है, यह बात वह पुनरुक्ति द्वारा स्पष्टतापूर्वक सूचित करता है।

लेकिन इससे भी विशेष महत्त्वपूर्ण मुद्दा यह है : काण्ट चौथी आंशिक परिभाषा में कहता है तद्नुसार सौन्दर्य का सौन्दर्य के रूप में अनुभव करना चित्त के लिये 'आवश्यक' है। और यह आवश्यकता चित्त की 'cognitive powers' 'ज्ञानगत शक्तियाँ' (या उपकरण) की एक विशिष्टता है। यह विशिष्टता है उनका 'free play'। सौन्दर्य के साथ संकलित इस चैतिसिक स्वातन्त्र्य के काण्ट द्वारा कथित विशिष्ट मुद्दों का पुनः उल्लेख कर हम काण्ट के कला-विचार और तत्त्वविचार विषयक इस प्रकरण का समापन करें।

गुजराती से अनुवाद : तुलसीभाई पटेल

आलेख का रचना-वर्ष : १९७९

रमणीयता

क

'रमणीयता' संज्ञा को साहित्य-मीमांसा की अन्य संज्ञाओं का केवल पर्याय मानने की परम्परा मानो अर्वाचीन विद्वानों में प्रवर्तित है। 'Beautiful' और 'Pleasant'—इन दोनों के लिये तथा संस्कृत शब्द 'सुन्दर' के पर्याय के रूप में 'रमणीय' संज्ञा का प्रयोग जगन्नाथ ने किया हो, ऐसी छाप बार-बार पैदा की है।

एस.के. डे जैसे विद्वान भी लिखते हैं, 'Ramaniyata means literally the state of being conductive to pleasure' लेकिन रमणीयता का शब्दार्थ इस तरह माना जा सकता है क्या? 'Being conductive to' यह अर्थ 'इय' अनुग में अवश्य है। लेकिन 'रमण' शब्द में 'pleasure' का जो अर्थ है उससे विशेष (और विशेष चौकसाईपूर्वक) 'रमण' शब्द में क्रीड़ा का अर्थ है। 'रमण' में 'pleasure' का नहीं, 'play' का सीधा सूचन है; 'pleasure' तो उसके बाद का सोपान है। उपरान्त जगन्नाथ को यह सोपान कितना अभिप्रेत है, यह भी जानना चाहिए।

यूनिवर्सिटी ग्रांट कमिशन द्वारा सन् १९६८ में आयोजित एक परिसंवाद निबन्धों का सम्पादन 'Principles of Literary Criticism in Sanskrit' शीर्षक से डॉ. आर.सी. त्रिवेदी ने किया है। जगन्नाथ पर के निबन्ध पर टिप्पणी में डॉ. त्रिवेदी लिखते हैं :

> I am afraid Jagannath by malking ramaniya (beautiful) an adjective of meaning (artha) in his definition of poetry laid more stress on content rather than form.[२]

इस विधान के मुख्य मुद्दे की चर्चा यहाँ अभिप्रेत नहीं है। लेकिन लेखक जिस ढंग से 'रमणीय' और 'beautiful' संज्ञाओं को एक-दूसरे का पर्याय मानते हैं, इसके प्रति ध्यान आकर्षित करना ही प्रयोजन है।

'रसगंगाधर' के मराठी भाषान्तरकार-सम्पादक प्रो. रा. ब. आठवले जगन्नाथ की परिभाषा का भाषान्तर इस तरह करते हैं : सुन्दर अर्थान्चे प्रतिपादन करणारा (म्ह. कथन करणारा) जो शब्द त्याला काव्य म्हणावे (=ते काव्य)[३] यहाँ 'रमणीय' संज्ञा का भाषान्तर 'सुन्दर' किया गया है।

भारतीय सौन्दर्य-शास्त्र के कर्ता श्री लक्ष्मीनाथ बदरीनाथ शास्त्री पुस्तक के प्रथम पृष्ठ पर ही लिखते हैं : 'रमणीयता उसे कहते हैं कि जिसके ज्ञान से लोकोत्तर (अलौकिक) आनन्द (आह्लाद) उत्पन्न हो। इस आह्लाद का पर्याय शब्द चमत्कार है।' और वे कहते हैं कि रसिकों को उसका प्रत्यक्ष अनुभव होता है। रमणीयता (सौन्दर्य) के इस अर्थ का विचार करने पर भी 'Aesthetics' को सौन्दर्य कहने में आपत्ति नहीं है। रमणीयता, चारुता और सौन्दर्य ये शब्द समानार्थक हैं और सौन्दर्य चमत्कृत द्वारा लोकोत्तर आह्लाद उत्पन्न करता है।[४]

'रमणीयता' संज्ञा 'beautiful', 'pleasure' अथवा 'सौन्दर्य' संज्ञाओं के साथ संकलित हो सकती है। लेकिन व्युत्पत्ति की दृष्टि से या जगन्नाथ की विवेचन प्रवृत्ति की दृष्टि से उनमें से एक का भी ये केवल पर्याय नहीं है।

यह स्पष्ट है कि जगन्नाथ की रमणीयता की विभावना का कोई सरलीकरण किये बिना जगन्नाथ के काव्य-विचार की विशिष्ट सन्दर्भ में जाँच करने के लिये पर्यायात्मक अध्ययन-पद्धति के बजाय तुलनात्मक अध्ययन-पद्धति विशेष अनुकूल है। 'रमणीयता' इन सब शब्दों का केवल पर्याय है, ऐसा कहने से नहीं किन्तु 'रमणीयता', 'Form', 'संयोग' आदि संज्ञाओं से किस तरह भिन्न है, इसकी जाँच करने पर ही उसके मर्म को प्राप्त कर सकेंगे।

इसलिए सर्वप्रथम तो इस विभावना की अर्थच्छाया को बारीक़ी से पकड़ सके ऐसी उनकी दो धुराओं को समझ लेना होगा। अर्थात् उस संज्ञा का उसके 'Ontological Axis' और 'Epistemological Axis' पर कहाँ स्थान है, यह जानना होगा।

जगन्नाथ ने स्वयं ही इस तरह ही 'रमणीयता' संज्ञा का अर्थ स्पष्ट करने

का समर्थ यत्न किया है। 'ज्ञानगोचरता', 'भावना', 'अनुभवसाक्षिकता' आदि संज्ञाओं से ज्ञान-मीमांसा का सन्दर्भ वे स्पष्ट करते हैं। दूसरी तरफ़ अस्तित्व-मीमांसागत सन्दर्भ को भी 'लोकोत्तरता', 'सन्निवेश-चारुता' और 'प्रतिभा' की चर्चा करते हुए 'काव्यघटना' जैसी संज्ञाओं द्वारा निर्देश करते हैं। यह कहा जा सकता है कि जगन्नाथ की विवेचन प्रवृत्ति ज्ञान-मीमांसा की ओर विशेष झुकती है। न्यायदर्शन के साथ उनका पद्धतिगत सम्बन्ध भी रमणीयता के बारे में उन्होंने जिस पद्धति से चर्चा की है उसके क्रमशः विकसित शृंखलाबद्ध स्वरूप में दिखायी देती है।

इसीलिए इस निबन्ध के आरम्भ में ही स्वीकृत पद्धति के महत्त्व को ध्यान में रखकर, रमणीयता का उसके 'पर्यायों' के साथ सन्दर्भ की व्यवस्था को छोड़कर, जगन्नाथ ने स्वयं ही उस विभावना के जो ज्ञान-मीमांसागत और अस्तित्व-मीमांसागत सन्दर्भ स्थापित किये हैं, उसकी व्यवस्था को लक्ष्य बनाकर, उसकी यथाशक्य सविस्तार और गहराई से जाँच करने का उपक्रम है।

(ख)

इस भूमिका पर अब जगन्नाथ के 'रसगंगाधर' में व्यक्त 'रमणीयता' की विभावना पर बारीक़ी से जाँच करेंगे।

'रसगंगाधर' के प्रथम आनन में काव्य का लक्षण दर्शाने वाली जो सुख्यात पंक्ति है 'रमणीयार्थप्रतिपादकः शब्दः काव्यम्।' उसकी प्रस्तावना जगन्नाथ इस तरह प्रस्तुत करते हैं :

> तत्र कीर्ति-परमाह्लाद गुरुराजदेवताप्रसादाधनेक-
> प्रयोजनकस्य काव्यस्य व्युत्पत्तेः कविसहृदयोरावश्यकतया
> गुणालंकारादिभिर्निरुपणीये तस्मिन्विशेष्यतावच्छेदकं तदितर-
> भेदबुद्धौ साधनं च तल्लक्षणं तावन्निरूप्यते।[४]

> अर्थात्, 'कीर्ति, परम आह्लाद, गुरु, राजा और देवता की प्रसन्नता आदि अनेक प्रयोजनयुक्त काव्य के (स्वरूप का) ज्ञान होना यह कवि और सहृदय दोनों के लिये आवश्यक होने से, गुण, अलंकार आदि विशेषणों (जिनका आगे निरूपण होने वाला है, वह) से युक्त काव्य की विशेषता का अवच्छेदन करने वाला और काव्य से इतर जो कुछ है, इससे काव्य

का व्यावर्तन करने वाला साधन जिसे कह सकते हैं ऐसे काव्य-लक्षण निरूपण अब मैं यहाँ करूँगा।'

इस प्रस्तावना के बाद ही काव्य-लक्षण आता है। इसमें जगन्नाथ की विद्वान के रूप में निरूपण की स्वच्छता और व्यवस्थाप्रीति तो प्रगट होती ही है, लेकिन इसके अतिरिक्त उनकी कतिपय बुनियादी विचारणा भी स्पष्टता प्राप्त करती है।

जगन्नाथ द्वारा प्रस्तुत इस प्रस्तावना के तीन विभाग हैं :

(१) प्रथम भाग में इन्होंने काव्य के प्रयोजनों की बात की है। ('कीर्ति, परम आह्लाद और गुरु, राजा तथा देवता की प्रसन्नता आदि अनेक प्रयोजनयुक्त काव्य उसके...)

(२) दूसरे विभाग में काव्य के स्वरूप का ज्ञान होना ('काव्यस्य व्युत्पत्तिः') यह कवि के लिये तथा भावक के लिये अनिवार्य है, यह कहा गया है और इस ज्ञान के साथ वाक्य-रचना की शक्ति पर काव्य-लक्षणों का सम्बन्ध स्थापित हुआ है ('काव्य के स्वरूप का ज्ञान होना यह कवि और सहृदय दोनों के लिये आवश्यक होने से अब मैं यहाँ काव्य-लक्षण का निरूपण करूँगा।') और

(३) तीसरे विभाग में काव्य की एक विशेषता का उल्लेख कर उस विशेष्यता का अवच्छेदन करना काव्य-लक्षण का काम है, ऐसा कहा गया है। साथ ही काव्य-लक्षण का दूसरा काम भी सूचित किया गया है : काव्येतर से काव्य को अलग तय कर देना यह।

पहले और दूसरे मुद्दे पर साथ में चर्चा करें। जगन्नाथ काव्य का लक्षण 'रमणीय अर्थ का प्रतिपादन करने वाला शब्द' प्रस्तुत करता है—यह इन दो मुद्दों के अनुसार किस लिए? कवि तथा भावक के लिये काव्य के स्वरूप का ज्ञान आवश्यक है इस लिए। लेकिन कीर्ति, परम आह्लाद, गुरु, राज, देवता की प्रसन्नता आदि अनेक काव्य प्रयोजन तो जगन्नाथ प्रस्तावना में ही गिना देता है। इस तरह, काव्य के प्रयोजन का ज्ञान तो इन्होंने संक्षेप में प्रस्तुत कर ही दिया है, तो कवि और भावक को जो ज्ञान पाने की ज़रूरत है, यह ज्ञान इस ज्ञान से भिन्न ही है।

संक्षेप में 'रमणीय अर्थ का प्रतिपादन करने वाला शब्द यही काव्य', इस

वाक्य की भूमिका में ज्ञान-मीमांसा की विशिष्ट आवश्यकता समाहित है। और यह आवश्यकता तथा उसकी विशेषता से जगन्नाथ सजग है, यह यहाँ देखा जा सकता है। अर्वाचीन समय में इसकी चर्चा शायद ही की गयी है और इस सन्दर्भ भी गुजराती, मराठी, हिन्दी और अँग्रेज़ी भाषा में जगन्नाथ के काव्य-लक्षण के विवरण में शायद ही सुरक्षित है। इस निबन्ध में उस सन्दर्भ पर भार दिया जाय तब ऐसा करने के लिये ग्रन्थगत भूमिका (textual basis) है, यहाँ यह दर्शाया गया है।

जगन्नाथ के अर्वाचीन समय से पूर्ववर्ती काल के प्रमुख टीकाकार नागेश भट्ट इस सन्दर्भ को स्पष्टतापूर्वक समझते हैं। ऊपर उल्लखित प्रस्तावनारूप कंडिका पर नागेश भट्ट लिखते हैं : तल्लक्षणं काव्य-लक्षणं। तन्त्राकारकज्ञानस्य प्रवर्तकत्वादिति बोध्यम्। इष्टतावच्छेदकं च तदेव।[६]

प्राचीन परम्परा में जो सन्दर्भ अखण्ड सुरक्षित रहते थे उसके साथ तल्लीन हुए बिना आधुनिक विवेचन भरत से जगन्नाथ तक के विचारकों को किस हद तक समझ पायेगा, यह एक प्रश्न है।

ज्ञान-मीमांसागत सन्दर्भ सुरक्षित रखकर आगे बढ़ते प्रश्न होता है कि प्रयोजन के ज्ञान से भिन्न कविता किसका और कौन-सा ज्ञान भावक को और कवि को इस काव्य-लक्षण से प्राप्त होता है? इस तबके जगन्नाथ ने कवि और कविता के बीच के सम्बन्ध की चर्चा करते समय मम्मटाचार्य आदि ने प्रतिभा (अथवा शक्ति) के उपरान्त कवि के लिये व्युत्पत्ति (अथवा निपुणता), अभ्यास आदि को आवश्यक माना है, इसके बारे में दर्शाया अभिगम ध्यान खींचता है। जगन्नाथ तो उसका (काव्य-निर्माण का) कारण केवल कविगत प्रतिभा[७] है, यह कहकर व्युत्पत्ति आदि का सीधा छेद उड़ा देता है। यह मुद्दा इस तबके बहुत महत्त्वपूर्ण बनता है, क्योंकि अपने काव्य का लक्षण प्रस्तुत करने के लिये भूमिका तैयार करते समय जगन्नाथ अमुक प्रकार का काव्यविषयक ज्ञान भावक के लिये ही नहीं, कवि के लिये भी आवश्यक मानता है।

इस समग्र संकुल सन्दर्भ की साधारण भी उपेक्षा किये बिना, कोई सरलीकरण के बिना, जगन्नाथ के काव्य-लक्षण समझना, यही एक उसकी सच्ची समझ है।

यह जाँच करने से पहले बल्कि जाँच करने के लिये उपर्युक्त प्रस्तावना

के तीन विभागों में तीसरे मुद्दे पर कुछ विस्तार से विचार करें।

जगन्नाथ के शब्द हैं, 'तिस्मिन्विशेष्यतावच्छेदकं...तल्लक्षणं'। काव्य की विशेष्यता का अवच्छेदक ऐसा लक्षण जिसे अलग तय करने वाली 'विशेष्यता' कौन-सी है ? इस प्रश्न की मर्मग्राही चर्चा प्रो. रा.ब. आठवले ने कही है, पहले उस पर दृष्टिपात करें :

> काव्य हे विशेष्य म्हणजे त्यावर विशेष्यता हा एक
> धर्म आला: आणि काव्यत्व हा दूसरा त्याचा ख़ास धर्म ही
> त्यावर आहेच। एतावता हे दोन धर्म विशेष्यता व काव्यत्व
> हे एकाच काव्य ह्या अधिकरगावर राहतात।

> अर्थात् काव्य, काव्य यह अधिकरण और उसकी 'काव्यता' और जगन्नाथ-कथित 'विशेषता' ये दो धर्म :

> ह्या दोन धर्मां पैकी विशेष्यता हा धर्म अवच्छेद्य
> म्हणजे बेगळा पाडला जाणाराव काव्यत्व हा धर्म अवच्छेदक
> म्हणजे त्या विशेष्यतेला (इतर विशेष्यतांइन) वेगळा पाडनारा आहे।

अर्थात् काव्यत्व यह धर्म 'अवच्छेदक' और जगन्नाथ के उल्लिखित शब्दों में काव्य-लक्षण 'अवच्छेद्य' माना गया है, इसकी नोंध इस तबके हम कर दें।

> आतां अशाठिकाणीं न्यायशास्त्रांतील पुठील नियम ध्यानान्त ठेवला पाहिजे, तो नियम असा—'समानाधि करणोरेचं धर्मयो: परस्परमवच्छेद्यावच्छेदकभाव:।' एकाच अधिकरणावर असलेले दोन धर्म परस्परांचे अवच्छेद्य अवच्छेदक होतात हा याचा अर्थ। हा नियम वरील ठिकाणी लागू पडतो ते असा—काव्य ह्या एकाच म्हणजे समान अधिकरणावर विशेष्यता व काव्यत्व असे दोन धर्म राहत असल्यानें त्या पैकी काव्यत्व हा धर्म विशेष्यता या काव्यावरील दुस-या धर्माचा अवछेदक झाला; म्हणजे येथें काव्यत्व या धर्मानेच काव्य विशेष्य आहे असें समजावें।[६]

> अर्थात् न्यायशास्त्र के ऊपर उल्लिखित नियम अनुसार नहीं, काव्य एक ही अर्थात् समान अधिकरण में विशेष्यता और काव्य ऐसे दो धर्मों में निहित होने के कारण उनमें से एक 'काव्यत्व' धर्म दूसरे 'विशेष्यता' उस धर्म का अवच्छेदक हुआ। अत: यहाँ काव्यत्व इस धर्म द्वारा ही काव्य विशेष्य होता है, यह समझना चाहिए।

परिभाषा के कारण प्रो. आठवले की दलील को समझना कुछ कठिन होगा, लेकिन उनका मुद्दा काव्यमर्मगामी है।

गुणालंकार आदि से रचित काव्यधर्म का काव्य के साथ घनिष्ठ सम्बन्ध की ही चर्चा यहाँ करनी है।

गुणालंकारादि से रचित काव्यधर्म को जगन्नाथ ने योग्य रूप से ही 'विशेष्यता' माना है। काव्य यह विशेष्य। अब जगन्नाथ की समग्र काव्य-भावना को ध्यान में रखकर प्रो. आठवले काव्यरूपी विशेष्य के एक अन्य धर्म की बात करते हैं, यह है 'काव्यत्व'।

काव्यत्व-रूपी धर्म और गुणालंकारादि द्वारा रचित विशेष्यता, दोनों काव्यरूपी विशेष्य के साथ संलग्न है, यह सही है। लेकिन इन दो में से प्रो. आठवले बताते हैं तद्नुसार, काव्यत्वरूपी धर्म गुणालंकारादिजन्य विशेष्यता का अवच्छेदक बनता है।

काव्यत्व और गुणालंकारजन्य विशेष्यता का ऐसा अवच्छेदक अवच्छेद्य सम्बन्ध समझने के बाद काव्य के साथ काव्यत्व और गुणालंकारजन्य विशेष्यता का सम्बन्ध भी स्पष्टतापूर्वक समझ सकते हैं। काव्यत्वधर्म गुणालंकारजन्य विशेष्यता का अवच्छेदक है और काव्यत्वधर्म द्वारा ही काव्य विशेष्य है, यह प्रो. आठवले दर्शाते हैं।

प्रो. आठवले स-प्रमाण दर्शाते हैं कि काव्यत्व ही अवच्छेदक है। यह बात जगन्नाथ ने स्वयं काव्य-लक्षण निश्चित करते समय रखी है। जगन्नाथ के शब्द हैं : 'तस्मिन्विशेष्यतावच्छेदकं... तल्लक्षणं।' काव्य-लक्षण काव्य की विशेष्यता का अवच्छेदक है।

काव्य-लक्षण के अन्तर्गत, काव्य का सूचक कौन-सा तत्त्व इस अवच्छेदन का कार्य कर सकता है यह जानने की भूमिका, उपर्युक्त चर्चा के कारण रची जा सकती है। यह अवच्छेदन गुणालंकारादिजन्य धर्म नहीं करता है, यह स्पष्टता का बड़ा अर्थ है। क्योंकि गुणालंकारादि से भिन्न तत्त्व काव्यत्व का सूचक है, इसके द्वारा यह स्पष्ट होता है।

यह तत्त्व कौन-सा है?

रमणीयता के कई विद्वानों के द्वारा दिये गये पर्याय हमने देखे। स्वयं जगन्नाथ द्वारा प्रस्तुत रमणीयता की परिभाषा हम बाद में देखेंगे। लेकिन

रमणीयता का जो परिचय ऊपर उद्भूत प्रश्न द्वारा होता है यह उसकी विभावना का एक मर्मसूचक परिचय है। कारण कि 'रमणीयता' जगन्नाथ के काव्य-सिद्धान्त में काव्य की विभिन्न विशेष्यताओं का परस्पर अवच्छेदन कर सके ऐसा और काव्य के अन्त में विशेष्य बनाने वाले धर्मों में जिसे सर्वोपरि और बुनियादी कहना चाहिए वैसा काव्यधर्म है।

रमणीयता को अन्य अनेक ढंग से समझने का प्रयत्न हम यहाँ करेंगे। लेकिन जगन्नाथ के समर्थ टीकाकार नागेश भट्ट के शब्द का सन्दर्भ देकर कहा जा सकता है कि ज्ञान-मीमांसा की दृष्टि से तो रमणीयता का प्रथम लक्षण 'तत्प्रकारकज्ञानस्य प्रवर्तकत्वं' है। रमणीयता, इतरता-व्यवच्छेदन-ज्ञान-प्रवर्तक-विभावना के रूप में, एक ज्ञान-मीमांसागत संज्ञा बनती है।

(ग)

'रमणीय' संज्ञा विशेषण है। यह 'रम्' धातु पर से बना है। 'रम्' धातु पर से नाम बनता है 'रमण'। उसे 'इय' प्रत्यक्ष लगने पर विशेषण बनता है 'रमणीय'। 'रमणीय' अर्थात् 'रमणयोग्य'। जगन्नाथ का काव्य-लक्षण है : 'रमणीयार्थ प्रतिपादकः शब्दः काव्यम्।'[९] यहाँ 'रमणीय' उस अर्थ का विशेषण बनता है।

रसगंगाधर के चौखम्बा विद्याभवन द्वारा प्रकाशित 'संस्कृत परिभाषा' के लेखक श्री बदरीनारायण इस विशेषण की की व्याख्या उसी पुराने ढंग से, गलत पर्याय दे कर, करता है। 'रमयणीस्य...सुन्दरस्यार्थस्थ...बोधकः शब्दः काव्यम्।'[१०]

लेकिन 'रमणीय' यानि 'सुन्दर', अर्वाचीन आलोचकों द्वारा लगभग सर्वसम्मति से स्वीकृत यह अर्थ न लेकर, इस शब्द का अलग और स्वकीय संविधान ध्यान में लेंगे तो ही जगन्नाथ के काव्य विचार को बारीक़ी से समझ पायेंगे।

'रमणीय' विशेषण को अगर केवल 'सुन्दर' के अर्थ में न समझें और 'रमणयोग्य' अथवा 'क्रीड़ायोग्य' के अर्थ में समझेंगे तो उस विशेषण के सन्दर्भ में 'अर्थ' को तीन विभागों में विभाजित कर सकते हैं। इन तीन विभागों पर विचार करने से पहले एक अन्य मुद्दे पर विचार करें।

'रमणीय' संज्ञा को 'रमणयोग्य' या 'क्रीड़ायोग्य' अर्थ में ग्रहण करने के साथ ही पण्डितराज जगन्नाथ को भारतीय काव्य-मीमांसा की परम्परा में जो नाम सर्वाधिक आदरणीय लगा होगा वह याद आता है। वह नाम है भरतमुनि का। अलबत्ता, भरतमुनि के नाट्यशास्त्र से पण्डितराज सुपरिचित थे ही। जगन्नाथ जिस परम्परा के अन्तिम ज्योतिर्धर थे, उस परम्परा की ज्योति प्रकाशित करने वाले कदाचित् भरतमुनि थे। नाट्यशास्त्र में नाट्य के लिये उसका नामकरण भी नहीं हुआ था, तब जो शब्द प्रयुक्त किया था, वह यहाँ याद आता है। इन्द्र आदि देव जब ब्रह्मा के पास सम्मूढ़ मानवों के लिये पंचम वेद की माँग करने के लिये गये तब, उस नाट्य का नाम या स्वरूप अभी प्रकट नहीं हुआ था, इस स्थिति में 'क्रीडनीयम्' माँग कर भरताचार्य लिखते हैं :

> 'महेन्द्रप्रमुखैर्द्रेवैरुक्तः किल पितामहः।
> क्रीडनीयकमिच्छामो दृश्यं श्रव्यं च यद्भवेत्॥'[११]

> अर्थात् 'महेन्द्र को अगुआ करके देवों ने पितामह ब्रह्मा को कहा, जो दृश्य और श्रव्य हो ऐसा क्रीड़नीयक हम चाहते हैं।'

नाट्य के लिये नाट्यशास्त्र में प्रयुक्त यह 'क्रीड़नीयक' शब्द पण्डितराज से अपरिचित तो नहीं होगा। इस शब्द के मूल में 'क्रीड़नायक' नाट्य और जगन्नाथ का वह 'रमणीय' काव्य—भारतीय काव्य-शास्त्र के दो अन्तिमों पर स्थित ये दो विभावनाओं के बीच समानता कैसी निरीक्षण एवं मनन योग्य है! पर्याय देकर आगे बढ़ती अध्ययन-पद्धति के कारण अर्वाचीन समय के समर्थ विद्वानों को भी यह समानता दृष्टिगत न हुई, जो तुलनात्मक अध्ययन-पद्धति के सचेत और समान उपयोग के कारण यहाँ निरीक्षण-मनन के लिये प्राप्त होती है।

'क्रीडनीय' नाट्य और 'रमणीय' काव्य, इन दो संज्ञाओं की भूमिका के रूप में और परिणाम रूप से काव्य-शास्त्र का नया परिणाम हम देख पाते हैं और आगे उसकी चर्चा करने की शक्यता इस निबन्ध में पैदा हुई, इस तबके इतनी नोंध करके हम 'रमणीय' विशेषण के कारण 'अर्थ' के जो तीन विभाग हो सकते हैं, इस पर दृष्टिपात करेंगे।

रमणीयता के सन्दर्भ में अर्थ तीन प्रकारों में विभाजित हो जाते हैं :

(१) रमण के लिये अयोग्य, लेकिन सादे व्यवहार के लिये समर्थ।

(२) रमणीय, अर्थात् भावक जिसमें रममाण हो सके, ऐसा।

(३) रमण के लिये अयोग्य, लेकिन स्थिर और दीर्घ मनन के लिये या समाधि के लिये योग्य।

इनमें प्रथम विकल्पयुक्त अर्थ जो प्रतिपादित कर सकता है, वह शब्द केवल व्यवहार का शब्द है।

तीसरे विकल्पयुक्त अर्थ जो प्रतिपादित कर सकता है, वह शब्द इस दृष्टि से देखने पर हमारा ध्यान ख़ास आकर्षित करता है।

कारण कि रमणीय अर्थात् भावक जिसमें रममाण हो सके, ऐसे अर्थ का प्रतिपादन करने वाले शब्द को जगन्नाथ काव्य कहते हैं। लेकिन यह काव्य-लक्षण काव्य की एक विशिष्ट विभावना को व्यक्त करता है; उसकी भूमिका रूप में तो सुस्थिर समाधि के योग्य अर्थ का प्रतिपादनकर्ता शब्दरूपी काव्य की विभावना समाहित है। इस विभावना के विकल्प रूप में जगन्नाथ की विभावना ली जा सकती है।

तो, इन दो विभावनाओं के बीच क्या सम्बन्ध है? क्या ये दोनों परस्पर विरोधी हैं? या ये दोनों मिलकर एक समग्रता का समावेश करती हैं? या ये दो, तत्त्वतः और अन्तिमता की दृष्टि से एक ही विभावना है? अब इन प्रश्नों को उपस्थित करने की शक्यता पैदा हुई है।

लेकिन उनका उत्तर पाने से पहले अथवा पाने के लिए, जगन्नाथ ने स्वयं रमणीयता की जो सविस्तार चर्चा की है उसे पूर्ण से समझना ज़रूरी है।

जगन्नाथ ने रमणीयता की विभावना निम्नलिखित तीन विधानों द्वारा क्रमशः समझाई है :

(१) रमणीयता च लोकोत्तराह्लादजनकज्ञानगोचरता।

(२) लोकोत्तरत्वे चाहलादगतश्चमत्कारत्वापरपर्यायाऽनुभवसाक्षिको जातिविशेषः।

(३) कारणं च तदवच्छिन्ने भावनाविशेषः पुनःपुनरनुसंधानात्मा।[१२]

अर्थात् (१) रमणीयता यानि लोकोत्तर आह्लाद को पैदा कराने वाली ज्ञानगोचरता। (२) लोकोत्तरता यानि आह्लाद का एक विशेष प्रकार। (३) उस आह्लाद का कारण जो ज्ञान, एक भावनाविशेष है और ऐसा है जिसका पुनः-पुनः अनुसन्धान होता है।

संक्षेप में, रमणीयता यह ज्ञानगोचरता तो सही, लेकिन यह 'ज्ञान' विशेष प्रकार का होता है। इसीलिए 'रमणीयता' की ज्ञान-मीमांसा भी विशिष्ट होती है।

यह ज्ञान 'लोकोत्तर', 'आह्लादक' और 'चमत्कारी' तो सही, लेकिन उससे भी विशेष चौकसी से जगन्नाथ ने उस ज्ञान का स्वरूप दर्शाया है। ज्ञान के इस स्वरूप का नाम है 'भावना'।

नागेश भट्ट इस मुद्दे की टीका करते हुए लिखते हैं, 'ज्ञानंच भावनारूपमेव, नान्यदित्याह।[१३] अर्थात् 'भावनारूप ज्ञान ही, अन्य नहीं, यह (जगन्नाथ ने) कहा है।'

ज्ञान के दो प्रकार : समूहालेखन ज्ञान और भावनारूप ज्ञान, ज्ञान-सामग्री कई बार कोई अन्य वस्तु के साथ संलग्न होने से वह वस्तु अकस्मात् ज्ञान का विषय हो जाती है। मूल सामग्री को 'विषयक सामग्री' संज्ञा से और अकस्मात् संलग्न सामग्री को 'उदासीन सामग्री' संज्ञा से नव्यन्यायदर्शन में पहचाना जाता है। न्याय अनुसार कई बार विषयक और उदासीन सामग्री अकस्मात् ज्ञान के समान सामग्री हो जाती है। ऐसी स्थिति में ज्ञान को समूहालेखन ज्ञान कहा जाता है।[१४]

लेकिन भावनारूप ज्ञान तो धाराप्रवाही ज्ञान है। जगन्नाथ कहते हैं तद्नुसार जिसमें मूल सामग्री के साथ 'पुनः-पुनः अनुसन्धान होता रहे' ऐसा ज्ञान है। उदासीन सामग्री पुनः-पुनः धारावहन के विभिन्न समय पर अकस्मात संलग्न होती ही रहे ऐसा शायद ही होता है। इसलिए धाराप्रवाही ज्ञान (अथवा भावना) इस प्रकार की उदासीन सामग्री से कलुषित नहीं होगा। उपरान्त जो सामग्री होगी उसके पुनः-पुनः अनुभव से यह ज्ञान सघन होगा।

जगन्नाथ को अभिप्रेत नव्यन्याय की इस भूमिका पर से हम सोचेंगे तो इस निबन्ध में 'रमणीयता' का जो अर्थ किया जाता है उसका समर्थन होता है और विशद होता है।

पुनः-पुनः अनुसन्धानात्मक और धाराप्रवाही ज्ञान की गोचरता अर्थात् रमणीयता; यदि ऐसा है तो 'रमणीयता' में सुस्थिरता से अनुभवप्रद आकार की विभावना से अलग पुनः-पुनः अनुसन्धान प्राप्त कराती और धारा में प्रवाहित अनुभव-प्रक्रिया का सूचन माना जायेगा। और नागेश भट्ट कहते

हैं तद्नुसार यदि भावना रूप ज्ञान ही, अन्य नहीं, जगन्नाथ को अभिप्रेत है, तो उनके विचार से रमणीयता की विभावना समाधि और संयोग की सुस्थिर आकारयुक्त विभावना से कितनी भिन्न होगी, उसका ख़याल आ सकता है।

रमणयोग्यता, क्रीड़नीयता, धाराप्रवाहिता, पुनः-पुनः अनुसन्धानात्मकता ये सभी जगन्नाथ की रमणीयता की विभावना के साथ संलग्न हैं, और इसीलिए 'रमणीयता' इस प्रकरण के आरम्भ में उल्लिखित विभिन्न विद्वानों द्वारा सूचित 'पर्यायों' से अलग ही संज्ञा हो जाती है।

इस प्रकार का रमणीयता-सूचक जो अर्थ, उस अर्थ का प्रतिपादक शब्द का स्वरूप क्या है, इसका अवलोकन अब करेंगे।

यह 'शब्द' क्या है, यह बताने से पहले जगन्नाथ ने यह शब्द क्या नहीं है, यह विशेष कारण दिये बिना बताया है। इन मुद्दों पर दृष्टिपात करें और उपर्युक्त भूमिका के साथ उसे समझने का यत्न करेंगे।

जगन्नाथ कहते हैं कि उनके द्वारा निरूपित 'शब्द' यह मम्मटाचार्य (और इससे पहले भामहादि आचार्यों द्वारा भी) द्वारा उल्लिखित 'शब्दार्थ' युगल में एक संज्ञा बनता शब्द नहीं है। उपरान्त जगन्नाथ कहते हैं कि उनके द्वारा निरूपित 'शब्द' यह विश्वनाथरचित 'वाक्यं रसात्मकं काव्यम्।' इस लक्षण में आने वाले 'वाक्य' के अंश जैसा 'शब्द' भी नहीं है। 'रसगंगाधर के आज प्राप्त अंशों में जगन्नाथ द्वारा स्वयं कथित 'शब्द' क्या है, इसकी विशेष चर्चा प्राप्त नहीं होती है। लेकिन इन दो निषेधों के आधार पर भी 'रमणीय' अर्थ का प्रतिपादक 'शब्द' अर्थात् कैसा शब्द, उसकी विभावना प्राप्त कर सकते हैं। एतदर्थ, इन दो निषेधों को जगन्नाथ के अपने शब्दों में देखें।

शब्दार्थ को नहीं, शब्द को जगन्नाथ काव्य की प्रतिपत्ति का साधन मानता है। वे कहते हैं : 'शब्दविशेषस्यैव काव्य-पदार्थ प्रतिपत्तेश्च।' अर्थात् 'शब्दविशेष में ही (न कि शब्दार्थ में) काव्य-पदार्थ की प्रतिपत्ति है'। और पूछता है : 'शब्दवशेषेसिद्धयन्तीं शकितं को नाम निवारयितुमीष्टे।' अर्थात्, 'शब्दविशेष द्वारा सिद्ध होने वाली शक्ति को निवारने में कौन समर्थ है ?'

शब्द-तत्त्व के लिये जगन्नाथ का आग्रह उनके ही शब्दों में हमने देखा।

इसे समझकर उसका भारतीय शब्द-विचार का वृहद सन्दर्भ निरूपित करने का यत्न करने से पूर्व विश्वनाथ के साथ मतभेद पर उनके ही शब्दों में देखें। जगन्नाथ कहते हैं :

> ''युत्तु 'रसवदेव काव्यम्' इति साहित्यदर्पणे निर्णीतिम्, तन्न। वस्त्वलंकादप्रधानानां काव्यानामव्यापकत्वापते:। न चेष्टत्पत्ति: महाकविसम्प्रदास्याकुलीभावप्रसंगात्। तथा च जलप्रवाहवेगनिपतोत्पतन-भ्रमणानि कविभिर्वणितानि कपिबालाविलसितानि च। न च तत्रापि यथा कथंचित्परम्परया रसस्यपर्शोऽस्त्येवेति वाच्यम्। इदृशरसस्पर्शस्य 'गोश्चलति' 'मृगोधावतिं' इत्यादवति प्रसक्तत्वेनाप्रयोजकत्वात्। अर्थमात्रस्य विभानुभावव्यभिचार्यन्यतमत्वादिति दिक्।''[१६]
>
> अर्थात् 'रसवदन काव्य' (रसयुक्त वाक्य अर्थात् काव्य) ऐसा जो 'साहित्यदर्पण' में निर्णीत किया गया है सो बराबर नहीं है। वस्तु और रस-अलंकार जिनमें प्रधान है, ऐसे काव्यों को तो तद्नुसार अ-काव्य मानना होगा, यह कठिनाई खड़ी होगी। 'यह कठिनाई नहीं है' ऐसा नहीं कहा जा सकता, क्योंकि तभी तो महाकवियों के सम्प्रदाय को खलबलाने का प्रसंग पैदा होगा। कवियों ने तो जलप्रवाह का वेग, उनके प्रपात, फव्वारे के भँवर का, उपरान्त बन्दर, बालक आदि के खेलों का वर्णन किया। 'इसमें भी कुछ-न-कुछ रस स्पर्श है', ऐसा नहीं कह सकते। क्योंकि तब तो 'बैल चलता है', 'हिरन दौड़ता है' ऐसे वाक्यों में भी रस-दर्शन की बारी आयेगी! अर्थ मात्र को विभाव, अनुभाव और व्यभिचारी इन (तीन) में से किसी एक के अन्दर तो समाविष्ट ही किया जा सकता है, लेकिन इस तरह ज़बर्दस्ती सभी बातों को 'रसयुक्त' नहीं कर देना चाहिए, बस इतना ही।''

इस विभाग के मुद्दों की विस्तृत चर्चा अनेक दृष्टि से हो सकती है और हुई है। इस निबन्ध में उसका एक मुद्दा हम तय करें। 'रसनिर्माणक्षम शब्द', ऐसा नहीं हुआ है। उन्होंने इस मुद्दे पर उपर्युक्त विभाग में महाकवियों के काव्यों की साक्षी में अत्यन्त सच्चाई और उत्कटता से प्रस्तुत किया है। महाकवियों के काव्यों में ऐसा बहुत कुछ है, जिन्हें काव्यानुभव का नाम देना ही पड़ेगा, किन्तु इन्हें रसानुभव नहीं कहा जा सकता।

काव्यानुभव और रसानुभव के बीच यह भेद जगन्नाथ दर्शाते हैं, यह केवल अकस्मात् नहीं है, अनिवार्य है।

कारण कि, रमणीयता सुस्थिर, आकारबद्ध, समाधियोग्य काव्य तत्त्व से

भिन्न, फिर भी इतने ही सच्चे काव्य की सूझसमझ से उत्पन्न होने वाली विभावना है।

रमणीयानुभव रसानुभव से भिन्न फिर भी उतना ही सच्चा काव्यानुभव है। 'Form' की विभावना के साथ रमणीय काव्य की और क्रीड़नीय नाट्य की विभावना की तुलना करने के लिये सही भूमिका और कार्यसाधक साधन हमारे पास आये।

मम्मट और विश्वनाथ से अलग होने के लिये जगन्नाथ का काव्यदर्शन और शब्ददर्शन क्या था, इसकी झाँकी यहाँ स्वीकृत तुलनात्मक पद्धति हमें करा सकती है।

जगन्नाथ के दर्शन में 'शब्द' बल्कि 'काव्य का शब्द' क्या है ? विश्वनाथ का 'वाक्य' अर्थात् 'रसात्मक वाक्य' भारतीय ज्ञान-मीमांसा के एक प्रवाह में आगे बढ़ते हुए जो प्राप्त होता है, ऐसे ज्ञेय पर एकाग्र, स्थिर और दीर्घ मननरूपी ज्ञान के साथ संलग्न है। जगन्नाथ का 'शब्द' भारतीय ज्ञान-मीमांसा के एक अन्य प्रवाह में आगे बढ़ते हुए जो प्राप्त होता है, ऐसे ज्ञेय के साथ पुनः-पुनः अनुसन्धान साधते हुए, धाराप्रवाही भावनारूपी ज्ञान के साथ संलग्न है। उसमें मम्मटादि का 'शब्दार्थ साहित्य' ही केवल अभिप्रेत नहीं है। सहितता नहीं, उसमें पुनः-पुनः अनुसन्धान सूचित है, उसमें एक रमणशीलता निहित है।

(घ)

जगन्नाथ की काव्य-मीमांसा में प्रयोजित 'शब्द' संज्ञा उन्हीं द्वारा प्रयोजित एक अन्य संज्ञा के साथ भी गाढ़ रूप से संकलित है। यह संज्ञा है : 'चमत्कार'। इस संज्ञा के और उसके 'शब्द' के साथ सम्बन्ध को समझेंगे तो जगन्नाथ का दर्शन विशेष स्पष्ट होगा।

जगन्नाथ 'रमणीयार्थः' इस काव्य-लक्षण को स्वयं ही तीन प्रकार से सरल बनाकर समझाते हैं। ये तीन समझूतियाँ इस प्रकार हैं :

इत्थं च

(१) चमत्कारजनकभावनाविषयार्थप्रतिपादकशब्दत्वम्,

(२) यत्प्रतिपादितार्थविषयकभावनात्वं चमत्कारजनकतावच्छेदकं तत्त्वम्,

(३) स्वविशिष्टजनकतावच्छेदकार्थप्रतिपादकतासंसर्गेण चमत्कारत्व-वत्त्वमेव वा—काव्यत्वमिति फलितम्।[१७]

मूल में तो, अलबत्ता, अखण्ड पंक्तियों में लिखे गये इस वाक्य को तीन भागों में विभाजित करके इसके मुद्दों को यहाँ स्पष्टतापूर्वक अलग किया है। यहाँ जगन्नाथ कहते हैं तदनुसार :

(१) भावना जो चमत्कारजनक हो, यह विषय हो, ऐसे अर्थ का प्रतिपादक शब्द, वह काव्य अथवा

(२) जिस शब्द द्वारा प्रतिपादित की गयी (उसकी) अर्थविषयक भावना चमत्कारजनक हो यह शब्द, वह काव्य अथवा

(३) चमत्कार को उत्पन्न करने वाली भावना का अवच्छेदन कर सके, ऐसे अर्थ का प्रतिपादक शब्द, इस शब्द के संसर्ग से युक्त ऐसा चमत्कारत्व, यह काव्य।

शब्द, भावना और चमत्कार—इन तीनों संज्ञाओं को विशद करके उनका परस्पर सम्बन्ध स्थापित करने का और उस सम्बन्ध को स्पष्ट करने का काम यहाँ जगन्नाथ ने किया है।

'चमत्कार' संज्ञा का प्रयोग जगन्नाथ 'अलौकिक' के पर्याय के रूप में करते हैं और जगन्नाथ के अनुसार अलौकिकता आनन्द का एक प्रकार है। वे कहते हैं : लोकोत्तरत्वंचाहलादगलश्चमत्कारत्त्वापरपर्यायोऽनुभव-साक्षिकोज्ञानविशेषः।[१८] अर्थात् चमत्कार संज्ञा जगन्नाथ 'आनन्द का एक प्रकार', जो अनुभवसाक्षिक है, इस अर्थ में प्रयुक्त करते हैं। अनुभवसाक्षिक अर्थात् काव्यानुभवसाक्षिक शब्द, अर्थात् काव्य का शब्द।

तो काव्यानन्द और काव्य का शब्द—इन दो संज्ञाओं को उपर्युक्त विधान में जगन्नाथ दो छोर पर रखते हैं। वाक्य का आरम्भ होता है 'चमत्कार' संज्ञा से और अन्त होता है 'काव्य' संज्ञा में। चमत्कार और काव्यानन्द को काव्य के शब्द के साथ क्या संकलित करता है, यह जगन्नाथ ज्ञान-मीमांसा की संज्ञा 'भावना' का प्रयोग कर समझाता है।

काव्यानन्द को काव्य के शब्द के साथ संकलित करता है भावनारूपी, पुनः-पुनः अनुसन्धान पाता, धाराप्रवाही ज्ञान।

दूसरे और तीसरे विधान के हिन्दी भाषान्तर को देखने से विशेष स्पष्टतापूर्वक समझ पायेंगे कि शब्द को शब्द के साथ और चमत्कार को चमत्कार के साथ संलग्न करने वाले तत्त्व को सूचित करने के लिये भी, वाक्य-रचना के कौशल से और उसी सन्दर्भ में ही, अलबत्ता, जगन्नाथ ने भावना तत्त्व का आलेखन किया है।

इस वाक्य रचना के सन्दर्भ से बाहर भी, और जगन्नाथ की न्यायदर्शन की पूर्ण कथन की आग्रहपूर्ण शैली के बाहर भी, रमणीयता की समग्र विभावना में भी, धाराप्रवाही और पुनः-पुनः अनुसन्धान पाता ज्ञान, अर्थात् भावना, जगन्नाथ के काव्य-विचार के मूल में है।

कविता का शब्द इस भावना को, यह पुनः-पुनः अनुसन्धान पाते, धाराप्रवाही ज्ञान को प्रतिपादित करता है—यह जगन्नाथ दर्शाते हैं और कहते हैं कि ऐसा शब्द वही काव्य है।

जगन्नाथ का यह शब्द-विचार भारतीय साहित्य-शास्त्र तथा भाषा-शास्त्र की परम्परा में किसके साथ संलग्न है, इस भूमिका पर, इस प्रश्न पर विचार करना, उचित और फलप्रद होगा।

(ङ)

काव्य के शब्द का ही नहीं शब्द मात्र का स्वरूप क्या है उसकी सैद्धान्तिक और व्यवस्थापूर्ण चर्चा-विचारणा भारतीय विद्वानों ने की है। और उसकी सुदीर्घ और सुव्यवस्थित परम्परा है।

शब्द का स्वरूप क्या है, उसकी ऐसी मूलगामी चर्चा भर्तृहरि के वाक्यपदीय में है, और उसके अमुक अंश की चर्चा, अस्तित्व-मीमांसा के और ज्ञान-मीमांसा के दृष्टिकोण से और 'उपनिबन्धन' संज्ञा को लेकर हमने प्रकरण-२ में की है।

भारतीय काव्य-शास्त्र के साथ भर्तृहरि के वाक्यपदीय में शब्द-विचार का गहन सम्बन्ध है। आनन्दवर्धन काव्य-शास्त्र में काव्य की भाषा के बारे में व्यवस्थित, मौलिक और मर्मज्ञतापूर्वक विचार करने वाले काव्यज्ञ हैं। उन्होंने काव्य-शास्त्र में 'ध्वनि' की विभावना द्वारा काव्य के काव्यत्व को समझने का समर्थ यत्न किया, यह तो सुविदित है।

आचार्य आनन्दवर्धन ने ध्वन्यालोक के प्रथम उद्योत में ही काव्य-शास्त्र और भाषाशास्त्र के सम्बन्ध का उल्लेख तजज्ञों में विख्यात ऐसे शब्दों में किया है। 'ध्वनि' की काव्य-शास्त्रीय विभावना और भाषाशास्त्र अथवा व्याकरण की एक बुनियादी विभावना का सम्बन्ध दर्शाते हुए आनन्दवर्धन अब तो सर्वत्र तजज्ञपरिचित शब्दों में कहते हैं :

> प्रथमे हि विद्वांसो वैयाकरणाः व्याकरणमूलत्वात् सर्वविद्यानाम्।
> ते च श्रूयमाणेषु वर्णेषु ध्वनिरिति व्यवहरन्ति।[१९]
>
> अर्थात् 'वैयाकरणी ही विद्वानों में प्रथम माने जाते हैं, कारण कि सर्व विधाओं का मूल व्याकरण है। व्याकरणी श्रूयमाण (श्रवणगोचर होने वाले) वर्ण को 'ध्वनि' कहते हैं।'

इस विधान पर अभिनवगुप्त की लोचन टीका की टिप्पणी पर जगन्नाथ के 'भावना'-ज्ञान-संलग्न काव्य शब्द को समझने के उद्देश्य से, ध्यान केन्द्रित करें।

अभिनवगुप्त कहते हैं :

> 'श्रोत्रशष्कुलीं सन्तानेनागता अन्त्याः शब्दाः श्रूयन्त
> इति प्रक्रियायां शब्दाजाः शब्दाः श्रूयमाणा इत्युक्तम्।
> तेषां घण्टानुरणनरुपत्वं तावदस्ति, ते च ध्वनिशब्दनोक्ताः।'[२०]
>
> अर्थात् 'श्रोतशष्कुली' में एक के बाद एक ऐसी श्रेणी में आगत अन्तिम शब्द सुनाया जा सके, इस प्रक्रिया में शब्द ही शब्द श्रुतिगोचर होता है ऐसा कहा गया। उसका रूप घण्टानुरणन जैसा होता है और जिसे ध्वनि शब्द द्वारा पहचाना जाता है।

इस समझूती के बाद अभिनवगुप्त जोड़ता है यथाट भगवान भर्तृहरि :

> यः संयोग-वियोगाभ्यां करणैरूपजन्यते।
> स स्फोट, शब्दजाः शब्दाः ध्वनयोऽन्यैरुदाहृता।[२१]
>
> अर्थात् भर्तृहरि ने कहा है : जो संयोग-वियोग इन कारणों से उत्पन्न होता है, वह स्फोट है। (कुछ) अन्य लोग शब्द ही शब्द को 'ध्वनि' कहकर परिचय देते हैं।

अभिनवगुप्त 'ध्वनि' की काव्य-शास्त्रीय विभावना को स्पष्ट करने के लिये भर्तृहरि की 'स्फोट' की व्याकरणगत विभावना का उल्लेख करता है। काव्य-शास्त्रीय 'ध्वनि' में जो अर्थ परम्परा का ध्वनन होता है उसे

अभिनवगुप्त, आनन्दवर्धन की तरह, स्फोट के साथ संलग्न अनुरणन के साथ तुलना करता है। 'कमल' शब्द श्रुतिगोचर होता है तब 'क' और 'म' के उच्चार एक श्रेणी में सुनें और लुप्त होने पर तत्पश्चात् इन दो के उच्चारण के बाद अपेक्षित रूप से, योग्यतापूर्वक और इन दोनों के सान्निध्य में, अर्थात् इन दो के बाद तुरन्त 'ल' उच्चार सुनायी देता है। 'क' और 'म' के संस्कारों को लेकर 'ल' जब उसी श्रेणी में सुनायी देता है तब 'कमल' शब्द का 'पुष्पविशेष' अर्थ पैदा होता है। यह 'ल' उच्चार इस तरह सुनायी दे और तीनों उच्चारों के स्थान पर एक सार्थक शब्द प्रकट होता है, इस प्रक्रिया को भर्तृहरि स्फोट नाम से पहचान कराता है।

अभिनव इस 'स्फोट' को काव्यशास्त्रीय 'ध्वनि' के साथ संलग्न करता है।

लेकिन जब हम पण्डितराज जगन्नाथ की भावनाज्ञाननिर्भर 'रमणीयता' की काव्य-शास्त्रीय विभावना का शब्द-विचार समझने का यत्न करते हैं तब अभिनवगुप्त द्वारा उद्धृत भर्तृहरि के श्लोक के अमुक शब्द बहुत ध्यान-योग्य बनते हैं।

'स्फोट' भर्तृहरि के ही शब्दों में 'संयोग-वियोगाभ्यां' उत्पन्न होता है। 'संयोग-वियोग' स्फोट के किन्तु मूल में स्थित शब्दज प्रक्रिया को अभिनवगुप्त 'ध्वनि' के साथ संलग्न करता है। 'संयोग-वियोग' की इस प्रक्रिया को इस निबन्ध में अलग ही ढंग से संकलित करना प्राप्त हुआ है, लेकिन ऐसा करने से पूर्व इस 'शब्दज' प्रक्रिया को विशेष रूप से समझने की आवश्यकता है।

सर्वप्रथम तो एक पाठान्तर पर दृष्टिपात करें। लोचन में अभिनवगुप्त द्वारा उद्धृत कारिका पर हमने विचार किया। किन्तु भर्तृहरि की वाक्यपदीय की प्रो. के.वी. अभ्यंकर और आचार्य वी.पी. लीमिये द्वारा सम्पादित आवृत्ति में यह कारिका इस प्रकार है :

> यः संयोगविभागाभ्यां करणैरूपजन्यते।
> स स्फोटः शब्दजाः शब्दाः ध्वनयोऽन्यैरूहताः॥[२२]

अभिनवगुप्त में 'संयोग-वियोगाभ्यां' शब्द हैं, तो यहाँ 'संयोगविभागाभ्यां' शब्द हैं। इन सम्पादकों ने अन्य अनेक पाठान्तर लिखे हैं, लेकिन इन शब्दों का एक भी पाठान्तर नहीं दिया, यह सम्पादक की क्षति है। पुणे यूनिवर्सिटी

की 'संस्कृत-प्राकृत-ग्रन्थमाला' की एक पुस्तक के रूप में यह सम्पादन किया गया है और सम्पादक मान्य विद्वान हैं। इन्होंने प्रस्तावना में लिखा है :

> 'For our edition of V. [Vakyapadiya] we have made use of all the available printed texts and seven MSS.'

'लोचन' में अवतरण के रूप में उद्‌धृत पंक्तियाँ अलबत्ता, पादटीप में पाठभेद के रूप में लिखी जा सकती थीं। लेकिन यह मुद्दा निबन्ध के क्षेत्र के बाहर है।

लेकिन 'संयोग-वियोग' विभावना को समझने के लिये 'संयोगविभाग' शब्द उपयोगी होंगे, इसलिए यहाँ पाठभेद उद्‌धृत किये हैं।

संयोग-वियोग जिस स्फोट की प्रक्रिया के रूप में होता है, यह शब्द अर्थात् उच्चारों का स्फोट। 'क', 'म' और 'ल' ये तीन उच्चार एक-दूसरे से अलग हैं, क्रमशः उच्चरित होते हैं, उपरान्त एक-दूसरे के साथ संयोग पाते हैं। इन दोनों के होने पर ही इन शब्दों से (अर्थात् उच्चारों से) एक साथ शब्द (Word) 'स्फोट' द्वारा रचा जाता है।

लेकिन 'संयोगवियाग' यह पाठान्तर हमें कुछ विशेष कह देता है। 'वियोग' की अर्थच्छाया 'विभाग' में है ही। तदुपरान्त विभाग में एक स्वयं पर्याप्त अंग का, जो अन्य अंगों के साथ अलबत्ता संकलित हो, ऐसे अंग का सूचन भी है। संयोग-वियोग की मूलभूत प्रक्रिया द्वारा 'शब्दों' से जो शब्द बनता है, वह एक अंग भी बनता है; इस पाठान्तर द्वारा यह सूचित होता है।

तो 'संयोग-वियोग' की सतत तोड़जोड़ की प्रक्रिया और 'संयोगविभाग' की इसी प्रक्रिया के अन्त में रचित स्वतन्त्र अंग की अस्तिता : ये दोनों स्फोट की वृहद प्रक्रिया में अन्तगति जैसी मूलभूत प्रक्रिया के दो लक्षण हैं।

सतत तोड़जोड़ और साथ-ही-साथ अखण्डित घटक निर्मित इन दोनों को पुनः-पुनः अनुसन्धान और धाराप्रवहन इन दोनों के साथ निकटवर्ती सम्बन्ध है।

'भावना' को जगन्नाथ पुनः-पुनः अनुसन्धान प्राप्त फिर भी धाराप्रवाही

ज्ञान के रूप में पहचान करता है। 'भावना' यह रमणीयता की मूलभूत ज्ञानप्रक्रिया है। 'शब्द' से 'चमत्कार' तक जो रमणीयता की बृहद प्रक्रिया है, यह उसकी मूलभूत प्रक्रिया है।

'स्फोट' से 'ध्वनि' तक आनन्दवर्धन और अभिनवगुप्त 'ध्वनि' शब्द के यौगिक अर्थ को तथा ध्वनि की प्रक्रिया को लक्ष्य में लेकर हमारा मार्गदर्शन करते हैं।

लेकिन 'स्फोट' की मूलभूत अस्तित्व-मीमांसागत और ज्ञान-मीमांसागत प्रक्रिया (जो संयोग-वियोग/संयोगविभाग द्वारा सूचित होती है) और 'भावना' की वैसी ही ज्ञान-मीमांसागत प्रक्रिया (जिसे जगन्नाथ पुनः-पुनः अनुसन्धानात्मक और धाराप्रवाही ज्ञान मानता है और जिसे नागेश भट्ट रमणीयतारूपी ज्ञान-गोचरता के एकमात्र ज्ञान के रूप में पहचान कराता है उस) बीच सम्बन्ध तो मूलभूत ज्ञान-मीमांसागत सम्बन्ध है, यह अब देखा जा सकता है।

जगन्नाथ कहते हैं कि कवि की प्रतिभा ही केवल काव्यनिर्माण का कारण है। हमने यह देखा कि व्युत्पत्ति का वे छेद उड़ाते हैं। साथ ही वे कहते हैं कि काव्य-लक्षण की भूमिका में अमुक प्रकार का ज्ञान कवि के लिये आवश्यक है, यह भी हमने देखा। अब इस तबके हम उसमें जोड़ सकते हैं कि शब्द रमणयोग्य किस प्रकार बनता है, उसका ज्ञान, कहते हैं कि भान या प्रतिमान, कवि के लिये अनिवार्य है ही।

जगन्नाथ की 'रमणीयता' का वाक्यपदीयकार के उपनिबन्धन के साथ साम्य का हमने इस निबन्ध के आरम्भ में उल्लेख किया। अब, इस चर्चा के द्वारा रमणीयता का सम्बन्ध 'स्फोट' की मूलभूत प्रक्रिया के साथ क्या है, यह हमने देखा।

इस निबन्ध के अन्तिम प्रकरणों में 'रमणीयता' में अथवा 'रमणीय' ढंग से वास्तव का संयोग वियोगात्मक फिर भी अखण्डित उपनिबन्धन कैसा होता है, इसकी चर्चा करने के लिये यहाँ व्यवस्थित भूमिका तैयार हो सकी है, इतना उल्लेख करके इस प्रकरण का यहाँ समापन करते हैं।

सन्दर्भ

१. S. K. De, Sanskrit Poetics (Bombay : Oxford University Press, १९६३), p. 105

२. R.C. Dvivedi, Principles Literary Criticism (Varanasi : Motilal Banarasidass, 1969), p. 194

३. जगन्नाथ, रसगंगाधर, सं. भा.रा.ब. आठवले (पूणे : टीळक महाराष्ट्र विद्यापीठ, १९५३), खण्ड-१, पा. ७

४. लक्ष्मीनाथ ब. शास्त्री, भारतीय सौन्दर्य-शास्त्र (अहमदाबाद : वोरा एण्ड कम्पनी, १९७३), पा. १-२

५. रसगंगाधर, सं. दुर्गाप्रसाद, वा.ल. पणशीकर (मुम्बई : निर्णयसागर मुद्रणालय, १९३०), पृ. ४

६. वही।

७. वही।

८. रसगंगाधर, सं. आठवळे, पृ. ६

९. रसगंगाधर, सं. बदरीनाथ झा, मदनमोहन झा (वाराणसी : चौखम्बा विद्याभवन, १९५५), पा. ६

१०. वही।

११. Natya Sastra, Text, ed. M. Ghosh, p. 2

१२. रसगंगाधर, सं. दुर्गाप्रसाद. पा. ४

१३. वही।

१४. देखिए : रसगंगाधर, सं. आठवळे पा. ८-९, उपरान्त देखिए : नागेश भट्ट की टीका : रसगंगाधर, सं. दुर्गाप्रसाद, पा. ४-५, नव्य न्याय की समग्र ज्ञान-मीमांसा के लिये देखिए : D.C. Guha, Navya System of Logic (Varanasi : Bharatiya Vidya Prakashan 1968), Ch. IV and V

१५. रसगंगाधर, सं. दुर्गाप्रसाद, पा. ५

१६. वही।

१७. वही।

१८. वही।

१९. Anandavardhana, Dhvanyaloka, ed. Ramsagar Tripathi (Varanasi : Motilal Banarasidass, 1963), p. 10

२०. वही।

२१. वही।

२२. Vakyapadiya, ed. K.V. Abhyankar, V.P. Limaye (Poona : University of Poona, १९६५) p. 10

गुजराती से अनुवाद : तुलसीभाई पटेल

आलेख का रचना-वर्ष : १९७९

आकार और रमणीयता ज्ञान-मीमांसा से अस्तित्व-मीमांसा तक

(क)

समाधि के सन्दर्भ में आकार की विभावना को समझने का यत्न किया और राजसभासद के विनोदपूर्ण सन्दर्भ में रमणीयता की विभावना को उनके तत्सन्दर्भ में व्यावर्तन करके समझने का यत्न करने के बाद अब आकार और रमणीयता का तुलनात्मक अध्ययन किया जा सकता है। काण्ट और उनकी परम्परा में आकार अथवा 'art form' की विभावना किस तरह क्रमशः स्पष्ट हो पायी और जगन्नाथ की काव्य-मीमांसा में रमणीयता की विभावना किस तरह स्पष्ट हो पायी, यह भी इसके पहले ही सविस्तार देखा है। इन सभी अध्ययनों के परिणाम का ही नहीं, किन्तु अध्ययन दरम्यान निष्पन्न पद्धतियों का भी अब पूरा उपयोग किया जा सकता है। संक्षेप में, इस निबन्ध में अब तक जो काम हुआ उसके परिणाम तथा पद्धति के विनियोग द्वारा इस प्रकरण में रमणीयता और आकार, इन विभावनाओं की पारस्परिक सन्दर्भ में स्पष्ट और गहन समझ प्राप्त करने का उपक्रम है।

(ख)

कला के आकार की विभावना काण्ट के 'The Critique of Judgement' में प्रस्तुत की गयी है। उसके मूल में आकार मात्र की 'The Critique of

Pure Reason' में प्रस्तुत की गयी विभावना है।

आकार मात्र क्या है, इसकी जाँच करने के लिये काण्ट चित्त की बुनियादी शक्तिओं को समझना आवश्यक मानता है। जैसे कि हमने देखा है तदनुसार, तितर-बितर उत्तेजनाओं के रूप में चित्त पर हमला करने वाली वास्तव सृष्टि को अनुभवगम्य बनाने के लिये चित्त की जो व्यवस्था निर्माण की क्षमता है, उसे काण्ट 'Form' कहता है। यह 'Form' 'a priori' है, अर्थात् अनुभव से पूर्ववर्ती है। अब, चित्त की बुनियादी शक्तियाँ आरम्भ में काण्ट दो गिनाता है : वेदनशीलता और अभिज्ञा। इन दोनों को ध्यान में लेकर काण्ट आकार के भी दो प्रकार गिनाता है : वेदनशीलता का आकार और अभिज्ञा का आकार।

प्रकरण-३ में इन मुद्दों पर हमने सविस्तार विचार किया है।

इसी प्रकार प्रकरण-४ में हमने विचार किया कि अनेक विद्वान 'रमणीयता' का अनुवाद केवल 'सुन्दरता' 'beauty' अथवा 'pleasure' जैसे शब्दों से करते हैं। फिर भी जगन्नाथ के काव्य-विचार में 'रमणीयता' का कुछ विशिष्ट अर्थ है, यह केवल इन सभी का अथवा इनमें से किसी एक का पर्याय नहीं है।

भरताचार्य के पुराणकल्पनीय आलेखन अनुसार देवों ने नाट्य का नामकरण भी नहीं किया था उस समय, उसकी निर्मिति का सूचन देवों द्वारा स्वीकार किया गया उस समय, 'क्रीड़नीयक' के रूप में कल्पना की थी। भरताचार्य द्वारा सूचित नाट्यकला की क्रीड़नीयता और जगन्नाथ द्वारा सूचित काव्यकला की रमणीयता के बीच सम्बन्ध भी इस निबन्ध में (भारतीय काव्य-विचार की परम्परा के अनेक विद्वानों द्वारा रमणीयता को सुन्दरता का पर्याय मानने के अभिगम से अलग करके) सूचित किया गया है।

रमणीयता को स्पष्टतापूर्वक समझने के लिये ही जगन्नाथ ने, नव्यन्याय की पद्धति से, ज्ञान के दो बुनियादी प्रकार बनाये हैं। भावना-ज्ञान और समूहालम्बन-ज्ञान। इन दो में से रमणीयता का भावना-ज्ञान के साथ सम्बन्ध जगन्नाथ ने बताया है और उसी ज्ञान के साथ इसका सम्बन्ध है, यह मुद्दा नागेश भट्ट ने दृढ़ किया है।

इन सब पर प्रकरण-४ में हमने सविस्तार विचार किया है।

अब इन दोनों को सहोपस्थित करके ज्ञान-मीमांसागत अध्ययन-पद्धति

और तुलनात्मक अध्ययन साधनों का (जो हम इस निबन्ध में अब तक चौकसी और मेहनत से तैयार करते आये हैं, उसका) यहाँ उपयोग करेंगे, तो कुछ नयी और गहन समझ, आकार और रमणीयता दोनों के बारे में और उनकी पारस्परिकता के विषय में हमें प्राप्त होगी।

चित्त की वेदनशीलता का आकार और अभिज्ञा का आकार, दोनों से कला में होने वाले आकार अलग होते हैं। ये 'without a / any concept' होते हैं; काण्ट ने ऐसा दो बार कहा है यह हमने देखा। इस तरह अभिज्ञा के आकार से तो वह भिन्न है ही। लेकिन वेदनशीलता का आकार भी, आकार मात्र का प्रकार है इसलिए कला में प्राप्त आकार से अलग है। उपरान्त कला का आकार तत्त्व भी कदाचित् वेदनशीलता से अलग चित्शक्ति में बोया गया हो, यह शक्य है। यह विशेष रूप से भिन्न मूलगामी शक्ति है, जो हाइडेगर काण्ट के आधार द्वारा दर्शाता है, ऐसे, 'Imagination'।

केम्पस्मिथ और क्रोचे जैसे आधुनिक युग के विद्वान, काण्ट की तत्त्वविचारणा के इस विशेष को बहुत महत्त्व देते हैं। केम्पस्मिथ का विधान हमने देखा ही है कि :

> 'It is to productive imagination that the generation of unified experience is primarily due. In it something of the fruitful and inexhaustible character of noumenal reality is traceable.'[१]

'Imagination' की ज्ञान-मीमांसा स्पष्ट करते हुए क्रोचे इसे 'this more simple and elementary form of knowledge' के साथ संलग्न करता है। कला का कर्म है : 'claiming the autonomy of this...'

क्रोचे स्पष्टतापूर्वक कहता है तद्नुसार, कला द्वारा सिद्ध होने वाली ज्ञान की, असल में सरल और प्राथमिक आकार की स्वायत्तता अर्थात् 'the pure ideality of image' अथवा 'the image with its value as mere image।'

काण्ट द्वारा तात्त्विक भूमिका पर आलेखित 'pure / mere form' यदि यह पाश्चात्य आकारवाद का आरम्भ-बिन्दु है, तो क्रोचे ने ही इसी परम्परा में कला-मीमांसा की भूमिका पर आलेखित यह 'image as mere image' यह उसका चरम बिन्दु है। इन दो बिन्दुओं को, और उन्हें

जोड़नेवाली अखण्ड भूमिका को समझने का यत्न हमने आगे किया है। इसमें पाश्चात्य आकारवाद का कला सम्बन्धी मर्म समाहित है।

अब इस भूमिका पर स्थित रहकर, तुलनात्मक विधान कहा जा सके कि यहाँ तक तो कला में प्राप्त आकार में और कला में प्राप्त रमणीयता में तत्त्वत: साम्य है। 'The pure ideality of image' और काण्ट द्वारा कथित 'teleological autonomy of art', कला के सत्य को अपने स्वकीय सत्य के रूप में घोषित करता है। स्वायत्त कला-आकार, स्वयं-पर्याप्त हो और उसकी सत्ता केवल आत्मनिर्भर हो, यह दर्शन रमणीयता की लोकोत्तरता के (अ-लौकिकता के) जगन्नाथ के दर्शन के साथ सुसंगत है। चर्वणातिरिक्तकाल पर रस अवलम्बित नहीं है; अभिनवगुप्त का यह दर्शन भी इसी तत्त्व से सम्बन्धित है।

किन्तु, (मम्मटाचार्य की संज्ञा प्रयुक्त कर कहें तो) कला अनन्यपरतन्त्र अथवा स्वतन्त्र है, इतना कहने पर दो दर्शन साद्यन्त एक-समान ही हो, यह मानकर रुकना नहीं चाहिए। इसलिए अब रमणीयता और आकार के बीच इतने साम्य का स्पष्ट आलेखन करने के बाद, कला-विचार में परस्पर बुनियादी विकल्प उनमें जो सफावत पैदा करते हैं, इसे समझने का यत्न करेंगे।

(ग)

कला की स्वायत्तता और स्वपर्याप्तता के बारे में आकार और रमणीयता दोनों विभावनाओं में इस प्रकार का साम्य है, यह चर्चा करने के बाद आकार की विभावना के एक अन्य तन्तु पर चर्चा करें।

यह चर्चा है अनुभूति-अभिव्यक्ति की निश्चित मुद्रा की। यहाँ भी आरम्भ-बिन्दु काण्ट में ही प्राप्त होता है। जिस ग्रन्थ में इन्होंने अपना कला-विचार व्यक्त किया है वह 'The Critique of Judgement' में काण्ट कला (और सौन्दर्य मात्र) के आकार का निरूपण इन शब्दों में करता है :

> [Art form is] a form which is directly apprehended without the intermediation of any conception.[२]

इस विधान में कला-आकार के साथ दो मुद्दे संकलित किये गये हैं। इनमें

प्रथम 'Conception' के साथ संकलित मुद्दा तो पहले जाँच लिया। यहाँ दूसरा तन्तु : 'Direct apprehensien' पर विचार करेंगे।

कला के आकार को व्यवधान के बिना, प्रत्यक्ष या साक्षात् प्राप्त करना हो, इसी तरह पा सके यही कला का आकार, यह काण्ट यहाँ योग्य रूप से ही कहता है।

लेकिन, 'direct apprehension' का मुद्दा तो काण्ट परम्परा का आरम्भ-बिन्दु है। आरम्भ-बिन्दु से आकारवादी विचारकों ने जो गति प्राप्त की है, उसका ख़याल तो समाधि और आकार की तुलना वाले प्रकरण में हमने प्राप्त किया। अत: यहाँ उस चर्चा से प्राप्त एक मुद्दा, सीधा ही प्रस्तुत करने की पद्धति की इज़ाज़त हमें मिल गयी है। यह मुद्दा इस प्रकार है : जिस तरह 'pure/mere form' के आरम्भ-बिन्दु से काण्ट-परम्परा में क्रोचे के कला विचार की, 'image...as mere image' इस विभावना के चरमबिन्दु तक जा सकते हैं, उसी तरह 'direct apprehension' के आरम्भ-बिन्दु से काण्ट परम्परा के दूसरे तन्तु के सहारे शोपनहाअर के कला-विचार की 'art repeats or reproduces the eternal ideas grasped through pure contemplation'[३] इस विभावना के चरमबिन्दु तक जा सकते हैं।

'Direct apprehension' से 'pure contemplation' तक की इस गति को समझे बिना आकार की विभावना के कला-विचार को समझना अशक्य है। इसी उत्कर्ष-बिन्दु के अणोरणीयान अंश के रूप में नीत्शे ने 'Untimely Meditation' पुस्तक में 'कलाकार ही मानव-अस्तित्व के अन्यथा भयंकर सत्य को सुन्दर और ध्यानार्ह (beautiful and worth contemplation)[४] बनाने की हिम्मत कर सकता है' यह कहा है। इस पर भी हमने विचार किया है।

कलाकृति का निर्माण कलाकार इस ढंग से करता है कि कृति की संरचना कृति को 'direct apprehension' के योग्य बनाता है, बल्कि 'pure contemplation' के योग्य बनाता है, उसका अन्तस्तत्त्व चाहे जितना भयानक या जुगुप्साजनक हो तो भी संरचना की शक्ति से 'worth contemplation' बनाता है, यह दर्शन कला-आकारवादी काण्ट-परम्परा के तत्त्वज्ञान और कला-विचार का है।

और यहीं रमणीयता की विभावना का आकार की विभावना से व्यावर्तन

शक्य बनता है और यह व्यावर्तन मर्मगामी भी बनता है।

रमणीयता में 'apprehension' का तत्त्व आवश्यक है। इसके बिना कलानुभव या अनुभावमात्र कैसे शक्य होता है? जगन्नाथ कहते हैं तद्नुसार रमणीयता, अलबत्ता ज्ञान-गोचरता है।

लेकिन रमणीयता में 'contemplation' का भाव नहीं है। कला का आकार यदि कृति को 'worth contemplation' बना देता है, तो रमणीयता उसे 'worth play' (जगन्नाथ के अर्थ में, नहीं कि कास्टिग्लिओने के) अर्थात् रमणयोग्य बना सकता है।

ध्यानार्हता और रमणीयता : ये दो विभावनाएँ इस प्रकार, किसी भी कला-विचार की दो वैकल्पिक बुनियादी विभावनाएँ हो सकें, और ये कला-विचार को पूर्णता प्रदान कर सकती है।

सुस्थिरता के रूप में कला और क्रीड़नीयक के रूप में कला : इन दोनों विकल्प को, खण्डन-मण्डन के लिये नहीं किन्तु कला को यथाशक्य पूर्णता के साथ प्राप्त करने के यत्न में, गहनता से और पद्धति की स्पष्टता से समझने का यहाँ सतत प्रयोजन रहा है।

ध्यानर्ह सुस्थिर कला-आकार और रमणीय कला-आत्मक क्रीड़नीयक, इन दो परस्पर संलग्न विभावनाओं को हम इस तरह पा सकते हैं।

(घ)

यह प्रकरण समाप्त करने से पहले और इसके बाद, केवल रमणीयता विषयक प्रकरण का आरम्भ करने से पहले, अब तक की चर्चा में सूचित एक मुद्दे को स्पष्ट करेंगे : यह है आकार (और रमणीयता) की ज्ञान-मीमांसा तथा अस्तित्व-मीमांसा का मुद्दा।

ज्ञान-मीमांसा की दृष्टि से आकार और रमणीयता के बीच साम्य कितना और भेद कितना? अस्तित्व-मीमांसा की दृष्टि से साम्यभेद कितना? हमने अब तक दोनों दृष्टि से साम्यभेद की जाँच की है, लेकिन अब इसे स्पष्टतापूर्वक समझ लें और इस स्पष्टता से निष्पन्न नये मुद्दे तय कर लें।

ज्ञान-मीमांसा की दृष्टि से ध्यानार्हता और रमणयोग्यता, इन दोनों का भेद

हमने स्पष्ट किया। लेकिन इसके साथ ही दोनों में 'apprehension' अर्थात् 'ज्ञानगोचरता' तो अवश्य होने ही चाहिए, यह भी स्पष्ट किया। इस तबके अब एक नया प्रश्न जो जोड़ना है, यह है : रमणयोग्यता और वस्तु पर से ध्यान हटा देने वाली, ज्ञान-मीमांसा की दृष्टि से पर्दे जैसी, चित्त को उस चर्चगामी नखरेबाज स्त्री-चरित की तरह विचलित करने वाली, राजसभासद की कलाभावना में 'game' या 'play' की विभावना तो अलग ही है। रमणीयता, काव्य-पदार्थ पर से, भावक के चित्त को हटा नहीं लेती है, बल्कि इसे उसमें रममाण कर देती है। फिर भी इसमें समाधिस्थ करने की प्रक्रिया से यह अलग प्रक्रिया है। तो फिर रमणीयता की प्रक्रिया में ज्ञान-मीमांसा की दृष्टि से, तन्मयता, विश्रान्ति आदि के लिये कितना और किस प्रकार का स्थान है? ज्ञान-मीमांसागत यह प्रश्न रमणीयता को परिपूर्ण रूप से समझने में शक्य तो जगन्नाथ से भी (अर्थात् जगन्नाथ के विलक्षण ग्रन्थ के आज प्राप्त होने वाले अंश में जो कुछ आलेखित है, उससे) कुछ आगे बढ़कर समझने में मर्मगामी प्रश्न होता है।

दूसरी ओर, अस्तित्व-मीमांसा की (ontology) की दृष्टि से आकारवाद में कृति की संरचना का, और उस संरचनाजन्य स्थिरता का जो महत्त्व है, इसके प्रति हमने ध्यान दिया ही है। इसी तरह, रमणीयता की विभावना को अस्तित्व-मीमांसा की दृष्टि से देखने पर हम जगन्नाथ का सम्बन्ध भरताचार्य के नाट्यशास्त्र में निरूपित 'क्रीड़नीयकम्' की विभावना के साथ जोड़ सके हैं। 'रमणीयता' को अस्तित्व-मीमांसा की दृष्टि से 'क्रीड़नीयकम्' के साथ संलग्न करना हमारे लिये शक्य हुआ। अध्ययन-पद्धति की विशुद्धि और चौकसी को महत्त्व दिया तथा आग्रह रखा इससे यह शक्य हुआ। लेकिन इस क्षेत्र में भी 'रमणीयता' को परिपूर्ण रूप से पाने के लिये एक महत्त्वपूर्ण प्रश्न पर विचार करना यहाँ आवश्यक है ही। यह प्रश्न है : जिस कृति को रमणक्षम मानें, जिस नाट्यकृति को क्रीड़नीयक मान सकें उस कृति का संरचना-तन्त्र अस्तित्व-मीमांसा की दृष्टि से कैसा होगा और ध्यानार्ह कृति की संरचना के साथ उसका कितना और कैसा सम्बन्ध है?

इन प्रश्नों को ध्यान में रखकर, इस समग्र निबन्ध में उद्भूत अन्य प्रश्नों को भी एकत्र कर अब अन्तिम प्रकरण के प्रति आगे बढ़ेंगे।

सन्दर्भ :

1. The Critique of pure reason. tr. Smith, p. 122
2. The Critique of Judgment. tr. Bernard, p. 35
3. The World as Will and Idea, tr. Haldane, II, p. 32
4. Untimely Meditations, in Existentialism, ed. tr. Kautmann. p. 101

गुजराती से अनुवाद : तुलसीभाई पटेल

आलेख का रचना-वर्ष : १९७९

आकार, प्रतीक और अनुभव

१

And because yot had abandoned Dionysus, Apollo abandoned you.—नीत्शे के इन शब्दों का सत्य प्रत्येक अत्याग्रही आकारवादियों को ध्यान में रखने योग्य है।

स्थापत्य के, सुस्थिर आकारों के देवता अपोलो की उपासना प्रत्येक कलाकार करता ही है। आकार का महत्त्व कलामात्र के निर्माण में ही नहीं, किन्तु मानव-मन के प्रत्येक व्यापार में कैसा है यह तो सुजेन लेंगर और पॉल वालेरी से भी पहले ई.स. १७८१ में इमेन्युएल काण्ट ने 'The Critique of Pure Reason' ग्रन्थ में बताया था। किन्तु आकार की एवं अपोलो की सतही और मताग्रही दृष्टि जहाँ विकसित हो तथा जहाँ-जहाँ आकारवाद को समग्र तात्विक एवं सौन्दर्य-शास्त्रीय सन्दर्भ में परखने की बात छूट जाय, वहाँ-वहाँ अपोलो स्वयं ही अपने उपासकों का त्याग करता है, यह (ऊपर उल्लेखित शब्दों में, 'The Birth of Tragedy'—के दसवें विभाग में) फ्रीडीश नीत्शे ने ठीक ही कहा है।

आकार की विभावना का विरोध करने के विचार से नहीं (अब तक यह विभावना हमारी साहित्यिक परम्परा में पूर्णतः समझी ही नहीं गयी, तब उसके विकल्प के रूप में जो पचपचती, घिनाती और किलबिलाती अख़बारिता चल रही है, यह तो सर्जकता के लिये सर्वथा विघातक है तब आकार की विभावना का विरोध नहीं करना चाहिए), किन्तु अपोलो और डायोनिसस के बीच, 'Form' और 'Flow' सम्बन्धी सीमांकन और सीमोल्लंघन के बीच पूरा सम्बन्ध समझने एवं जाँच करने के विचार से यह प्रयास किया है।

इसीलिए इस पुस्तक के केन्द्र में जो शब्द है वह 'आकार' नहीं है, 'अनुभव' है। एक लेखक के रूप में और भावक के रूप में मुझे जिसकी गहन प्यास है, वह आकार की नहीं, अनुभव की है। कई बार सीमाएँ अंकित किये बिना, किसी विशृंखलता को कोई दृढ़ आकार या रमणीय रूप दिये बिना अनुभव अशक्य बनता है, तब (जो 'है' फिर भी अनुभव के लिये प्राप्य नहीं है उसका) अनुभव पाने की उत्कट इच्छा के कारण आकार की ओर दौड़ लगायी जाती है। लेकिन हमेशा एक व्यक्ति के जीवन में और एक संस्कृति की परम्परा में, यही परिस्थिति नहीं होती। कई बार सीमाओं का उल्लंघन किये बिना, एक जड़, सख़्त और कारागार की दीवार समान अस्ति-ता और वस्तु-ता को (जो 'है' फिर भी अनुभव के लिये प्राप्त नहीं है ऐसे अनुभव और वास्तव को) रमणीय और आनन्दप्रद रूप में नहीं पाया जा सकता। आकार की साम्प्रदायिक सेवा-पूजा करने वाला, चाहे उपासना के नशे में रहता हो, फिर भी इस दशा में अनुभव तो प्राप्त नहीं होता। सीमाएँ अंकित करना जितना महत्त्वपूर्ण है उतना ही महत्त्वपूर्ण कवि-कर्म कई बार सीमाओं को लाँघता भी है, इस तथ्य को भूलने वाला सर्जकता के मर्म को भूलता है।

हमारी तलाश अनुभव की है। अस्तिता और वस्तुता के रमणयोग्य और आनन्दप्रद अनुभव के लिये हमारी मर्त्यामर्त्य समस्त चेतना यदि छटपटाती है, तो आकारवाद की खण्डन-मण्डन की सीमित प्रवृत्ति में मन संलग्न नहीं हो पाता।

दूसरी ओर अनुभवमात्र में और कलानुभव में 'Form' का जो महत्त्व है वह काण्ट और अन्सर्ट केसीसर जैसे (और तत्पश्चात् लेंगर, नोर्थोप फ्राय, वालेरी, कलोद लेवी स्त्रोस आदि) तत्त्वचिन्तकों ने निष्ठापूर्वक और सूझ द्वारा बताया है। अत: निरी भावुकता और अख़बारी चातुरी से आकारवाद का 'आरम्भ में विरोध और बाद में उपयोग' होता है, इस प्रपंच में भी रस पैदा नहीं होता।

हम रमणयोग्य और आनन्दप्रद (कई बार भयानन्दकारी या वेदनानन्दकारी) अनुभव को चाहते हैं। हमारे आसपास जो 'है—फिर भी—नहीं है' जैसी अस्मि-ता, अस्ति-ता और वस्तु-ता कभी बिखरी हुई तो कभी जमी हुई जड़वत् पड़ी है, उसका तात्त्विक और रमणीय अनुभव कैसे हो सकता है, इस विषय में एक सस्पृह खोज लिखते-लिखते, पढ़ते-पढ़ते, सोचते-सोचते चलती रहती है। यह पुस्तक उसी खोज का एक भाग है।

अनुभव कब सम्भवित होता है? "अस्मिता और अस्तिता, चित्त और वस्तु परस्पर सन्दर्भ पाते हैं तब", ऐसा कहने पर यह विधान कितना सही है और उससे कितना आगे जा सकते हैं, इसकी चिकित्सा होनी चाहिए।

२

मनुष्य और जगत के बीच जो सम्बन्ध है, उससे एक ओर विनाशक संघर्ष और दूसरी तरफ़ शून्य-सी शान्ति पैदा होती है। इस बीच अन्य सम्भावनाएँ भी अपार हैं। अत: इससे प्राप्त होने वाले अनुभव भी अपरम्पार हैं। इन दो अन्तिमों पर भी तीव्रतम अनुभव है या तो अनुभव का केवल अभाव है, इस विषय में भी जल्दी से निर्णय नहीं हो सकता।

इन सम्भावनाओं में कैसी विविधता है! ग्रीकोरोमन जगत के अन्तिम छोर पर जीवित फिलसूफ बोएथियस (ई. ४८०-५२४) क्रूर राजा के कारागार में मृत्यु पाने से पहले अत्याचार सहन करते-करते भी "ईश्वर के सनातन नियमों" की झलक पा सकते थे। इससे विपरीत, अस्तित्ववादी चिन्तक, (इनमें भी हिटलर के क़ैदखाना जैसे जर्मनी में सुख-चैन से जीने वाले मार्टिन हाईडेगर जैसे चिन्तक) मानने लगे थे कि इस जगत में हम सब धकेले गये हैं, अत: यदि कोई नियम हो तो यह नियम हर समय हमारे सामने आने वाले विकल्पों में से एक विकल्प हमारी स्वेच्छापूर्वक की पसन्द से निर्मित होगा। 'God is' और 'god is dead' दोनों स्थिति में एक प्रकार की निश्चितता है, ऐसा कह सकेंगे?—और इसी कारण निश्चिन्तता?

ईमेन्युअल काण्ट (ई. १७२४-१८०४) और बीसवीं शती का उनका समर्थ शिष्य अर्न्स्ट केसीरर मानव और जगत के बीच ईश्वर के सम्बन्ध की बात ईश्वर को कुछ दूर रखकर करते हैं। इस सम्बन्ध के दो पहलुओं की चर्चा केसीरर करता है; एक, जगत तत्त्वत: (काण्ट के शब्दों में 'thing in-itself' के रूप में) जो भी हो सो; लेकिन मनुष्य तो अपनी अनुभवग्राहक कल्पनाशक्ति (Imagination) द्वारा उसे प्राप्त उत्तेजनाओं (Sensations) में से एक मानवीय जगत (अर्थात्, मनुष्य जिसका अनुभव कर सके ऐसी सृष्टि की) रचना करता है। इस मानवीय जगत की रचना में मनुष्य के चित्त की ग्रहणशीलता की विशिष्ट पद्धतियों का महत्त्वपूर्ण योगदान रहता है। इन पद्धतियों को

अथवा चित्त के स्वाभाविक और सहज ढाँचे को काण्ट 'a priori form' कहता है। यह पहला पहलू। और दो, यह 'a priori form' की विभावना के व्यापक रूप जैसी विभावना की रचना केसीरर ने की : 'symbolic form' की।

मानव-समूह अपने आसपास बिखरी हुई वास्तविकता को सँजोकर, उसे आकृत करके अनुभवयोग्य बनाता है। इसके लिये इन मानव-समूहों के पास अलग-अलग बृहद बुनियादी पद्धतियाँ हैं। ऐसी एक पद्धति है मिथ अथवा पुराकल्पन। समुद्र, बारिश, पवन, आग, मृत्यु आदि; कभी समझ में न आने वाली इस चण्डप्रचण्ड शक्ति के साथ मनुष्य को रहना तो है ही। बवण्डर, बाढ़, दावाग्नि, बीमारी ये सब न सहा जाता है और न तो समझा जा सकता है, फिर भी मनुष्य के ऊपर आक्रमण करता ही है। इन सबके बीच मूढ़ न हो जाऊँ, इस विचार से मनुष्य इन्हें कोई बृहद योजना के अंगभूत होने की कल्पना करने का प्रयास करने लगा। यह उसकी बुद्धि तथा हृदय दोनों की अनिवार्य आवश्यकता थी। तभी उस अनुभव को ग्रहण कर सके ऐसी मानसिक चेतनावस्था बना सकता है। वह सम्मूढ़ न हो जाय इसलिए उसने देवों के सुग्रथित समूह की कल्पना की—वरुण, इन्द्र, मरुत, अग्नि, यम और उनका ऋत। ऋत का अर्थ ही है आकार। आकार से तात्पर्य है स्वस्थता। "जनोत्कर्षे-ह्रासे परम ऋतलीला अभिरमे" बीसवीं शती में भी उमाशंकर जोशी जैसा प्रमुख कवि भी मिथिक स्वस्थता की खोज कैसी विह्वलता से करता है! ग्रीक कवि माउंट ओलिम्पयस की ज्यूस-पोसायडन की दैवी दुनिया की कल्पना करता है। मिथ यानि कि प्रजा-समूह के लिए, भयंकर परिस्थितियों के बीच भी बिना सम्मूढ़ बने जीने की व्यवस्था, आकार, प्रतीकात्मक आकार। मिथ मानवीय निर्बलता का स्वनिर्मित / कल्पित बल है।

इस प्रकार के अन्य आकार हैं : भाषा, कला, धर्म, विज्ञान। हरेक अपनी तरह से मानव-समूह के लिये स्वस्थ और संरक्षक व्यवस्था पैदा करता है। काण्ट-कथित 'a priori form' जैसा, किन्तु बृहद और प्रजासमूहगत इन प्रतीकात्मक आकारों की यह व्यवस्था मानव-समूह के लिये गहन और सन्तर्पक अनुभव भी सम्भवित बनाती है।

श्रीमती सूजन लेंगर का नाम गुजरात में सुप्रसिद्ध है। उनका कला-विचार अर्न्स्ट केसीरर के 'Philosophy of Symbolic Forms' शीर्षक ग्रन्थश्रेणी

में निरूपित कला-विभावन पर अधिकांश रूप से आधारित है। उसका उल्लेख गुजराती आकारवादी विचारकों ने योग्य रूप से नहीं किया है। केसीरर के इस ग्रन्थ का जर्मन से अँग्रेज़ी अनुवाद लेंगर ने ही किया है, और केसीरर तो इस शती के काण्ट के प्रमुख सम्पादक हैं। इस तरह लेंगर का कला-विचार और उसकी 'new key' मूलतः काण्ट के ''कोपरनिकन रिवोल्यूशन'' माने जाते क्रान्तिकारी विचार में निहित है।

लेंगर ने इस परम्परा का कला-विचार अपनी पुस्तक 'Feeling and Form' में लाघवपूर्वक व्यक्त किया है। इसे उन्होंने स्वयं ही "a philosophical theory of art in miniture" कहकर परिचय कराया है, उनका सूत्रात्मक विधान इस प्रकार है :

> At this point I will make bold to offer a definition of art, which serves to distinguish a "work of art" from anything else in the world, and at the same time to show, why and how, utilitarian object may also be a work of art; and how a work of so called 'PURE' art may fail of its purpose and be simply bad, just as a shoe that cannot be worn is simply bad by failing of its purpose. It serves, moreover, to establish the relation of art to physical skill or making, on one hand, and to feeling and expression on the other. Here is the tentative definintion on which the following chapters are built : Art is the creation of forms sysbolic of human feeling. (पृ. ४०)

"Symbolic" का तात्पर्य समझना हमारे लिये शायद इसलिए कठिन है कि हमारी मध्यकालीन कविता में रूपक ही अभिव्यक्ति का एक प्रमुख कार्यसाधक साधन था। मन के विचार या भावना के (या अन्य कथ्य के) समानान्तर किसी पदार्थ को आधार के रूप में स्वीकार कर तत्पश्चात् उसे सविस्तर (उसके प्रत्येक अंश को उस कथ्य के किसी-न-किसी अंश के साथ संलग्न कर दे, इस तरह सविस्तार) निरूपित करके तथा मूल विचार या भावना को पूर्णतः आकृत अभिव्यक्ति प्रदान कर, कवि रूपक की रचना करता है। ''तन-चरखा...'' का प्रख्यात रूपक देखिये। चरखे को सरलता से घुमाने के लिये उसके प्रत्येक अंश का काम योग्य ढंग से होना चाहिए। चक्र, डोरी, खूँटी तथा अन्य भागों का आलेखन कवि इस तरह करता है कि प्रत्येक भाग कथ्य के एक-एक अंश के साथ जुड़ जाता है। 'तन' अर्थात् देहधारी जीवन यदि सरलता से, निष्पाप रूप से चलाना हो तो उसके अंशों को भी उस चरखा

के भाग की तरह योग्य ढंग से काम करने की क्षमता होनी चाहिए। तन-चरखा का यह रूपक अभिव्यक्ति की इस तरह परिपूर्णता के बिना सिद्ध नहीं हो सकता। अत: रूपक भी आकार की एक प्रकार की पूर्णता की अपेक्षा रखता ही है।

लेकिन यह आकार प्रतीकात्मक आकार नहीं है। मानो रूपक की आकारगत पूर्णता को ध्यान में रखकर ही लिखा हो, इस तरह लेंगर अपने 'Mind' नामक ग्रन्थमाला के प्रथम ग्रन्थ में 'Symbol' को आकार की अन्य परिपूर्णता से अलग कर दिखाती है। लेंगर लिखती हैं :

> The essence of the artist's task, however, is not only to create a form fully structured, clear and remote, but in so doing to hold in that final objectified endgestalt, all the phases of the evolving vision : the core of 'flecring and wavering life' within the compact contour, the tention, the ambiguity, the sense of potentiality and nonfinality, above all the 'strong physionomy' and the cathexis which appears in any actally emerging gestalt as in objective involvement. The artist's "realized" from has to ratain all these experiential aspects which an ordinary perceptnal datnm gives up as it reaches its full objective status; because the ordinary percept becomes a thing for the precipient but the artist's creation becomes a symbol. (पृ. १७९)

—रूपक आदि की संरचनागत पूर्णता अलग और सिम्बल या प्रतीक की संरचनागत पूर्णता अलग है। केवल 'endgestalt' अर्थात् प्रक्रिया के अन्त में निष्पन्न परिणाम को ही प्रतीक नहीं कह सकते। प्रतीक मात्र परिणाम की अखिलाई से विशेष है। प्रक्रिया की अखिलाई को सुरक्षित रखती संरचना ही प्रतीक है। किन-किन प्रकार के अनुभवों से गुज़रते हुए अन्त में कलाकार एक शब्द का उच्चारण करता है या एक मुद्रा दर्शाता है, भावक को इसका अनुभव उस शब्द या मुद्रा के अन्दर ही होता है। सामान्य चीज़ कौन-सी अनुभव-माला का परिणाम है, इसका पता उस वस्तु को उसके अन्दर ही देखने से नहीं चलता। अत: यह वस्तु सामान्य वस्तु ही रह जाती है, किसी अनुभव-प्रक्रिया का परिणाम नहीं बन सकती—फिर चाहे उस वस्तु ने परिपूर्ण, स्पष्ट आकार पाया हो। 'सिम्बल' और 'थिंग' के बीच का यही व्यावर्तक भेद है।

इस तरह 'Symbolic Form' समग्र प्रक्रिया का स्वयमेव अनुभव कराने में समर्थ है, जो प्रक्रिया के अन्त में रचा जाता है, फिर भी वह प्रक्रिया की समग्रता को अपनी संरचना में सुरक्षित रखने वाला आकार है। यह स्पष्टता लेंगर कर देती है।

फिर भी, परिपूर्ण स्पष्ट आकार और प्रतीकात्मक आकार : इन दोनों को जिस तथ्य तात्विक रूप से शास्त्रीयता से अलग किया जा सकता है, इस तरह एक व्यक्ति के प्रवाहित जीवन में या एक संस्कृति के विकास पाते—विकार पाते जीवन में हमेशा अलग नहीं किया जा सकता। कई बार प्रक्रिया की समग्रता को सुरक्षित रखने वाले आकार की पारदर्शकता मानो धीरे-धीरे पाट दी जाती है, धुँधली हो जाती है। पुराकल्पन जगत की अन्यथा अगम्य परिस्थितियों को मनुष्य के अनुभव की सीमा के भीतर ले आते हैं; वहाँ यही पुराकल्पन क्रमशः उसी प्रजासमूह के अनुभव की आँख पर मोतियाबिन्द बनकर जम जाते हैं। वरन् फिर ऐसा समय आता है कि वही मिथ समग्र प्रजा को एक गहन अनुभव से सभर कर देते हैं। कई प्रजाओं के इतिहास में ऐसा घटित हुआ है। उन्नीसवीं शती में यूरोप और भारत की प्रजा ने क्रमशः ग्रीक और संस्कृत भाषा को तथा इन भाषाओं में पुराकल्पनों को जिस ढंग से पुनः पाया उसका अनुभव तो नीत्शे का 'The Birth of Tragedy' या हमारे कवि 'कान्त' के खण्ड काव्य या गोवर्धनराम त्रिपाठी का उपन्यास 'सरस्वतीचन्द्र' पढ़कर किया जा सकता है।

सभी प्रतीकात्मक आकार, व्यक्ति के निजी जीवन में तथा प्रजा के सामुदायिक जीवन में, अनुभवप्रदान की प्रक्रिया के साथ संकुल रूप से जुड़े हुए हैं। आकार और अनुभव के परस्पर सम्बन्ध की चिकित्सा काण्ट-परम्परा ने पुनः-पुनः कई प्रकार की है।

दूसरी ओर, यूरोप की रोमांटिक कला परम्परा में भी 'symbolism' संज्ञा प्रयुक्त हुई है। मलार्मे, वर्लेन और विशेषकर बोदलेर जैसे फ्रेंच कवियों की कविता एवं काव्य-विचार के सन्दर्भ में यह संज्ञा उस परम्परा में समझी जानी चाहिए। फ्रेंच कविता के प्रतीकवाद घोषणापत्र (literary manifesto) १८ सितम्बर, १८८६ में पेरिस के 'Le Figaro' में ज्यां मोरेअस ने प्रकाशित किया। उसमें 'Symbol' संज्ञा उन्नीसवीं शती की इस फ्रेंच कविताधारा के सन्दर्भ में ही (अर्थात् लेंगर आदि जिस अर्थ में प्रयोग करते हैं, इससे कुछ अलग) प्रयुक्त की गयी। मोरेअस कहता है :

> Symbolic poetry seeks to clothe the Idea in a perceptible form which, nevertheless, would not be an end in itself; rather, while serving to express the Idea, it would remain subject to it. The Idea, in its turn, must not let itself be deprived of the somptuous robes of external analogies, for the essential character of symbolic art consists in never going so far as to conceive the Idea in itself. Thus in this art, the depictions of...all the concrete phenomena could not show themselves as such : they are concrete appearance whose purpose is to represent their esoteric affinities with primordial Ideas.

—स्पष्ट है कि यहाँ 'Symbolic' विशेषण अलग अर्थ में प्रयुक्त हुआ है। 'Form' संज्ञा भी अलग ढंग से प्रयुक्त हुई है। "Symbolic poetry seeks to clothe the Idea in a percetible form" यह विधान 'आकार' को आवरण के रूप में प्रस्तुत करता है। लेकिन तात्विक सौन्दर्य-शास्त्रीय परम्परा में आकार केवल आवरण नहीं, किन्तु स्वयं अभिव्यक्ति की प्रक्रिया बनता है, या तो अनुभव की प्रथम शर्त है।

'Symbolic' विशेषण भी फ्रेंच कवि-विवेचक जिस रूप में प्रयुक्त करते हैं, उसकी अपेक्षा काण्ट-केसीरर की परम्परा अधिक गहन अर्थ में करती है, यानी कि कल्पनाशक्ति (Imagination)—के बल पर अपने निर्माण की सामग्री के अर्थ का अतिक्रमण कर एक नये अस्तित्व को सम्भावनाशील बनाने वाली संरचना को सूचित करने के लिये प्रयुक्त करती है। केसीरर-लेंगर कई स्थानों पर कहते हैं कि निर्माण की सामग्री का जिस स्तर पर अर्थ होता हो, उस स्तर का अतिक्रमण करने वाली (transcendental) आकृति प्रतीकात्मक मानी जाती है।

लेकिन फ्रेंच प्रतीकवादी कविता स्वयं ही यूरोप की कला परम्परा में एक व्यापक आन्दोलन का भाग है। यह आन्दोलन है : 'Romanticism'। अत: 'आकार' की विभावना और अनुभव प्राप्ति की प्यास के साथ 'प्रतीकात्मक आकारों' का सम्बन्ध फ्रेंच प्रतीकवादी कविता की दृष्टि से देखना चाहें तो भी उसका व्यापक अर्थ समझना चाहिए। समग्र यूरोपीय रोमांटिक आन्दोलन के कई महत्त्वपूर्ण सर्जक-चिन्तकों के अभिमत की रूपरेखा इस आशय से देख लेनी चाहिए।

३

ज़्यां ज़ांक रूसो में पाश्चात्य रोमांटिसिज्म को मूर्तिमन्त देखा जा सकता है। रूसो और रोमांटिसिज़्म पर्याय जैसे हो गये हैं, इसका कारण क्या है? इर्विंग बेबिट (Iriving Babbott) जो इस शती के तीसरे दशक (ई. १९२० बाद के) के महत्त्वपूर्ण कलामीमांसक हैं, वे रूसो की विशेषता के बारे में जो कहते हैं, वह इस प्रश्न को समझने में सहायरूप हो सकता है। बेबिट कहते हैं :

> Rousseau, then, owes his significance not only to the fact that he was supremely imaginative in an age that was disposed to deny the supremacy of imagination, but to the fact that he was imaginative in a particular way. (Roussean and Romanticism)

'Imagination' यानी कल्पना अथवा सर्वशक्ति को विशिष्ट रीति से प्रयोजित करने वाले रूसो उस रीति के कारण ही कल्पना को सर्वोपरि महत्त्व दिला सके थे। लेकिन सर्वोपरि में 'सर्व' क्या है, इसकी जाँच होनी चाहिए।

यहाँ अपूर्व कृति की रचना करने वाली वैयक्तिक कल्पनाशक्ति और सनातन, टिकाऊ तथा अपौरुषेय एवं सार्वजनिक अनुभवदायक आकारों के बीच भेद तीव्रता से प्रगट होता है। काण्ट की परम्परा की दृष्टि अनुसार तो कल्पना और कल्पनोत्थ प्रतीकात्मक आकारों (Imagination और Symbolic Forms) इन दोनों के बीच कोई विरोध सम्भवित हो ही नहीं सकता। एक के बिना अन्य नहीं हो सकता, वैसा अविनाभावी सम्बन्ध दोनों के बीच—केवल आकार के लिये नहीं, किन्तु कल्पना के साथ भी है। फिर भी इन दोनों के बीच प्रत्यक्ष विरोध भी यूरोप की रोमांटिक परम्परा के समर्थ चिन्तकों ने व्यक्त किया है।

रिल्के ने 'Notes of Malte Laurids Brigge—' नामक कृति में इस विरोध की विभावना को सुन्दर अभिव्यक्ति प्रदान की है। रिल्के लिखते हैं :

> Is it possible that, inspite of inventions and progress, inspite of culture, religion and wisdom, one has remained at the surface of life? Is it possible that even this surface, which would at least have been something, has been covered with an incredible dull material till it looks like salon furniture during the vacation? (पृ. 179)

आप इस सम्भावना का विचार करना ही भूल गये क्या? रिल्के मज़ाक़ और कुछ विषाद से पूछता है : "Culture, religion and wisdom"—जैसे स्थिरतासर्जक संयोगों ने जीवनानुभव करने के लिये सभी युक्तियाँ, सभी रीतियाँ हमारे हाथ में रख दी हों, फिर भी जीवन का अनुभव सतही हो और यह सतह बिलकुल जमी हुई हो, अवड कमरे के बिलकुल निर्जीव फ़र्नीचर जैसी हो, यह भी हो सकता है।

कल्पना के आकार मानव मन के कहीं पहुँचने के लिये आगे बढ़ती करांगुलि जैसे भी हो सकते हैं, या किसी से बचने के लिये बीच में आने वाली, शरीर को संकेरती हथेली जैसे भी हो सकते हैं।

रिल्के और उनसे पूर्व रूसो "Culture, religion and wisdom" द्वारा अर्थात् संस्कृति के सुदृढ़ आकारों द्वारा जीवन की गहराई का अनुभव हो सकता है, ऐसा नहीं मानते थे। "जीवन की गहराई" का तात्पर्य क्या है?

इसलिए सुव्यवस्थित संरचनाएँ सुन्दर-असुन्दर, शुभ-अशुभ, प्रेय-श्रेय आदि मूल्य और आकारों की सरल सृष्टि की जो रचना करती हैं, उसके संविधान का उच्छेद करने वाली, संदिग्ध, उलझन पैदा करने वाली, उत्तेजित करने वाली जिसे वैयक्तिक एकान्त में पाना है, ऐसी रक्तमांस और आत्मा की भीतरी अखण्डता है। नीत्शे इसे सद् और असद्, शुभ और अशुभ आदि द्वन्द्वों से परे अटूट अखण्ड सत्य मानते थे। बोदलेर उसे असुन्दर और अशुभ का पुष्प मानते थे। यह जो अखण्ड और संदिग्ध तत्त्व है उसे सीमांकित आकारों के द्वारा अनुभव नहीं कर सकते, शिल्पदेवता अपोलो की कृपा से नहीं पा सकते हैं, ऐसा रोमांटिक विचारक मानते थे। यह ऐसा वरदान है जो केवल प्रवाह के देवता डायोनिसस ही दे सकते हैं। अथवा बोदलेर के कथन अनुसार यह अनुभव उसे दिया जाता है जो उत्तेजक, इन्द्रियोद्बोधक, अद्वितीय और अपूर्व हैं ऐसे "amber, incense, musk and benzoin, which/sing the transport of the soul and sense"—के भोक्ता हो।

रोमांटिक परम्परा के कवियों को उर्वरता और मदमस्ती के देवता डायोनिसस के प्रति बड़ा आकर्षण रहता था। किसी भी तरह वहनशीलता का सातत्य बनाये रखने के लिये ये कवि इन्द्रियोद्बोधन करने वाले द्रव्यों का सेवन करते थे। इनको अपोलो की सुस्थिरता पसन्द नहीं थी। ठेठ ई. १७८७ में जर्मन कवि होल्डरलिन (Johann christian Friedrich Holderlin) अपोलो के

विरुद्ध जो शिकायत करता है, यह अनुभवतृषातुर इन कवियों के मन किस तरह सोचते थे, इसकी द्योतक है। होल्डरलिन का छोटा-सा काव्य है : 'Die beschreibende Poesie'.

> Apoll ist der gott der Zeituge schriber geworden Unt sein Mann ist, wer ihm treulich Factum erzahit.

उच्चारण का आक्रोश सुन सको इसलिए अपवाद रूप में यह काव्य मूल भाषा में यहाँ प्रस्तुत किया है। कवि कहता है :

> अपोलो तो पत्रकारिता के अधिष्ठाता देव हो गये हैं, और उनका भगत वह, जो ठण्डीगार हक़ीक़तों को उनके आगे प्रस्तुत करता है।

आकारवाद की दुर्दशा उसके एक समय के कट्टर विरोधी, लेकिन आज बाज़ार में उसको निर्लज्ज रूप से बेचने वाले मुम्बई-गुजरात के अख़बारनवीसों और संस्कार संस्थाधिपतियों के हाथों से जो हुई है, उसे देखकर हमें भी होल्डरलिन के शब्दों का उच्चारण करना पड़ेगा कि अपोलो सचमुच अख़बारों का देवता हो गया है।

४

किन्तु तत्पश्चात् तुरन्त साधारण व्युत्क्रम के साथ नीत्शे के शब्द प्रस्तुत करने चाहिए :

> Because you have abandoned Apollo, Dionysus abandoned you.

कारण यह है कि अत्याग्रही आकारवादी जितने मतान्ध हैं, ज्ञानपूर्ण बुद्धि के अंकुश बिना इधर-उधर उछलते रहते रोमांटिक लोग भी उतने ही मतान्ध हैं।

"इन अन्तिमों का समन्वय कर आगे बढ़ना चाहिए", इस प्रकार समाधानकारी अभिगम में मानने वाले भी, इन दोनों के समान, ग़लतफ़हमी में हैं।

अतः जैसे कि आरम्भ में कहा गया है, तद्नुसार प्रश्न आकार का नहीं, अनुभव का है। भावक में अभीप्सा होती है कि उसे कलाकृति में रमणीय और आनन्दप्रद अनुभव, एक सर्जक की समग्र कलाप्रवृत्ति में, एक युग (Period) में और एक समग्र साहित्य-परम्परा में सतत प्राप्त हो। इस प्रकार

की सर्जनशीलता में व्यवधान पैदा न हो, ऐसा वातावरण बनाने का प्रयास विवेचन को करना चाहिए। (यद्यपि सर्जकता अपना पोषण-रक्षण करने में समर्थ होती है, तथापि विवेचन की दृष्टि से विवेचन का यह कर्म है।)

'अपोलो' और 'डायोनिसस' तो सुश्लिष्ट चर्चा करने के लिये स्वीकृत संज्ञाएँ हैं। मूल बात अनुभव-प्राप्ति की रीत की है। दृढ़, स्पष्ट, शिल्प सदृश्य आकारों के द्वारा अस्तित्व का और वास्तव का एक अनुभव प्राप्त होता है। प्रवाहित, इन्द्रियोद्‌बोधक, और दोनों तट तक ही नहीं, किन्तु तट को लाँघकर प्रवाहित अभिव्यक्ति के धारावेग में अन्य प्रकार का अनुभव, यही अस्तित्व और वास्तव का, प्राप्त होता है। नर्मद का 'जोश' तथा 'कान्त' के कतिपय खण्ड-काव्यों का 'शिल्प'—ये दोनों अनुभव के लिये हमारे साधन हैं, या कहिये, हमारे अनुभव स्वयं हैं।

किन्तु, सुदृढ़ आकार कब जड़ता धारण करता है और नयी उर्वर खाद लाने वाला प्रवाह कब बिखरकर बाढ़ बन जाता है, इसकी समझ प्रत्येक सच्चे सर्जक को होती है। इस समझ की उपेक्षा करने वाला मताग्रही विवेचन साहित्य की सर्जकात्मक परिस्थिति को उत्कट बनाने में कोई योगदान नहीं दे सकता।

आकारवाद और अन्तस्तत्त्ववाद के बीच संविवाद में लेंगर-वालेरी से आगे रुक जाने से हमें नहीं चलेगा। बोदलेर-मलार्मे के 'Symbolism' और समग्र यूरोपीय आकारवादी तत्त्वविचार की जड़ में निहित 'Symbolism' के मूल स्त्रोत तक पहुँचकर उसके भेद को समझे बिना नहीं चलेगा। और अन्त में, इस भेद के सन्दर्भ में, अनुभव प्राप्ति की सतत परिवर्तित शर्तों को (उसके 'dyngmics'—को, उसके नये प्रकार के 'ऋत' को) पाये-पाले बिना भी नहीं चलेगा।

नीत्शे, 'The Birth for Tragedy'—में कहता है कि महान कला का जन्म ऐसे विरल क्षणों में होता है, जब अपोलो और डायोनिसस के विश्व एक-दूसरे से स्पर्श करें और अपोलो डायोनिसस की भाषा बोल पाये।

कुछ अलग तरह से भी 'form' और 'flow' के बीच इस प्रश्न को देखा जा सकता है :

व्यक्ति के जीवन में तथा एक संस्कृति के इतिहास में अनुभव प्राप्ति की शर्तें सतत बदलती रहती हैं। गत कल जिन आकारों को दृढ़ बनाने की आवश्यकता

थी, वे आकार आज कट्टरता धारण कर लेते हैं। एक दिन जिस वहनशीलता को विशेष गति देकर चित्त को प्रवहमान बनाने की ज़रूरत लगती है, वही प्रवाह दूसरे दिन तितर-बितर जलराशि बनकर अनुभव की शक्यता को ही मटियामेट कर देती है। अपोलो और डायोनिसिस के मनमेल की प्रतीक्षा में हम निष्क्रिय नहीं रह सकते।

तो कवि-कर्म क्या है?

कवि दो मालिकों का ग़ुलाम नहीं है, कवि दो शासकों के विरुद्ध विद्रोही है। अपोलो और डायोनिसिस, जब आकार एवं वहनशीलता के रूप में उनके पास आते हैं तब वह ज़रूर उनका सत्कार करता है, लेकिन कवि का सतत कर्म तो अलग ही है। मानव जीवन, अंगत और सामूहिक, जो भी है, सो अनुभव की अल्पता से, अनुभव की खण्डितता से अंकित है। स्थितिचुस्तता तथा छिन्न-भिन्नता दोनों से ग्रसित है। इस स्थिति में कवि सदा और सतत सही दिशा की खोज करने वाला विद्रोही है। अपोलो और डायोनिसस, इन दो बिन्दुओं के बीच वह सतत (और सदा अपनी समझ द्वारा अनुभव की दिशा खोजता हुआ) सफ़र करता है। एक कविता से दूसरी कविता तक, एक कृतिगुच्छ से दूसरे कृतिगुच्छ तक, एक अंगत युग से दूसरे अंगत युग तक सर्जक इस विद्रोह को आगे बढ़ाता है; और एक साहित्यिक परम्परा में भी 'form' और 'flow' की, सीमांकन और सीमोल्लंघन की इस अनुभवमूलक आवश्यकता को अपनी समझ द्वारा प्राप्त करने वाले सर्जक, इन समग्र साहित्य को जीवन्त और सतत विद्रोही रख सकते हैं।

अपोलो और डायोनिसिस दोनों के प्रति बग़ावत करने वाला, फिर भी अनुभव की पिपासा से दोनों के निकट जाने वाला, सीमांकन एवं सीमोल्लंघन दोनों का सामर्थ्यवान सर्जक अपने चित्त में एक मन्त्र रटता है :

चरैवेति, चरैवेति।

गुजराती से अनुवाद : तुलसीभाई पटेल

आलेख का रचना-वर्ष : १९७९

रमणीयता : नयी ज्ञान-मीमांसा और अस्तित्व-मीमांसा

(क)

'Contemplation' के प्रति ले जाने वाले 'art form' से अलग, समाधि के प्रति खींचने वाले संयोग से विलक्षण, 'artificiality' से संलग्न राजसभा के 'play' या 'game' से विभिन्न रमणीयता को इन नव प्रकरणों में हमने अनेक दृष्टिकोण से और अध्ययन-पद्धतिगत अनेक साधनों के प्रयोग द्वारा पहचानने का यत्न किया है। भरतकथित क्रीड़नीयक के साथ रमणीयता का अस्तित्व-मीमांसागत सम्बन्ध और नव्यन्याय द्वारा दर्शाये गये भावना-ज्ञान के साथ उसका ज्ञान-मीमांसागत सम्बन्ध देखा जा सकता है। इन दोनों के सन्दर्भ में रमणीयता केवल सौन्दर्य का पर्याय शब्द नहीं है, लेकिन इस शब्द की संरचना स्पष्ट दर्शाती है तदनुसार 'रमणयोग्यता' का अर्थ धारण करने वाली अलग ही संज्ञा है, यह भी हमने देखा।

जगन्नाथ के रसगंगाधर का जो अंश आज प्राप्य है, उसमें रमणीयता की पूर्ण मीमांसा प्राप्त नहीं होती, फिर भी 'रमणीयता च लोकोत्तराहलादजनक ज्ञानगोचरता' इतने एक वाक्य में और यह ज्ञान है 'भावनाविशेष पुनः-पुनरनुसन्धानात्मा' इस बोध द्वारा जगन्नाथ ने बहुत कुछ निर्देशित कर दिया है।

इस निबन्ध के इस अन्तिम प्रकरण में जगन्नाथ की इस मूल विभावना की भूमिका पर, 'संयोग', 'art form' और 'play' के सन्दर्भों से जो विशेष

सूझ-समझ हमें प्राप्त हुए हैं उसके आधार पर, और तुलनात्मक तथा ज्ञान-अस्तित्व-मीमांसा का सामर्थ्य प्राप्त करने वाली अध्ययन-पद्धति के साधन प्रयुक्त कर—रमणीयता का परिपूर्ण अर्थ पाने का प्रयत्न है। अब पुनः इस निबन्ध के प्रथम दो प्रकरणों के साथ तन्तु जुड़ता है और सम्मूढ़ता से सम्प्रज्ञता तक कवि की और भावक की जो गति है उसमें भर्तृहरि कथित त्रीणि ज्योतींषि में से एक (और भर्तृहरि के लिये तो ब्रह्मरूप ऐसे) : शब्दारव्यः प्रकाशः का जो कर्म है, यह 'उपनिबन्धन' कर्म के साथ भी तन्तु जुड़ता है। जगन्नाथ का 'रमणीय अर्थ का प्रतिपादक' शब्द और भर्तृहरि का 'जहाँ सब कुछ उपनिबद्ध बनता है' यह शब्द अब तक यहाँ निर्मित तुलनात्मक पद्धति से सहोपस्थित कर समझने का उपक्रम भी स्वीकार किया गया है।

इस भूमिका के साथ अब क्रमशः रमणीयता की विभावना को समग्र रूप से समझने का आरम्भ करें।

(ख)

काण्ट ने दर्शाया है कि उत्तेजना के पुंज के बीच भी मनुष्य का चित्त अनुभवशून्य रह सकता है। अनुभव तभी प्राप्त होता है जब चित्त उस उत्तेजना के पुंज को आकृत करता है। 'आकार' का महत्त्व अब स्पष्ट है।

अनुभव की सामग्री के ढेर के बीच भी मनुष्य मूढ़ बनकर रह जाता है, ऐसी शक्यता की कल्पना भरताचार्य ने भी की है। और भरताचार्य ने तो यह भी कहा है कि अनुभव की इस सामग्री को दृढ़तापूर्वक आकृत करने वाले लोकपाल, इन्द्र और चारों वेदों की व्यवस्थाकारी आयोजना का भी अस्तित्व है ही। फिर भी मनुष्य मूढ़ बनकर रह जाय। उसे अनुभव तभी प्राप्त होगा जब उसे कला-आत्मक क्रीड़नीयक मिले और वह क्रीड़नीयक उसकी सम्मूढ़ता को अलौकिक सम्प्रज्ञता में परिवर्तित कर दे।

जो सम्मूढ़ है, वह सम्प्रज्ञ तो नहीं है। उपरान्त, जो सम्प्रज्ञ है वह सदा रममाण ही हो, ऐसा तो नहीं है। यद्यपि जो सम्प्रज्ञ है वह रममाण हो सकता है।

दूसरी ओर, जो अमुक अलग ही अर्थ में रममाण है, 'playful' है, वह

सम्प्रज्ञ नहीं होगा, ऐसा संशय हमें होता है। यद्यपि जो सच्ची सजीवता और ज्ञानपूर्ण समानता से रममाण है, वह सम्प्रज्ञ होता ही है।

तो, जो सम्प्रज्ञता रमणशील है, वह कौन-सी सम्प्रज्ञता है? दूसरा, ऐसी सम्प्रज्ञता का जो विषय है, उस रमणयोग्य पदार्थ का अस्तित्व किस प्रकार का है? और अन्त में, ऐसी सम्प्रज्ञता का ऐसे पदार्थ में जो होता है, यह रमण स्वयं कैसा है? इस तरह, सम्प्रज्ञता की रमणशीलता, पदार्थ की रमणयोग्यता और अनुभवरूप स्वयं रमण—ये तीन तत्त्व रमणीयता के तीन पहलुओं के हमें प्राप्त होते हैं। उन पर क्रमशः विचार करेंगे।

(ग)

जो सम्प्रज्ञता रमणशील है, यहाँ उसका विचार तो हमें न तु रमणातिरिक्तकालावलम्बी विशेषण की ऐसी सीमा बनाकर ही करना होगा...चर्वणाकाल विषयक अभिनवगुप्त के विचार को शब्दान्तर द्वारा प्रयुक्त करके।

तो कलानुभव में जो सम्प्रज्ञता रमणशील है, उसका स्वरूप कैसा है?

प्रथम तो यह कहना होगा कि यह सम्प्रज्ञता समाधिशील सम्प्रज्ञता से भिन्न होगी और इस तरह कलानुभव का एक बुनियादी विकल्प वह प्रस्तुत करेगी।

लेकिन जो 'रमणशील' है वह 'समाधिशील' से केवल विपरीत ही होगा या विलक्षण होने पर भी अमुक अंश में तो समानधर्म होगा? इस तबके यह अति महत्त्वपूर्ण प्रश्न पैदा होता है।

इसका उत्तर हमें राजसभासद की विनोदमयता के साथ रमणीयता की तुलना में प्राप्त होगा। राजसभासद की विनोदमयता चित्तस्थिति की जो भूमिका धारण करती है, यह चित्तस्थिति समाधिशील चित्तस्थिति से केवल विपरीत होती है। लेकिन जगन्नाथ कथित (और निर्देशित) रमणीयता के बारे में ऐसा नहीं कहा जा सकता। रमणीयता का धारक चित्त जिस अर्थ में रमणशील है, वह समाधि से केवल विपरीत अर्थ में ही नहीं—चाहे विलक्षण अर्थ में भी। संक्षेप में रमणशीलता और समाधिशीलता के बीच हम एक महत्त्वपूर्ण समानता भी देख पाते हैं।

यह है बृहद रमणीयता की (जिसके एक अंश रूप में चित्त की रमणशीलता को हम देखते आये हैं, उसकी) 'पुनः-पुनः अनुसन्धान' की प्रक्रिया में अनुसन्धान के जो-जो बिन्दु हैं, उसके अन्तर्गत ऐसी स्थिरता।

रमणीयता (और तदन्तर्गत भावना) पर केवल अस्थिरता नहीं है; यह तो लयपूर्ण चंचलता है। उसकी लय में स्थिरता के सुयोजित घटक और गति के गुम्फित घटक उसमें हों, ऐसा दर्शन हम करें यही योग्य है।

और यह दर्शन साधार भी है। काव्य-लक्षण की बात करते समय जगन्नाथ तो इस दर्शन के आधार रूप कोई विधान नहीं करते हैं, किन्तु काव्य प्रकारों की बात करते समय उन्होंने एक विधान किया है। जो इस निबन्ध के इस दर्शन के सन्दर्भ में अति महत्त्वपूर्ण बनता है।

जगन्नाथ काव्य के चार प्रकार बताते हैं : उत्तमोत्तम, उत्तम, मध्यम और अधम। इनमें उत्तमोत्तम काव्य की परिभाषा इस प्रकार है :

> 'शब्दार्थौ यत्र गुणीभावितात्मनौ कमप्यर्थमभि व्यक्तस्तदाम्॥'[१]
>
> अर्थात् जिस काव्य में शब्द और अर्थ (दोनों) अपने को गौण बनाकर किसी (भिन्न ही) अर्थ को अभिव्यक्त करता है यह प्रथम (उत्तमोत्तम) प्रकार का काव्य है।

यहाँ 'कमप्यर्थ' शब्द द्वारा 'रमणीय' अर्थ का ही सूचन है।

अब शब्द अपने व्यावहारिक अर्थ के बजाय रमणीय अर्थ को अभिव्यक्त करे, इस प्रकार के उत्तमोत्तम काव्यों के जो उदाहरण जगन्नाथ प्रस्तुत करते हैं, उनमें एक (भाव-निष्ठ) काव्य इस प्रकार है :

> गुरुमध्यगता मया नताङ्गगी, निहता नीरजकोरकेण मन्दम्।
> दरकुण्डलताण्डवम् नतभ्रूलतिकं मामवलोक्य धूर्णिताऽऽसीत्॥[२]
>
> अर्थात् बुजुर्ग स्त्रियों के बीच में बैठी हुई कमनीय जलते अंगों वाली प्रियतमा को मैंने कमल की कली मार दी, कान के कुण्डल डोलायमान हो इस तरह, भ्रमर की बेल नमित हो जाय इस तरह मुझे देखकर वह दूसरी ओर मुड़ गयी।

जगन्नाथ इस काव्य को उत्तमोत्तम काव्य का उदाहरण मानता है। कारण कि यहाँ शब्द और उनके रूढ़ार्थ गौण होकर प्रेयसी का 'तुम कैसे हो' ऐसा लज्जा-रोष-प्रेमपूर्ण भाव, रमणीय अर्थ अभिव्यक्त होता है, इसका

अनुभव किया जा सकता है। जगन्नाथ के शब्दों में :

> अत्र 'धूर्णिताऽऽसीत्' इत्यनेन 'असमीक्ष्यकारिन्! किमिदमनुचितं कृतवानसि' इत्यर्थसंवलितोऽमर्षः .... प्राधान्येन व्यज्यते।[३]
>
> शब्दकोष के अर्थ के स्थान पर रमणीय अर्थ कैसे प्रगट होता है, यह तो यहाँ देखा जा सकता है लेकिन हम यहाँ जो बात करना चाहते हैं, वह कुछ अलग है।

जगन्नाथ के उपर्युक्त अन्तिम वाक्य को हमने ऊपर संक्षेप में लिखा है, अब हम इस पूरे वाक्य को देखें :

> अत्र 'धूर्णिताऽऽसीत्' इत्यनेन 'असमीक्ष्यकारिन्! किमिदमनुचितं कृतवानसि' इत्यर्थसंवलितोऽमषः चर्वणा-विश्रान्तिधामत्वात् प्राधान्येन व्यज्यते।

अर्थात्, इन पंक्तियों में 'धूर्णिताऽऽसीत्' इन शब्दों में, 'देखने पर लाज आये ऐसा करने वाला तूने यह अनुचित काम किया?'

इस अर्थ से संवलित नायिका का अमर्षभाव (भावक की काव्यास्वादरूपी) चर्वणा का विश्रान्ति स्थान होने से मुख्य रूप से अभिव्यक्त हुआ है।

पूरे काव्य में जो भाव-चंचलता है, यह तो भावक चित्त को रममाण कर सके ऐसी है ही। परन्तु, जगन्नाथ स्वयं ही कहते हैं तद्नुसार इस उत्तमोत्तम काव्य का जो 'कमप्यर्थ' है, जो 'रमणीय अर्थ' है, उसके अनुभव में इस 'चर्वणा' को ही नहीं, इस विश्रान्ति को भी महत्त्वपूर्ण स्थान है। अमर्षरूपी जो रमणीय अर्थ है वह स्वयं इस रमणा-चर्वणा का 'विश्रान्तिधाम' है।

इस तरह, जगन्नाथ के उत्तमोत्तम काव्य के भावक का चित्त रमणीय अर्थ का अनुभव करता है अतः 'रमणशील' तो है ही, किन्तु साथ में ही एक लयपूर्ण विशेषता के कारण, यही चित्त उसी समय 'समाधिशील' भी होता है।

रमणीयता की समग्रता के, उसकी लयात्मकता के अनिवार्य अंश के रूप में समाधि को देखने का उपक्रम इस तरह योग्य माना जायेगा। लेकिन साथ में यह जोड़ना चाहिए कि रमणीयता के समग्रता के अंश के रूप में आने वाली यह समाधि, 'रस-संयोग' की विभावना के साथ संलग्न

'समाधि' से और 'art-form' की विभावना के साथ संलग्न तद्तुल्य 'contemplation' से विलक्षण तो है ही।

रमणीयता के मूल में निहित लयात्मकता के अंश के रूप में ही इस गति को और इस विश्रान्ति को, इस चंचलता को और इस समाधि को समझना चाहिए।

रमणशील सम्प्रज्ञता जो समाधि का अनुभव कराती है, यह रमणकालान्तर्गत है, न कि रमणकालातिरिक्त। लेकिन अपनी लयान्वित समग्रता में, समग्रतया जो रमणशील है वह सम्प्रज्ञता समाधिशील भी होती ही है।

(घ)

काव्य-पदार्थ बल्कि कोई भी कलाकृति रमणयोग्य है, उस रमणीयता का दूसरा अंश बनता तत्त्व, इस तत्त्व के दर्शन को अब विशद बनाएँ। रमणयोग्य पदार्थ का अस्तित्व किस प्रकार का अथवा तो कैसा है ?

सर्वप्रथम तो यह कहना चाहिए कि रमणयोग्य कलाकृति यह कोई कला का एक प्रकार नहीं है। प्रत्येक कलाकृति रमणीय होती ही है।

फिर भी, जैसे 'क्लासिकल' और 'रोमांटिक' ऐसे दो विभाग अथवा तो नीत्शे ने बताये हैं ऐसे 'Apollonian Art' और 'Dionysian Art' जैसे दो विभाग सैद्धान्तिक विवेचन के लिये अपरिचित नहीं हैं, इस तरह 'रमणयोग्य' और 'समाधियोग्य' जैसे दो विभाग भी चौंकाने वाले या बिलकुल अयोग्य नहीं लगने चाहिए।

वास्तव में 'क्लासिकल' और 'रोमांटिक' की अपेक्षा 'अपोलोनीअन' और 'डायोनीसीअन' विभाग विशेष सूक्ष्म हैं। क्लासिकल कला और रोमांटिक कला ये दो तो मानो कला की दो शाखाएँ हों, ऐसा सैद्धान्तिक आलेखन है। इसकी तुलना में नीत्शे ने शिल्प और स्थिरता के देवता अपोलो और नृत्य तथा चंचलता के देवता डायोनिसस को अधिष्ठाता मानकर कला का वर्गीकरण करने के बाद भी अन्त में कहा है कि 'जब अपोलो आख़िर डायोनिसस की वाणी उच्चारेगा तभी महान कला का उद्भव होता है।' महान कला में अपोलीनीअन और डायोनोसीअन कला प्रकारों की एकता सिद्ध होती है, यह कहकर नीत्शे ने रोमांटिक-क्लासिकल युगल में सूचित

कलाभावना से भिन्न कला-विचार व्यक्त किया है।

रमणीयता का समग्र विचार जगन्नाथ के काव्य-विचार में प्राप्त भूमिका पर यहाँ इस ढंग से विकसित किया गया है कि नीत्शे के कला-विचार से भी कुछ अलग और विशेष मूलगामी स्तर पर कला की सूझ-समझ देने वाली एक व्यस्थित विचारणा पायी जा सके।

इस दृष्टि से देखने पर रमणयोग्य कलाकृति का अस्तित्व किस प्रकार का हो, यह प्रश्न साधारण रूपान्तर पाकर, कलाकृति के अस्तित्व में ऐसी कौन-सी संरचना होती है जिससे वह रमणीय बनती है, यह प्रश्न हम पाते हैं।

यह प्रश्न रमणीयता की अस्तित्व-मीमांसा का मूलभूत प्रश्न है।

जगन्नाथ की काव्य की अस्तित्व-मीमांसा संक्षिप्त किन्तु स्पष्ट और सचोट है। 'शब्दः काव्यम्।' 'काव्य शब्दपदार्थ है', ऐसी बड़ी परम्परा होने पर भी, 'शब्दः काव्यम्' यह कहने में जगन्नाथ ने कोई संदिग्धता नहीं दर्शायी है।

ध्वनिकार और काव्यप्रकाशकार आदि अनेक भारतीय काव्यमीमांसकों ने वैयाकरणों के विद्वानों में भी अग्रणी और तत्त्वविद् माना है, इसीलिए जगन्नाथ के 'शब्द' को अर्थात् उनके द्वारा प्रस्तुत की गयी काव्य की अस्तित्व-मीमांसा को समझने के लिये हमें भर्तृहरि के वाक्यपदीय ग्रन्थ में आलेखित 'शब्द' प्रति अर्थात् उनकी मूलगामी समग्र अस्तित्व की अस्तित्व-मीमांसा के प्रति आगे बढ़ें।

शब्दब्रह्म की उनकी अस्तित्व-मीमांसा का भी बुनियादी तत्त्व है : स्फोट। 'स्फोट' के वाक्यपदीय-गत निरूपण पर विचार करते हुए हम एक महत्त्वपूर्ण समान्तर तक पहुँचे थे : संयोग-वियोग और संयोगविभाग।

हमने निष्कर्ष निकाला है तदनुसार इस पाठान्तर से स्फोट विषयक हमारी समझ में वृद्धि होती है और उसके 'Ontos' को (उसकी अस्तिता को) विशेष गहराई से हमारे समक्ष प्रस्तुत करता है। संयोग-वियोग में स्फोट के अन्तर्गत जो सतत तोड़जोड़ की प्रक्रिया चलती है, उसका सूचन है। तो 'संयोग विभाग' में स्फोट के अन्तर्गत स्वायत्त और स्वतन्त्र घटक रचने की जो क्षमता है उसका सूचन है।

तो 'शब्द' की रचना-प्रक्रिया में संयोग-वियोग और संयोग विभाग रूपी सं-रचना-आत्मक परिबल प्रवृत्त है, इन्हें जानने से शब्द की अस्तित्व-मीमांसा हम विशेष स्पष्टतापूर्वक समझ सकेंगे।

जैसे 'Form-as-such' की काण्ट की विभावना के आरम्भ-बिन्दु से 'art form' की विभावना के अन्तबिन्दु तक हम जा सके थे, वैसे शब्द की भर्तृहरि-कथित इस तात्विक विभावना के आरम्भ-बिन्दु से काव्यगत शब्द बल्कि काव्यरूप शब्द (शब्दः काव्यम्) की विभावना जा सकते हैं।

इस दृष्टि से देखने पर 'शब्दः काव्यम्' यह रमणीयता विषयक अस्तित्व-मीमांसागत विधान में हम दो संरचनात्मक परिबलों को देख सकते हैं : सतत चलती रहती तोड़जोड़ की प्रक्रिया का परिबल और उसके द्वारा रची जाती स्वतन्त्र और स्वायत्त घटक की सत्ता का परिबल। काव्यमात्र में (कलाकृति मात्र में) इन दो संरचनात्मक परिबलों का दर्शन करें, तो उसकी यह तात्विक भूमिका हुई।

अस्तित्व-मीमांसा की दृष्टि से किया गया यह दर्शन जगन्नाथ ने स्वयं जो ज्ञान-मीमांसा की दृष्टि से रमणीयता के साथ संलग्न भावना-ज्ञान के स्वरूप के कारण भी योग्य और साधार बनता है। क्योंकि उस भावना के भी दो पहलू हैं : पुनः-पुनः अनुसन्धान और धाराप्रवाहिता। प्रथम पहलू सतत चलती रहती ज्ञान-गत तोड़-जोड़ का सूचन करता है, दूसरा पहलू उसके द्वारा उत्पन्न समग्रता और एकता का सूचन करता है।

इस तरह, अस्तित्व-मीमांसा और ज्ञान-मीमांसा उभय दृष्टि से देखने पर रमणीयता के मूलभूत स्वरूप की परस्पर मेल खाने वाली सं-रचना दृष्टिगत होती है और इस दर्शन में दो संज्ञाएँ ध्यान आकर्षित करती हैं : उपनिबन्धन और शब्द-प्रकाश।

भर्तृहरि के शब्द-विचार को स्पष्ट करते हुए पुण्यराज द्वारा कथित विधान को हम, इन दो संज्ञाओं के सन्दर्भ के लिये देखें :

> त्रीणि ज्योतींषि त्रयः प्रकाशाः योऽयम् जातवेदाः, यश्च
> पुरुषेषु आन्तरः प्रकाशो, यश्च प्रकाशयोः प्रकाशयिता
> शब्दाख्यः प्रकाशः तत्रैतत् सर्वम् उपनिबद्धम्।[४]

—उपनिबन्धन और शब्द-प्रकाश : इन दो संज्ञाओं को केन्द्र में रखकर जगन्नाथ-सूचित रमणीयता की उनके ग्रन्थ में, आज प्राप्त अंश में, विचार

नहीं किया गया, परिपूर्ण विभावना के प्रति कुछ क़दम आगे बढ़ें।

(च)

शब्दाख्य प्रकाश क्या है?

काण्ट की ज्ञान-मीमांसा में दो तत्त्व तो सुविदित हैं : 'Sensibility' और 'Understanding'—हाईडेगर ने उनके मूल में निहित काण्ट द्वारा सूचित तीसरा तत्त्व बताया : 'Imagination'। इस प्रकार काण्ट की ज्ञान-मीमांसा में त्रिक रचा गया।

लेकिन यह त्रिक होने पर भी ज्ञान-मीमांसा के ध्रुव तो दो ही रहे : 'Subject' और 'Object'। और इस ज्ञान-मीमांसा पर आधारित सौन्दर्य-मीमांसा की 'subject-object' की विभावना भी इस subject-object के सन्दर्भ में रची गयी।

लेकिन भर्तृहरि के तत्त्वविचार में तीन प्रकार की विभावना व्यक्त हुई है। ये तीन प्रकाश हैं : वस्तुनिष्ठ प्रकाश, चित्तनिष्ठ प्रकाश और शब्दाख्य प्रकाश।

वास्तविक और चैतसिक प्रकाशों की ध्रुव-द्वयी (bi-polar) व्यवस्था में शब्द प्रकाश की बात जोड़कर भर्तृहरि-पुण्यराज नयी ही ज्ञान-मीमांसा की नींव डालते हैं, इस बात का हमने आरम्भ में ही उल्लेख किया था।

यह ज्ञान-मीमांसा नयी है कारण कि यह 'subject-object' की व्यवस्था के अन्दर रहकर ही कोई त्रिक (triune) की बात नहीं करती, यह तो शब्दाख्य प्रकाश की विभावना द्वारा इस ध्रुवद्वयी की समग्र व्यवस्था के स्थान पर नयी ही व्यवस्था का सूचन करती है।

वस्तु हो, चित्र भी हो—फिर भी शब्दाख्य प्रकाश के बिना अनुभव शक्य नहीं बनता; सम्प्रज्ञता नहीं, सम्मूढ़ता ही प्रवर्तित होती है। कारण कि सभी का उपनिबन्धन वास्तव में प्रकाश में नहीं होता, या नहीं होता है चैतसिक प्रकाश में। उपनिबन्धन तो होता है शब्द-प्रकाश में।

काण्ट रचित 'Form' की विभावना में 'subject-object' से अलग ही भूमिका में 'Form' सिद्ध होता है, ऐसा दर्शन नहीं है।

इसी तरह शब्दप्रकाश और उसमें होने वाला सभी का उपनिबन्धन—यह व्यवस्था नयी ही ज्ञान-मीमांसा का दर्शन कराती है।

और इस ज्ञान-मीमांसा की भूमिका के साथ यदि हम समानतापूर्वक और व्यवस्थापूर्वक एक नयी सौन्दर्य-मीमांसा, आनन्दमीमांसा को जोड़ दें तो यह भी एक नया प्रस्थान होगा।

जगन्नाथ ने स्वयं, अलबत्ता यह कार्य नहीं किया, लेकिन उन्होंने जो किया है उसकी भूमिका के साथ इस निबन्ध में सूचित सौन्दर्य-मीमांसा/आनन्दमीमांसा सुसंगत है।

नीत्शे कला के दो परिबलों का सूचन करता है : 'Appollonian' परिबल और 'Dionysian' परिबल। हम इन्हें 'Form' और 'Flow' के रूप में पहचानें तो उसे नीत्शे के कला-विचार में से ही फलित पाना जा सकता है। 'Appollo' हैं 'Form' के देवता, 'Dionysus' 'Flow' के देवता हैं।

'Form' और 'Flow' की यह ध्रुवद्वयी को लाँघने के लिये नीत्शे मन्थन ज़रूर करता है, लेकिन उसके इस मन्थन को ज्ञान-मीमांसागत (और अस्तित्व-मीमांसागत) कोई भूमिका प्राप्त नहीं होती है; यद्यपि 'subject-object polarity' से मुक्त होने के लिये नीत्शे सतत मन्थन करता है। काण्ट में ऐसा दर्शन हो सकता है, यह सूचित करने तक भी वह जाता है।[६] लेकिन काण्ट की तत्त्वमीमांसा 'subject-object-polarity' लाँघती नहीं है; उसके ज्ञान-मीमांसागत त्रिक के बावजूद।

सम्मूढ़ता से सम्प्रज्ञता तक ले जाने वाला काण्ट कथित 'Form' इस ध्रुवद्वयी की व्यवस्था में प्रवर्तित है और इसी तरह 'art-Form'।

लेकिन शब्दतत्त्व का विभाजन करके भर्तृहरि वास्तव और चैत्तसिक इन दो ध्रुवों से अलग ही शब्दबिन्दु और उसमें होने वाले निबन्धन को ज्ञान-गत परिबल को भी विभावित करता है।

शब्द द्वारा यदि 'subject-object' ध्रुवों से ज्ञान-मीमांसागत व्यवस्था को लाँघकर एक नयी ही ज्ञान-मीमांसा का दर्शन हो सका तो कवि-शब्द द्वारा Form-Flow की ध्रुववाली सौन्दर्य-मीमांसागत व्यवस्था लाँघकर एक नयी ही सौन्दर्य-मीमांसा/आनन्दमीमांसा का दर्शन होता है।

इस नये ही सन्दर्भ में जगन्नाथ का 'शब्दः काव्यम्' यह विधान नया ही सूचन करता है। जिसमें सभी का उपनिबन्धन होता है, यह शब्दाख्य प्रकाश एक नयी ही ज्ञान-मीमांसा का आदिम तत्त्व है। भर्तृहरि के ज्ञानगत त्रिक के इस आदिम तत्त्व को उनके स्फोट सिद्धान्त की भूमिका पर अस्तित्व-मीमांसा की दृष्टि से भी व्यावर्तित करके हमने इस निबन्धन में विचार किया है।

यह शब्दतत्त्व, इस तरह ज्ञान-मीमांसा की तथा अस्तित्व-मीमांसा की नयी ही व्यवस्था में एक आदिम तत्त्व के रूप में जाना जा सकता है, यह इस निबन्ध में व्यवस्थित रूप से दर्शाया गया है।

रमणीयता को व्यक्त करने वाला काव्यगत शब्द, कवि का शब्द, परन्तु 'Form' और 'Flow' की ध्रुवद्वयी की व्यवस्था को लाँघता, ये दोनों जो नहीं दे पाते ऐसी सम्प्रज्ञता को सम्भावनशील बनाता, नयी ही ज्ञान-अस्तित्व-मीमांसा का सन्दर्भ प्राप्त करता है।

कवि का शब्द नहीं है अपोलो को पुजारी या नहीं है डायोनिसस का दोस्त। वह नहीं है 'Form' का घटक या नहीं है 'Flow' का अंग। मानव जीवन में और मानव-संस्कृति के इतिहास में ऐसे तबके आया करते हैं जब कभी 'Form' और कभी 'Flow' अनुभव के अवरोधक बनते हैं और सम्मूढ़ता को ही प्रेरित करते हैं। भरताचार्य ने नाट्योत्पत्ति की पुराण-कथा में दर्शाया है कि आकार को दृढ़तापूर्वक स्थापित करने वाले परिबल अनेक थे, फिर भी लोग सम्मूढ़ हो गये थे। उसी तरह अन्य परिस्थिति में प्रवाहिता कई बार अतिशय प्रवर्तित होती है कि इस छिन्न-भिन्नता में भी अनुभव शक्य बनता है। मानव जीवन में और संस्कृति के इतिहास में आकार और प्रवाहमानता चक्रनेमिक्रम में अपने अतिशय के कारण पुनः-पुनः अनुभव की अशक्यता प्रवर्तित करते हों और मानव को सम्मूढ़ कर देते हों, ऐसा ही नहीं होता क्या?

इसीलिए कवि तो अपोलो और डायोनिसस दोनों देवताओं के सामने सतत (और सतत अनुभव, सम्प्रज्ञता, आनन्द प्रति सच्ची दिशा खोजते) विद्रोह में ही रत, रममाण रहता है। कवि यह विद्रोह कर सकता है, क्योंकि उसके पास यह ध्रुवद्वयी से अलग ही व्यवस्था स्थापित कर सकता शब्दतत्त्व है। कवि-शब्द के प्रकाश के बिना हमारी आनन्द-यात्रा का प्रवर्तन नहीं हो

पाता। ऐसा कवि-शब्द, यह ज्ञान-मीमांसा का और यह अस्तित्व-मीमांसा का 'भवना' का और 'स्फोट' का, नये ही सन्दर्भ में जिसे सिद्ध करती है यह है रमणीयता। 'Form' और 'Flow' के द्वैत को ही नहीं, उनकी ध्रुवद्वयी की व्यवस्था को ही रमणीयता लाँघ लेती है और इस प्रकार कलाकृति को नये ढंग से पाने की शक्यता वह भावक को अर्पित करती है।

कवि का शब्द ज्ञान की और अस्तित्व की स्वतन्त्रता सिद्ध करता है, यह तत्त्व-चिन्तक शोपनहावर-कथित 'Contemplation' या समाधि द्वारा नहीं, किन्तु भरताचार्य द्वारा नहीं कथित क्रीड़ा द्वारा; जगन्नाथ कथित रमण द्वारा। ऐसा, ज्ञान और अस्तित्व का समग्र आयोजन ही अभिनव अलौकिक रूप से कर सकती क्रीड़ा, यह कर पाता रमण, यह तो सभी से विशेष मूलगत कलानुभव-तत्व है। ऐसे गहन और अभिनव अर्थ में कलाकृति क्रीड़नीयक है, उसका अर्थ रमणीयता है।

ऐसे अलौकिक क्रीड़नीयक की रमणीयता में हमारा चित्त रममाण हो।

सन्दर्भ

१. रसगंगाधर, सं. दुर्गाप्रसाद पृ. ९

२. वही पृ. ११

३. वही।

४. देखिए Nietzsche, Birth of Tragedy, tr. W. Kaufmnn (New York : Random House, 1966). p. 33-47

५. Gaurinath Shastri, The Philosophy of Word and Meaning (Calcutta : Sanskrit College Research Series १९५०), p. 14

६. Nietzsche, Beyond Good and Evil, Tr. Kaufmnn (New York : Random House, 1966), p. 56

गुजराती से अनुवाद : तुलसीभाई पटेल

आलेख का रचना-वर्ष : १९७९

कविता : गोपन और अयन

क

अमावस्या की काली रात्रि में काले अश्व पर सवार होकर काली पोशाक पहना हुआ जो घुड़सवार बारह वर्ष के गुप्तवास के लिये चारों ओर से घिरे बादलों को चीरता हुआ बिजली की कौंध में झलक जाती पगडण्डी पर चल निकला है, वह कौन है ? हमारे लोक साहित्य का यह बिम्ब अनेक अर्थों की आभा से झिलमिला रहा है। कसौटी पर चढ़ी हुई मानव-चेतना के साथ, कसौटी पर चढ़े हुए कवि-चेतना का भी सूचन करता है।

गुप्तवास की जगह अति-प्रगटता और साहसिक सफ़र की जगह जब गतिहीनता आकर अपने डेरे-तम्बू गाड़ देती है, तब कवि-चेतना की जगह एक ह्रासोन्मुख समाज की जड़ता आकर जम जाती है। समृद्ध और संकुल कविता की रचना के प्रयास कम हो जाते हैं और कवि के रूप में यश अर्जित करने के दाँव-पेंच तथा उत्पात बढ़ जाया करते हैं। और तब कविता के भूरे ओंठों पर दिखावटी और खोखले अथवा वार्निश किये गये शब्द चिपका दिये जाते हैं। सार्वजनिक समारोहों की चकाचौंध महत्त्वपूर्ण हो जाती है और काव्यारम्भ के दुर्लभ, एकान्त और जादुई पलों का मूल्यह्रास हो जाता है। दुनिया के प्रत्येक कवि एवं सहृदय को सजग और सावधान होकर देखना होगा कि उसके आसपास कहीं ऐसी परिस्थिति तो जन्म नहीं ले रही है ? इस बारे में यदि गुजराती भाषा के वर्तमान कवि और सहृदय ने भी सतर्कता से काम न लिया तो हमारी कविता भी दिखावटी

हो जायगी।

ऐसी स्थिति में गुजराती कविता के लिये आज यह प्राणप्रश्न हो जाता है कि उसके सन्दर्भ में ऐसा सही शब्द कैसे तलाशा जाय जो गतिहीन और मुखरता लिये न हो, खोखला और बनावटी न हो। शब्द ऐसा भी न हो जो अतीत हो चुकी या स्वयं ही कल्पित की गयी सुरक्षा खोज रहा हो, वह ऐसा भी नहीं होना चाहिए जो विशेष रीति अथवा कवि यश प्रीति के मोह छैला बन जाता हो तथा जो बेचारगी और आत्मप्रीति के विविध दोषों से बोझिल हो। इसका माकूल उत्तर तो कविता से और कविता में प्रयुक्त मिथकों से जैसा प्राप्त हो सकता है, वैसा अन्यत्र कहीं से नहीं मिल सकता।

ठेठ १९०५ में गुजराती साहित्य परिषद के प्रथम अध्यक्ष श्री गोवर्धनराय त्रिपाठी ने अपने अध्यक्षीय भाषण में तमिल भाषा का उल्लेख किया था। हैदराबाद शहर में आज मिल रही यह परिषद के इस दक्षिणायन प्रसंग पर हम उसी तमिल साहित्य के पास से कविता के शब्द की एक विलक्षणता पाने का प्रयत्न करेंगे।

●

जिस तरह से भारतीय साहित्य का एक आदिस्त्रोत संस्कृत साहित्य में है, उसी तरह भारतीय साहित्य के अन्य आदियुग की संज्ञा है संगमयुग। 'संगम' शब्द 'संघ' शब्द का विवर्त है। पहले दो संगम तो मिथकीय हैं, परन्तु तृतीय 'संगम' अर्थात् तीसरी सभा का साहित्य हमें उपलब्ध है। जिसका आरम्भ भी ईस्वी पूर्व माना गया है। उस युग का ईसा की दूसरी शती का एक महत्त्वपूर्ण कवि है नकीरर। तमिल भाषा के इस शब्द—नकीरर, का अर्थ होता है 'सुन्दरवाणी बोलने वाला व्यक्ति'। इस तरह नकीरर यानी सुभाष, अर्थात् मधुरभाषी।

परन्तु कवि नकीरर मात्र सुभाष ही नहीं था, सत्य-भाष भी था। उसके बारे में एक कहानी प्रचलित है—मदुरै नगर में एक सभा का आयोजन किया गया था। इस सभा के सभापति के पद पर आसीन था पाण्ड्यवंशीय राजा वंगीय चूड़ामणि। एक दिन पूर्व सान्ध्यवेला में उद्यान में विहार करते हुए उसे एक मनमोहक सुगन्ध का अनुभव हुआ। तलाश करने पर पता

चला कि यह सुगन्ध उसकी साम्राज्ञी के केशकलाप से आ रही है। दूसरे दिन उसने सभासदों के समक्ष प्रश्न रखा, 'नारी की केशराशि स्वाभाविक ही सुवासित होती है या फिर उसकी सुगन्ध कृत्रिम है?' कारण साम्राज्ञी का ख़याल रहा हो या अन्य जो भी हो, परन्तु सभासद कवियों ने प्रश्न का उत्तर तुरन्त नहीं दिया। सभासदों में धर्मी अथवा थरुमि नामक एक भट्ट जी भी थे। युवक थे, पर दरिद्र होने से अविवाहित ही रह गये थे। उन्होंने सभा से घर लौटकर शिव की स्तुति की। शिव प्रसन्न हुए और उन्होंने एक कवित्त लिखकर भट्टजी को दिया। इस कवित्त में सम्राट के प्रश्न का उत्तर था कि नारी की केशराशि स्वाभाविक ही सुवासित होती है। दूसरे दिन भट्टजी ने सभा में पहुँचकर इस कवित्त को पढ़कर सुनाया। सम्राट प्रसन्न हुआ। तो मन्त्रीगण भी प्रसन्न हुए। तो सभा भी प्रसन्न हुई। भट्टजी शाल-दुशालों से सम्मानित होने ही वाले थे कि एक कवि उठ खड़ा हुआ। नाम था उसका नकीरर। बोला कि नारी चाहे जैसी ही क्यों न हो, यदि वह सिर साफ़ न रखेगी, केशराशि में सुगन्धित द्रव्य न लगायेगी तो उसकी केशराशि सुवासित नहीं हो सकेगी। नकीरर सत्य वाणी बोला था अतः दूसरों ने भी उसकी बात का समर्थन किया और कहा कि धरमी भट्टजी का कथन ग़लत है। सभा के समाप्त होने पर निराश भट्टजी पुनः पहुँचे शिव के पास। स्तुति और प्रार्थना की। शंकर प्रकट हुए। उन्होंने भट्टजी से सारी बात सुनी। दूसरे दिन शंकर छद्मवेश धारण करके स्वयं ही राजसभा में पहुँचे एवं नकीरर को चुनौती दी। नकीरर ने कहा, नहीं कविराज, मेरी बात सही है। मैं अपना कथन वापस नहीं ले सकता। शिव अपने मूल रुद्र रूप में सामने आये और बोले, 'नकीरर तू मेरी कविता के सत्य को चुनौती मत दे। यदि तूने मेरी बात नहीं मानी तो मैं अपना तीसरा नेत्र खोलकर तुझे भस्म कर दूँगा।' पर कवि नकीरर नहीं माना सो नहीं ही माना और बोला, 'एक आँख नहीं, आप अपने पूरे शरीर पर असंख्य आँखें खोलकर मुझे जलायेंगे, तो भी मैं भयभीत होने वाला नहीं हूँ। आपके कवित्त में जो दोष है, वह तो है ही ('उरु कण अल्ल, उडण-एलाम कण कोणु काट्टिनुम अन्जेन नीन शेख्युल कुट्टम कुट्टमे')।

जैसे संस्कृत का उपनिषद् वचन 'हिरण्मयेन पात्रेण...' भारतीय कविता का एक मन्त्रोद्गार है वैसे ही भारतीय कविता का अन्य मन्त्रोच्चार कवि नकीरर के इन तमिल शब्दों में है : 'अंजेन...कुट्टम कुट्टमे (पर डरूँगा

नहीं, जो दोष है, वह दोष है ही।)

भारतीय कवि, कविमात्र मधुरभाषी है। सुन्दर शब्दों का उद्‌गाता है, पर उसके कवि का जो शब्द है वीर सत्य शब्द है।

ईसा की दूसरी शती का यह कवि नकीरर जैसे मृत्यु के सान्निध्य में भी वीर सत्य शब्द से पीछे नहीं हटता वैसे ही उन्नीसवीं शती का एक दूसरा कवि भी है, नाम है उसका नर्मद। अपनी 'अवसान संदेश' शीर्षक कविता में वह कहता है —'वीर सत्य ने रसिक टेकीपणु अरि पण गाशे दिल थी' (अर्थात् उसके वीर सत्य और रसिकता के हठीलेपन की कथा दुश्मन भी दिल से गायेंगे) इसलिए जब इस कवि की मृत्यु हो जाय तब भी 'नव करशो कोई शोक' (कोई भी मृत्यु पर शोक मत करना)।

नकीरर हो या नर्मद कवि मात्र के पास शोक को पार करने और मौत को हँफा देने की ताक़त रखने वाला जो अमृतमयी तत्त्व है, वह है कविता का शब्द, जिसका पहला लक्षण है सत्यवादिता।

•

शोक को पार करने तथा मृत्यु को हँफा देने वाला मनुष्य के पास यदि कोई दूसरा साधन है तो वह है कविवाणी की लय। तो कवि शब्द का दूसरा लक्षण है उसकी लयात्मकता।

मनुष्य-जाति की कविता का एक आदिस्त्रोत जिस तरह भारतीय कविता है, उसी तरह दूसरा आदिस्त्रोत ग्रीक कविता है। मृत्यु को हँफाने तथा शोक के लगभग पार जाने वाला एक दूसरा कलाकार है आर्फ़ियस। आर्फ़ियस, अपोलो का पुत्र है जो शिल्प-स्थापत्य और आकार का देवता माना जाता है। पर आर्फ़ियस को शिल्प-स्थापत्य का कोई ज्ञान नहीं था। वह तो संगीतकार था और डायोनिसस की कला पर मुग्ध। इसकी पत्नी का नाम था ल्युसिडाइस, जो उसकी प्राण-प्रिया थी। एक बार वन-विहार करते समय ल्युसिडाइस को एक सर्प दंशित कर गया। कोई उपचार कारगर नहीं हुआ और ल्युसिडाइस की मृत्यु हो गयी। आर्फ़ियस के पास अपनी पत्नी को पुनः पाने का एकमात्र साधन संगीत था। वाद्य बजाते हुए

वह हेडस (यमलोक) में जाने के लिये चल निकला। यम भूमि के विकराल संरक्षकों को उसके सम्मोहक संगीत ने प्रसन्न कर दिया। उन्होंने आर्फ़ियस को वरदान दिया और कहा कि तुम अपनी पत्नी ल्यूसिडाइस यहाँ से वापस मनुष्यलोक में ले जा सकते हो; परन्तु एक शर्त है कि ल्युसिडाइस तुम्हारे पीछे-पीछे चलेगी। परन्तु जब तक पूरा यमलोक वह पार नहीं कर लेती है, तब तक तुम्हें पीछे मुड़कर यह नहीं देखना है कि ल्युसिडाइस पीछे-पीछे आ रही है या नहीं। दोनों चल दिये जीवन के ओर की (मनुष्य लोक) यात्रा पर! पूरा यमलोक पार हो गया और जब लगभग जीवन की सीमाएँ आ गयीं तो आर्फ़ियस अपनी आशंका, जिज्ञासा और बेचैनी को रोक नहीं पाया। ल्युसिडाइस आ तो रही है न, यह देखने के लिये ज्योंही उसने मुड़कर पीछे देखा, वैसे ही ल्युसिडाइस को शर्त के मुताबिक पुनः यमलोक में जाना पड़ा।

कैसा होगा वह क्षण जब आर्फ़ियस ने जीवन की सीमा से पीछे मुड़कर देखा था। उस ठण्डेगार यमलोक में तो उसकी आशंका, जिज्ञासा और बेचैनी भी जम गयी होगी, पर जैसे ही दूर से आर्फ़ियस को मानवलोक की ऊष्मायुक्त कुनकुनी धूप दिखायी दी होगी तथा जो सिर्फ़ मनुष्य के लिये ही सम्भव है, ऐसा तमाम आकांक्षाओं और निर्बलताओं से भर जीवन उसकी आँखों में झिलमिला उठा होगा। कैसा होगा वह क्षणार्ध जिसमें आर्फ़ियस की आँखें पीछे-पीछे चली आने वाली ल्युसिडाइस पर जाकर थम गयी होंगी? इस क्षणार्ध में ही जब उसके कलेजे ने तृप्ति का अनुभव किया, तो उसी क्षणार्ध में उसके कलेजे की धड़कन तीव्र हो उठी होगी। लम्बा पथ पार करने को ज़रूर उसने अपने तन्तुवाद्य का आश्रय लिया होगा, कुशलता, अधीरता, आनन्द और वेदना के भरपूर सम्मिश्रण से निर्मित उस जीवनदायी क्षण में उस वाद्य से फूटने वाले स्वरों में स्वल्प-सा कम्पन हो उठा होगा। संगीतकार आर्फ़ियस की रियाज़ से सधी हुई उस सस्वर लय को कुछ क्षणों के लिये भुलाकर, हम क्षणभर को आर्फ़ियस के जीवन के उस बेजोड़ (अनुपम) क्षण को जीने का प्रयास करें, जिसमें उसने पीछे मुड़कर देखा था। हमें आर्फ़ियस के वाद्य से फूटने वाली स्वरलहरी की लय को सुनने के लिये मथना चाहिए जो आयुष्य और अवसान के युगपत् साक्षात्कार उस क्षण में अस्थिर होने के बाद भी गहन गम्भीर होगी। यही तो कविता की लय है।

किसी छोटे बच्चे को पढ़ते हुए देखा होगा आपने। कैसा, एक-एक अक्षर को अलग-अलग करके पढ़ता है। वाक्य के अन्त में सहसा वह पूरे गुच्छ की अखण्ड समग्रता पा लेता है और फिर जब वह पूरा वाक्य बोलता है तब दूसरी बार का यह वाक्य कैसा सजीवन होता है ? इस वक़्त वह बच्चा उन बिखरे हुए अक्षरों की अखण्ड समग्रता को एक ही कौंध में पा गया होता है। इस द्विजोत्तम वाक्य में उस बच्चे के उत्साह व अभिज्ञता भरे चित्त का भरपूर प्रवेश हो गया होता है। यह जो बालक का दूसरी बार बोला गया वाक्य है न, यह है कविता की लय। मनुष्य के रूप में टुकड़ों-टुकड़ों में जिया गया जीवन हम कवि तथा सहृदय के रूप में अखण्ड और समूचेपन के साथ जी सकते हैं, यह सम्भावनाओं की लय है। यही कविता की आन्तरिक लय है।

आर्फ़ियस की वेदनासिक्त अभिज्ञता की लय तथा इस शिशु की उल्लास भरी अभिज्ञता की लय—यह है कविता की लय।

●

सप्रमाणता (Symmetry), सुसंगतता (Harmony) और लय (Rhythm) तीन संज्ञाएँ हैं। इनमें पहली संज्ञा स्थापत्य, दूसरी संगीत तथा तीसरी विशेष रूप से काव्य से सम्बद्ध है। पर इस प्रकट भेद के उपरान्त तीनों में एक सूक्ष्म भेद और भी है।

सप्रमाणता की सफलता में एक इकाई के पृथक-पृथक घटकों का पर्याप्त गाणितिक सम्बन्ध होता है। समानता केवल गाणितिक स्तर पर पैदा होने वाली संरचना बन सकती है, लय नहीं। इसी प्रकार हार्मनी एक सीमा तक नैतिक या सामाजिक-आर्थिक स्तर से सम्बद्ध है। संस्कृति के नाम से जानी जाने वाली मानव-जाति की संरचना का सम्बन्ध हार्मनी के साथ है। लय, संस्कृति की नहीं, कृति विषयक बात है। लय गाणितिक या सांस्कृतिक घटना नहीं है। लय तो वह है जो इन दोनों को हँफा देने वाली वस्तु है। लय मूलभूत रूप से जीवन के साथ जुड़ी हुई घटना है। देखिए, लय रूपी पक्षिणी की दो पाँखें हैं—अस्तित्व और अभिज्ञता। जब अस्तित्व के घटकों की स्थगित नहीं, अपितु गतिशील (Kinatic) तथा रमणीय सम्बन्ध

की अभिज्ञता होती है, तब लयानुभव होता है।

छन्द का शिल्प, रचना की गढ़न अथवा संगीत की स्वर लहरी, गायकी की तरन्नुम इत्यादि अत्यन्त ही गौण वस्तुएँ हैं। कवि का पुरुषार्थ है उसकी कविता की भाषा की लय को उसकी स्वकीय रमणीयता के रूप में सिद्ध करना। यही कवि का अन्तिम पुरुषार्थ है।

•

कवि का शब्द नकीरर के शब्द की तरह सत्यात्मक है और आर्फ़ियस की तरह लयात्मक है; पर यह संदिग्ध भी है। आद्य संचेतना के आदिगुरु नीत्शे के अनुसार "All that is profound, loves masks" जो गहन है, उसे मुखौटा रुचता है।

कवि का शब्द महाकाव्य में हो अथवा मुक्तक में, सॉनेट में हो अथवा ग़ज़ल में, यदि वह सच्चे कवि का शब्द है तो फिर उसमें गहनता होगी ही। हम सहज ही उसकी थाह नहीं पा सकते। उसका पार यों ही सहज में नहीं पाया जा सकता। कवि का शब्द भिन्न होता है। न तो पत्रकार का शब्द है, न ही प्रशासक का। न उसे हम सुधारक का शब्द कहेंगे। कवि का शब्द त्वरित उपयोग में लाया जा सके ऐसा नहीं होता, पर यह अलग ढंग से आगे चलने वाला, ऐसा शब्द है। जब अन्य कुछ भी काम न आये, उस समय यह सफलता प्राप्त कर सकता है। ऐसा नहीं है कि कवि का शब्द समझ से बिलकुल ही परे हो, पर तुरन्त समझ में आ जाय ऐसा भी नहीं है। कविता के शब्द की विशेषता यह है कि यह तो बार-बार नयी अर्थछवियों के द्वारा सामने आता ही रहता है। कवि का शब्द संदिग्ध है।

'चन्द्रीअे अमृत मोकल्यां रे ब्हेन / फूलडांकटोरी गूँथी लाव / जगमालणी रे ब्हेन / अमृत अंजलिमां नहीं झीलुं रे ब्हेन।' कवि नानालाल ये शब्द लिखता है और रसज्ञ विवेचक नरसिंहराव इन्हें नये-नये अर्थ देकर समझाते ही रहते हैं।

'As I write / The ink decreases / And the Sea increases.' ग्रीक कवि जॉर्ज सेफेरिस लिखता है, और हमें अचानक समझ में आता है कि

कवि जब शब्द लिखता है तब स्याही कम होती है और समुद्र विस्तार पाता जाता है—अनुभव का अथाह पानी।

ख

कवि का शब्द कारण कर्मठ है क्योंकि वह सत्यात्मक, लयात्मक और संदिग्ध होता है। इसके दो आदि-कर्म हैं—गोपान तथा अयन (गोपनीयता एवं गतिशीलता)।

क्योंकि जिस तरह यह व्यक्त करता है, उसी तरह गोपित भी करता है। यह संगोपन क्यों करता है? कवि के इस संगोपन शब्द-बोध के लिये शिल्प कला की ओर दृष्टि दौड़ानी होगी। पहले शिल्पी के पास एक पाषाण होता है—निपट नग्न पत्थर। बाद में शिल्पी अपनी टाँकी-हथौड़ी के द्वारा जो प्रहार कर्म करता है, वह क्या है? वह उस नग्न पत्थर को टँक देता है। पर उस पाषाण की नग्नता को वह किसके द्वारा संगोपित करता है? अरे, उस पाषाण से ही, उसी पत्थर के कुछ आकारों में परिवर्तन करके उस पत्थर के स्वयं के ही आकारों से पत्थर के पत्थरपन को संगोपित कर देता है। मूर्ति का आकार या देह हाड़-चाम का बना नहीं होता और इधर नये शिल्पों में तो मानवाकृति भी नहीं होती है। दिल्ली स्थित साहित्य अकादेमी के रवीन्द्र भवन के प्रांगण में ही, पार्श्व में बनी ललित कला अकादेमी का एक शिल्प है। संगमरमर का विशाल टुकड़ा-भर। टाँकी से इसकी सतह पर मात्र सीधी लाइनों में हल्की खुरदरी धारियाँ उकेर दी गयी हैं। दिन भर का काम निपटाकर रात्रि के आठ बजे जब मैं भवन से बाहर प्रांगण में आता हूँ तब यदि शुक्ल पक्ष की रात हुई तो उन धारियों में से पूर्णिमा की चाँदनी की वेगवती नदी धगग-धगग करती बह जाती है और ध्यान न रखा तो देखते-देखते आपकी दोनों आँखों को आपकी देह से दूर, कहीं-का-कहीं बहा ले जाती है। उस क्षण संगमरमर का पत्थर ख़ुद को, ख़ुद के आकार में छिपा देता है और चारों ओर मकानों की चुप्पा दीवालों में फीकी हँसी हँसती क्लान्त चाँदनी को अपने इस संगोपन के बल से ही अपने अस्तित्व के उस छोटे-से विश्व में पुरबहार

के साथ उद्भासित कर देता है।

पत्थर को पत्थर द्वारा ही छिपाने वाली तथा पत्थर के भीतर से चाँदनी को प्रकट करने की जो यह कला है, ऐसी ही कला कवि की भी है। कवि छन्द के द्वारा ही शब्द का संगोपन करता है और शब्द के भीतर से—अथवा ऐसा जो वहाँ नहीं है—कोई सौन्दर्य तो उद्घाटित करता है।

यह अजीब प्रकार का संगोपन ही कवि के शब्द को उसकी संदिग्धता अर्पित करता है। अल्प-सा पकड़ में आ जाने वाला और इस कारण व्यवहार में ख़ूब उपयोगी होने वाला जो 'अर्थ' है वह काव्य-शब्द का पत्थरपना है। कवि ने इसमें से जिस रमणीयता या रमण-योग्यता का सर्जन किया है वह कवि के शब्द का अन्तिम शिल्प है।

कवि का शब्द तो गोपनशील होने के कारण कविता सुलभ वस्तु न होकर दुर्लभ है। 'जैसी भी हो, शीघ्र ही गुजराती कविता को घर-घर में गायी जाने वाली, पढ़ी जाने वाली तथा समझी जाने वाली कर दूँ' ऐसा शुभाशय रखने वाले सज्जन अनजाने में, कहीं कोई बड़ी भूल तो नहीं कर रहे हैं न!

कविता सुगम वस्तु नहीं, दुर्गम है। इस 'दुर्गम' शब्द के भीतर एक छोटा-सा मार्मिक शब्द पड़ा हुआ है। वह है क्रियापद की धातु 'गम्'। गम् का अर्थ है जाना। अत: दुर्गम का अर्थ है ऐसा स्थल जहाँ कष्ट से, प्रयत्न से जाया जा सके। यमलोक में जाना आसान नहीं है—यह बात इन सभी पर लागू होती है—चाहे फिर वह प्रेयसी को चाहने वाला आर्फ़ियस हो, सत्यवान् को चाहने वाली सावित्री हो या सत्य को चाहने वाला नचिकेता हो।

सत्य को, सौन्दर्य को और स्नेह को चाहने वाले प्रत्येक व्यक्ति को दुर्गम लोक की दीर्घयात्रा करनी पड़ती है। इस नचिकेता कर्म के बिना, इस सावित्री कर्म के बिना और इस आर्फ़ियस कर्म के बिना कविता का मुख-दर्शन सम्भव नहीं है।

कविता के जानकार, सत्य, सौन्दर्य एवं स्नेह के पहचानने वाले को मन-ही-मन यह समझना होगा कि अस्तित्व के प्रदेश में दीर्घ और दुर्गम यात्रा

किये बिना काव्य की उपलब्धि होना असम्भव है और जो रास्ता सुगम होता है वह तो परिचित प्रदेश में ही थम जाता है। सुगमता में गमन की निर्बलता (अक्षमता) सूचित होती है। परन्तु दीर्घ, दीर्घतर पथ तो अगम्य लगने वाले प्रदेशों से होकर गुज़रता है और कहीं तो ऐसी स्थिति भी आती है कि सामने रास्ता है ही नहीं। जो दुर्गम है वहाँ पहुँचना ही यात्रा का सत्य है। जहाँ सुगम पथ का गोपन होता है वहीं से दीर्घ और सही गति का आरम्भ होता है। गोपन और गमन रूपी इन दो कवि कर्मों को जोड़ने वाला तत्त्व है 'दुर्गमता'। जो दुर्गमता से डरता है वह कैसा तो कवि और कैसा सहृदय?

भारतीय कविता इस बात को भलीभाँति जानती है। इसके प्रमाण हैं इसके तीन ग्रन्थ—रामायण, रघुवंश और मेघदूत। एक प्राचीन महाकाव्य, एक शिष्ट महाकाव्य और एक है खण्डकाव्य। ये तीनों किस प्रकार के काव्य हैं? यों कहे कि तीनों में किस तरह के काव्य का अनुभव होता है? अयन का, सफ़र का, दीर्घ-दुर्गम यात्रा का।

रामायण तो राम के दु:सह प्रवास का काव्य है। इसमें राम की उस यात्रा का वर्णन किया गया है जो उनके अस्तित्व के भीतरी प्रदेश से होकर गुज़रती है। रघुवंश में विजेता राजा की सेना द्वारा किये गये भारतभर के भ्रमण का वर्णन किया गया है जिसमें अश्वमेध यज्ञ का प्रताती अश्व देश में अपनी इच्छा के अनुसार चतुर्दिक घूमता है; रघुवंश अर्थात् एक शौर्यशाली प्रजा के संचेतना रूपी अश्व का साहस भरा अश्वायन। और मेघदूत? 'I wander lonely as a cloud....' मेघदूत अर्थात् मेघायन। पर यह मेघ जिस सन्तप्त जल से जन्मा है वह है विरही यक्ष के चित्त का तप्त जल। यह उसकी स-घन वेदना का अयन है। पर यह मेघ कौन-से सागर के सन्तप्त जल से जन्मा है? विरही यक्ष के तप्त हुए चित्तजल में से ही, उसकी स-घन वेदना का यह अयन है।

आख़िर क्यों भारतीय कवि हमें बार-बार ऐसी दीर्घयात्रा पर भेज देता है? आख़िर क्यों वह रह-रहकर मेघ बनकर, अश्व बनकर सहृदय की चेतना के अस्तित्व के सुदूर प्रान्तों के प्रवास पर चल पड़ता है?

क्योंकि भारतीय कवि—कविमात्र—जानता है कि मानव की उत्कृष्ट चेतना

में स्थगितता के लिये कोई जगह नहीं है और काव्य को झेल सकने वाली सहृदय की चेतना तो वैसे भी यात्रालु जीव ठहरी। यह तो मूलतः मुसाफ़िर है, यायावर है।

पर जिनको भागदौड़ और साहसिक सफ़र में भेद की परख नहीं, उनको क्या कहा जाय? आनन्द और सुख के मध्य भेद नहीं कर सकने वाली हमारी वर्तमान सभ्यता के प्रत्येक उत्सव के अवसर पर प्रमत्त हो उठने वाले शहरियों की लुप्तलय गति से उछलती शिथिल कायाएँ दादुरों की तरह कोहराम मचाती हैं।

ये तीन बिन्दु हैं लुप्तलय भागदौड, प्रलम्बलय शोध-सफ़र और प्रशान्त स्थिरता।

वह कवि कैसा जो इस प्रशान्त स्थिरता को जानता न हो। विद्रोही कबीर कहते हैं, 'आसन से मत डोल रे तोय पीव मिलेंगे।' कबीर तो नाथ सम्प्रदाय के उत्तराधिकारी हैं और नाथ सम्प्रदाय के कवियों सदृश्य प्रवास वीर भारत ने कम ही देखे हैं। तो भी ये प्रवासी, विद्रोही कवि कहते हैं, 'आसन से मत डोल रे तोये पीव मिलेंगे।' ऐसा तो यही कह सकते हैं।

इस प्रशान्त स्थिरता के मर्म को हमारे एक अद्यतन गुजराती कवि प्रियकान्त मणियार ने बड़े विरल तरीक़े से समझा है। कवि मणियार की एक कविता की आरम्भिक पंक्ति है, 'पाई प्याली तें सांई, अमोने अमल चड्या घनघेरा।' इस मस्ती की प्याली पीकर, गहरे में नशे में कवि क्या करता है? 'अेक आसने बेसी सफ़री अरबी घोड़ी पलाणी।'—इसे कहते हैं प्रशान्त स्थिरता तथा प्रलम्ब लय की यायावरता के मध्य कवि द्वारा देखा गया सम्बन्ध।

कवि की यात्रा की शुरुआत कहाँ से होती है और कहाँ होता है उसका अन्त। जहाँ तक अन्त की बात है तो मीरा का अन्त कहाँ हुआ था? कृष्ण की मूर्ति में। कविता की यात्रा पर निकली सहृदय-चेतना का अन्त भी किसी ऐसे ही बिन्दु पर होता है। हमारे लिये यह बिन्दु है 'Point of no return'। ऐसा सीमा बिन्दु जहाँ से लौट पाना असम्भव है।

कविता यदि एक बार पढ़नी आ गयी तो वह मनुष्य को बदल देती है, नख-शिख बदल देती है। अखा के छप्पय पढ़ने के बाद, पढ़ने वाली आँख में वस्तुओं के आरपार देखने की चमक से, चमत्कृत न हो उठे तो फिर अखा को क्या पढ़ा (उसने) ? सत्यात्मक, लयात्मक, संदिग्ध शब्द के कवि को हृदयस्थ करने का अर्थ है 'Point of no return' के परले पार क़दम रखना। कविता एक जोख़िम भरी वस्तु है। यह अनन्य संवेद्य है।

सहृदय को सुख-दुःख के जो अन्य प्रकार के अनुभव हुए हैं, क्या उन्हें सुन्दर शब्दों में प्रस्तुत करना सर्जनात्मक साहित्य की कोटि में आयेगा ? सर्जनात्मक साहित्य तो वह जीवनानुभूति होती है जिसे सहृदय अन्य किसी भी प्रकार से अनुभव नहीं कर सकता और जो काव्य रूप में एकमेव अनुभव के नाते सहृदय की चेतना में मूर्त करने वाली संचेतना है। महाराष्ट्र के दलित कवि केशव मेश्राम ने अपने निवास और मोहल्ले के विषय में एक कविता लिखी है। दलितजनों का मोहल्ला तो हमने भी देखा होता है; पर जब उसे दलित-कवि की नज़र से देखते हैं तो कैसा दिखायी देता है—जो पहले भी था, पर पहले कभी नज़र में आया नहीं, ऐसा। कवि लिखता है :

हमारे मोहल्ले में
पोस्टमेन की पिटाई होती है
पढ़ाई उलझन में पड़ी है
संस्कृति भटक गयी है
और सूरज—वह भी धुँधला गया है।
हमारे घर खड़े हैं
कीचड़ में मुद्रित ढोर के खुरों जैसे।

पुनः ध्यान दें "हमारे घर खड़े हैं, कीचड़ में मुद्रित पशु के खुरों जैसे।" हम तो शहर में रहने वाले लोग हैं—तो यहाँ हम ग़रीबों, दलितों के घर और झोंपड़-पट्टियाँ देखे बिना रह नहीं सकते। पर हमारी आँखें, देखने पर भी देखती नहीं। पर क्या कवि द्वारा दिखाये गये इन गाय-भैंस के खुरों जैसे घरों को अपनी नज़र से हटा सकेंगे ?

कविता उस संघर्ष का नाम है जो खुली आँख के अन्धेपन के विरुद्ध लड़ा जाता है। कान जिसे सुनने के बावजूद सुनते नहीं, हम तब सुनते हैं, जब उसका उच्चार कविता का शब्द करता है। नींद में झोंके खाती हुई चेतना का, पूरी रात का अखण्ड जागरण का नाम है कविता। मेश्राम लिखता है :

हमारे मोहल्ले में
....
अभी, अरे अभी हाल ही में छोकरों ने अक्षर ज्ञान लेना शुरू किया है
वे लिखते हैं कविता, कहानी,
शब्दों की कुल्हाड़ी पड़ती है परम्परागत वृक्ष पर
अनुभवित गर्म ओले
अजानी वास्तविकता में बरसते हैं
(अजाने में बेमौसम बरसते हैं)
साहित्य के स्वनों पर...

जो लोग कविता से हमेशा यह आशा रखते हैं कि वह हमेशा कोई आलंकारिक खिलौना तैयार कर दे, वे वस्तुतः कविता को जानते नहीं हैं। कविता के अक्षरों की कुल्हाड़ी बड़ी पैनी या धारदार होती है और वह एक ही प्रहार में फलविहीन वृक्षों को धराशायी कर देती है। कविता एक यात्रा है तथा इसका अन्त एक 'Vanishing Point' में अर्थात् विसर्जन प्रक्रिया में भी हो सकता है।

कविता की यात्रा में कई तरह के ख़तरे हैं। इसकी यात्रा का आरम्भ करते समय उन तमाम ख़तरों को ध्यान में रखकर ही करना चाहिए। कविता के प्रदेश में क़दम रखना, यह पड़ोस के किसी मित्र को साथ लेकर पिकनिक पर जाने जैसी बात नहीं है। कविता के आन्तरिक रास्ते कहाँ ले जाकर छोड़ेंगे, कुछ कहा नहीं जा सकता। इस रास्ते के पथिक को तो 'परथम पहेलुं मस्तक मूकी वलती लेवुं नाम जोने'।

अथवा प्रलम्ब-लय गति और प्रशान्त स्थिति (एकग्रचित स्थितप्रज्ञता) की एकता के आधार पर इसी बात को कवि नलिन रावल के शब्दों में इस रूप में कहा जा सकता है :

कविता तो पलांठी,
पालवे तो लगावो,
नहीं तो पेले छापरे जई पतंग चगावो।

अमेरिकन कवि वॉलेस स्टीवन्स ने ऐसी ही विषम परिस्थिति की बात अपनी एक कविता में कही है। कमरे के ठीक बीचोंबीच शव पड़ा है, जिस पर कपड़ा ढँका हुआ है। पर मुँह ढँको तो पैरों की ठण्डी हो चुकी

अँगुलियाँ दिखायी देती है और पैरों को ढँका जाता है तो ठण्डा कपाल खुला हो जाता है।—यह परिस्थिति है और ढँकने वाला व्यक्ति उलझन में पड़ जाता है तो कवि टेढ़ी भाषा में सलाह देता है : 'call the roller of his cigar.' कौन है वह, जो सिगार के रोल बनाने का धन्धा करता है? उसकी पहचान है : 'The muscular one' एक पहलवान! तमाम रोल बनाने का धन्धा करने वाला। स्टीवन्स कहता है कि ऐसे समय में तो 'The only emperor is the emperor of icecream.' थोड़ी आइसक्रीम देकर अनपेक्षित वास्तविकता से हमारा ध्यान बँटा देने वाला ही, इस आइसक्रीम समाज का 'emperor'! पर कविता ऐसी आइसक्रीम नहीं है कि मुँह में रखते ही गल जाय। इस आइसक्रीम के अधिपति, चाहे जितने कुशल और सफल क्यों न हों, कवि नहीं हैं!

•

कविता तो कुछ और ही चीज़ है। 'माई म्हाने गोविन्द लीनो मोल / कोई कहे हलको, कोई कहे भारी, लीनो तराजू तोल—' तो विचार आता है कि मीरा को इस तराजू के दूसरे पलड़े में क्या रखना पड़ा होगा? कविता का अन्त जहाँ आता है—'that point is the vanishing Point'. अभिनवगुप्त ने इसे आवरण मन्त्र की संज्ञा दी है। जब स्वतः की भेंट स्वतः के साथ हो जाय और तब जो बातचीत होती है, वह कविता है।

•

तो काव्य-यात्रा का वास्तविक प्रस्थान कहाँ से होता है? लाभशंकर ठाकर की तीन पंक्तियों की एक कविता है :—

> शब्द/
> विशेष की चादर ओढ़ीने सुई गयो छे, धेरी उंघमां/
> जगाडूँ अेने?

यही है कविता का सही प्रस्थान बिन्दु : जगाया गया शब्द, जाग उठा शब्द, जागरूक शब्द।

जो सब कुछ जस का तस रखना चाहते हैं उनके लिये कविता का एक जाग्रत शब्द भयानक वस्तु है। इसके अलावा हो भी क्या सकता है?

जाग्रत शब्द विष्णु की नाभि से जन्मा शब्द ब्रह्मा की तरह है जो एक ही साथ चारों दिशाओं में देख सकता है इसलिए उसके द्वारा किये गये दर्शन का सच सरल नहीं, अपितु संकुल है।

एक समुद्र ऐसा है जिसका मन्थन करके, उसके विष और अमृत को अलग कर दिया गया है एवं एक ऐसा भी समुद्र है जिसके पानी में भीगना और जलना एक ही जैसा है। मैंने देवों और दानवों द्वारा सरल बना डाले गये इस समुद्र के पहले का समुद्र देखा है।

ग

हमने अपनी बात का प्रारम्भ नीलाम्बरधारी घुड़सवार के गुप्तवास की बात से किया था। और आज एक अन्य गुप्तवास की बात से इस चर्चा का समापन करते हैं!

इटालियन उपन्यासकार इग्नामियो सिलोजो का एक उपन्यास है 'Bread and Wine.' इसमें एक प्रसंग आता है : किसी एक देश में विद्रोह करने का प्रयत्न किया गया, किन्तु वह असफल हो गया। विद्रोही शहर में छद्मवेश में छिपकर बैठे हैं—कविता के शब्दों की तरह। राज्य कर्मचारी, विद्रोह के असफल हो जाने के बाद इन विद्रोहियों को पकड़ने के लिये चारों ओर भटक रहे हैं।

ऐसे में विद्रोहियों की यह टोली आपस में बातें करके किसी तरह रात काटने के लिये मथ रही है। पर चर्चा के दौरान यह टोली एक-दूसरे से कुछ छिपा भी रही है, ताकि इनमें से किसी एक के पकड़े जाने पर, वह सन्त्रास की यातना से पीड़ित होकर दूसरों के नाम नहीं बता पाये। यहाँ बातें हो रही है स्वार्पण की, बलिदान की। उनमें से एक व्यक्ति कहता है कि वह चित्रकार है—यह उसका छद्म वेश है। दूसरे पूछते हैं, 'cause' के लिए, अपने कार्य की सिद्धि के लिये तू स्वतः किस-किस वस्तु को होम सकता है और किसे बचा रखेगा? उस चित्रकार ने उत्तर दिया, उच्च कार्य-सिद्धि के लिये मैं अपनी ज़िन्दगी होम सकता हूँ, बस केवल एक

चीज़ बचाऊँगा। कौन-सी वस्तु है वह? वह है मेरी आँखें। मैं अपनी आँखें नहीं दूँगा। ज़िन्दगी होम देने के पश्चात उसका क्या होता है? यह देखने के लिये आँखें बचाकर रखूँगा।

कविता के शब्द को आज कई-कई जिह्वाएँ उग आयी हैं। यह वाचाल हो गया है। यह बहुत सार्वजनिक हो गया है, हम चाहते हैं कि वह ज़रा कम बोले। उसे ज़रा निजी बनाएँ। हम चाहते हैं कि हमारी इस कविता को आँखें प्राप्त हों—ऐसी आँखें जिन्हें कोई अन्ध न बना सके, ऐसी आँखें जो सर्वदर्शी एवं सदय हों।

हमारे एक कवि के 'सप्तपदी' नामक काव्य संग्रह में 'पंखी लोक' शीर्षक से एक कविता है। कवि ने इस कविता में 'कान जो आँख होय' ऐसी एक सम्भावना व्यक्त की है। कवि कहता है, "कान जो आँख बन जाये / तो शब्द उसे प्रकाश लगेगा।" सच ही, कविता का शब्द हमारी आँखें हैं—ये वे आँखें हैं जिन्हें वह विद्रोही चित्रकार अपने प्राण की बाजी लगाकर भी सुरक्षित रखना चाहता है।

जीवन और मौत की सीमा रेखा के निकट आर्फ़ियस ऐसी कौन-सी भूल कर बैठा था कि आज भी मनुष्य-जाति उसे याद करती रहती है?—आर्फ़ियस ने 'देखना' नामक भूल की थी। ग्रीक पुराण-कथाओं के अनुसार 'यमलोक' में जो अप्राप्य है तथा जो मानवलोक में ही मिलती है उस सर्वोच्च वस्तु का नाम है सूरज की धूप। मानवीय लोचनों में दमक उठे सूर्यप्रकाश को बहुत निकट देखकर, उत्तेजित होकर आर्फ़ियस ने उसे अपनी आँखों से देखने का यत्न किया था। स्वयं की निपट आँखों से देखने के लिये मथना—मनुष्य की अन्तिम भूल, मानव का अन्तिम शस्त्र, उसकी मनुष्यता। अनेक जिह्वाओं वाले शब्द की ऐसी आँखें मिलें जो हमेशा मौन रहकर उसे देखती रहें। प्यारे, भाइयो-बहनो, हमारी गुजराती कविता को, भारतीय कविता को, मनुष्य-जाति की कविता को ऐसे सर्वदर्शी और सदय लोचन प्राप्त हों जिन्हें कोई अन्ध न बना सके, सर्जक एवं सहृदय के नाते यही हमारी अन्तिम कसौटी है। हमारा चैतन्य सदा सर्वदा कसौटी पर चढ़ा हुआ एवं प्रोज्ज्वल बना रहे।

गुजराती से अनुवाद : बंसीधर शर्मा

आलेख का रचना-वर्ष : १९८१

काव्य-भाषा : व्यवस्था और विद्रोह

इस भारतवर्ष या जम्बूद्वीप या हिन्दोस्ताँ या हिन्दुस्तान या इण्डिया अथवा आर्यावर्त या 'रिपब्लिक ऑफ़ इण्डिया' अथवा साउथ एशिया में जहाँ न्यू जर्सी से इण्डिया आने वाले 'बाम्बे' जाते हैं और मुम्बई से 'देस' में जाने वाले जामनगर आते हैं एवं म.स. विश्वविद्यालय में मणिपुर या अरुणाचल से पढ़ने आने वाले विद्यार्थियों को वड़ोदरा के लड़के चीनी या जापानी मानकर मुग्ध होते हैं, उपरान्त जिसमें काठियावाड़ के सीदी बादशाह अपनी मूल बोली में गीत गाते-गाते 'धमाल नृत्य' करते हैं, जो डांग के राजा के लिये अभिनव वस्तु है, ऐसे स्थल में काव्य-भाषा की समस्या, सारे भूमण्डल में अन्य कहीं भी न मिल पाये ऐसा दिलचस्प रूप धारण कर लेती है।

यहाँ एक मूलभूत प्रसंग यह पैदा होता है कि साहित्य सर्जन कौन-सी भाषा में किया जाना चाहिए? अथवा किया जा सकता है? इस संकुल संस्कृति के लगभग तीन-साढ़े तीन हज़ार वर्ष के दीर्घकालीन साहित्य के इतिहास में पिछले आठ-नौ (कर्नाटक में हज़ार-बारह सौ) सौ वर्ष पूर्व ही स्थानीय भाषा में काव्य-लेखन की शुरुआत हुई है। इससे पूर्व दो-ढाई हज़ार वर्ष के साहित्यिक इतिहास में एक सर्वमान्य परम्परा यह थी कि साहित्य रचना तो मात्र संस्कृत, प्राकृत और अपभ्रंश भाषाओं में ही की जा सकती है। कवि वैदिक हो, बौद्ध हो या फिर जैन हो, समूचे भारत अथवा उससे भी अधिक प्रदेशों में व्याप्त संस्कृत-प्राकृत और अपभ्रंश भाषाओं में ही साहित्य संरचना होती थी। बारहवीं शती के जैन काव्य-शास्त्री हेमचन्द्राचार्य ने अपने 'काव्यानुशासन' में भी यही कहा है कि महाकाव्य की रचना तीन भाषाओं : संस्कृत, प्राकृत' अपभ्रंश में की जाती है। कारिका (व्याख्या) में देश्य भाषा

का उल्लेख करते हैं, पर वृत्ति में उसे अपभ्रंश का प्रकार कहते हैं। पैशाची अथवा भूत भाषा का नामोल्लेख होता है, पर 'बृहत्‌कथा' को सुरक्षित तो संस्कृत अनुवाद में ही रखा गया है।

ऐसा क्यों हुआ ? ब्राह्मणों के कारण ? हाँ, कहना चाहें तो कह सकते हैं कि अश्वघोष, दिङ्‌नाग से हेमचन्द्र तथा इसके समकालीन नाट्यकार, 'मुद्रित कुमुदचन्द' नाटक के लेखक जैन श्रावक यशश्चन्द्र तक सैकड़ों, सौ-दो सौ नहीं सैकड़ों बौद्ध व जैन लेखक एवं काव्य मीमांसकों के नामों पर देरिदा के अनुसार इरेजर का उपयोग करना पड़ेगा, फिर भी चौकड़ी के नीचे से उनके नाम झाँकते प्रतीत होंगे।

प्रादेशिक बोलियों में नहीं, परन्तु सर्वदेशीय संस्कृत भाषा में, एवं उसी तरह सर्वदेशीय साहित्यिक एवं मातृदत्त नहीं, अपितु अभ्यास प्राप्य प्राकृत और अपभ्रंश भाषाओं में ही साहित्य रचा जाय, ऐसी परम्परा भारतवर्ष में ढाई हज़ार वर्ष तक प्रचलित रही। इसका कारण ब्राह्मण-पुरोहितों की दादागिरी में नहीं, अपितु उस लचीली एकता की आवश्यकता में सन्निहित है जो उस विशाल भू-खण्ड की निवासी प्रजा को एक समन्वित संस्कृति की विलक्षण संरचना में गूँथ सके। पाली तथा अर्द्धमागधी को लोकबोली में शुमार करने वाले बहुतेरे विद्वान, पाली या अर्द्धमागधी में निरक्षर होने का प्रमाण अपनी इस मान्यता के माध्यम से देते हैं। संस्कृत की तरह पाली एवं अर्द्धमागधी 'प्लेस फ्री' भाषाएँ थीं। भारतवर्ष में सर्वत्र विकास पाने वाली, समझी जाने वाली और प्रयोग में लायी जाने वाली भाषाएँ थीं। आसेतु हिमालय भारतीय संस्कृति का पालन करने वाले तथा अमुक ऐतिहासिक काल में गांधार से श्याम-कम्बोज तक फैली हुई सांस्कृतिक संरचना में जीने वाले अध्यवसायी लेखक, सहृदय, विविध विद्याओं के आचार्य, विद्यार्थी विविध कलाओं के हुनरबाज, वाणिज्य-प्रशासन-शासन कार्य प्रवृत्त प्रशासक वर्ग, भिक्खु, यति तथा पण्डित-पुरोहित अब इस सर्वदेशीय त्रिभाषा को परिश्रमपूर्वक सीखते-पढ़ते तथा इसका प्रयोग करते थे। इस तरह प्राचीन भारत में काव्य-भाषा एक कद्दावर प्रजा की स्नायुबद्ध देह के लिये दृढ़; किन्तु नमनीय रीढ़ की हड्डी का काम करती थी। काव्य-भाषा एक व्यापक तथा वैविध्यपूर्ण जनसमूह की एकता की निर्मात्री थी तथा अन्तरतम जीवन-व्यवस्था थी।

नवमी सदी में 'कविराजमार्ग' एवं 'वडाराधने' जैसे काव्य-शास्त्र एवं कथा साहित्य के ग्रन्थों द्वारा कर्नाटक में तथा बारहवीं सदी में 'भरतेश्वर बाहुबलि

घोर' एवं 'भरतेश्वर बाहुबलि रास' सदृश्य वर्णनात्मक काव्य-कृतियों से गुजरात में प्रादेशिक भाषा में साहित्य रचना करने का शुभारम्भ हुआ। 'भरतेश्वर बाहुबलि घोर' तथा 'भरतेश्वर बाहुबलि रास' के रचनाकार वज्रसेन एवं शालिभद्र, जैन सूरी थे। किशोरावस्था अथवा बचपन से ही दीक्षा प्राप्त जैन यतियों में से जिन किशोरों का झुकाव काव्य-रचना की ओर दिखायी पड़ता उनको काव्यनिपुण आचार्य महाराजों द्वारा छन्द-शास्त्र, अलंकार-शास्त्र तथा रस आदि का सघन प्रशिक्षण दिया जाता था। इस परम्परा के प्रमाण में बारहवीं, तेरहवीं, चौदहवीं एवं परवर्ती सदियों में संस्कृत काव्य-शास्त्र के मीमांसकों—मम्मट, हेमचन्द्र, रूय्यक आदि के 'काव्यप्रकाश', 'काव्यानुशासन', 'अलंकारसर्वस्व' आदि ग्रन्थों पर जैन यतियों द्वारा लिखी गयी अनेकानेक टीकाओं, वृत्तियों, अवबोधों के रूप में छोटी-बड़ी असंख्य पुस्तकें उपलब्ध हैं। सत्रहवीं सदी के ख़रतरगच्छ के प्रखर विद्वान कवि समयसुन्दरगणि की काव्यशिक्षा के शिक्षक उन्हीं के समकालीन संस्कृतज्ञ यति महिमराज एवं समयराज थे। इसी का परिणाम है ११वीं शती के काश्मीरी पण्डित मम्मटाचार्य के 'काव्य प्रकाश' की 'भावशतक' नामक टीका। यह समयसुन्दर का प्रथम ग्रन्थ है। इस प्रकार ये नवयुवक यतिगण पहले संस्कृत भाषा में काव्य-शास्त्र पर टीका ग्रन्थों की रचना करने के बाद संस्कृत में काव्य-रचना करते और उसके बाद ये संस्कृत-प्राकृत-अपभ्रंश के छन्द-शास्त्र, अलंकार-शास्त्र एवं काव्य-शास्त्र के अनुसार प्रादेशिक भाषा में काव्य-रचना पर भी हाथ आज़मा लिया करते थे। 'भरतेश्वर बाहुबलि घोर' और 'भरतेश्वर बाहुबलि रास' में प्रयुक्त छन्दों, अलंकारों एवं रसनिष्पत्ति पर एक नज़र घुमाते ही यह हक़ीक़त समझ में आ जायगी। काव्य-शास्त्र की तरह विषयवस्तु शास्त्र (thematies) में और काव्य विषय के बारे में भी जैन गुर्जर कवियों तथा परवर्ती जैनेतर गुर्जर कवियों की प्रादेशिक भाषा सम्बन्धी कृतियों में संस्कृत-प्राकृत-अपभ्रंश के काव्य विषयों के उपयोग का सातत्य स्पष्ट देखा जा सकता है।

जैसा सातत्य गुजरात प्रदेश में बना रहा, वैसा ही सातत्य भारतवर्ष के अन्य प्रदेशों में लिखे जाने वाले प्रादेशिक भाषा साहित्य में पाया जाता है। अपभ्रंश के छन्द-शास्त्र में दोहा बहुप्रचलित एवं प्रिय छन्द रहा है जो १२वीं शती से चार सौ वर्ष पूर्व प्रचलन में था। इस तरह इस दोहा छन्द और दोहा प्रकार ने अलग-अलग स्थानीय भाषाओं के साहित्य में प्रवेश किया। पश्चिम भारत में जैनाचार्य हेमचन्द्राचार्य के 'काव्यानुशासन' तथा पूर्व भारत में बौद्ध एवं नाथ सम्प्रदाय के विद्रोही चिन्तकों के 'चर्यापद' तथा 'बौद्धगान ओ दोहा'

नामक ग्रन्थों में समान रूप से यह छन्द मिल जाता है। जिस प्रकार गुजराती में लिखने वाले लेखक संस्कृत में भी लिखते हैं, वैसी ही द्वि-भाषी परिस्थिति जैन-परम्परा में भी पायी जाती है। गुजराती भाषा के विरल गद्य कथा लेखक माणिक्यचन्द्र सूरी ने सन् १७२२ में 'पृथ्वीचन्द्र चरित' कृति की रचना की थी। इसी वर्ष उन्होंने संस्कृत कथा 'चन्द्रधवलधर्मदत्तकथा' की रचना की थी। उनके दादा गुरु मेरुतुंग सूरी ने संस्कृत भाषा का व्याकरण 'व्याकरणचतुष्कबालावबोध' लिखा था और गुरु जयशेखर सूरी ने 'जैन कुमार सम्भव' नामक महाकाव्य की रचना संस्कृत भाषा में की थी।

व्यवस्था ही विद्रोह की सम्भावना एवं आवश्यकता को आमन्त्रित करती है; विद्रोह, चुनौतियाँ और विवर्त होते रहते हैं तो व्यवस्था अपने इतिहास-सातत्य की सुरक्षा-क्षमता को बढ़ा सकती है। व्यवस्था के अभाव की भूमिका में अनेकदेशीयता का बिखराव पसर जाता है। कालक्रम में यह पसराव सर्वदेशीयता एवं व्यवस्था की ओर ऐतिहासिक गति करता है। पर एक ऐतिहासिक स्थिति ऐसी आती है कि सर्वदेशीयता इतनी अधिक एक-केन्द्रीय और स्थगित बन जाती है कि उसमें फिर संरचनाओं की क्रीड़ा की सम्भावना नहिवत हो जाती है। लुई आल्थूजर के अनुसार एक विचारधारा की शासक-अनुकूल शक्ति के कारण प्रजा और प्रजा की जीवनगत परिस्थितियों (conditions of living) के मध्य जीवन विघातक सम्बन्ध लद जाते हैं। ऐसी स्थिति में विद्रोह आवश्यक हो जाता है। यह विद्रोह विच्छेदात्मक भी हो सकता है और दूसरे छोर पर सातत्यात्मक भी हो सकता है। इस विद्रोह के कारण पूरी व्यवस्था ध्वस्त हो सकती है। दूसरी ओर विद्रोह द्वारा व्यवस्था में ऐसा परिवर्तन हो जाय कि परिवर्तित व्यवस्था की एक निजी पहचान बन जाय। भारतीय संस्कृति के सन्दर्भ में साहित्य की भाषा का प्रश्न इस प्रकार एक इतिहास-प्रतिष्ठ बनकर हमारे समक्ष आता है। संस्कृत-प्राकृत-अपभ्रंश इन तीन व्यापक साहित्यिक भाषाओं की संरचना, प्रादेशिक भाषाओं की साहित्य रचना एवं अभिग्रहण की प्रतिशक्ति के विद्रोह के अभाव में कालस्थगित एवं कुण्ठाग्रस्त बन गयी होती। सामने के छोर पर इन तीन व्यापक साहित्यिक भाषाओं के साझे या संयुक्त सातत्य के बिना, अर्वाचीन प्रादेशिक भाषाएँ स्थल स्थगित तथा सहज उद्‌गार वाली वाग्संरचनाओं तक सीमित बन गयी होतीं। संस्कृत-प्राकृत-अपभ्रंश का साझा योगदान न होता तो गुजराती-कन्नड़-बंगाली-काश्मीरी भाषाएँ किसी बहुमंज़िली मकान में रहने वाले,

प्राय: परस्पर अपरिचितों की तरह नाममात्र के पड़ोसी बनकर रहतीं।

इस विद्रोह के अनेक रूप प्रादेशिक भाषाओं के रचनाकारों की कृतियों में देखे जा सकते हैं। प्रेमानन्द संस्कृत-प्राकृत स्पर्धा कराते हुए कहते हैं—'एक ओर (पुराण-कथा वाचक) व्यास संस्कृत पढ़ते हैं तो दूसरी ओर मेरा प्राकृत' (आ पासा व्यास वांचे संस्कृत आ पासा माहरूं प्राकृत') यहाँ प्राकृत से अर्थ है प्रादेशिक भाषा। कवि अखा इसी बात को दूसरी तरह कहता है : संस्कृत तो बँधा हुआ रुपया (कलदार) है। जब बाज़ार में जाकर ख़रीद-फरोख़्त का व्यवहार करना होता है तो चिल्लर की ज़रूरत होती है और यह छुट्टा रुपया है प्राकृत अर्थात् प्रादेशिक भाषा। 'फार्बस विलास' के लेखक दलपत राम ने तो संस्कृत भाषा को मृत घोषित करके उसके पश्चात् के सिलसिलेवार मरणोत्तर कर्मकाण्ड को भी पूरा कर दिया है। सन् १८५२ में मेहरबान अलेक्जेण्डर किन्लाक फोब्ज़ साहब ने ईडर में एक कवि सम्मेलन अथवा कवियों के जमावड़े का आयोजन किया था। इसकी एक कल्पित-मिश्रित रपट दलपतराम ने 'फार्बस विलास' में प्रस्तुत की है। आरम्भ में ही फाब्ज़ साहब ने सुबेर गाँव के गोविन्दराम शास्त्री, जिनको ईडर नरेश ने प्रतिवर्ष १५० या २०० रुपये देकर अपने यहाँ रखा था, से पूछते हैं— 'जिसमें बहीखाते या दफ़्तरी काम होते हैं उसे जीवित भाषा कहा जाता है और जो भाषा लोक व्यवहार में अव्यवहृत हो, उसे मृत कहा जाता है।' हिन्दुस्तान में संस्कृत भाषा कार्यालयों में प्रचलित थी। पर वह भाषा कब मृतप्राय हो गयी क्या इस बारे में आप कुछ जानते हो? इसका उत्तर कवि गोविन्दराम ने शार्दूल विक्रीडित छन्द में देते हुए कहा—

> भोजे ब्राह्मण भोजनादि करिने दीधां महादान जे,
> गीर्वाणा अवसानकाल गणि ने कीधी क्रिया मानजे;
> बाजीराव विराजी उत्तर क्रिया कीधी अति आदरी,
> सारे देश नरेश श्रेष्ठ दिवसे श्राद्धादिश्रद्धा धरी।

और कहते हैं—

> भोजराजा ने गीर्वाण वाणी की अन्तकाल की क्रिया, वैतरणी आदि महादान करके की और बाजीराव पेशवा ने इसकी उत्तर क्रिया की तथा वर्तमान देशी राजागण इस पर शास्त्रियों के सम्मेलन करते हैं तो यह वाणी का क्षयाश्राद्ध अथवा पार्वणिक श्राद्ध करते हैं।

अलेक्जेण्डर किन्लाफ फोब्ज़ साहब के प्रश्न का गोविन्दराम शास्त्री ने जिस भाषा में उत्तर दिया, वह भाषा कैसी बहुस्तरीय है। शार्दूलविक्रीडित छन्द में यह उत्तर है, जिसमें संस्कृत भाषा का अवसान तो ठीक; परन्तु उसकी उत्तर क्रिया एवं श्राद्ध कर्म किये जाने का क्रमबद्ध इतिहास भी दे दिया है। परन्तु अर्थ के स्तर पर इस श्लोक में जो बात (संस्कृत के अवसान की) कही गयी है, भाविक-संरचना के स्तर पर यह श्लोक ही उसे निरस्त कर देता है। छन्द स्वयं ही संस्कृत परम्परा के जीवन्त होने की साक्षी भर रहा है। इसकी तत्सम शब्दावली इस बात का समर्थन कर रही है। फार्बस तो साहब है, शासक है। उसकी जो मान्यता रही है उसे कम्पनी सरकार के अधीन ईडर के महाराजा की ओर से जीविका के लिये डेढ़ सौ रुपये का वर्षाशन पाने वाले शास्त्री कविराज को स्वीकार करना पड़ता है। साहब कहता है कि बाज़ार की और प्रशासन में व्यवहृत जो भाषा होती है, वही जीवित भाषा है। शासित को साहब की बात कुबूल तो करनी पड़ेगी। लेकिन मन ही मन उसे सच्ची माने बिना। कवि दलपतराम यही बात अपने विनोदपूर्ण ढंग से कहते हैं : कोई राजासाहब पहली बार आइसबर्ग देखकर कहे कि यह तो रूई का ढेर तैरता है, 'रू तर्युं, तो हम भी कहेंगे कि हाँ, नामदार, रूई का ढेर तैरता है, 'रू तर्युं तो रू तर्युं।' भले ही हम भली-भाँति जानते हों कि यह बर्फ़ का ढेर है! (मनोमन कहेंगे कि साहब कुछ कम-अक़्ल है!) प्रभु कथन (मास्टर नेरेटिव) के शासन के अनुसार सब-नेरेटिव को चलना पड़ता है। पर, ऊपरी स्तर पर आज्ञांकित लगती यह उत-प्रोक्ति नीचे के स्तर पर, भूगर्भ में कितनी विद्रोहपूर्ण (subversive) है, दलपतराम ने जाने-अनजाने अपने 'फार्बस विलास' के इस साहब-शास्त्री संवाद में दर्शा दिया है। संस्कृत मर चुकी है ऐसा सार्वजनिक रूप में घोषित करती ये चार पंक्तियाँ स्वयं ही इस बात के विविध संकेत कर देती हैं कि संस्कृत मरी नहीं है।

इस प्रकार जब काव्य-भाषा का प्रश्न अमूर्त रूप में एवं सन्दर्भविहीन शून्यावकाश में न देख, जब सांस्कृतिक भूगोल एवं सांस्कृतिक इतिहास के सन्दर्भ में उसकी जाँच-पड़ताल करते हैं तो इस सवाल के कई रसप्रद पहलू सामने आते हैं। भारतीय भाषाओं के लिये काव्य-भाषा का प्रश्न एक विशाल क्षेत्र में बसी हुई दीर्घकालीन इतिहास की अखण्ड परम्परा वाले प्रजा-जीवन की आन्तरिक बुनावट से जुड़ा प्रश्न है। यह एक तरह से प्रजा की आन्तरिक

सम्पत्ति के आर्थिक साधनों से जुड़ा प्रश्न बनता है। आन्तरिक सम्पत्ति के आर्थिक साधनों (इकनॉमिक्स ऑफ़ इनर रिसोर्सिज) का अर्थ है प्रजा की बौद्धिक एवं भावनात्मक समृद्धि के उत्पादन एवं वितरण की व्यवस्था। भारतीय प्रजा एक विशाल भौगोलिक क्षेत्र में बसी हुई इतिहास की अखण्ड परम्परा वाली प्रजा होने से इस तरह की व्यवस्था के मूल में ही अन्तर विरोध मिलता है। यह अन्तर विरोध उत्पादन तथा वितरण के बीच का है। विचारों एवं भावों की आन्तरिक सम्पत्ति का उत्पादन, प्रजा की भौतिक सम्पत्ति के उत्पादन की तरह निर्वैयक्तिक तथा सामूहिक आयोजन का काम नहीं, बल्कि वैयक्तिक पहल का और सामूहिक आयोजनों की निरन्तर निर्भीकतापूर्वक बार-बार जाँच-पड़तालों की कसौटी पर चढ़ाने जैसा काम है। कलानिर्मिति में कविता की सर्गविधि में सामग्री भले ही आम और व्यापक जीवन क्षेत्र की हो, पर उसमें आप निजत्व एवं विशिष्टता से बच नहीं सकते। इसलिए जिसका वितरण भौगोलिक विशालता एवं दीर्घ ऐतिहासिक परम्परा वाले क्षेत्र में करना है, वैसी आन्तरिक सम्पत्ति स्वयं व्यक्ति विशेष, स्थल विशेष तथा काल विशेष में उद्भवित होती है। जिस तरह उर्वशी के उद्भव एवं उसके लीला संचरण के सम्बन्ध में एक अन्तर्विरोध है, उसी प्रकार काव्योद्भव एवं काव्य संरचरण का सम्बन्ध भी भारतीय संस्कृति के सन्दर्भ में समस्या रूप बन जाता है।

यह समस्या हमारी काव्य-भाषा की मूल समस्या है। काव्य-भाषा को सामान्य और विशेष दोनों का समावेश करने का दुष्कर कार्य करना होता है। इतिहास तथा भूगोल की व्यापक संरचनाओं में अन्त तक संरचरण करना और इस प्रकार उसे स्थिरता एवं पोषण देने का काम भी काव्य-भाषा को करना होता है, साथ ही इन रचनाओं के सत्ता के अतिशय हस्तक्षेप, जड़ता एवं स्व-अंश-विध्वंसक वृत्तियों को चुनौती देने का काम भी उसे करना होता है।

अतिशय शासकीय हस्तक्षेप एवं स्थगित संरचनाओं की आत्मघातक निर्णयात्मकता की तरह ही निरन्तर विचलित संरचनाओं की आत्मघातक अनिर्णायक स्थिति, इन दोनों से सावधान रहकर काव्य-भाषा चलती है, चुनौती देती है और संशोधन करती है। इस काम को वह वाग्मिता शास्त्र की तरह नहीं, बल्कि काव्य-शास्त्र के तरीक़े से करती है। अर्थात् ऐसी वाक्संरचनाओं के निर्माण तथा प्रस्तुति के साथ काव्य-भाषा यह काम करती है, जो वाक्संरचनाएँ संस्कृति के लिये उक्त दो घातक संरचनाओं का विकल्प बन जाती हैं।

ख

व्यवस्था और विद्रोह दोनों आपस में टकराते भी हैं और दोनों साथ-साथ भी होते हैं। ऐसे सम्बन्ध का स्वीकार, भारतीय संस्कृति और साहित्य की विशेषता मानी जा सकती है। यद्यपि व्यापक रूप में देखें तो व्यवस्था और विद्रोह का यह परस्पर विरोधी एवं परस्पर सहायकारी सम्बन्ध पूरी मानवसंस्कृति की मूल भूमिका में प्रस्तुत है।

व्यवस्था और विद्रोह के ऐसे सम्बन्ध को उजागर करती तीन रचनाओं की कुछ गवेषणा अब हम करें। पहली रचना एक अमेरिकी आदिवासी (ट्राइबल) जनजाति की कवयित्री की है। दूसरी गुजरात के पंचमटाल ज़िले के आदिवासी भील जाति के नायक का एक पत्र। तीसरी रचना आधुनिक कन्नड़ कवि, चन्द्रशेखर कम्बार की एक काव्य-कृति है।

आप यदि अमेरिका की किसी आदिवासी जाति के व्यक्ति हैं और इसमें पुरुष न होकर महिला हैं तो भाग्यवादी आपको कहेंगे कि तुम्हारा नसीब हाशिये के भी हाशिये पर रखने के लिये लिख दिया गया है। परन्तु भाग्यवाद के निश्चयात्मक निर्णयों को जो चुनौती देता है, वह कवि है, रचनाधर्मी है। अलास्का प्रदेश की यूकोन नदी के तट पर नुलाटो नामक एक गाँव है। सन् १९१८ में यहाँ कोयुको नामक आदिवासी जाति में एक स्त्री का जन्म हुआ जिसका नाम है मेरी टोलमाउंटन (Mary Tollmountain)। सन् १९८७ में इस महिला ने एक विशेष प्रकार की पुस्तक का सम्पादन किया जिसका शीर्षक है—'I Tell You Now' यानी अब मेरी बात सुनो। आपने अपनी बात कह दी, अब मेरी बात सुनो। इस पुस्तक में एलिजाबेथ कुकलिन (Elizabeth Cook-lynn) का एक लेख है। इसका जन्म १९३० में हुआ था। यह सूह् (Sioux) जाति की है, जो 'क्रो क्रीक' विस्तार में बसी हुई है। यह महिला कवयित्री तथा कथाकार है। अँग्रेज़ी भाषा में लिखती है। इसके लेख का शीर्षक है—'You may consider speaking about your art'. कोई आदिवासी महिला जब अमेरिकन समाज में घुल-मिल जाती है तब उसे किसी सांस्कृतिक कार्यक्रम में भाषण देने के लिये आमन्त्रित किया जाता है। आमन्त्रण देने के लिये आया अमेरिकन गोरा व्यक्ति उसे भाषण का विषय सूचित करते हुए कहता है, 'तुम अपनी कला के सम्बन्ध में बोल सकती हो।' सतही तौर पर तो ये शब्द विनम्रता भरे लगते हैं, पर इन विनम्र-वचनों के पीछे कुछ पूर्वग्रह

छिपे होते हैं। एक तो यह कि हम आपकी कविता को your art के रूप में जानते हैं। इसका 'लोकेशन' हमारे सांस्कृतिक क्षेत्र के बाहर है—your art. दूसरा यह कि हम तुमको 'कान्फरन्स' में बुलाते ज़रूर हैं, पर आप अधिक-से-अधिक क्या कर सकती हैं ?—बोल सकती हैं। आप ऑथेंटिक आदिवासी, आपका काम है बोलने का। यों तो हम लिखित रूप में पेपर लाने को कहते हैं, पर तुम यह नहीं कर सकतीं, आपकी विशिष्ट प्रकार की क्षमता है बोलने की, तो आप ऐसा करें, You may consider speaking...' और अन्त में इतना भी तुम कर सकती हो तो ठीक, तुम किसी तरह की घबराहट महसूस करो, हमें अच्छा नहीं लगता। हम तो ठहरे विनयशील लोग, इसलिए तुम ऐसा करो—You may consider speaking about your art.

इन हिंसक विनयशील विचारों को ही यह अँग्रेज़ी पढ़ी-लिखी और अमेरिकन गोरे-समाज को भलीभाँति जानने वाली कवयित्री अपने आत्मकथात्मक लेखन का शीर्षक बनाती है। यह है काव्य-भाषा का प्रथम लक्षण, संज्ञाओं की वक्रता।

इसके बाद कुकलिन का आत्मकथात्मक लेखन प्रारम्भ होता है। यह भी बड़ा धारदार है, जिस दिन से मैंने पढ़ना सीखा, उसी दिन से मेरी इच्छा लेखक बनने की रही।

कुकलिन अपनी इस इच्छा ('डिज़ायर' इस संज्ञा के माध्यम से देरिदा तथा उसके पूर्व ज़ाकलकां जिसका परिचय कराते हैं, वह 'इच्छा') के स्वरूप को स्पष्ट करती है :

> I was born in the Government Hospital at Fort Thompson, South Dakota in 1930, and where I was a child of prairie hawks. I lived out on the Crow Creek (a tributary of the James and Missouri) on what anthropologists like to call 'an extended faimly.' And I loved to read.
>
> (मेरा जन्म १९३० में दक्षिण डेकोटा प्रान्त के फोर्ट थोम्प्सन गाँव के सरकारी अस्पताल में हुआ था। तदनन्तर जब मैं घास के मैदानों में बाज पक्षी के बच्चों (अनाथ) की तरह जा रही थी, तब मैंने क्रो-क्रीक [जेम्स तथा मिसूरी नदी की एक शाखा की तरह] नदी के किनारे वर्षों व्यतीत किये—नृतत्त्व-शास्त्र जिसे संयुक्त परिवार कहना पसन्द करता है, और पढ़ना तो मुझे ख़ूब अच्छा लगता था।)

अब वह to read का अर्थ स्पष्ट करते हुए लिखती है :

> Reading, if it is not too obvious to say so, preceds writing, though I teach college students to day who are examples of an apparently opposing point of view. They had read nothing.
>
> (वाचन, [जो स्वयं में एक स्पष्ट बात को शब्दों में व्यक्त करने जैसा न लगे, तो कहूँ कि] लेखन के पहले आता है; हालांकि आजकल मैं कॉलेज में ऐसे विद्यार्थियों को पढ़ा रही हूँ, जो इससे बिलकुल विपरीत नमूने हैं। ये तो [लिखने के पहले] कुछ भी पढ़ते नहीं हैं।)
>
> On the contrary, I read everthing, the Sears Catalog, Faust, Dick and Jane, Tarzan and the Apes, The Scartet Letter, the First Letter to the Corithians, David Copperfield, The Ancient Mariner, Dick Tracy, Very Like a whale, Paradise lost, The confessions and much more.
>
> (इसके विपरीत, मैंने तो सब कुछ पढ़ा : सीअर्स स्टोर्स के माल सामान की यादी, (महाकवि गेथे का) फोअस्ट, डिक और जेन [की कहानियाँ], टार्जन एण्ड दि एप्स [की कथा], दि स्कार्लेट लेटर [उपन्यास], कोरिॲन्थिएनो को पहला पत्र [धार्मिक साहित्य], डेविड कॉपरफील्ड [उपन्यास] दि एंसिएंट मरीनर [काव्य], डिक ट्रेस्सी [सचित्र साहस कथा], वेरी लाइक ए व्हेल [की कहानी] पेरेडाइजलास्ट [महाकाव्य], दि कन्फेशंस [सेंट ऑगस्टीन की धार्मिक पुस्तक] एवं और बहुत कुछ)।

यह सूची वैसे तो यादृच्छिक है, पर जिसकी संस्कृति पर समुद्री रास्ते से आक्रमण करने वाले यूरोपियंस ने स्वयं 'एप' वानर की तरह व्यवहार करके जिन्हें 'एप' वानर सदृश्य माना, जिनका स्वर्ग भी खो चुका है, जो यातनादाताओं के इकरारों की प्रतीक्षा करती रहती है तथा अन्य अनेक—ऐसी स्त्री की यह ग्रन्थ सूची है। इसकी अन्वयरहितता अनगिनत अन्वयों की सम्भावना पैदा करती है। इसके ग्रन्थ-शीर्षकों के मध्य के अवकाश में रहने वाली अनुपस्थितियों, अनगिनत उपस्थितियों को अवकाश देती है। यह सूची प्रस्तुत करने के बाद कुकलिन जोड़ती हैं :

> I went to whereever libraries were available.
>
> (जहाँ कहीं भी पुस्तकालय होता मैं वहाँ पहुँच जाती।)

इन तमाम आश्रमों में उसे जो उपलब्ध नहीं हुआ, उसकी चर्चा वह नये

परिच्छेद में करती है :

> But I read nothing about the Dakotapi. Much later I took a history course at South Dakota College called 'The west ward Movement' and there was not mention of Indian Nations! I kept the texe for that course on my own library shelf as a marvelous example of scholarly inaptitude and / or rasim.
>
> (पर [डेकोटा के आदिवासी] डेकोटवी [लोगों] के विषय में कुछ भी पढ़ने को नहीं मिला। वर्षों बाद मैंने डेलोरा कॉलेज के इतिहास विभाग के 'दि वेस्टवर्ड मूवमेंट' पाठ्यक्रम में (विद्यार्थी के नाते) प्रवेश लिया। [रेड] इण्डियन [आदिवासी] राष्ट्रों [समाजों] के बारे में इसमें कोई उल्लेख नहीं था। इस पाठ्यक्रम की यह पुस्तक मैंने विद्यापरक नासमझ एवं / अथवा जातिवाद के आश्चर्यजनक नमूने के रूप में अपने पुस्तक-संग्रह में रख छोड़ी है।)

इसके बाद के संघर्ष में कुक-लिन अपने लेखन का उपयोग शस्त्र की तरह करती हैं :

> Wanting to write comes out of that deprivation, though. Far we eventually have to ask, what happen to a reasonably intelligent child who sees him or herself excluded from a world which is created and recreated with the obvious intent to declare him or her persoma non ovata? Silence is the first reaetion. Then cemes the development of a mistrust of the world and, evertually, anger.
>
> (यद्यपि लेखन की इच्छा, कुछ खोने के बोध में से पैदा होती है। क्योंकि अन्त में तो हमें यह पूछना ही पड़ेगा कि एक बालक जो पूरी तरह बुद्धिमान है, उसे दुनिया ने सार्वजनिक रूप से 'अस्वीकार्य' करने के उद्देश्य से रचा-गढ़ा है, यदि वह अपने को बहिष्कृत हुआ देखता है तो (उस बालक की) उसकी क्या हालत होती है ? [इसका] पहला प्रत्याघात तो गूँगापन, मूकता। उसके बाद आता है, उस जगत के प्रति अविश्वास का रुख़ और अन्त में, प्रकोप)।

किसी तरह के भाष्य की आवश्यकता नहीं है। कवयित्री लिखती है :

> That anger is what started me writing.
>
> (मुझे लिखने के लिये प्रेरित किया प्रकोप ने।)

कवयित्री ने लेखन के बारे में एक ऐसा विश्लेषणजन्य संक्षिप्त उत्तर दिया है जो प्राचीन भारतीय शास्त्रों और पाश्चात्य वैचारिक प्रवाहों के काव्य हेतु एवं काव्य शिक्षा के समूचे डिस्कोर्स में कहीं देखने को नहीं मिलता। वह कहती हैं—लेखन का अर्थ है प्रतिकार। आगे लिखती हैं :

> Writing, for me, then is an act of defiance born of the need to survive. I am me. I exit. I am a Dakotah. I write. It is the quintessential act of optimism born of frustration. It is an act of courage. I think, and, in the end, it is an act that defies oppression.
>
> (लेखन, मेरे लिये प्रतिकारपूर्ण अवज्ञा का एक कार्य है। इसका जन्म मेरे टिके रहने की आवश्यकता से होता है, मैं, मैं हूँ। मैं एक डाकोटा प्रदेश की निवासी हूँ। मैं लिखती हूँ। यह (लेखन) उस आशावाद स्व-त्व-सूचक कार्य है, जिसका जन्म अवरोधजनित बेचैनी से हुआ है, मुझे लगता है कि यह एक साहसिक कार्य है। और, अन्त में तो, यह दमन की प्रतिकार भरी अवज्ञा करने का कार्य है।)

इस कवयित्री की एक कविता पढ़कर आगे बढ़ते हैं। यह कविता १९८१ में प्रकाशित, 'Ceremony of Brotherhood' (बन्धुत्व के विधि-विधान जैसे वक्रोक्तिपूर्ण शीर्षकवाला) काव्य-संग्रह से ली गयी है। कैसी है यह लौकिक विधि ?

> How much Indian blood do you have?
> what tribe are you?
> Oh I never heard
> of that one.
> I must remember to
> put on
> My beads and turquoise
> when I go out today
> among strangers
> palely examining
> my nose
> and eyes
> and cheekbones
> and skin
> For signs of aboriginality.

(तुममें कितने प्रमाण में आदिवासी रक्त है?
तुम कौन-सी ट्राइब से हो?
ओह, इसका तो नाम
मैंने सुना ही नहीं, हो।
आज जब मैं
उन अनजानों के मध्य जाने को
घर के बाहर निकला
तब मुझे
याद रखकर
मेरी मणकों की माला तथा पन्ने के झुमके
पहन लेने पड़ेंगे।
क्योंकि वे अनजाने
पाण्डुरवर्णी चेहरे मेरे सामने रखकर
जाँचेंगे
मेरी नाक
मेरी आँखें
मेरे गालों की हड्डियाँ
और मेरी चमड़ी का रंग
आदिवासीपन की निशानियों के लिए।)

जिन्हें पढ़ना-लिखना अच्छी तरह आता है, उन शहरी लेखकों के साथ पढ़ना-लिखना सीखे हुए पाठकों के लिये जो पुस्तकें व समाचार-पत्र प्रकाशित होते हैं, उनमें 'ओरालिटी' को बाज़ार में बेचने के लिये जूने पिटारे में से निकाली गयी पुरानी वस्तु की तरह उपयोग में लाने वाले दक्ष प्रजापतियों को अपने यज्ञ में निमन्त्रित करने वालों में से यह क्रो-क्रीक की नारी नहीं है।

भारत में आजकल आदिवासी संस्कृति को यथावत् रखने, उसे ओडियो-विजुअल आर्काइव्ज बनाने हेतु फण्ड वग़ैरह प्राप्त करने के साधन रूप में देखने का प्रचलन बढ़ रहा है। स्वतन्त्रता-प्राप्ति के पूर्व सच्चे गांधी युग में इस बात के लिये आन्दोलन होते थे कि आदिवासी समाज को, महिलाओं को, दलितों को सम्पन्न समाज की सभी संस्थाओं में अधिकार प्राप्त हों। स्वतन्त्रता प्राप्ति के परवर्तीकाल के एक कृतक गांधीयुग में इन्हें सामग्री मानकर यथास्थिति में रखने में चतुर शासकों तथा चतुरतम संशोधकों का

स्वार्थमूलक रस सामने आता है। ये स्थापित हितों वाली ताक़तें 'ओरालिटी' अर्थात् मुख परम्परा की महिमा करके उसे उत्तर आधुनिकता के साथ एकरूप करने के उपक्रम में जुटी हैं। ऐसे में उस अमेरिकन आदिवासी महिला का यह कथन स्पष्ट रूप में सुनायी पड़ता है :

> Ever since I have learned to read, I have wanted to be a writer.

लेखन तो वंचितों का शस्त्र है। लेखन को अपने हाथ में रखकर, वंचितों के हाथ में मात्र 'ओरालिटी' ही रहे, ऐसी व्यवस्था को जारी रखने वाले चतुरों को यह अमेरिका की कवयित्री ही नहीं, १९वीं सदी के पंचमहाल का विद्रोही भील अग्रणी जोरिया भगत भी अपना अलग ही उत्तर देता है। लेखन का शस्त्र शासकों के हाथ में से ये विद्रोही वंचित अवश्य ही छीन लेंगे—चाहे डेकोटा प्रदेश में, चाहे पंचमहाल में।

जोरिया भगत के स्मरणीय विद्रोह का विवरण डॉ. अजय स्कारिया के निबन्ध 'writing, orality and power' में मिलता है। अपने इस निबन्ध में डॉ. स्कारिया ने लेखन, मौखिकता तथा राज्यसत्ता के सम्बन्धों का मार्मिक विश्लेषण किया है। यह लेख 'Subaltern Studies' नामक प्रकाशन श्रेणी (सम्पादक : शाहीद अमीन तथा दीपेश चतुर्वेदी) के अन्तर्गत प्रकाशित नवीं पुस्तक में सम्मिलित किया गया है। इसके कुछेक विवरणों को देखने के बाद, डाँग प्रदेश के आदिवासियों के अध्ययन के आधार पर लिखे गये डॉ. स्कारिया के इतिहास-विचार के महत्त्वपूर्ण ग्रन्थ 'Hibrid Histories' में उठाये गये एक विश्लेषणात्मक मुद्दे को इस व्याख्यान के सन्दर्भ में दिया जा रहा है।

पहले पंचमहाल के विद्रोही अग्रणी जोरिया भगत के संघर्ष का स्मरण।

(ग)

लेखन (मुद्रण भी) सत्ताधीशों के हाथ का हथियार है। चतुर सत्ताधीशों को इस साधन का उपयोग कभी औज़ार के रूप में तो कभी हथियार के रूप में करने की महारत हासिल है। राज्यसत्ता भाषा के माध्यम से प्रशासन, समाज के घटकों के साथ साँठगाँठ और दमन (एडमिनिस्ट्रेशन, सोशल इंजीनियरिंग

और ऑपरेशन) ये तीन काम करवाती है। इसके लिये वह भाषा के लिखित स्वरूप का उपयोग करती है। प्रजा का बहुत बड़ा वर्ग निरक्षर होता है, पढ़ नहीं पाता है, इसलिए उसे कोई फ़र्क़ नहीं पड़ता। बल्कि इससे शासक को भाषायी घटकों से साँठगाँठ और दमन में सुविधा रहती है। भाषा के लिखित रूप को राज्यसभा जिस तरह अपने हाथों की कठपुतली बनाकर उसका उपयोग वह प्रशासन के साधन के रूप में, सामाजिक घटकों की साँठगाँठ के औज़ार तथा दमन के हथियार के रूप में करती है, उस लिखित रूप का उपयोग प्रतिकार व मुक्ति के रूप में करने की एक बड़ी चुनौती आज के कवि-कथाकार-नाटककार के समक्ष है, जिसे उसे स्वीकार करना चाहिए। अर्द्धदग्ध देशीयतावादी लोग आज अत्यन्त ही पिछड़े और 'ट्राइबल्स' के नाम पर भाषा के अ-लिखित स्वरूप की महिमा अपने शहरी और प्रकाशित समाचार-पत्रों तथा निबन्धों में करने को लेकर बड़े उत्साहित हो गये हैं। पंचमहाल का यह भील विद्रोही नेता जोरिया भगत ने राज्यसभा और उसके द्वारा किये जाने वाले दमन को काफ़ी निकट से और यथार्थ रूप में देखा-अनुभव किया और जाना था। इस सन्दर्भ में उसके जीवन के अन्तिम दिनों के इतिहास पर नज़र डालते हैं।

सन् १८६८ में पंचमहाल के भीलों ने अँग्रेज़ सरकार तथा उस प्रदेश के देशी शासकों की निरंकुशता के विरुद्ध विद्रोह किया था। मुम्बई सरकार के प्रशासनिक दस्तावेज़ों तथा 'बाम्बे आर्काइव्ज' में उपलब्ध सामग्री इसका प्रमाण है। भीलों ने पुलिस थाने पर आक्रमण करके वहाँ तोड़फोड़ की तथा अन्य कुछ स्थानों पर लूटपाट की थी। अतः विद्रोह को दबाने के लिये राज्य की ओर से सेना भेजी गयी। उस समय भील नायक जोरिया भगत एक पहाड़ी पर 'With several thousand Bhills and Naikadas' (अपने हज़ारों भील एवं नायकड़े साथियों के साथ) पड़ाव डाले हुए था। देशी सिपाहियों तथा ब्रिटिश अधिकारियों के नेतृत्व में अँग्रेज़ पलटन इस पहाड़ी के पास आ पहुँची। शस्त्र-बलयुक्त शासक तथा विद्रोही शासितों के बीच एक विषम संघर्ष की अन्तिम घड़ियाँ गिनी जा रही थीं तभी स्थिति में एक नया मोड़ आकार लेता है, जिसका उल्लेख उस क्षेत्र के दृष्टि सम्पन्न संशोधक डॉ. अजय स्कारिया ने (आर्काइव्ज वोल्यूम १०२ के आधार पर) इस प्रकार किया है—

> It was at this stage that the British officer in command of all

> operation wrote and sent by massenger a final ultimatum to the messianic leader, Joria Bhagat, seeking his surrender. The massenger returned with report of Joria Bhagats unwillingness to do so.
>
> (परिस्थिति के इस स्तर पर अन्तिम चेतावनी के रूप में ब्रिटिश कमांडिंग ऑफ़िसर ने एक संदेशवाहक के माध्यम से लिखित संदेश भेजते हुए विद्रोही भील अग्रणी जोरिया भगत से समर्पण करने के लिये कहा, पर जोरिया भगत ने ऐसा करने से इनकार कर दिया और संदेशवाहक को लौटना पड़ा।)

इसके बाद का वृत्तान्त हमारी आँखें (सिर्फ़ कान नहीं, आँखें) खोलने वाला है। वह संदेशवाहक पत्रोत्तर के रूप में अपने साथ जोरिया भगत का एक लिखित-पत्र भी लाया था; पर यह पत्र अँग्रेज़ अधिकारियों के लिये अस्पष्ट ही रहा, वे उसे पढ़ नहीं पाये। डॉ. स्कारिया लिखते हैं :

> He also brought with him a written reply from Joria, consisting of a sheet of paper covered with sqiggles and slick drawings of human beings, colonial officials could make no sense of it, and dismissed it as nonsensical.
>
> (जोरिया के इस पत्र में कुछ आड़े-तिरछे चित्रांकन तथा मनुष्यों की खड़ी-टेढ़ी रेखाओं का आलेखन। अँग्रेज़ अधिकारियों के लिये इसका अर्थबोध दूभर हो गया और इसे अनुपयोगी एवं निरर्थक मानकर रख देना पड़ा।)

जोरिया भगत ने १८८६ में संघर्ष किया और यह पत्र लिखा। इस घटना के एक सौ सात वर्ष बाद अर्थात् १९९३ में डॉ. स्कारिया ने यह पत्र सरकारी दफ़्तर में से प्राप्त कर और उन लोगों को दिखाया, जिनके पूर्वजों ने संघर्ष किया था। 'ये लोग भी इस पत्र का अर्थ नहीं निकाल सके।' तो प्रश्न होता है कि मृत्यु को सामने खड़ी पाकर भी, जोरिया भगत ने साम्राज्यवादी अँग्रेज़ सत्ता के समक्ष समर्पित हुए बग़ैर पंचमहाल की उस पहाड़ी के शिखर पर से काग़ज़ की उस पर्ची में क्या लिखा होगा?

डॉ. स्कारिया के कहे अनुसार :

> at the very least Joriya's reply represented a use of writing in ways so different from conventional literate constructions of meanings that it remains opaque to us.

(कम से कम इतना तो [कहा जा सकता है कि] जोरिया का जवाब अर्थ की प्रणालीगत शैक्षणिक संरचना से इतना अधिक सभी तरह से भिन्न हुए लेखन के उपयोग का उदाहरण बन गया है कि हमारे लिये यह अस्पष्ट ही बना हुआ है।)

जोरिया भगत के उत्तर को पढ़ पाना कठिन भी है और सरल भी। कठिन इसलिए कि भीलों के नायक को एक बार जन 'निरक्षर' होने के विभाग में डाल दिया तो इस व्यक्ति में हम उन सभी गुण-अवगुणों का आरोपण करेंगे जो हमारे द्वारा तमाम निरक्षरों के सन्दर्भ में कल्पित किये हुए हैं। अर्थात् हम कहेंगे कि तमाम निरक्षरों की भाँति जोरिया के लिये भी काला अक्षर भैंस बराबर है तथा लेखन उसके लिये किसी तन्त्र-मन्त्र विद्या के प्रयोग की तरह है। हमारा यह सोच हमें पाश्चात्य शैक्षणिक परम्परा से विरासत में मिला है। एक बार जब हमने जोरिया को 'निरक्षर' मान लिया तो उसकी जवाबी चिट्ठी का रहस्य, एक तरह से हमारे लिये तो उद्‌घाटित हो ही जाता है। (—कि उसने अँग्रेज़ सेनापति द्वारा चिट्ठी में लिखे हुए अक्षर देखे और उनको उसने शक्तिशाली जादुई अक्षरों के रूप में माना एवं उनके उत्तर में उसने भी यह ठसाने के प्रयास में कुछ लिख भेजा कि वह भी जादुई शक्ति जानता है।) पर समझ में नहीं आया वह जोरिया। हज़ारों-हज़ार भीलों को संगठित कर गोरी सरकार को, गायकवाड़ को तथा अन्य देशी राजाओं की सेनाओं को हँफा देने वाला, अपने लोगों की स्वतन्त्रता के लिये आग्रह रखने वाला यह नायक अन्त में घेर लिया गया और यह जानते हुए भी कि ऊँचे क़िस्म के इन शस्त्रों के आगे हारकर मौत को आलिंगन करने का समय आ गया है, फिर भी झुका नहीं। ऐसा काबिल और दृढ़ मनोबल वाला यह नायक जब अपनी कठोर उँगलियों में उस गोरे के नौकर की पेन्सिल लेकर कुछ चित्रांकन कर रहा होगा, तब कौन जाने उसके मन में क्या चल रहा होगा, समझ पाना कठिन है एवं उन नृवंश वैज्ञानिकों के लिये तो और भी कठिन है जो जोरिया को वह भी, बेपढ़ा, जादू-टोनों से डरने वाला मानकर चलते हैं। इनसे भी अधिक उन लोगों के लिये कठिन है जो इस जोरिया को निरक्षर, मात्र मौखिक परम्परा (ओरल ट्रेडिशन) के संवाहकों में से एक, लेखन परम्परा (रिटन ट्रेडिशन) से एकदम अनजान तथा डरने वाला मानने का हठाग्रह किये बैठे हैं।

निरक्षर आदिवासी समाज के विषय में विद्वानों की कुछ ऐसी समझ है कि

भाषा का लिखित रूप उसके निकट एक जादुई शक्ति है। ऐसा लगता है कि क्लोदलेवी स्त्रोस से रणजीत गुहा तक के निष्णात इसी समझ को लेकर आगे बढ़े हैं। डॉ. स्कारिया ने इस समझ को हमारे समाजशास्त्र के सबसे अधिक व्यापक भ्रान्त सत्यों में से एक की उपज माना है :

> This emphasis in social theory on the magical nature of writing is a part of a larger legacy of European mythologing.
>
> (समाजशास्त्रीय सिद्धान्तों में लेखन [निरक्षर आदिवासी जिस नज़र से इसे देखते हैं] के जादुई स्वरूप जो भार दिया गया है वह यूरोपीय विद्वानों द्वारा गढ़ी गयी [अन्य समाजों के बारे में] भ्रामक कथाओं की विरासत का एक भाग है।)

ये भ्रान्त-सत्य और भ्रामक कथाएँ ही हमारी सबसे बड़ी मुश्किल हैं। कुछ भारतीय निष्णात भी यह मानते हैं कि निरक्षर समाज तो 'ओरल ट्रेडिशन' के द्वारा ही दुनिया को समझता है तथा 'रिटन ट्रेडिशन' तो उसके लिये परकीय ही मानी जायगी। जैसा कि डॉ. स्कारिया कहते हैं :

> the distinctions between the mentalities of orality and literacy are increasing by being called into question.
>
> (वाणी परक तथा लेखन परक मानसिकता के बीच में विभेद [पैदा करने की प्रवृत्ति] क्रमशः अधिकाधिक चुनौती भरी होती जा रही है।)

जाक देरिदा बहुत स्पष्ट शब्दों में कहते हैं कि वाणी केन्द्रित झुकाव (logocentrism) अथवा वाणी का महिमा मण्डन (Privileging of the spoken word) को सबसे अधिक मौलिक तथा बलवान वंशवाद है। यहाँ वंशवाद (ethnocentrism) की संज्ञा साम्राज्यवादी यूरोपीय सत्ताओं का अन्य समाजों के प्रति जो भेदभावपूर्ण तथा हीनता युक्त रुख़ अपनाया जाता है, उसके लिये प्रयुक्त हुई है। कुछ लोग बग़ैर पूरा विश्लेषण किये वाणी परम्परा और लेखन परम्परा... की बात करते हैं। ये लोग स्वयं जो काम करते रहने का दम भरते हैं, ठीक उसके विरुद्ध काम करते हैं। देरिदा इस प्रवृत्ति को ऐसा वंशवाद कहते हैं जो अपने को वंशवाद विरोधी होने का भ्रम पैदा करना चाहती है। (an ethrocentricism thinking itself an anti-enthrocentricism.)

उन्नीसवीं शताब्दी के उत्तरार्द्ध से प्रारम्भ हुई जोरिया भगत की यह वाणी तथा

लेखन के मध्य के संकुल सम्बन्ध की यह बात ऐसे ही एक अन्य विद्रोही अग्रणी श्री केशरीसिंह कुँवर तक की बात तक पहुँचती है जो बीसवीं सदी के उत्तरार्द्ध में सामने आता है। केशरीसिंह कुँवर डाँग प्रदेश के एक लाख से अधिक अनुयायियों के नेता हैं और इस क्षेत्र में आज भी यथार्थत: उन्हीं का शासन चलता है। इस क्षेत्र में केशरीसिंह का ही क़ानून चलता है और वे ही इस क्षेत्र में टैक्स वसूल भी करते हैं। केशरीसिंह सतिपति आन्दोलन के प्रणेता हैं और वयोवृद्ध हैं इसलिए सारा क्षेत्र उन्हें प्यार भरे सम्बोधन 'दादा' के नाम से पहचानता है।

यों तो यह आदिवासी नेता लेखन परम्परा के विरोधी और मौखिक परम्परा के समर्थक होने चाहिए, पर ऐसा नहीं है। 'दादा' तो अनेक पुस्तकें, पत्रिकाएँ और हस्तलिखित 'पेम्फ्लेट' लिखवाते-प्रकाशित करवाते और उन्हें वितरित करते हैं उनके सतिपति आन्दोलन का यह सर्वाधिक महत्त्व का माध्यम है।

उनके हज़ारों अनुयायी उनकी इन पुस्तकों तथा पत्रिकाओं को ख़रीदते हैं और अपने-अपने क्षेत्रों में ले जाते हैं। इस आन्दोलन के सम्बन्ध में डॉ. स्कारिया लिखते हैं :

> But there is profound paradoxes involved here. First, the bulk of the followers who buy these books are non-literated, so we are confronted with the question of why they buy it, and what do they do with it.
>
> (पर यह गहरा विरोधाभास है : पहला तो यह कि उनके इन पुस्तकों के ख़रीदार अनुयायियों में अधिकतर अपढ़ हैं! अत: हमारे सामने यह प्रश्न खड़ा होता है कि ये लोग क्यों इन्हें ख़रीदते हैं और क्या करते हैं।)

दूसरा विरोधाभास यह है कि जोरिया भगत के लेखन की तरह ही दादा के हाथों लिखे गये और प्रकाशित करायी गयी ये पुस्तकें, पत्रक आदि पढ़ने के बाद अर्थहीन लगते हैं। 'By this, I mean that the writing is not wed to convey ideas in the way we are taught to, in the process of being made literate.' (मेरे कहने का आशय यह है कि जिस तरह से अक्षर ज्ञान की प्रक्रिया से गुज़रते समय हमें यह सिखाया जाता है कि विचारों का संक्रमण/आदान-प्रदान कैसे किया जाना चाहिए, वैसे कुछ लेखन का उपयोग इस लेखन में नहीं पाया जाता है।) पहली नज़र में ही, बल्कि पढ़ाई-लिखाई में प्रशिक्षित नज़र से देखने पर 'निरक्षरों का यह लेखन' निरर्थक लगता है;

फिर भी वंचितों को यह लेखन अत्यन्त ही कार्यसाधक लगता है।

तो दादा केशरीसिंह तथा उनके हज़ारों पाठक इन हस्तलिखित और मुद्रित पुस्तिकाओं को किसलिए 'लिखते, प्रकाशित करते, वितरित करते, क्रय करते और पढ़ते हैं', यह प्रश्न हमारे लिये विचारणीय है। हमसे उत्तर माँगता है।

डॉ. स्कारिया के इस प्रश्न का समाधान तथा अमेरिकी आदिवासी कवयित्री कुक-लिन के 'मैं क्यों लिखती हूँ?' इस प्रश्न का उत्तर—इन दोनों के मध्य का साम्य जितना चौंकाने वाला है, उससे कहीं अधिक समझदारी भरी स्वस्थता देता है। जैसा कि कुक-लिन कहती है,

> Writing for me, then, is an act of defiance born of the need to survive.
>
> (लेखन मेरे लिये टिके रहने की ज़रूरत में से जन्मा हुआ प्रतिकार है।)

वैसे ही जोरिया भगत तथा केशरीसिंह दादा का यह लेखन भी, डॉ. स्कारिया की सूक्ष्म-समभावयुक्त दृष्टि में,

> are simply assertions of the subaltern right to write.
>
> (वंचितों के लेखन के अधिकार की सीधी-सादी स्थापना है।)

यह अधिकार स्थापना, काव्य-भाषा की भाँति बहुस्तरीय है। 'such an invocation of writing is both a trivialization inspired by a puchish sense of humur and a magnificiently defient gesture of appropriation.' (लेखन का किया गया यह उद्‌बोध, शरारतपूर्ण विनोदवृत्ति से किया गया [शासकों के लेखन शास्त्र का] तुच्छीकरण है। तथा (इस शस्त्र को शासकों के हाथ में से हथियाकर अपने अधिकार में करने की एक उम्दा उपेक्षापूर्ण चेष्टा है। इन दिनों अपने को देशप्रेमी मानने वाले अग्रणी काव्य-भाषा को वाणी रूप मानने, लिखित रूप तथा मुद्रित भाषा से काव्य-भाषा को पृथक करने की प्रवृत्ति में जुटे हैं।) डॉ. स्कारिया के इस विश्लेषण के आधार पर हम समझ सकते हैं कि इसमें जब आग्रह का अतिरेक होता है और सजगतापूर्ण समझ का प्रयास कम होता है तब यह प्रवृत्ति कितनी आत्मघाती एवं आत्मवंचक बन जाती है। हमारे इन स्वयं बन बैठे 'देशप्रेमियों' की उस समय क्या हालत होगी? वे ही जानें, जब उनके बारे में यह समझ में आ जायेगा कि वे ख़ुद भी उन शोषकों-शासकों, जिन्हें देरिदा ने 'सर्वाधिक

मौलिक एवं बलवान वंशवाद' के रूप में देखा और जताया है, की चतुर व्यूह रचना के एक भाग बन गये हैं, उसके हत्थे बन गये हैं।

आज गुजरात की ही नहीं, बल्कि देश के अधिकांश हिस्से में कुछ ऐसी ताक़तें उभर रही हैं जो सार्थ सर्जकता तथा सक्षम भावकता का ह्रास करने की दृष्टि से अपनी सारी हदें पार कर चुकी हैं! इनमें सबसे अधिक ख़तरनाक ताक़त है हमारे में फैलती जा रही अतीतराग (Nostalgia, नोस्टाल्जिया) एवं देशीयता (Nativism) की प्रवृत्ति। ये दिखने में जितनी निर्दोष लगती हैं, उतनी ही ख़तरनाक हैं। यह प्रवृत्ति अधिकतर उन लोगों में मिलती है जो स्वेच्छापूर्वक शहरों में आकर बस गये हैं और स्वयं को स्थापित करने की लालसा पाले बैठे हैं!

डॉ. स्कारिया ने 'Hybrid Histories : Forests, Frontiers and wildness in western India (1999) नामक पुस्तक में इतिहास लेखन के कुछ नये परिमाणों की चर्चा की है। उन्होंने इसमें सम्पूर्ण देश की प्रजा में सच्चा समभाव तथा उसके सम्बन्ध में सच्ची समझ कैसे हासिल की जा सकती है, इस बारे में अत्यन्त ही गम्भीर एवं तलस्पर्शी विवेचना की गयी है। उसका एक अंश यहाँ प्रस्तुत है :

आदिवासी समाज के हितचिन्तक होने के भ्रम में उसे कैसी पीड़ा पहुँचायी जा सकती है, इस ओर ध्यान आकर्षित करते हुए डॉ. स्कारिया लिखते हैं :

> True, as with wild spaces, there was a celebration of wild people. In the form of primitivism, this celebration has been enormously influencial... primitivists have celebrated wildness to criticise western society, or to call for a recupenation by civilised man of the wildman within. But again, there is the apposition of wildness and civilization.
>
> (यह सही है कि [प्रारम्भ में पाश्चात्य नृवंश शास्त्रियों ने] मुक्त-प्राकृतिक क्षेत्रों की तरह ही, उन्मुक्त-प्राकृत वन्य जातियों के लिये भी भारी उत्साह दिखाया। आदिमवाद के रूप में यह उत्साहपूर्ण रुझान काफ़ी प्रभावपूर्ण बन गया। इन आदिम-विचारकों द्वारा पाश्चात्य संस्कृति की टीका करने के उद्देश्य से उन्मुक्त प्राकृत वन्य समाज के उत्सव मनाये गये अथवा इस औत्सरिकता का उद्देश्य यह भी हो सकता है कि सभ्य समाज अपने भीतर के उन्मुक्त आदिमानव को पुनः प्राप्त करना

चाहता हो। फिर भी इसमें उन्मुक्त आदिम और बद्ध-संस्कृत के मध्य का द्वन्द्व-विरोध तो बना ही हुआ है।)

जैसा कि डॉ. स्कारिया ने सूचित किया है कि इस तरह के लगाव में 'सेलिब्रेशन' के साथ 'अपोजिशन' का भाव भी प्रवेश कर जाता है। जिनको लेकर ये औत्सविक आयोजन चलाये जा रहे हैं, वे कुछ पराये हैं, भिन्न हैं, द्वन्द्वभाव की दृष्टि से हमसे विपरीत हैं, ऐसा एक भाव भी हम अनुभव करते हैं, इस बात की ओर डॉ. स्कारिया ने स्पष्ट रूप से संकेत किया है।

इसीलिए आगे वे कहते हैं :

> These celebrations of wildness may seen innocent, but they are not. They are part of 'an ethnocentrism thinking itself an anti ethnocentrism.' They are about nostalgia for wholeness, about going back to a natural state of affairs. They associate wildness with prehistory of civilization with the moment of this origin, with authenticity, and they yearn of unity with this moment. In many ways they are part of a modernist fable of liberation and loss, where civilization is east as a process of liberation from wildness, a liberation in which some thing was also lost.

> (उन्मुक्त-प्राकृतों का यह औत्सविक आयोजन निर्दोष लगता है, पर बात ऐसी नहीं है। 'स्वयं को वंशवाद विरोधी मानने वाले वंशवाद' का यह भाग है। यह औत्सविकता समग्रता के लिये अतीत प्रीति विषयक है, 'असली प्राकृतिक' जीवन व्यवस्था की ओर पुनः लौटने के बारे में है। इस तरह के उत्सव उन्मुक्त प्राकृत को संस्कृति के प्रागैतिहास के साथ जोड़ते हैं; प्रारम्भिक क्षणों से संलग्न करते हैं; [एक प्रकार की] असलियत से सम्बद्ध करते हैं; और ये [उत्सवों के आयोजन करने वाले विचारक] इन [आरम्भिक] क्षणों के साथ तादात्म्य की लालसा पाले होते हैं। कई बार ये [उत्सव] आधुनिकता से अलग होने और खो देने की बोधकथा का एक भाग बनकर रह जाते हैं, उस बोधकथा में संस्कृति का अर्थ 'प्राकृत अवस्था में से मुक्त होने की प्रक्रिया' होता है, एक ऐसी मुक्ति-प्रक्रिया जिसके दौरान खोना [भी] पड़ा हो।)

जैसा कि डॉ. स्कारिया कहते हैं, उस तरह, आदिमों से जुड़े ये उत्सव पहली दृष्टि में तो सच्चे स्नहोत्सव सदृश्य लगते हैं, परन्तु ध्यान से देखने पर ये आदिम को, वन्यता को, और प्राकृतपन को भारी हृदय से बिदा करने वाले

बन जाया करते हैं। 'वाइल्डनेस' और 'सिविलाइजेशन', प्रकृति एवं संस्कृति इन दोनों का सम्बन्ध तो इन आदिमों के उत्सवों में भी विरोध का ही लगता है। प्राकृतता का यह स्वीकार इस पर होने वाले सीधे प्रहार से भी बदतर है।

इसीलिए तो—

> Radical scolars having now learn to be suspicious of nostalgia for origins or authencity, are suspicious of ascrisptions of wildness or claims of them.
>
> (आरम्भिक बिन्दुओं अथवा असलियत के लिये अतीत प्रीति के सम्बन्ध में सजग रहने का पाठ अब पढ़े होने से, मूलगामी विद्वान उन्मुक्त-प्राकृतपन के आरोपण अथवा इस सन्दर्भ में किये जाने वाले दावों को संदेह की दृष्टि से देखने लगे हैं।)

डॉ. स्कारिया ऐसी किसी भी बात को पूरी तरह अस्वीकार करते हैं, जो डाँग की प्रजा के साम्राज्यवादी राज्यसत्ता के विरुद्ध किये गये विद्रोह को आदिमता, प्राकृतता, वन्यता और वाइल्डनेस से जोड़ती है।

काव्य-भाषा को भी आज जो इतिहास-सम्प्रज्ञ विद्रोह करना है, उसका स्वरूप वह इस चर्चा के माध्यम से समझ सकती है। आज के कुछेक तथाकथित विचारक काव्य-भाषा का सम्बन्ध नोस्टाल्जिया, असलियत और आरम्भिक बिन्दु के साथ जोड़ने की कोशिशें करते हैं। उनकी ये कोशिशें कविता के लिये तथा उसके उन कार्यों के लिये विघातक सिद्ध होती हैं, जो उसे आज के ऐतिहासिक समय में करने हैं।

घ

इस सन्दर्भ में चन्द्रशेखर कम्बार की एक कृति का सहज ही स्मरण हो आता है। लोक कथा का एक राक्षस जब अपने कथाकल्प (Fiction) को खो बैठता है और एक अलग ही कथन विश्व में पहुँच जाता है तब उसे किस तरह के संकटों का अनुभव होता है, यह बात इस कृति में कही गयी है। हमें इसमें यह अनुभव करने को भी मिलता है कि पूर्व आधुनिक (Pre-modern) आधुनिक (Modern) तथा उत्तर आधुनिक (Post Modern) कथन विश्व की किस तरह की सहोपस्थिति में हम जी रहे हैं। कृति ये है :

The Fiend of The Folktales

Here under the tree,
the fiend of our Indian folktales often slept,
'roaring laughter' was his name!
his laughter was not crude or bad, though.
his story has no biginning, has no end,
now he has no likes or dislikes.
The seven seas have dried up,
the forests on seven hills are razed,
no mysterious castle or cage with a parrot,
not even a handful of berries to devour,
no one tells the tale
the fiend needs no more
the tremendous makeup or his fiend's costume
needs no more to steal the princes,
the hero bothers him no more.

gets up in the morning
brushes his fangs
takes a dip in the pond
adorns his horns with jasmine
and then, till the next day sits quietly
having nothing particular to do.
his story has faded out
and that worries his heart.
now he belongs to a different realm
and we to another province.
between the two much water has flown in the river.
we can no more make him even grin.

boardering on his realm
sprawls the snaky civilized world.
varieties of souls are bought and sold
the bulls and the bears of the market
take out an endless procession
headed by useless numskulls.
the robot seems for better than the fiend.
the fiend can't jump the skies,
can't conduct star wars,

can't rape the souls,
can't provoke the perversity.
the fiend was afterall, alive like you and me.
teased the princess when the storyteller asked him,
was a model to propagate the idea of justice
and lied low till the story was told again.
that was his way of life.

the other day, in a story told by americans,

it seems, there was a furious battle between
him and the robot.
the robot beat the fiend black and blue
and the fiend ran away to cover
and hid himself in the folktale.
the folk didn't let him alone.
dragged him out, made a beautiful frame,
displayed him
on the walls of the museum.

now he looks no more at the robot,
or even at the children, for he says
the children afterall
are the brood of the robot;
aren't they?

लोक कथा का राक्षस

यहीं पर वह, इस वृक्ष के नीचे
अपनी भारतीय लोक कथाओं का राक्षस बहुत बार सोने को आता।
'अटहासजी' उसका नाम,
पर उसके हँसने की आवाज़ अशिष्ट या बुरी न थी, थोड़ी भी,
उसकी वार्ता का न आरम्भ था न अन्त
उसकी ज़्यादा पसन्दगी-नापसन्दगी भी नहीं थी।

सात सागर अब सूख गये हैं।
सप्त पर्वतों पर के वन अब तो कट चुके हैं।

एक भी बचा नहीं रहस्य-क़िला, न कहीं कोई तोता बन्द है पिंजरे में
अरे, निगल जाने को मुट्ठी भर झड़बेरी के बेर भी बचे नहीं
वार्ता कहने वाला कोई मिलता नहीं अब;
इसलिए अब राक्षस को भी चौंकाने वाला मेकअप करने या
भेस बनाना नहीं रहा
राजकुमारी को उठा ले जाना भी नहीं रहा
हीरो भी अब उसका पीछा नहीं करता।

वह तो सुबह होने पर उठता है
भाले जैसे अपने दाँतों पर ब्रश फेरता है
तालाब पर जाकर एक-दो डुबकियाँ लगाता है,
अपने सींगों पर जास्मिन के फूल सजाता है,
और फिर पूरा दिन शान्ति से बैठा रहता है,
विशेष कुछ करना होता नहीं है।

उसकी तो वार्ता भी भुलाती जाती है
और यही चिन्ता उसे मन में सालती है।
अब वह एक अलग ही इलाक़े का निवासी बन गया है,
और हम एक अलग इलाक़े के।

दोनों के बीच नदी में बहुत पानी बह चुका है।
हम तो उसे ज़रा-सी हँसी तक हँसा नहीं सकते

उसकी दुनिया की हद से सटकर
सर्पवत् बल खाती सभ्य दुनिया पसरी पड़ी है।
विविध जाति के जीवों की वहाँ ख़रीद-फरोख़्त होती है
साँड और रीछ, बाज़ार के
लम्बे-लम्बे जुलूस निकालते हैं, निरे मूर्खों को आगे रखकर।
राक्षस से तो रोबोट लाख दर्जा अच्छा लगता है
राक्षस न तो आकाश के उस पार छलाँग लगा सकता,
न स्टारवॉर्स लड़ सकता,
न आत्मा का रेप कर सकता,
न उत्तेजित कर सकता विकृत काम को!
राक्षस, आख़िरकार तो आपकी-मेरी तरह एक जीवित जीव था।

वार्ताकार हुक्म दे तो राजकुमारी की छेड़छाड़ करता,
और हीरो जब उसे हराता तो धूल चाटता।
आदर्श न्याय के अचल विचार के प्रचार का उत्तम साधन था।
और फिर वह पड़ा रहता एक ओर, वार्ता पुनः कहीं जाती तब तक
यह थी उसकी ज़िन्दगी

किसी एक दिन, कहते हैं, इन अमेरिकनों ने जो वार्ता कही उसमें
घमासान लड़ाई हुई
अपने इस तथा रोबोट में
रोबोट ने राक्षस को मार-मारकर अधमरा कर दिया।
और राक्षस तो भागकर दुबक गया
और छुप गया लोकवार्ता के ढक्कन के नीचे।
पर लोग कहाँ उसे यों चैन लेने देते
खींचकर निकाला बाहर, एक सुन्दर-सी 'फ्रेम' बनायी उसके लिए
तथा प्रदर्शित किया उसे
संग्रहालय की भींतों पर।

अब हमारा यह राक्षसभाई
कभी भी उस रोबोट के सामने आँख उठाकर नहीं देखता,
अथवा बच्चों की ओर भी।
वह तो कहता है कि बच्चे भी तो अन्ततः
रोबोट की उपज हैं।
नहीं क्या?'

कम्बार की यह कविता एक तरह से हमें दलपतराम की उस 'फार्बस विलास' नामक कविता की याद दिला देती है। दोनों रचनाओं को पास-पास रखकर देखने पर समझ में आता है कि जिस तरह संस्कृत एक मृतभाषा हो गयी उसी तरह बोलियाँ भी हो गयी हैं! आज हम मानो कि भाषापरक मरणोत्तर स्थिति में, एक निपट तोतली दुनिया में जी रहे हैं। ऐसा नहीं है कि इसमें चतुर सुजान नहीं रहते हैं। फार्बस साहब के निकट के पुराने 'राज' कवि राज्यसत्ता का धनाश्रय पाने तथा वर्षाशन लेने के लिये उपनिवेशवादी सत्ता के इशारे से संस्कृत को मृतभाषा घोषित कर देते थे। तो आज अनुउपनिवेशवादी राज्यसत्ताओं के फ़ाउण्डेशन से ग्रांट प्राप्त करने, नये 'लोक' कवि और

'लोक' विधा के निष्णात बोलियों के एक बेहूदे मरणोत्तर अस्तित्व को पुरानी वस्तु की तरह बाज़ार में रखने लगे हैं। सब कुछ को पण्य मानने वाले पणि, तो हर वस्तु की बोली लगाते हैं (वधुं पण्य गणता पणिओ, हर चीज़ की बोली बोले।')

राज्यसत्ता (देशी हो या विदेशी) जब पराई प्रजा पर अपनी पकड़ जमाना चाहती है तो हमेशा उसका यह प्रयत्न रहता है कि उस प्रजा के अधिकाधिक भाषिक स्तरों को नियन्त्रित किया जाय। इसलिए उपनिवेशवादी अथवा उपनिवेशोत्तरवादी सत्ताएँ संस्कृत के कृत्रिम मरण का अथवा तो बोलियों के नक़ली जन्म के महाभोज का आयोजन करती रहती हैं। इस महाभोज में माल-मलीदा उड़ाने के लिये जाने वाले 'राज' कवि, 'लोक' कवि और लोक साहित्यविद् प्रत्येक समाज में मिल ही जाते हैं। ये भोजनभट्ट जिस-तिस समाज की स्व-रक्षण की लड़ाई के वक़्त पहली पंक्ति में और फिर पाँचवीं कतार में खड़े मिलते हैं।

सच्ची काव्य-भाषा का मुक़ाबला राज्यसभा से होता है। और यह संघर्ष विषय-वस्तु के आधार पर नहीं, वाक्-क्रीड़ा के आधार पर होता है। आदिमों के जीवन को कितने बेहूदे रूप में सामग्री के रूप में बेचने के लिये निकाला जाता है, इसे हम कम्बार की इन पंक्तियों में देख सकते हैं—

> ...the folk did not let him alone, dragged him out, made a beautiful frame, displaced him on the wall of the museum.

और आज के अभिनव पणियों की लौकिक विधियों में पायी जाने वाली यह रस-रुचि अफ़सरशाही से कितनी ग्रस्त है इसे कुक-लिन के 'ceramony of Brotherhood' नामक काव्य-संग्रह से हमारे द्वारा पूर्व उद्धृत कविता में देख सकते हैं :

> ...strangers/palely examining / My nose and eyes / and cheekbons / and skin / for the signs of aboriginality.

यह जीवन कवियों द्वारा विक्रय करने को निकाली गयी कोई पुरानी वस्तु नहीं है। जीवन तल का हो या अतल का, शहर का हो या जनपद का, स्त्री का हो या पुरुष का, कवि के लिये कभी भी कच्चा माल या सामग्री नहीं है, पण्य नहीं है। कवि के लिये जीवन क्रीड़ा है। इस क्रीड़ा की अ-कुण्ठा हेतु कवि अन्य कुछ भी खोने, दूसरा कोई भी ख़तरा मोल लेने तथा कोई भी

लड़ाई लड़ने को तैयार होता है। यह क्रीड़ा करने का, जीवन के इस खेल में खेलने का तथा अस्तित्व में तल्लीन हो जाने का कवि का साधन, एकमात्र साधन उसकी वाणी होती है। वह इस वाणी के अनेक-अनेक स्तरों को स्वायत्त रखने तथा उसे राज्य, धर्म, धन-विचारधारा वग़ैरह से मुक्त रखने के लिये वह सतत मथता होता है! इस मन्थन का दूसरा नाम है कृतिरचना।

संस्कृत हो अथवा बोलियाँ, सरकार अथवा परकीय सत्ता इनके मरण का या नक़ली जन्म का महाभोज आयोजित करती रहे और उसमें माल-मलीदा उड़ाने के लिये पहुँचने वालों को राजकवि, लोककवि अथवा बोलीकवि कुछ भी कह लो—इन तीनों में से एक भी, उस 'कवि' शब्द के बिना किसी विशेषण वाले 'कवि' शब्द के लायक नहीं हो सकता / बन सकता।

सत्ता का अतिरेकपूर्ण हस्तक्षेप करने वाले केन्द्र बिन्दु के साथ निरन्तर संघर्ष, जहाँ यह संघर्ष चल रहा है उस स्थल के अनेक प्रवेश-द्वारों की जानकारी एवं इस विद्रोह रूप क्रीड़ा की बहुकेन्द्रीयता का स्वीकार—काव्य-भाषा के तीन प्रकृतिजन्य चिह्न हैं! फिर यह भाषा साक्षरों की हो अथवा निरक्षरों की, छपी हुई हो अथवा लिखी-बोली जाती हो।

हमारी भाषा में अतीत प्रीति के बहुतेरे बाल्यकाव्य लिखे गये हैं। ग्राम प्रीति और अतीत प्रीति के इस घोल में केवल नगर निवासी लेखक ही घुले हों, यह बात नहीं है, इस तीख़े घोल में साहित्य स्वरूप में भी गल गये हैं। यह तय करना कठिन हो जाता है कि पाठक के सामने पड़े पृष्ठ पर छपी हुई कृति काव्य है कि निबन्ध है, कि चरित्र चित्रण है या फिर अख़बार का कोई कॉलम है। इसलिए जब कोई शासक की शान से कहता है—'यही सर्जकता है' तो उसे कहने देना पड़ता है। चन्द्रशेखर कम्बार की इस कृति में, अनुवाद पर से भी, हम देख सकते हैं कि कैसे 'इनडायरेक्शन' से काव्य-भाषा में मुग्धावबोध की भाषा का विनियोग होता है। 'His story has faded out and that worries his heart'—इस पंक्ति को व्यावहारिक भाषा में सुनते ही इसमें हम यथार्थ का सीधा प्रतिनिधित्व देख सकते हैं। 'अब समाज में उस व्यक्ति का महत्त्व कम हो गया है, इसे लेकर उसके मन में उद्वेग पैदा होता है', ऐसा 'Mimetic' स्तर पर का अर्थ होता है इसका। पर कम्बार की कविता की यह पंक्ति कैसी अलग लगती है। 'Story' यह शब्द यहाँ कई तरह से, रिफातेर के अनुसार, 'threatens the literary representation of reality.' राक्षस की कथा का महत्त्व कम हो गया, इसलिए राक्षस को उद्वेग होता है, जब ऐसा अर्थ लगाया जाता है, तब भावक के मन में प्रश्न होता है कि समाज में कथा का महत्त्व घट जाने पर सम्भव है कथाकार उद्वेग महसूस करता है, पर कथा के पात्र को कैसे उद्वेग होगा? कथा के राक्षस को तो तभी उद्वेग हो सकता है जब कथा में ही उसके सन्दर्भ में कोई उद्वेगजनक घटना बने। कथा के बाहर आकार लेती घटना से कथा के अन्तर्गत पात्र को कैसे उद्वेग हो सकता है?

और यह प्रश्न होते ही भावक यह अनुमित करने लगता है कि यहाँ कथागत यथार्थ और कथा बाह्य यथार्थ जैसे सरल भेदीकरण के लिये कोई जगह नहीं है। कथा के सबनेरेटिव की संरचना, यथार्थ के मास्टर नेरेटिव के अनुकरण के रूप में ही होती है यह, उस 'कवि, तुझे क्यों पसन्द है?' वाली क्रमिकता के काव्य-शास्त्र की आन हमेशा नहीं चलती। कथा का यथार्थ एवं यह कथा जिस समाज में कही जाती है, उसका यथार्थ प्रतिबिम्ब-बिम्ब के सम्बन्ध से नहीं, पर पारस्परिक प्रतिबिम्ब के सम्बन्ध से जुड़ा है। समाज में कथा का महत्त्व घटने से जिस कथागत पात्र का उद्वेग होता है, उस पात्र को 'लोकेट' कहाँ करेंगे? कम्बार की कविता में जो लोक कथा का राक्षस है उसका लोकेशन जैसा भीतर है, वैसा बाहर भी है। कथा की विचारधारा रूपी केन्द्र का नहीं, परन्तु कथा की संरचना के घटक का स्थलान्तर, इस संरचना के भीतरी क्षेत्र में से, इस संरचना की बाहरी सीमाओं के क्षेत्र में होता है। लोक कथा का राक्षस काव्य-भाषा की शक्ति के बल जब लोक कथा विश्व में से आधुनिक काव्य-विश्व और इस आधुनिक काव्य-विश्व में से वर्तमान सामाजिक यथार्थ की दुनिया में व्यापनशील बनता है। यह काव्य-भाषा का वैशिष्ट्य होता है।

च

कन्नड़ अथवा गुजराती जैसी अर्वाचीन भारतीय भाषा के लिए, काव्य-भाषा का प्रश्न जो विविध सन्दर्भों से जुड़ा है, उनमें से एक ऐतिहासिक सन्दर्भ भी है। चालुक्य वंश की सत्ता समाप्त होने से पहले गुजराती भाषा में साहित्य रचना का उपक्रम शुरू हो चुका था। उसके बाद आक्रामक अथवा आक्रान्त राजसत्ताओं, धर्मसत्ताओं एवं अर्थसत्ताओं के सामने विशेष प्रकार के विद्रोह

हुए। तेरहवीं से बीसवीं शती के इन आठ सौ वर्ष के विविध ऐतिहासिक पड़ावों में गुजराती भाषा को स्वयं ही अपने को सक्षम बनाना पड़ा था ताकि वह कुछ-न-कुछ कर सके। नरसिंह मेहता को आदिकवि कहने के पीछे एक कारण यह भी है कि उसकी कविता में पहली बार पूरी तरह गुजराती भाषा की यह क्षमता व्यक्त हुई है। उसने हार, हुंडी, विवाह एवं दीवट के प्रसंग-बिम्बों के विविध साहित्य रूपों के माध्यम से राज्यसत्ता, अर्थसत्ता, समाजसत्ता तथा धर्मसत्ता के साथ हुई व्यापक टकराहटों के वर्बल आइकन्सों की रचना की है। इस तरह अपनी काव्य-सृष्टि में उसने स्वयं को प्राप्त हुए ऐतिहासिक विश्व के विरुद्ध अपनी कविता के रूप में एक विकल्प-विश्व को आकार दे दिया था। सरस्वतीचन्द्र के चार भाग का एक पाठ / वाचन गोवर्धन राम को, नरसिंह तथा गांधी के साथ जोड़ने वाली एक कड़ी माना जा सकता है। गुजराती भाषा इन वैकल्पिक-विश्वों की वैश्विक भाषा है, विकल्प भाषा है—यह उसकी पहली मूलभूत पहचान है। कुक-लिन तथा केशरीसिंह तक के सर्जकों की प्रक्रिया तो यही है, परिणाम भले ही कम-ज़्यादा हो सकते हैं।

नरसिंह से गांधी तक अपने को क्रमशः सक्षम बनाने वाली गुजराती साहित्य की सर्जनात्मक भाषा, बल्कि काव्य-भाषा विद्रोह एवं व्यवस्था के एक विशिष्ट सम्बन्ध को विकसित करती चली है। विद्रोहात्मकता—इस काव्य-भाषा की मूलभूत पहचान है। एक ऐसी विद्रोहात्मकता जो हमेशा उस शासक को विचलित करने की फ़िराक़ में रहती है जो अतिरिक्त हस्तक्षेप का केन्द्र बिन्दु है। गुजरात की प्रजा ने नरसिंह दिवेदिया, असाईत अखा, प्रेमानन्द, दयाराम आदि मध्यकालीन कवियों को विद्रोही कवियों के रूप में देखा है। नर्मद में इसका रोमांटिक तथा गांधी में यह भाषा अपने पूर्ण रूप में प्रकट हुई है। काव्य-भाषा, विद्रोही कवि-व्यक्ति की मातृभाषा बनी है।

पर गुजराती काव्य-भाषा कोई स्थानीय बोली नहीं है। यह बोली जाने वाली, लिखी जाने वाली और छापी जाने वाली व्यापक भाषा है। इसमें अवश्य ही स्थानीय/क्षेत्रीय रूप-लहज़ा सुरक्षित है, फिर भी यह समूचे गुजरात प्रदेश में, बल्कि गुजराती भाषी समाजों के प्रदेशों में व्यापक रूप से समझी जाने वाली भाषा है। इस दृष्टि से यह प्लेस-स्पेसिफिक, साथ ही प्लेस-फ्री है। वीरक्षेत्र वड़ोदरा के निवासी प्रेमानन्द का अपने उदर पोषण के लिये सूरत तक ही नहीं, ठेठ नन्दुरवार (आज के महाराष्ट्र) तक जाकर आख्यानों की प्रस्तुतियाँ

करना तथा रसिक श्रोताओं से पारिश्रमिक पाना, इस बात का द्योतक है कि प्रेमानन्द की काव्य-भाषा तत्त्वतः संस्कृत भाषा की तरह बोली क्षेत्र की तुलना में बहुत अधिक विशाल, भाषा क्षेत्र में सभी के लिये बोधगम्य काव्य-भाषा थी। इधर नरसिंह पूर्व के जैन मुनियों से आरम्भ करके गांधी के परवर्ती समाजोन्मुखता का आग्रह रखने वाले तमाम कवियों ने, संस्कृत-प्राकृत-अपभ्रंश परम्परा से पूरी समझ के साथ परिश्रमपूर्वक काव्य-रचना के छन्द, अलंकार, काव्य प्रकार, कवि समय आदि अनेक साधन प्राप्त किये हैं। इस प्रकार विद्रोह के साथ-साथ सातत्य की साधना, गुजराती काव्य-भाषा की तीसरी मूलभूत पहचान है।

गुजरात की काव्य-भाषा की पहचान के ये तीन लक्षण माने जाते हैं। ऊपर दर्शाये गये क्रम को थोड़ा बदलकर हम कह सकते हैं कि (१) इतिहास द्वारा लादे गये एक स्थगित तथा बोझिल जगत के अतिवादी हस्तक्षेप के शासक-केन्द्र को विचलित करने का कार्य नरसिंह से गांधी तक के सर्जकों की भाषा, पहला लक्षण है। (२) इस विचलन के बाद एक नया वैकल्पिक विश्व 'वर्बल आइकन' के रूप में कथानकों अथवा बिम्बों द्वारा रचने का काम गुजरात की 'काव्य-भाषा' का दूसरा लक्षण है। इसे हम असाईत, प्रेमानन्द और गोवर्धनराम के सृजन कार्य में देख पाते हैं। (३) इन तीन कार्यों के साथ गुजरात प्रदेश से भी अधिक व्यापक, यहाँ जो संस्कृत, प्राकृत एवं अपभ्रंश साहित्य के सर्जन-भावन की सृष्टि रही है, उसके सातत्य को बनाये रखने का कार्य, वज्रसेन से 'कान्त', ठाकोर जैसे कवियों ने अपने सर्जन के द्वारा किया है। गुजरात की काव्य-भाषा का यह तीसरा लक्षण है। प्रादेशिक भाषिक लहज़ों के साथ अखिल भारतीय काव्य लिपि से साम्य साधने का कार्य भारत की प्रत्येक अर्वाचीन काव्य-भाषा ने किया है। यही कारण है कि उमाशंकर की कविता शान्ति निकेतन में या काजी नजरुल इस्लाम की कविता वड़ोदरा में परायी अथवा परकीय नहीं लगती। हमारी काव्य-भाषा गुजराती, लहज़ेदार भारतीय काव्य-भाषा है। इसका इतिहास, भारतीय काव्य-भाषा का गुजरात द्वारा गढ़ा गया विवर्त है।

और अभी तो हमारा इतिहास पूरा नहीं हुआ है, बल्कि वेगपूर्वक आगे बढ़ रहा है। यह इतिहास नयी-नयी स्थगितताओं के द्वारा हमारी काव्य-भाषा को चुनौतियाँ देता तथा इस भाषा के नये-नये विकल्प-विश्वों की टकराहटों से विचलित, गतिशील बनता हुआ इतिहास है एवं इसका भूगोल गुजरात की

राजनीतिक सरहदों के पार कर 'आदि खण्ड' अफ्रीका से 'नये खण्ड' अमेरिका तक फैला हुआ है।

भारत के अन्य प्रदेशों की भाषायी रचना एवं विकास की प्रक्रिया तथा हमारी मातृभाषा की प्रक्रिया में कोई असमानता नहीं है। पिछले आठ-नौ शतक से समूचे संस्कृति प्रदेश में (भारत, इण्डिया, हिन्दोस्तां, साउथ एशिया में) अनेक काव्य-भाषाओं के उद्भव तथा संचरण की गतिविधियाँ चल रही हैं। इन तमाम गतिविधियों के मध्य एक गहरी पारस्परिकता है। कुछ ऐसा कहते हैं कि ये अर्वाचीन भारतीय भाषाएँ, संस्कृत, प्राकृत एवं अपभ्रंश की काव्य-भाषा त्रयी के विरोध में, इसके साथ की अनबन के रूप में साहित्य रचना करती हैं। यह सिद्धान्त (थियरी) आकर्षक हो सकती है, नव्य-उपनिवेशवादी (नियो-कोलोनियल) सत्ताओं के अनुकूल हो सकती है, परन्तु अर्वाचीन भारतीय भाषाओं में हुई काव्य-रचना के इतिहास की वास्तविकताओं (फेक्ट्स) के साथ कहीं भी इसका तालमेल नहीं बैठता। काव्य-वस्तु, काव्य-प्रकार तथा छन्दालंकार—तीनों के सन्दर्भ में (शिएटिक, पोएटिक्स और प्रोजडी तीनों दृष्टियों से) अर्वाचीन भारतीय भाषाओं में हुए साहित्य-रचना के आरम्भ-विकास का, संस्कृत, प्राकृत और अपभ्रंश में रचित साहित्य रचना की इतिहास-परम्परा के साथ विच्छेद-सम्बन्ध ढूँढ़े नहीं मिलता। जो भी सम्बन्ध है, पारस्परिकता का है, विवर्त निर्माण है। बारहवीं-तेरहवीं शताब्दी की पश्च्यात्वर्ती काव्य-रचनाओं की प्रयुक्तियों ने अर्वाचीन भारतीय भाषाओं की काव्य-रचना प्रयुक्तियों को कई तरह से विवर्तित किया है। जयदेव का 'गीतगोविन्द' इसका एक उदाहरण है तथा प्रबन्ध रासो तथा आख्यान इन तीनों प्रकार सूचक संज्ञाओं के मध्य की प्रवाहशीलता इसका दूसरा उदाहरण है। विवर्त निर्माण भारतीय प्राचीन भाषात्रयी तथा अर्वाचीन भाषाओं का साझा काम है। इसमें दूसरी दो परकीय भाषाएँ फ़ारसी एवं अँग्रेज़ी, एक मार्गी सम्बन्ध से आ कर जुड़ गयीं और चूँकि यह सम्बन्ध एकतरफ़ा होने से काव्य-भाषा सन्दर्भ में मर्यादित रहा। बोलियों की केवल स्थानबद्धता में से जिस-तिस प्रदेश के लिये अर्वाचीन भारतीय भाषाओं ने उस प्रदेश तक सीमित स्थान-मुक्तता, उस प्रदेश तक सीमित वैश्विकता का निर्माण कर लिया। मेहसाणा में भोजा भगत के पदों का समझा जाना, आहवास्थित कॉलेज में 'मानवीनी भवाई' (उपन्यास) का पढ़ाया जाना, सणोसरा की लोकभारती में स्वामी आनन्द की 'मोनजी रुदर' नामक कथा का आनन्द लिया जाना—यह गुजराती काव्य-भाषा (साहित्य-भाषा)—की प्रादेशिक

वैश्विकता के प्रमाण भी हैं और उसका प्रताप भी।

इस तरह व्यवस्था, विद्रोह, विवर्त तथा वैकल्पिक वैश्विकता की रचना—ये चारों क्षमताएँ गुजराती भाषा की, अन्य प्रादेशिक काव्य-भाषाओं एवं भारतीय काव्य-भाषा की व्यस्त रूप में नहीं बल्कि समस्त रूप में, ख़ुद-ब-ख़ुद पहचान बन पायी है। इस काव्य-भाषा ने विरोध एवं सामान्य के बीच, प्रादेशिक एवं वैश्विक के बीच, बोलने तथा लिखने के बीच एक गतिशील तथा संस्कृति-सभान सम्बन्ध रचा और उसे सुरक्षित रखा है। अखा का विलक्षण, बल्कि गुर्जर लक्षण विशेष रूपक, याद रखें कि आज और आने वाले कल को हमें कलदार के साथ रेज़गारी की भी ज़रूरत रहने वाली है एवं एक के बग़ैर दूसरी की तथा दूसरी के बग़ैर एक का अस्तित्व ना-मुमकिन है; क्योंकि दोनों एक ही आभ्यन्तरिक सम्पत्ति के साझे अर्थतन्त्र की उपज हैं।

गुजराती से अनुवाद : बंसीधर शर्मा

आलेख का रचना-वर्ष : २००२

काव्य में सौन्दर्य और सौन्दर्य का काव्य

१

काव्य सौन्दर्यमय न हो ऐसा कभी हो सकता है ? इसीलिए काव्य सौन्दर्य का हो या न हो, कुछ अन्तर नहीं पड़ता।

सौन्दर्य का ही काव्य करने की जिसे आदत पड़ी, वह व्यक्ति समाज या संस्कृति के काव्य में सौन्दर्य का निर्माण करने का कौशल शायद खो देगा।

कविता सदैव आभ्यन्तर सुन्दर होती है और परम आनन्दप्रभ भी होती है। फिर भी यह सदा आनन्द की कविता हो या सुन्दरता की हो ऐसा नहीं है। कविता वेदना की हो और विरूपता की भी। 'अवर स्वीटेस्ट सोन्ज़ आर दोज देट टेल ऑफ़ द सेडेस्ट थोट।'

कविता, सुन्दरता और आनन्द का सम्बन्ध अहमदाबाद की स्कूल ऑफ़ बिजनेस मैनेजमेंट में पढ़ाया जा सके ऐसा नहीं है। बाज़ार में बेचने के लिये जो काव्याभास हैं, वे तो अलग!

कवि बोदलेर दुरित के पुष्पों की बात करता है : पुष्प 'गुड' या शुभ के ही नहीं, 'इविल' या दुरित के भी हों; इस शक्यता का स्वीकार करना चाहिए। ये 'अच्छा/बुरा', 'शुभ/अशुभ', 'श्याम/श्वेत' जैसी आन्तर-विरोधनिर्भर व्यवस्था में जगत और जीवन को समझने की आदी (और बहुत काली करतूतें कर चुकी) पाश्चात्य संस्कृति की रूढ़िचुस्त धारा के लिये गम्भीर कठिनाइयाँ पैदा कर सकती है।

लेकिन औपनिषदिक, बौद्ध और जैन दर्शनों से पोषित भारतीय विद्या ने भारतीय सौन्दर्यविचार को उन सम्भावना की थाह लेने की एक अलग

ताक़त दी है। जीवन की और जगत की तमाम (शुभाशुभ) सम्भावनाओं से सौन्दर्य और साहित्य का सर्जन हो सकता है, ऐसा भारतीय कला-विचार मानता है। इन सम्भावनाओं को अन्य किसी नाम से नहीं किन्तु 'स्थायीभाव' नाम से पहचानना, यह स्वयं ही कैसी सूझसमझपूर्ण रीत है! रति, हास और शोक तथा क्रोध, उत्साह, भय, जुगुप्सा और विस्मय ये आठ स्थायीभाव बताये गये हैं। हम सभी के चित्त में ये आठों कायमी सम्भावनाएँ निहित है। इन प्रत्येक को उत्तेजित कर व्यवहार की दुनिय हमें सुख या दुःख के अनुभव कराती रहती हैं। लेकिन इन प्रत्येक की सम्भावनाओं को कविता अलग ही ढंग विकसित करती है। भारतीय कला-विचार मानता है कि इनमें से किसी भी स्थायीभाव को कविता रसानुभव का केवल आनन्दमय रूप दे सकती है।

अतः, उन्नीसवीं शती के फ्रेंच कवि बोदलेर की बात सत्रहवीं शती के भारतीय कवि जगन्नाथ (जो उदारचित्त दारा शिकोह के मित्र थे, तथा इस कारण आन्तरविरोधनिर्भर और औरंगजेब की अवकृपा के पात्र थे, उनके) लिये तो शताब्दियों से स्वीकृत फिर भी अभिनव रूप से चर्चा रूप बात मानी जायगी।

कविता जैसे आनन्द और सौन्दर्य की वैसे वेदना और विरूपता की, जैसे मांगल्य की वैसे दुरितता की, जैसे रति, हास, उल्लास और विस्मय की वैसे शोक, क्रोध, भय और जुगुप्सा की भी हो सकती है। मूर्ति की कला पत्थर पर नहीं, छेनी पर आधारित कला है; कौन कलाविद् यह नहीं जानता है?

राजा या श्रेष्ठी कितना उत्तम संगेमरमर ख़रीदकर शिल्पी के पास रखता है, यह इतनी महत्त्वपूर्ण बात नहीं है। उससे अनेक गुनी निर्णायक बात इसे शिल्पी किस तरह कुरेदता है, यह है। कविता कोई तैयार माल का रिपेकेजिंग नहीं है, उस माल को चाहे कोई भी नाम दो, फिर भी।

सौन्दर्य शायद ही मुखर होता है। नखरे से यह इस तरह अलग होता है, जैसे काव्याभास से कविता। सौन्दर्य न तो स्वयं ज़्यादा बोलता है और न तो उसके भावक को ज़्यादा बोलने देता है। प्रशान्त मौन के दो कौंस के बीच थोड़े किन्तु एक सम्पूर्ण वाक्य बनाने वाले शब्द अर्थात् सौन्दर्य। दो बाहु के बीच कुछ झिलमिल कहती काया। पण्यांगना के पास यह नहीं होता। पण्य साहित्य के पास भी नहीं होता। सौन्दर्य के मौन को, सौन्दर्य की अभिव्यक्ति

और अनुभूति के मौन को यथावत् रहने देने में ही 'काव्य' नहीं है क्या?

अतः 'सौन्दर्य का काव्य' यह बात मुझे ख़तरनाक लगती है। षष्ठी कारक का बुभुक्षित प्रत्यय जब सौन्दर्य के आसपास घूमता रहता है तब वेदना और विरूपता, व्यापार और युद्ध, अंगतता का ह्रास और अतिप्रागट्य का स्फोट होता है, ऐसा मानव इतिहास में बार-बार हुआ है और आज होता रहता है। षष्ठी कारक के प्रत्यय, का-की-के—यद्यपि 'सम्बन्धसूचक' हैं लेकिन 'अधिकारकारी', 'पजेसिव' कब होंगे, इसके बारे में मानव इतिहास कोई भरोसा नहीं देता। नारी का ही नहीं, धन का, सत्ता का, धर्म का सौन्दर्य अनुकम्पाविहीन आचरण का प्रेरक होता हो, ऐसा मानव-जाति ने अनेक बार देखा है, सहन किया है।

अतः एक अलग कारण से भी 'सौन्दर्य का काव्य' यह ख़याल मुझे विशेष पसन्द नहीं है। यह ख़याल ताज़गी के बजाय तरर्ज़ुमा के साथ सम्बन्धित हो ऐसा मुझे लगता है। सौन्दर्य कहीं निर्मित हो चुका हो, किसी व्यक्ति के रूप में, वस्तु के रूप में, भावना या विचार के रूप में, प्रकृति या परमतत्त्व के रूप में और तत्पश्चात् उसे शब्दों में रूपान्तरित करने का काम किसी के लिये बाक़ी हो, (रचे गये और अनुभूति पा चुके सौन्दर्य की अब शब्दों में कविता करनी हो) ऐसा यह खेल है। एक तैयार 'टेक्स्ट'—को जो संकेत-व्यवस्था के भीतर रची गयी है, उसमें से इसे बाहर निकालकर एक नयी संकेत-व्यवस्था (काव्यभाषा में) रख देने का काम तो तरर्ज़ुमा का काम हुआ, सर्जन का नहीं।

किसी भी भाषा में जब 'काव्य' और 'सौन्दर्य' इन दो शब्दों का अर्थ निश्चित हो जाय, तब समझ लेना चाहिए कि उस भाषा को बोलने वाला समाज इतना तो निर्बल हो गया है कि ठीक से बोल भी नहीं सकता। लेकिन जब तक किसी भाषा में इन दो शब्दों के अर्थ की चौकसी के बारे में गम्भीर चर्चा शुरू न हुई हो तो समझना कि उस भाषा को बोलने वाला समाज अभी ठीक से बोलना नहीं सीखा है। गुजराती समाज के कण्ठ में तो पक्व और प्रबल वाणी शोभा देती है।

यद्यपि इसमें दोष जितना किसी समाज का हो इससे विशेष तो इन दो

चीज़ों का है : सुन्दरता और कविता, दोनों चीज़ें कुछ विचित्र और वक्र (कहिए बाँकी) हैं। कृष्ण को, भारतीय कविता के उस अद्वितीय सौन्दर्य को, जिनकी सुन्दरता के काव्यों की रचना करते भारतभर के कवि थकते नहीं हैं, ऐसे कृष्ण को 'बाँके बिहारी' अन्यथा कहते होंगे?

सुन्दरता और कविता की यह बंकिमता, इस विचित्रता के बारे में एक विचित्र हक़ीक़त यह है कि किसी भी समाज में मनचाहा हड़प लेने की कुशलता रखने वालों से ये दोनों चीज़ें अचानक खो जाती हैं और खो देने की निर्बलता वाले अदना लोगों को ये दोनों चीज़ें किसी भी समय अनायास मिल जाती हैं।

ऐसा कहना पड़ता है, यह हमारे समय की होमेरिक ट्रेजेडी है या व्यासोक्त महाकाव्य, यह निर्णय करना कठिन है। मानव-जाति की इन दो मूल्यवान विरासत को, सौन्दर्य को और साहित्य को, अपने अंकुश में रखने के लोभ में प्रगट अथवा अप्रगट अत्याचार करने वाले महानुभाव आज जगतभर के समाजों में राज्य, धर्म और अर्थकारण के क्षेत्र में मुखिया हैं। (चाहे परस्पर हिंसा करते हों) यह हक़ीक़त आज की ऐतिहासिक करुणान्तिका बनकर हमारे सामने आती है; और फिर भी खोई हुई सुन्दरता और कविता अपनेआप और अचानक (ज्ञानी कवि अखो कहता है : "आवी अचानक हरि परगट थियो" : हरि अचानक आकर प्रगट हुआ—कुछ ऐसा ही) सामान्य मनुष्य के सामने आकर अचानक मिल जाती है। (कब, कहाँ यह कहा न जाय इस तरह) उस सम्भावना में, उस क्षमता में अदने आदमी का, मानवमात्र का महाकाव्य है। जिसका अर्थ अभी तक निश्चित नहीं किया गया ऐसी (अब तक अनजान, अब तक अकल्पित) कविता और सुन्दरता के खातिर कुछ भी खो देने की, कोई भी साहस करने की एक अस्पष्ट फिर भी अचूक लगन मनुष्यमात्र के लहू में एकरस होती है—सिवाय कि लहू बिलकुल ठण्डा हो गया हो।

खो देने की, तबाह हो जाने की, खो जाने की क्षमता अदना आदमी में कितनी अचूक और महानुभावों में कितनी विरल होती है! 'सून शिखर ना घाट उपरथी / अगम अगोचर जडियुं रे राणाजी / मुंने राम रमकडुं जडियुं।' (सून शिखर के घाट परसे/ अगम अगोचर मिला रे राणा जी/ मुझे राम खिलौना मिला।) मीरांबाई यह कहती है, तब वह क्या कहती होगी? हमारी भूगोल में 'सून शिखर' कहाँ आया होगा? उस शिखर पर कोई

शिखर—परिषद सम्पन्न हो सकती है? सून शिखर के घाट पर ही जो मिल सके, यह 'खिलौना' कैसा होगा?—यह कविता, यह सुन्दरता?

किसके हाथ में खिलौना भी राम हो जाय? किसके हाथ में राम भी खिलौना हो जाय? सच्ची कविता ऐसे सवालों का उत्तर अपने ढंग से देगी।

कविवर प्रेमानन्द का 'नळाख्यान' ऐसे दो प्रकार के हाथ की बात अपने ढंग से करता है :

प्रेमानन्द की (और इसके पूर्व की) नळकथा में इन दोनों प्रकार के हाथ की कथा आती है। नळ-दमयन्ती राजपाट खोकर वन में भटकते थे। भूख से मारा नळराजा कोई सामान्य मच्छीमार की तरह तालाब के तट पर गया, जाल नहीं था इसलिए अपनी धोती निकालकर पानी में डाली, बड़ी मछली पकड़ी, हाथ में रखकर दमयन्ती के पास गया। 'दूसरी मछली पकड़ लाता हूँ, बाद में खायेंगे' कहकर वापस गया। दमयन्ती के हाथ 'अमृतस्रविया' थे, उसकी हथेली मृत-संजीवनी थी। दयमन्ती की हथेली को छूने से मछली सजीवन हुई। छटककर पानी में पड़ी और ग़ायब हो गयी। हाथ तो दोनों के; किन्तु कैसे अलग-अलग!

साहित्याधीशों के, संस्कृतिनियन्त्रकों के हाथ से धीवररूप नळराजा के हाथ। यद्यपि वे सुन्दर साहित्य-मत्स्य को अपने जाल में फँसा सकते हैं सही, लेकिन सेंक-खाने के लिये (कविता की लाज लूटने के बारे में कोई सज़ा देने वाला सख़्त क़ानून किसी देश में होगा?) इससे बिलकुल भिन्न सहृदय के, रसिकजन के हाथ, ये दमयन्ती के हाथ। छापखाने द्वारा काग़ज़ पर पीटे गये काले दाग़ उनके कोमल स्पर्श से सजीवन हो जाते हैं। सुरेश जोषी और निरंजन भगत जैसे कोई पाठक की नज़र पड़ने पर आधुनिक युग की फ्रेंच कविता और उसका परिवेश वर्तमान गुजरात में सजीवन हो उठे, इस घटना का आख्यान कौन गायेगा?

किसी समय एक सररियल प्रयोग कीजिए : 'कान्त' के 'पूर्वालाप' की पाँच प्रत लेकर किसी भी पाँच व्यक्तियों के हाथ में रख दीजिए। किसकी हथेली में ये पुस्तक जाल में फँसी मछली की तरह छटपटाती है? किसके

अमृत स्रवी हाथ का स्पर्श होने पर ये पुस्तक अपने आप एक पंछी बनकर उड़ जाती है? देखिए, और तत्पश्चात इस सररियल का अहवाल दीपक दोशी को लिख भेजिए।

सुन्दरता के सुनहरे मत्स्य जहाँ श्वास और सैर ले सकें ऐसे निर्मल जलाशय, कविता के मुक्त पंछी जहाँ स्वैरविहार कर सकें, ऐसे मुक्त-निर्भय आकाश हमारे आसपास बचे हैं?

२

उमाशंकर जोशी ने विगत शती के पूर्वार्ध के बाद प्रश्न किया था : कहाँ है कविता? इक्कीसवीं शती अपना पर्चा दिखाने लगी है, तब सवाल पैदा होता है : क्या है कविता?

स्वतन्त्र मनुष्य को हर युग में नये-नये सवाल होते हैं। उत्तर प्राप्त होते हैं, लेकिन ऐसा नहीं कि नये सवाल किसी को कभी न हो सकें। हमारे समय में स्वतन्त्र मनुष्य के प्रत्येक सवाल का कसकर जवाब का थोक उत्पादन सत्ता, धर्म और धन की भीमकाय फैक्टरियों में होता है। आज मनुष्य के समक्ष मानो इतना ही विकल्प है कि कौन-सी ब्राण्ड का माल ख़रीदा जाय। प्रत्येक ब्राण्ड लाइफ टाइम गारंटी देती है। माल बिगड़ा हुआ है, यह कहने वाले का लाइफ-टाइम पूरा करने की गारंटी। प्रत्येक अर्थ-धर्म-सत्ता-व्यवस्था का अपना अलग उत्तर है। अदना आदमी को इनमें से एक या दूसरे का स्वीकार करना है।—इस स्थिति में आज एकमात्र काव्य का सौन्दर्य शेष रहा है : आज की नयी कविता 'नन ऑफ़ द एबाव' 'आपको अपेक्षित हैं उन उत्तरों में से मुझे एक भी मंजूर नहीं है', यह कह सकने की शक्ति का सौन्दर्य है।

३

यह शक्ति कैसे विकसित की जा सकती है?

सौन्दर्य और काव्य, दोनों साहस के पर्याय हैं। 'कम्फर्ट जोन' में क़ैद

होकर बैठने वालों को नहीं, साहसपूर्ण और लम्बी सफ़र करने वालों को यह प्राप्त होता है, यह बात भारत के कवियों ने कई प्रकार से कही है!— 'रामायण' हो या 'महाभारत', 'किरातार्जुनीयम्' हो या 'मेघदूतम्', 'स्वप्नवासवदत्तम्' हो या 'वसुदेवहिंडी'—भारतीय कविता में आने वाला मनुष्य यात्रिक होता है। 'भोमिया बिना मारे भमवा 'ता डुंगरा' (बिना राहबर मुझे पहाड़ियाँ पर घूमना था।) बस यही है कवि की साधना / काव्य-शक्ति-साधना।

लेकिन सफ़र माने क्या?

ओवरसीज फ्लाइटों में शरीर को व्यवस्थित बिठा देना यह कोई यात्रा नहीं है। पुरानी प्रकृति से जो आगे निकल सके वह यात्री है। 'कम्फर्ट जोन' की सीमा लाँघकर जितने क़दम आगे बढ़ पाये, यही यात्रा के क़दम। नरसिंह, मीरां, नर्मद, गांधी : उनकी तरह यात्रा करनी चाहिए। साथ ही यह याद रखना चाहिए कि कविता किसी समाजसुधार के कॉंट्राक्टरों द्वारा रखा गया दैनिक रोज़दार मज़दूर नहीं है। कविता अर्थात् यही, सौन्दर्य अर्थात् यही, इस प्रकार की रूढ़ स्थगितता को हटाकर उनकी नित्य नयी सम्भावनाओं की थाह लेने का काम है, यह सच्ची यात्रा है, यह कैसे करनी चाहिए?

सुन्दरता क्या है और कविता क्या है, इसे बिलकुल नहीं समझने वाले शायद ही मिलेंगे, यदि मिलेंगे तो पहचान नहीं सकोगे। मयदानव ने पाण्डवों का महालय बनाया, उसमें स्थल को जल समझकर दुर्योधन ने पैर उठाया और जल को स्थल समझकर फिसल गया। यदि यह क्या है, उसका पक्का विश्वास हो गया तो, उस विश्वास के पिंजरे में क़ैद काव्यपंछी मालिक के इशारे और मेहरबानी पर कुहुकने लगेंगे। ऐसे मालिकों की कमी नहीं है। इससे सौन्दर्य की दशा बदतर होगी। इस प्रकार पकड़े गये सौन्दर्य के वन्य रूप प्राणीबाग में चक्कर काटकर आयुष्य पूरा करेंगे— अन्य सौन्दर्य इससे भी बदतर अन्य पिंजरों में जीवन समाप्त करेंगे।

४

सौन्दर्य? सौन्दर्य अर्थात् क्या, यह कौन बता सकता है? और कविता?

किसे कहते हैं कविता ?—उत्तर यदि मिल गया हो तो उत्तरों के साथ जी डालिए, पवित्र और सन्तुष्ट। उन दोनों की अपेक्षा छोड़कर। और सवाल शेष न रहे हों तो भी उन दो की अपेक्षा मत रखिए। प्रश्नोपनिषद एक ही ऐसा उपनिषद है, जो काव्य और सौन्दर्य के निकट किसी को ले जाता है।

जहाँ लाजवाब सवाल नहीं है, वहाँ मौत के बुलन्द दरवाज़े जैसे सुख-चैन होंगे, लेकिन जीवन के अन्तर्द्वार जैसी सुन्दरता या कविता नहीं होगी। अन्तर्द्वार के उस ओर छिपकर क्या खड़ा होगा ? तलवार या वरमाला ? प्रेम का पाने में असमर्थ कहेगा कि ये दोनों एक ही हैं ! प्रेम को पानेवाला भी कहेगा कि हाँ।

१९ मार्च, २०१७, समा, वडोदरा
'नवनीत समर्पण' सं. दीपक जोशी।

गुजराती से अनुवाद : तुलसीभाई पटेल

आलेख का रचना-वर्ष : २०१६

सहृदय भावक : अपेक्षापूर्ति एवं अपेक्षाभंग

तो सहृदय भावक किसे कहा जाय? चेक उपन्यासकार मिलान कुंदेरा की विलक्षण रचना 'The Book of Laughter and forgettingh' का आरम्भिक दृश्य देखें :

सन् १९४८ के फ़रवरी महीने में साम्यवादी नेता क्लेमेंट गोटवाल्ड नगर के पुराने चौक में एकत्रित हुई भीड़ को बहकाने वाला भाषण करने के लिये प्राग शहर के बारोक शैलीवाले महल के झरोखे में आ खड़े हुए। वह बोहेमिया प्रदेश के इतिहास को एक महान मोड़ प्रदान करने वाला क्षण था। हज़ार साल में एकाध-दो बार प्राप्त होने वाली भाग्य नियन्त्रक घड़ी।

गोटवाल्ड के दायें-बायें उसके साथी खड़े थे। क्लेमिंटस बराबर उसकी बगल में खड़ा था। बर्फ़बारी हो रही थी; कड़ाके की ठण्ड थी। गोटवाल्ड का सिर ढँका हुआ नहीं था। चिन्ता-फिक्र में दोहरे हुए जा रहे क्लेमेंटिस ने अपनी फर की टोपी उतारकर तुरन्त ही गोटवाल्ड के सिर पर रख दी।

फर की टोपी पहने हुए, अपने साथियों से घिरा हुआ गोटवाल्ड जहाँ से जनसमुदाय को सम्बोधित कर रहा था, उस झरोखे के फ़ोटोग्राफ़ की हज़ारों नक़ल तैयार करके सरकारी प्रचार विभाग तक पहुँचायी गयीं। साम्यवादी बोहेमिया के इतिहास का आरम्भ उस झरोखे से हुआ। पोस्टरों में, पाठ्यपुस्तकों में, संग्रहस्थान में प्रदर्शित उस फ़ोटोग्राफ़ को बोहेमिया का बच्चा-बच्चा जानने-पहचानने लगा था।

चार साल के बाद क्लेमेंटिस पर राजद्रोह का आरोप लगाया गया और उसे फाँसी दे दी गयी। सरकारी प्रचार विभाग ने उसे तत्काल इतिहास में से ग़ायब

कर दिया और जाहिर-सी बात है, सभी फ़ोटोग्राफ़ में से भी। फिर हमेशा गोटवाल्ड उस झरोखे में अकेला ही खड़ा दिखा। क्लेमेंटिस जहाँ खड़ा था, वह जगह महल की कोरी दीवार ने ले ली। तब से क्लेमेंटिस का कोई नामोनिशान नहीं बचा है; गोटवाल्ड के सिर पर रखी फर की टोपी को छोड़कर।

क्लेमेंटिस की इस फर हेट को नये फ़ोटोग्राफ़ में भी जो क्लेमेंटिस की फर हेट के रूप में ही देख पाता है; सही अर्थ में सक्रिय भावक या सहृदय पाठक बन सकता है।

बात यहाँ अतीतराग की नहीं है। नोस्टालिज्या में एक प्रकार की गहरी निष्क्रियता निहित रहती है। आत्मरति की भूमिका भी काफी बड़ी नहीं होती। उससे भिन्न एक ऐसी स्मृति है, जिसे साम्प्रत के साथ जोड़े जाने पर प्रतिबन्ध हो; प्रतिबन्ध को भंग करने वाले को सज़ा मिले। ऐसी सज़ा देने वाली सत्ता अपना कड़े-से-कड़ा पहरा निरन्तर बनाये रखती है।

पाठक काव्यानुभवगत अपरोक्षता और इस प्रकार की स्मृति के बीच ऐसा सम्बन्ध इतनी सरलता से स्थापित कर लेता है, दरअसल, वही सच्चा भावक है। काव्यानुभव की अपरोक्ष चक्षुगम्यता को धुँधलाए बिना, उसके स्मृतिगत परिमाणों को भी स्पष्टता से देख पाने की क्षमता कोई छोटी बात नहीं है। लेकिन भावक की यह लीला सहज उपलब्धि है। इस अर्थ में भावक की दृष्टि बहुकेन्द्री (मल्टिफोकल) दृष्टि है। जैसे किसी उत्तम क़ैमरामैन द्वारा लिये गये फ़ोटोग्राफ़ में हम दूर और क़रीब की अनेक चीज़ों को हू-ब-हू एक साथ देख सकते हैं।

भावक की बहुपरिमाण दृष्टि ऐसे सक्षम क़ैमरामैन के क़ैमरा की तरह होगी। समय की सतह पर वह साम्प्रत और वि-गत को एक समान स्पष्टता के साथ हू-ब-हू प्रत्यक्ष कर सकती है। चक्षुगम्य कल्पन की प्रत्येक रेखा को अखण्ड-अक्षुण्ण रखते हुए भावक जो कुछ स्मृतिगत है, उसे कल्पन की सीमा में, इमेज के दायरे में साकार कर सकता है। कुंदेरा के कथाकल्पन में फर की टोपी गोटवाल्ड के सिर पर ज्यों-की-त्यों बनी रहती है; वह चित्र जस-का-तस रहता है। बावजूद इसके अदृश्य कर दिया गया वह क्लेमेंटिस जो उपन्यास पढ़ने का सही तरीक़ा जानता है, उस पाठक की नज़रों के सामने ऐसे हाजिर हो जाता है मानो राजसत्ता के द्वारा गले में डाली गयी फाँसी की

रस्सी को तोड़कर, खुले सिर पुनः लौट आया हो। किन्तु अब वह उस मूल पोस्टर में दिखता था, वैसा केवल मुस्कुराहट भरा नहीं दिखता। स्मृति का परिमाण अब क्लेमेंटिस को एक साथ मुस्कुराहट और मौत, दोनों से भरा हुआ बना देता है। नये पोस्टर में नज़र न आने वाला वह आदमी स्मरण-समृद्ध फिर भी अपरोक्ष ऐसे एक अलग प्रकार के साक्षात्कार का कल्पन बनता है। ऐसी स्मृति के जो दो सन्दर्भ हैं, वे हैं राजनैतिक और मनोवैज्ञानिक सन्दर्भ। भावक की यह स्मृति पोलिटिकल और साइकोलोजिकल सत्ता के निषेधों को भंग कर सकती है।

यहाँ हमें शेक्सपियर के 'मैकबेथ' नाटक में मंचित होने वाली बान्को की कुर्सी का सहज स्मरण हो आता है। 'मैकबेथ' नाटक में बान्को नाम का सरदार, 'द बुक ऑफ़ लाफ्टर एण्ड फॉरगेटिंग' के क्लेमेंटिस की तरह राजसत्ता के दाँव-पेंच के कारण मारा गया है। सरदारों की महफ़िल में बान्को के लिये एक कुर्सी रखी गयी है। क़त्ल हो चुका बान्को वहाँ आ नहीं पाता और वह कुर्सी ख़ाली रह जाती है। जिसने बान्को की हत्या करवायी है, वह मैकबेथ ख़ाली कुर्सी में बान्को के भूत को देखता है। शेक्सपियर का श्रोता-दर्शक भी उस ख़ाली कुर्सी को देखता है : प्रकाश के वृत्त में ख़ाली—बिलकुल ख़ाली कुर्सी को देखता है। इतना ही नहीं मैकबेथ की स्मृति में से (और अपनी नाट्यगत स्मृति में से) आकर उस कुर्सी पर बैठते हुए बान्को को भी उतनी ही स्पष्टता से, सांगोपांग देख पाता है।

कुंदेरा और शेक्सपियर दिखा सके हैं कि यहाँ जिस स्मृति की मीमांसा की गयी है, वह अतीत-रागी स्मृति से भिन्न है। राजसत्ता तथा मनोनियन्त्रक चित्तगत सत्ता (तथा धनसत्ता, धर्मसत्ता तथा अन्य आन्तरिक अतिशासन करने वाली सत्ताओं), जिसको अदृश्य कर देना चाहती हैं, उसे प्रत्यक्ष कर देने का सर्जक-कर्म भावक अपनी तरह से करता है। शेक्यपियर एक मंच-दृश्य खड़ा कर देता है। भिन्न-भिन्न शताब्दियों के उसके दर्शक उस कल्पन की प्रत्यक्ष सतह की सीमा के भीतर केवल मैकबेथ के चित्त की स्मृति के बान्को को लाकर बिठा नहीं देते हैं; प्रत्येक ऐतिहासिक चरण का दर्शक अपनी कलागत स्मृति से जन्मे अपने निजी बान्को को शेक्सपियर की उस ख़ाली कुर्सी में लाकर बिठाता है। इस प्रकार से प्रत्येक युग का सच्चा भावक उस चार सौ वर्ष पुराने नाटक को समकालीन बना देता है, उसे एक नवजीवन देता है। उस नवजीवन को अमरता का नाम न देकर ऐतिहासिकता का नाम

देना ही अधिक उचित होगा। भावक एक ही बार में कृति को अमर नहीं बना देता है। वह अपने अनुगामी, नये भावक के हिस्से का काम सदैव बाक़ी रख छोड़ता है। यही वजह है कि महान रचनाएँ हर युग में पढ़ी जाती हैं, हर युग में नवीन बनती हैं। यह है भावक की प्रथम मुद्रा : साक्षात् एवं स्मृति को इस प्रकार से संलग्न कर देना कि उस सायुज्य में से एक नवीन सम्भव का जन्म हो। 'कुमारसम्भव' केवल कालिदास की नहीं, बल्कि प्रत्येक समर्थ भावक की कृति है।

ख

यदि बान्को की कुर्सी और क्लेमेंटिस की फर की टोपी के शब्द रूपों को साक्षात् एवं स्मृति के सम्बन्ध में से निपजने वाला प्रतीक माना जाय, तो उससे अलग ऐसे एक शब्द रूप को भी जाँचना-परखना आवश्यक है। वह शब्दरूप भावक की एक बिलकुल भिन्न मुद्रा के साथ जुड़ा हुआ है। उस मुद्रा में भावक स्मृति की नहीं, विस्मृति की, पूर्ण एवं शुद्ध विस्मृति की क्षमता को प्राधान्य देता है। एक कोरियन कविता को मद्देनज़र रखते हुए भावक की इस दूसरी मुद्रा को समझने का प्रयत्न अब हम करें। सन् १९०७ में पैदा हुए कोरियन कवि शिन सोक-जोन्ग (Shin Sok-Jong) की कृति का शीर्षक है :

'Little Animal.'

Nan and I
Liked to watch the sea from the hill.
Through the spare wood of chestnuts,
Pine,
Oak,
Elms.
The sea was bluer than the sky.

Nan and I
Liked to watch the sea, sitting like two little animals.
It was pleasant to watch the sea,
Sitting silent like animals,
Sitting silent like the sea.

As Nan and I,
Facing the sea,
Stepped the stairway of red coral and white marble,
Patting the Celadon Islands which floated like ducks.

I Saw the leaves of elm scattering desperately like trembling hearts
And clinging to Nan's hair.
Nan and I,
Sitting under the elms,
were meek and meek little animals watching the sea.

(Tr. Kim Jong – Gil)

नन्हे जानवर

नॅन और मैं
पहाड़ी पर से समन्दर को देखना पसन्द करते।
छिट-पुट जंगल में उगे हुए चेस्टनट,
पाइन,
ओक,
एल्म के पेड़ों के बीच से दिखता
वह समन्दर आकाश से भी ज़्यादा नीला लगता।

नॅन और मैं
उस समन्दर को देखना पसन्द करते, दो नन्हे जानवरों की भाँति।
समन्दर को देखना बड़ा ही पसन्दीदा काम था,
जानवरों की तरह चुपचाप बैठे-बैठे,
समन्दर की तरह चुपचाप बैठे-बैठे।

जब नॅन और मैं
समन्दर की ओर मुँह फेरकर
लाल जुगनू और सफ़ेद संगेमरमर की सीढ़ियों पर चढ़ते,
उन सेलाडन द्वीपों को थपथपाते
जो उन बतखों के झुण्ड की भाँति तैरते रहते,

तब
एल्म वृक्ष के पत्तों को निरालम्ब बिखरते हुए मैं देखता रहा,
काँपते हृदयों के जैसे,
नॅन की केशराशि को कसकर गले से लगाते हुए।

नॅन और मैं,
एल्म के पेड़ों की छाँह में
बन बेबस, निपट-बेबस जानवर समन्दर को देखते रहते

—'सूना न लिया, रूपा न लिया, न लिया संग जवाहर ही,
खाक भभूत की बाँध गठरियाँ, बाँध गठरियाँ मैं तो चली।'

तमाम संस्कृति गट्ठर का बोझा सिर से उतारकर, कसे हुए पंजों की जकड़न से मुक्त होकर, नॅन और मैं चल पड़े, समन्दर देखने, 'लाइक लिटल एनिमल्स।' प्रणयकाव्य और प्रकृतिकाव्य, इन दोनों स्वरूपों को एकसाथ सिद्ध करने वाले शिन सोक जोन्ग का यह काव्य भावक की ओर से भी एक अलग ही मुद्रा खड़ी करता है। 'Nan and I / sitting under the elms/ were meek and meek like little animals, watching the sea.' नन्हे बेबस जानवरों की भाँति, नॅन और मैं, एल्म के विशाल पेड़ों के तले बैठकर, बस समन्दर को देखते रहते।

वे क्या-क्या देखते थे? नज़र भरकर समन्दर तो देखते ही थे, किन्तु कुछ और भी था जो उस नज़र के साथ जुड़ा हुआ था।

l Saw the leaves of elm—एल्म वृक्ष के पत्ते कैसे हैं?

l Saw the leaves of elm ðcattering.'

Scattering?

हाँ, —ðcattering desperately'—

desperately?

हाँ—'desperately like trembling hearts'

किसके trembling hearts? क्यों 'ट्रेम्बलिंग?' क्यों 'डेस्परेट'? 'नॅन एण्ड आई' की क्या स्थिति है? अगर कह दिया तो फिर कवि काहे का? कहे तो भावक कहाँ जाय?

एल्म के चौड़े पत्ते, कम्पित हृदयों के जैसे बिखरते हुए दिखते हैं, ऐसा क्यों है, इसकी वजह पंक्तियों के आख़िरी शब्द सूचित करते हैं : I Saw the leaves of elm scattering desperately / like trembling hearts / And clinging to Nan's hair. प्रेमिका की ज़ुल्फों का आधार 'डेस्परेटली' खोजते हुए 'काँपते हृदयों' का यह काव्य जिस युगल को प्रस्तुत करता है, वह क्या हमारा चक्रवाक मिथुन है? उस खण्ड काव्य का स्मरण इस काव्य के आस्वाद में अवरोध स्वरूप सांस्कृतिक बोझ माना गया है? यदि है, तो उतारो नीचे। और देखो सामने फैले इस समन्दर को।

अब समन्दर को देखते हैं, 'नॅन एण्ड आई' की नज़र से। और तब काव्य की क्रिया का काल स्पष्ट होता है : Nan and I liked to watch the sea from the will.—(L) iked to watch : क्रिया भूतकाल का रूप लेकर आती है! समग्र काव्य स्मृति का काव्य है।

और फिर भी काव्यनायक (अब अकेला?) अन्य सबकुछ भुलाकर, मात्र एक कालस्थ, एक स्थल-स्थित, एक ही दृश्य देखता है : नॅन और मैं, देखो, इस समन्दर को देखते हैं।'मैं' इस काव्य में बस इतना ही देखना चाहता हूँ— न इससे आगे, न इससे पीछे। स्मृति का यह काव्य स्मृति के अलावा अन्य तमाम वास्तविकताओं की पूर्ण विस्मृति का काव्य बन जाता है।

इसीलिए, जो साक्षात् होता है, उसकी सुरेख जानकारियों का चित्रण होता चला जाता है। जैसे कोई कोरियन चित्र देख रहे हों तो, ऐसी बारीक़-बारीक़ रेखाएँ अंकित होती चली जाती हैं।

आने वाले वियोग का आभास शायद इस युगल को हो चुका है। इसीलिए वे वियोगपूर्ण भविष्य को और वियोग का कारण बनने वाले अतीत को अपनी चेतना की देहरी के बाहर रखते हैं। और उस चेतना का कल्पन, मानो कोई चित्रकार लघुचित्र बना रहा हो, वैसे यहाँ चित्रित होता है।

प्रतीक-निर्माण करने वाला वह चेक उपन्यासकार अपने शब्दों के द्वारा आलेखित रूप की सीमा के भीतर राजसत्ता ने जिस अतीत को मिटा देना चाहा था, उसका जतन करता है और भावक को दिखाता है। जबकि यह कोरियन कवि काव्यगत शब्द रूप की सीमाओं के पार अतीत या भविष्य का एक भी पद-चिह्न निर्मित नहीं होने देता। एक के संचलनों में प्रतीक-निर्मित की गतिविधि लक्षित होती है; जबकि दूसरे के संचलनों में से कल्पन-निर्मित की गतिविधि

का अन्दाज़ा लगाया जा सकता है।

काव्य-कृति की ये दो सर्गविधियाँ, न केवल कवि की, अपितु भावक की सर्गशक्ति की भी दो मुद्राओं को एक साथ प्रस्तुत करती हैं।

'नॅन एण्ड आई' सब कुछ भुलाकर समन्दर को देखते हैं; और कैसी है यह देखने की रीत? पंक्ति है : Nan and I / liked to watch the sea, sitting like two little animals.—ये शब्द काव्य के शीर्षक में समाये हुए हैं और एक तरह से काव्य के लिये अत्यन्त महत्त्वपूर्ण बन जाते हैं। यह युगल 'नन्हें जानवरों की भाँति' लुक-छिपकर, चुपचाप, समन्दर को देखता रहता है।

ऐसा करने के लिये वे कहाँ जाते हैं?

'Nan and I / liked to watch the sea from the hill.' गाँव के बाहर समन्दर के पास स्थित एक छोटी-सी पहाड़ी पर। पाइन, ओक और एल्म के वृक्षों से आच्छादित पहाड़ी। गाँव से, संस्कृति से, वियोग के कारणों से एक प्रकार का अन्तर सूचित करने के लिये काव्य में एक अन्य प्रयुक्ति, कल्पन के रूप में प्रयुक्त हुई है। पंक्तियाँ हैं : 'As Nan and I / Facing the sea/ Stepped the stairway of red coral and white marble...' लाल जुगनू और सफ़ेद संगमरमर से बनी हुई सीढ़ी कैसे सादृश्य हो उठती है! वह सीढ़ी चढ़कर गया हुआ युगल, कितना कुछ पीछे छोड़कर आया है। जिससे वे अन्तर बना पाये हैं, वह मानव सृष्टि, वियोग पैदा करने वाली सृष्टि। उसके ठीक सामने है निर्दोष प्राणी सृष्टि; इसीलिए सामने स्थित सेलाडन द्वीप भी केवल मिट्टी-पत्थर से बना नगर सदृश्य भूमिभाग नहीं रह जाता, बल्कि प्राणी-सृष्टि का अंश बन जाता है : 'The Celadon islands which floated like ducks.' नगर, उसकी कड़वी स्मृति, अब मिटती चली जाती है। द्वीप भी बतख की भाँति तैरते हैं। 'नॅन एण्ड आई' उन बतख जैसे द्वीपों को थपथपा भी लेते हैं। नगर की, संस्कृति की मानो पूर्ण विस्मृति हो चुकी है। वियोग के कारणों से युक्त अतीत को, वियोग की सम्भावना से भरे भविष्य को, यह युगल, नन्हे जानवरों के जैसा बनकर बिसरा देता है। वे तो केवल समन्दर को देखते हैं, बतख को देखते हैं। 'वर्तमान' की सीमाओं में वे किसी को भी दाख़िल नहीं होने देते। और बावजूद इसके, 'As Nan and I' (did this) 'I saw the leaves of elm scattering desperately like trembling hearts/ And clinging to Nan's hair.

'Nan and I' युगल जो कि कर्तानाम की तरह पूरी कविता में मौजूद है : यहाँ पहली बार अकेला-तन्हा 'I' कर्तानाम के रूप में इस पंक्ति में आता है। 'I' और 'Nan' इन दो पंक्तियों में, 'I saw... leaves...clinging to Nan's hair' इस तरह अलगाते हैं। दोनों साथ मिलकर समन्दर को देख रहे थे, अब 'I' अकेला नन की ज़ुल्फों का सहारा ढूँढ़ते-ढूँढ़ते एल्म के पत्तों को निहारता है।

और तब, ऐसे में 'scattering', 'desperate', 'trembling' जैसे विशेषण आ खड़े होते हैं। बस, इतना भर। इससे अधिक किसी और को केवल कल्पना के स्मृति-मुक्त प्रदेश में प्रवेश करने की इज़ाज़त नहीं है।

एक बार फिर काव्य अकेले 'I' के स्थान पर 'Nan and I' के 'अविभाज्य' युगल का जाप जपने लगता है। दोनों के लिये अन्तिम पंक्ति में एक ही विशेषण दो बार प्रयुक्त होता है : 'Nan and I / sitting under the elms/ were meek and meek little animals watehing the sea' शीर्षक के 'Little Animals' इन शब्दों के साथ 'meek and meek' विशेषण काव्यान्त में जुड़ता है। काव्यान्त तक जिसे दूर धकेल दिया था, वह वियोग मानो काव्यान्त के बाद की, सबसे पहली, अनलिखी पंक्ति तक आ पहुँचा है। बहरहाल, वह पंक्ति काव्य के बाहर है, पर वास्तव में वही कविता के अछूते, करुण सौन्दर्य का मर्म है।

इस कविता की सृष्टि में तो बस (शायद आख़िरी बार) नॅन है, मैं हूँ, समन्दर है!

ग

चेक उपन्यास में प्राग शहर की बारोक शैली के महल के झरोखे में भाषण कर रहे नेता का दृश्य और कोरियन कविता में नीले समन्दर के निकट स्थित वृक्षों से आच्छादित पहाड़ी पर सिमटकर बैठे प्रेमी युगल का दृश्य : इन दोनों दृश्यों को देखने वाले भावक की दो भिन्न मुद्राएँ कैसी हो सकती हैं, इसका जायजा हमने लिया।

इस झलक को अधिक स्पष्टरेख करने के साधन संस्कृत साहित्य और काव्य-शास्त्र के मर्मज्ञ अमेरिकन विद्वान प्रोफ़ेसर शेल्डन पोलोक के एक विश्लेषण में से प्राप्त हो सकते हैं। प्रोफ़ेसर पोलोक भारतीय काव्य-शास्त्र और पाश्चात्य काव्य-शास्त्र के बीच का एक मूलगामी भेद कविशिक्षा (और

सहृदयशिक्षा) की दो परम्पराओं के बीच कथित भेद के आधार पर अलग से स्थापित करते हैं।

कवि और सहृदय भावक के लिये किस प्रकार का प्रशिक्षण होना चाहिए, यह मुद्दा भारतीय तथा पाश्चात्य परम्परा में ख़ासा चर्चित रहा है। इन दो परम्पराओं में इस मुद्दे पर केवल भिन्नता ही नहीं, मूलगामी विरोध देखने को मिलता है, ऐसा प्रोफ़ेसर पोलोक का प्रतिपादन है। वे लिखते हैं :

> 'In this, the world of Sanskrit education (Vyutpatti) contrasts strongly with the Greek (and later Roman) nation of Paideia.

[इस सन्दर्भ में संस्कृत 'कवि' शिक्षा का विश्व (और उसकी) व्युत्पत्ति (की विभावना)], ग्रीक (और, तत्पश्चात् रोमन) का विशिक्षा के विश्व के साथ [और उसकी] पोएडेइआ के ख़याल के साथ, प्रबलता के साथ विरोध पाता है।

इस विरोध की जानकारी प्रो. पोलोक इस प्रकार से प्रदान करते हैं :

> There is a triple Science in India too – grammar, hermeneutics (Mimansa) and logic. This is importantly similar to, and different from, the classical trivium of grammar, rhetoric and dialectic.
>
> [भारत में भी (शिक्षा के मूल में) एक त्रिविध विज्ञान निहित है— व्याकरण, मीमांसा और न्याय। प्रशिष्ट (पाश्चात्य) त्रिक, ग्रामर, र्हेटरिक और डायलेक्टिक के साथ (यह भारतीय शिक्षा-त्रिक) महत्त्वपूर्ण समानता भी रखता है और भिन्नता भी।]

व्याकरण और ग्रामर, न्याय और डायलेक्टिक की तुलना करने वाला कुछेक हद तक समानता देख पाता है। किन्तु पोलोक इन दो परम्पराओं के बीच के महत्त्व के भेद का विश्लेषण, गहरी सूझ-बूझ के साथ करता है। वह लिखता है :

> And here is an additional point to establish historically and theoretically in order to set some sense of Sanskrit distinctiveness : The difference it has made to the making and reading of literature to focus on the Scientific analysis of sentence meaning (Mimansa) as opposed to the art of forensic persuation (rhetoric).

(संस्कृत [परम्परा की] विशिष्टता का कुछ अन्दाज़ा पाने के लिये जिसे ऐतिहासिक स्तर पर स्थापित करना चाहिए और सैद्धान्तिक स्तर पर विभाजित करना चाहिए, ऐसा एक अतिरिक्त मुद्दा यहाँ पेश है : [पाश्चात्य परम्परा द्वारा पुरस्कृत] वाग्मिताजन्य समझाने की कला (र्‌हेटरिक)— के विरोध में वाक्य के अर्थ सम्बन्धी वैज्ञानिक विश्लेषण (मीमांसा) पर केन्द्रित करते हुए [भारतीय परम्परा में] साहित्य की निर्मिति और उसके पठन सम्बन्धी [अभिगम के सन्दर्भ में] पैदा किया गया [बड़ा] अन्तर।

काव्य का निर्माण तथा काव्य का भावन, इन दोनों के प्रति भारी अन्तर पैदा करने वाले एक पक्ष के रूप में पोलोक मीमांसा एवं र्‌हेटरिक के बीच के अन्तर को स्पष्ट करता है। यह भेद कैसा है, यह भी पोलोक सूक्ष्मता एवं स्पष्टता से दिखाता है। भारतीय परम्परा वाक्य के अर्थ का वैज्ञानिक अर्थात् शास्त्रीय विश्लेषण करने पर ध्यान केन्द्रित करती है। 'वाक्यम् रसात्मकम् काव्यम्' अथवा 'रमणीयार्थ प्रतिपादक : शब्द : काव्यम्' जैसे सूत्रों के पीछे मीमांसा का दीर्घ इतिहास रहा है। र्‌हेटरिक की विभावना इससे भिन्न है। वाग्मिता के द्वारा श्रोता को समझाने की रीत का अभ्यास अर्थात् र्‌हेटरिक। इसमें शब्द या वाक्य तथा अर्थ के बीच के विविध सम्बन्धों के विश्लेषण के लिये कोई स्थान नहीं रहता।

परिणामत: जैसा कि पोलोक स्पष्ट करता है, मात्र काव्य या साहित्य विषयक सूझ-बूझ भारतीय परम्परा में जिस प्रकार से संवर्धित होती है वह पाश्चात्य परम्परा से बिलकुल भिन्न, बल्कि विरोधी है। यह मुद्दा स्पष्ट करते हुए पोलोक लिखता है :

'Somewhere in this problematic may be located the source of the non-transitive interpretation of Kavya : Literature as Verbal icon and not literature as exhortation.

(काव्य के 'अकर्मक अर्थघटन' की क्षमता भारतीय काव्य मीमांसा द्वारा पाठक को मिल सकती है। तब उसके सामने यह विकल्प आता है : 'वाग्मिताजन्य उत्तेजना' के रूप में साहित्य नहीं, 'वाङ्मय मूर्तरूप' के रूप में साहित्य।)

'Literature as verbal icon' तथा 'Literature as exhortation'—ये दोनों काव्य के अस्तित्व की दो मुख्य वैकल्पिक पद्धतियाँ हैं। इन विकल्पों में

भावक की भी दो मुख्य वैकल्पिक अस्तित्व-रीतियाँ साथ जुड़ती हैं। यह तो स्पष्ट है कि साहित्य या काव्य जब केवल वाङ्मय मूर्तरूप के रूप में अपना अस्तित्व सिद्ध करता है, तब भावक भी अपने भावकत्व को वर्बल आइकोन के सन्दर्भ में सिद्ध करता है। ऐसी अस्तित्व-रीति के फलितार्थ कृति के लिये जितने महत्त्वपूर्ण हैं, उतने ही भावक के लिये भी। कृति को वर्बल आइकोन के रूप में अनुभव करने वाला भावक कविता के व्यवहार-जगत से जुड़े सम्बन्धों के प्रति उदासीन रहेगा; जबकि कविता की स्वरूप-सिद्धि की प्रक्रिया के प्रति सक्रिय रहेगा। दूसरी ओर, काव्य को वाग्मिताजन्य उत्तेजना के रूप में सिद्ध करने वाला भावक कविता के व्यवहार-जगत से जुड़े सम्बन्धों के प्रति सजग रहेगा, कविता को सामाजिक परिवर्तन के साथ, सुधारणा एवं क्रान्ति के साथ, एक अथवा अन्य विचारधारा के साथ जोड़ना चाहेगा।

आज के गुजराती भावक का व्यक्तित्व इन दो विकल्पों के बीच में बँटा हुआ-सा प्रतीत होता है। इसलिए कविता के पास बतौर भावक वह कब कौन-सी अपेक्षा रखेगा, यह कह पाना मुश्किल हो जाता है।

आधुनिक गुजराती (बल्कि भारतीय) भावक इस तरह के सिज़ोफ्रेनिआ से ग्रस्त है। कभी तो वह गोटवाल्ड के सिर पर पहनी टोपी को पहचान लेने का आनन्द अनुभव करता है, तो दूसरे ही क्षण वह शान्त, नम्र, मूक संस्कृति मुक्त प्राणी बनकर विगलित वेद्यान्तर में वर्बल आइकोन का आनन्द उठाता है। तक़रीबन डेढ़ सौ साल पुरानी यह व्याधि हठी है। इस क्रोनिक सिज़ोफ्रेनिआ से किस प्रकार निजात पायी जाय? केवल एक या मात्र दूसरी अस्तित्वरीति अब उसके लिये सम्भव नहीं रही है। वह तो अब छहों विधाओं को जान चुका है। प्रत्यक्ष अथवा परोक्ष रूप से अब वह व्याकरण और ग्रामर, न्याय डायलेक्टिक तथा मीमांसा और र्‌हेटरिक की दोहरी परम्परा में शामिल हो चुका है। बहरहाल, इसका मतलब यह नहीं है कि बिलकुल अनपढ़ लगने वाले पाठक या श्रोता नदारद हैं। किन्तु बारीक़ी से देखने पर वे भी जितना दिखते हैं, उतने अनपढ़ नहीं हैं; बल्कि अर्धदग्ध हैं। उनकी उलझनें तो उन छह विधाओं वाले परोक्ष-प्रत्यक्ष में उलझे पाठकों से भी बदतर अवस्था में शुमार हैं।

गुजराती साहित्य विवेचन को, उसके आरम्भ से ही एक समस्या लगातार पीड़ित करती रही है। केवल रूपरचनावादी माने जाने वाले विवेचक कब मानवीय परिस्थिति के नाम पर समाज की समस्याओं की, व्यक्ति एवं समूह

के टकराव की, निर्मुख मानवी की बात कर बैठें, यह कह पाना मुश्किल है। इसी प्रकार से, साहित्य में समाज के वास्तव का निरूपण करने वाला, उसका आग्रह रखने वाला विवेचक भी कब छन्दविधान, ह्रस्व-दीर्घ स्वर, काव्य स्वरूप के सौष्ठव आदि पर न्यौछावर हो जायेगा, यह कहा नहीं जा सकता। सैद्धान्तिक विवेचन एवं कृतिनिष्ठ विवेचन के बीच सहोदर सम्बन्ध होना चाहिए; किन्तु बहुधा उनके बीच परायों का-सा तनाव दृष्टिगत होता है।

यह उपनिवेशवाद के द्वारा भारत से वसूला गया लगान है। शासक ने हमसे दृष्टि की विशदता छीन ली है। प्रोफ़ेसर भीखु पारेख जैसे तेजस्वी एवं पैनी दृष्टि वाले विचारक को इसी वजह से 'Decolonization of Imagination' जैसी पुस्तक का सम्पादन करने का काम अपने जिम्मे लेना पड़ा था।

इस व्याख्यान में हमारा लक्ष्य कवि, कविता एवं सहृदय के (सर्जक, कृति और भावक के) अस्तित्वों की रीतियों के विकल्पों के बीच के सम्बन्धों को जाँचना-परखना है। इस संकल्प सिद्धि के मार्ग में अड़चन बनने वाली मुख्य अड़चन यदि कोई है तो वह है हमारी काव्य के प्रति सूझ-बूझ और अपेक्षा में व्याप्त यह अनवस्था। इस अंधाधुंधी की जड़ में हमारे समग्र आधुनिक काव्य विचार की नींव में पड़ी हुई उलझनें हैं। ऐसे में इन उलझनों और अनवस्था के पीछे निहित ऐतिहासिक-सांस्कृतिक सन्दर्भों को समझना आवश्यक बन जाता है।

घ

डॉ. भीखु पारेख और डॉ. नेदेर्वीन पीटर्स (Jan Nederveen Pieterse)— इन दो सम्पादकों के द्वारा संयुक्त रूप से लिखा गया निबन्ध 'Shifting Imaginaries : Decolonization, Internal Decolonization, Postcoloniality' इस पुस्तक का प्रथम निबन्ध है। उपनिवेशवाद और आधुनिकता के बीच कारण-कार्य का सम्बन्ध है, ऐसी मान्यता प्रचलित है। हिन्द जैसे उपनिवेशों में ब्रिटेन जैसी राजसत्ता के द्वारा आधुनिकता का प्रवेश हुआ था, ऐसी एक मान्यता व्यापक रूप से प्रचलित रही है। ऐसी धारणाओं की पड़ताल करते हुए डॉ. पारेख और पीटर्स लिखते हैं :

'If one probes deeper, the picture becomes more complex,

and the prevailing view needs radical revision. First, it is not entirely correct to say that colonial rule introduced modern values...Second, values and institutions introduced by colonial rule could not last or even be understood unless they were grafted on to their hospitable traditional analogues...Third, colonial rule did not represent as drastic a rupture in the history of colonial societies as is often made out...'

(यदि इसकी और गहराई से पड़ताल की जाय तो चित्र आपके संकुल बनता दिखेगा और प्रवर्तमान अभिमत को जड़-मूल से बदल देना आवश्यक प्रतीत होगा। पहली बात तो यह कि उपनिवेशवादी शासन ने (शासित प्रजा में) आधुनिक मूल्यों का प्रवेश कराया, यह कहना सर्वथा उचित न होगा...दूसरा, जिन मूल्यों एवं (सांस्कृतिक) व्यवस्थाओं को उपनिवेशवादी शासन ने (शासित संस्कृति में) जब तक (शासित संस्कृति की) परम्परा स्वीकारने के लिये तैयार न हो, तब तक इन समरूप (मूल्यों-व्यवस्थाओं)—को क़लमी तौर पर चिपकाकर उगाया नहीं जा सकता है।...तीसरा, उपनिवेशवादी शासन, शासित समाजों के इतिहासों में इतना बड़ा विच्छेदक कारक नहीं बनता है, जितना अकसर उसे दिखाया जाता है।

डॉ. पारेख-डॉ. पीटर्स के इन तीनों मुद्दों के द्वारा पश्चिम की उपनिवेशवादी सत्ताओं के साथ के भारत के सम्बन्ध को जानने-समझने में, दलपत नर्मद के बाद के गुजराती संस्कार-जगत में प्रवृत्त ऐसे साहित्य-रसिक पाठकों के साहित्य के साथ के सम्बन्ध को समझने में, व्यापक सहायता मिलती है।

प्रथम मुद्दे के सन्दर्भ में पारेख-पीटर्स टिप्पणी करते हैं कि...

Colonial rule both introduced and arrested the flow of new rules and institutions, and aboit both changed and froze their traditional counterparts.

(...उपनिवेशवाद शासन ने नये मूल्यों एवं नवीन व्यवस्थाओं का (शासितों में) प्रवेश कराया तथा उन्हें आने से रोका; और (उपनिवेशवादी शासन ने) उन (मूल्य व्यवस्थाओं के) प्रतिरूपों के समान (शासित संस्कृति के) परम्परा प्राप्त (मूल्यों-व्यवस्थाओं को) परिवर्तित करके यथातथ स्थगित कर दिया।')

सूक्ष्मता से सोचने वाले ये दो संस्कृति-चिन्तक जैसा कि इंगित करते हैं,

उपनिवेशवादी शासन का मुख्य हेतु तो केवल अपना अस्तित्व टिकाये रखना भर था। शासित समाज में सुधार लागू करने के पीछे की मुख्य वजह थी शासक द्वारा अपने शासन को सांस्कृतिक भूमिका की दृष्टि से आवश्यक शासन न मानना। साथ ही यह दर्शाना कि शासित समाज के मूल्य एवं व्यवस्थाएँ खामीयुक्त हैं तथा उसमें अपने सुधारक मूल्यों तथा व्यवस्थाओं को लागू करके शासितों का कल्याण करना। ऐसा ये शासक अपने शासन को योग्य सिद्ध करने के लिये करते थे। किन्तु वे एक हद से अधिक शासितों की परम्परागत मूल्यों-व्यवस्थाओं में परिवर्तन करने के इच्छुक नहीं थे। इसके दो कारण थे। एक तो एक निश्चित हद से अधिक परिवर्तन करने की कोशिश शासितों में आक्रोश का कारण बनकर शासन को अस्थिर बना सकती थी। दूसरा, नये मूल्य एवं व्यवस्थाएँ यदि एक हद से ज़्यादा शासित समाज में फैलते, तो वे मूल्य-व्यवस्थाएँ स्वयं ही उपनिवेशवाद की बुनियाद में सुरंग बिछाने का कारण बन जाते।

अन्य एक मुद्दे के सन्दर्भ में ये विचारक कहते हैं :

> Colonial rule forced the colonial intellectuals to ask questions, about themselves, their society and their history which they had never asked before.
>
> (उपनिवेशवादी शासन ने औपनिवेशिक बौद्धिकों को अपने विषय में, अपने समाज के विषय में और अपने इतिहास के विषय में ऐसे सवाल पूछने के लिये बाध्य किया, जो सवाल उन्होंने इससे पहले कभी नहीं पूछे थे।)

शासकों के नये मूल्यों, नयी व्यवस्थाओं का शासित समाज में प्रवेश हो सके इसके लिये यह प्रवेश-मार्ग आवश्यक था। यह प्रवेश-मार्ग अर्थात् शासित प्रजा के विचारशील व्यक्तियों की आत्मसजगता। स्वयं को अपने विषय में नये ही प्रश्न पूछने वाले इन विचारशील व्यक्तियों की स्व-विशेष के प्रति सजगता उत्कट, तीव्र और पैनी बन गयी। पिछले डेढ़ सौ-पौने दो सौ वर्षों में साहित्य का जो भारतीय भावक पैदा हुआ—विकसित हुआ, उसके व्यक्तित्व को समझने के लिये भीखु पारेख और यान पीटर्स के द्वारा उल्लेखित हमारे निकट के इतिहास की तीव्र आत्मसजगता को लक्ष्य में लेना ही पड़ेगा।

तीसरे मुद्दे के विषय में स्पष्टता करते हुए पारेख-पीटर्स लिखते हैं :

No doubt European rule had an unprecedented reach and penetration, but it also had its inherent limitations, derived partly from the fact that the new rulers, intuitively perceived as radically and culturaly different, lacked accessibility and relative familarity of their predecessors...All the means that colonialism introduced no more than one more idiom, or new strand, in the complex mosaic of the Societies Subjected to it.

(बेशक, यूरोपियन शासन का व्याप और उसकी वेधकता अपूर्व थी। किन्तु उसकी किंचित् जन्मजात मर्यादाएँ भी थीं। उन मर्यादाओं की जड़ें अंशतः उस हक़ीक़त में निहित थीं कि इन नये शासकों के पास अपने पुरोगामी (विदेशी शासकों) के समान प्रवेशानुकूलता नहीं थी और उनकी तुलना में परिचितता भी कम थी...कुल मिलाकर तात्पर्य यह हुआ कि उपनिवेशवाद ने शासित समाजों की नक़्क़ाशी में एक नयी रंगत भरी, उसे एक और शैलीलक्षण प्रदान किया।)

ये दोनों मर्मग्राही चिन्तक सूचित करते हैं कि उपनिवेशवाद की शासन-प्रक्रिया में से गुजरकर, स्वतन्त्र हो चुके किसी देश की प्रजा के चित्त को उपनिवेशवाद के प्रभाव से मुक्त करने का कार्य, एक तरह से देखा जाय तो काफ़ी संकुल है और दूसरी तरह से देखने पर जितना सोचा हो, उससे काफ़ी कम व्यापक है। संकुल इसलिए कि उपनिवेशवादी शासन ने शासित प्रजा के चित्त में जो कुछ दाख़िल किया है, वह सब कुछ शासित प्रजा के अपने चित्त में महीन ताने-बाने से बुना जा चुका है; शासित समाज के अपने परम्परागत मूल्यों और व्यवस्थाओं के एक अनुकूल अंश में वह एकाकार हो चुका है। यह केवल जोड़ने भर की क्रिया नहीं, बल्कि एक रासायिक प्रक्रिया घटित हो चुकी होती है। किन्तु उसका व्याप सीमित इसलिए है कि शासित समाज का अल्पांश ही इस उपनिवेशवादी शासकों के जीवन-मूल्यों तथा जीवन व्यवस्था के सम्पर्क में होता है और उससे भी अल्प अंश उससे पूर्णतः प्रभावित होता है।

च

इस विश्लेषण के सन्दर्भ में जब हम आधुनिक युग के भारतीय साहित्य

रसिक के व्यक्तित्व का विचार करते हैं, तब उसके व्यक्तित्व की संकुलता तथा एक प्रकार के सतहीपन का ख़याल स्पष्ट होता है। 'अभिज्ञान शाकुन्तल' और 'गोल्डन ट्रेजरी' तथा तत्पश्चात् रवीन्द्रनाथ ठाकुर और पॉल वालेरी के संयुक्त प्रभाव से यत्किंचित निर्मित, कुछ मुड़ा हुआ-सा भावक काव्यानुभूति के विषय में एकाग्र बिन्दु विहीन, बिना फोकस का बना रहता है। बावजूद इसके, उस भावक का व्यक्तित्व निर्माण इतना सुदीर्घ इतिहास सम्पन्न है कि पिछली डेढ़-पौने दो शताब्दियों में प्रवेश पा चुके या दख़ल देने वाले नवीन मूल्य भी उस इतिहास को जड़-मूल से उलट नहीं सकते। और फिर, भारतीय भावकता के मूल्य और उसकी व्यवस्थाएँ भारतीय समाज के अनेक स्तरों में 'सांस्कृतिक इतिहास के बृहद फलक पर' धीमे-धीमे झरते हुए गहरे तक फैली हुई थीं। जिन शब्दालंकारों-अर्थालंकारों की शोभा का रसपान कालिदास या माघ के भावक करते थे, उन्हीं शब्दालंकारों-अर्थालंकारों की शोभा का वज्रसेन, पद्मनाभ और दयाराम के भावक भी आनन्द उठाते थे। 'ॠतुसंहार' और 'वसन्तविलास', शताब्दियों के, बल्कि सहस्राब्द से भी अधिक समयान्तर पर तथा दो भिन्न भाषाओं में लिखे गये काव्य होने के बावजूद, उनका प्रकृति निरूपण, उनका शृंगार आलेखन, उनकी काव्यशोभा निर्मिति, उन दो काव्यों के काल-भाषा-विभिन्न भावकों को एक सहोदरता प्रदान कर पाते हैं। यह तो केवल एक उदाहरण हुआ। ऐसे कई उदाहरण दिये जा सकते हैं।

यह हक़ीक़त भी यहाँ महत्त्वपूर्ण बन जाती है कि पाश्चात्य काव्य-शास्त्र का प्रभाव भारतीय भावकता के एक निश्चित सामाजिक स्तर तक सीमित रहा। संस्कृत काव्य-शास्त्र के नाम से प्रचलित, किन्तु वास्तव में संस्कृत-प्राकृत-अपभ्रंश इन तीनों त्रिभाषाओं की भारतीय काव्य-शास्त्र की परम्परा समग्र भारत में तथा भारतीय समाज के अनेक स्तरों में धीमे-धीमे झरते हुए विस्तीर्ण हुई थी। प्रशिष्ट एवं लोक के बीच का आदान-प्रदान निरन्तर एवं व्यापक था। एक विकासशील परम्परा के अनेक विवर्तनों से युक्त व्यापकता भारतीय भावक को अनेक भाषाओं में अनेक समयावधियों में अनेक प्रकार से लिखे जाने वाले काव्य के साथ जोड़ती थी। १९वीं सदी के पूर्वार्द्ध में स्थापित अँग्रेज़ी पाठशालाओं तथा उसकी साथी ऐसी तत्समकालीन 'वर्नाक्युलर' पाठशालाओं के द्वारा उपनिवेशवादी शासन ने इस परम्परा के साथ एक ऐतिहासिक महत्त्व का विच्छेद स्थापित करने का यत्न किया। उसके बाद के दशकों में स्थापित मुम्बई आदि यूनिवर्सिटियों ने इस विच्छेद को गहरा बनाने

का काम किया। इन पाठशाला-महाशालाओं में पढ़ने वालों की (उसमें भी दशकों तक, पढ़ने वाली कन्याओं-स्त्रियों की) संख्या अमर्यादित रही। समाज का एक बड़ा हिस्सा इस तालीम से, कविता को जानने-आस्वादन करने की इस नयी पद्धति से अनजान रहा। सबसे अधिक महत्त्वपूर्ण बात यह घटित हुई कि पढ़ाने वाले जो पढ़ाना चाहते थे, उससे कुछ अलग ही पढ़ाई उनके ही पास पढ़ने वालों ने की। हालांकि मास्टरजी और बच्चों के हाथों में एक ही किताब रहती थी; किन्तु मास्टरजी ने उसे एक तरह से पढ़ाया और उनके ही विद्यार्थियों ने उसे बिलकुल अलग तरह से पढ़ा।

यद्यपि, आज भारतीय भावक की आन्तरिक विच्छिन्नता चौंका देने वाली प्रतीत होती है। इसका कारण जितना उपनिवेशवादी कारकों में मिलता है, उससे अधिक शायद उत्तर उपनिवेशवादी (पोस्ट कोलोनिअल) एवं नव-उपनिवेशवादी (निओ-कोलोनिअल) कारकों में मिल जायेगा।

सन् १८२० से १९५० तक की समयावधि में गाँव में पाठशालाओं-महाशालाओं तथा अन्य अनेक नवीन, राजप्रेरित सामाजिक-सांस्कृतिक व्यवस्थाओं के द्वारा भारतीय कला-भावक का आन्तरिक जगत विच्छिन्न हुआ। इससे कहीं अधिक सन् १९५० से २००१ तक के दशकों में फूले-फले सार्वजनिक समूह माध्यमों के द्वारा और अन्तर्राष्ट्रीय वाणिज्यिक-आर्थिक कारकों के द्वारा प्रेरित सामाजिक-सांस्कृतिक व्यवस्थाओं के द्वारा छिन्न-भिन्न हो गया। जबरन दिल्ली के जनानख़ाने में धकेल दी गयी देवलदेवी तथा चालाकी से मुम्बई के फ़िल्म सेट पर अंगप्रदर्शन करके दुबई पहुँचने वाली नम्बर वन के बीच का अन्तर भूलने जैसा नहीं है।

अब सिर्फ़ वर्बल आइकोन और फोरेन्सिक पर्सुएशन के दो विश्वों के बीच भारतीय भावक बँटा हुआ—विभक्त नहीं है। अब उसे तीन विश्वों में, तीन व्यक्तित्वों में तोड़कर विभक्त कर देने वाली मनोव्याधि लग चुकी है। उसका तीसरा व्यक्तित्व सम्भवतः सर्वाधिक आत्मघाती है।

ऐसा व्याधिग्रस्त भावक अब कविता के पास एक क्षण रचना-सौष्ठव की कृति-भीतरी अपेक्षा रखता है और दूसरे ही क्षण सामाजिक अन्यायों के ख़िलाफ़ जिहाद के रूप में कविता को देखने-दिखाने का आग्रह रखता है; तो तीसरे ही क्षण एक लेखक की कितनी किताबें बिकीं, एक लोकसन्त की सभा में कितने लोग (चबेना खाने और चौपाइयाँ सुनने) आये, एक गीतकार

की कैसेट किस गायक ने गायी और कितनी आमदनी पैदा की—इसका लेखा-जोखा करने लग जाता है।

यह अवस्था न केवल कविता के भावक के लिए, बल्कि समग्र संस्कृति के लिये ख़तरनाक कही जा सके ऐसी अवस्था है। यदि संस्कृति ऐसी अनवस्था को निभा लेगी, उसका पालन-पोषण और संवर्धन करेगी, उससे गर्वान्वित महसूस करेगी, तो आज अपनी रसकीय स्वतन्त्रता और कल को अपनी राजकीय स्वतन्त्रता गँवा बैठेगी, क्योंकि कोई भी प्रजा एकांश जीवन में स्वतन्त्र, एकांश जीवन परतन्त्र और एकांश जीवन में अतन्त्र जीवन नहीं जी सकती।

तब ऐसे में भारतीय भावक को पुनः अ-खण्ड कैसे बनाया जा सकता है? अँग्रेज़ी शासकों तथा पाश्चात्य नव-उपनिवेशवाद के द्वारा पैदा की गयी इस अनवस्था का अन्त लाने का मार्ग खोजते-खोजते हम कहीं किसी कुपथ पर न चले जायें, इस बात को सुनिश्चित करने में अँग्रेज़ी भाषा के तीन शब्द सहायता करते हैं। ये तीन शब्द हैं—खण्डित (Fragmented'), एकत्रित (United) और एकशैल (monolithic)।

भावक के व्यक्तित्व को एकत्रित करने का यत्न, उस व्यक्तित्व खण्डित अवस्था में से एकशैल जड़त्व में न जाय, यह देखना आवश्यक है। खण्डित व्यक्तित्व से भी अधिक मोनोलिथिक या विवर्त असहिष्णु व्यक्तित्व व्यक्ति तथा प्रजा के जीवन-विकास में भारी अवरोधक सिद्ध होता है। कविता के साथ व्यक्ति तथा प्रजा का सम्बन्ध यदि जीवन-विकास का नहीं है तो और क्या है?

यही वजह है कि भावकत्व की मीमांसा भारत के सन्दर्भ में करते समय उपनिवेशवादी तथा उत्तर-उपनिवेशवादी राजसत्ताओं के द्वारा उत्पन्न की गयी अनवस्था की चर्चा करना लाजिमी है, किन्तु इस अनवस्था का हल आख़िर क्या है?

सार्वजनिक माध्यमों की चकाचौंध से मुग्ध होकर मनुष्य की आवाज़ माइक्रोफ़ोन के हवाले कर देना कोई हल नहीं है। न ही इतिहास के प्रवाह में से बाहर निकलकर किसी लुभावने-आरामदायी तीर्थघाट पर आसन जमाकर बैठ जाना ही कोई हल हुआ। और किसी पराये सत्ताधीश या धनपति द्वारा लुभावने खोट के सौदे में फँसकर सामने बिछाई हुई सोने की पणि-जाल में

नादानीपूर्वक कूद पड़ना तो कतई कोई हल नहीं है। प्राचीन, आधुनिक और पण्य—इन तीन पायों की हिल-डुल तिपाई बनाकर उस पर बैठने की कोशिश करना भी कोई हल नहीं है।

हमारा इतिहास जिस संकुल अवस्था और पेचीदा कारकों को वर्तमान समय में हमारी जीवन परिस्थिति के रूप में हमारे सम्मुख रखता है, उस परिस्थिति के प्रत्येक पहलू का पूरा अन्दाज़ा लगाते हुए, बिखरी हुई ज़िन्दगी को पुन: समेटना ही करने योग्य कार्य कहा जायेगा। भारतीय भावक को पुन: एकत्वयुक्त करने का काम व्यापक कार्य का ही अंश है। सस्ता समन्वय, भीरु अतीतराग, कमज़ोर विदेश-मोह तथा आत्मघाती पण्य-प्रीत : इन चारों से दूर, लीक से हटकर, हमें अपने भविष्य की ओर ले जाने वाला मार्ग ढूँढ़ना ही होगा।

भाषा, सर्जक, कृति और भावक—इन चारों के अन्तर-सम्बन्धों को जाँचने के उपक्रम में इन चारों में से किसी एक के प्रति अग्रसरता का आग्रह अधिक उपयोगी सिद्ध नहीं होता। इस प्रकार की एकांगिता के परिणामस्वरूप समाज-विज्ञान का उपकरण बनकर फँसती संस्कृति-मीमांसा कभी-कभार हमारी साहित्य-चर्चा पर कब्ज़ा जमा लेती है। अथवा, काव्य और कथा में इस प्रकार की एकांगिता कैसे समाविष्ट हुई है, तत्सम्बन्धी सतही एवं तकनीकी चर्चाओं में परिणमित होती है। कलाकृति की निर्मिति का सम्यक् दर्शन भाषा, सर्जक, कृति और भावक—इन चारों के अन्तर-सम्बन्धों की समग्रता के दर्शन से कमतर नहीं हो सकता।

भाषा-सर्जक-कृति-भावक की चतुष्परिमाणी (अभि) व्यक्तिता को तीन प्रकार के विश्वों में से किसी एक विश्व में स्थित करके देख पाना सम्भव है। उस व्यक्तिता के तीन सम्भव विश्वों को समाजशास्त्रीय विश्व (Sociological Universe) तथा प्रतिभासशास्त्रीय विश्व (Phenomenological Universe), संरचनाशास्त्रीय विश्व (Structuralist Universe) के रूप में पहचान दी जा सकती है। ये विश्व भौतिक उपस्थितियाँ नहीं हैं, बल्कि संज्ञाजनक, अर्थोत्पादक व्यवस्थाएँ (Semiotic Orders, सेमिओटिक ऑर्डर्स) हैं। या यों कहें कि विभिन्न लोकेशंस ऑफ़ लिटरेचर, साहित्य के स्थानक, कविता का अता-पता हैं। प्रत्येक लोकेशन कविता को, बल्कि कला मात्र को एक अनूठा अर्थ प्रदान कर सकती है। आज कला कौन-सा पता-ठिकाना पसन्द करेगी?

प्रोफ़ेसर पोलोक ने साहित्य की सूझ-बूझ सम्बन्धी दो सम्भावनाओं को

निष्कर्ष रूप में पेश किया। लिटरेचर एज वर्बल आइकन और लिटरेचर एज एक्जोर्टेशन। कवि तथा भावक का निर्माण करने वाली जिस कवि-शिक्षा को ग्रीक-रोमन परम्परा में मान्यता दी गयी, वह (ग्रामर, र्‌हेटरिक तथा डायलेक्टिक के द्वारा दी जाने वाली कवि शिक्षा) साहित्य को केवल उद्‌बोधन रीति में ही नहीं, बल्कि समाजशास्त्रीय विश्व में स्थापित करती है। वाग्मिता और तर्क (र्‌हेटरिक और डायलेक्टिक) के औज़ार वाणी-भाषा को, वक्ता-सर्जक को, श्रोता-भावक को तथा उद्‌बोधन-कृति को सामाजिक व्यवस्था के हित के साथ जोड़ते हैं। यही नहीं, इन चारों को तथा उनके अन्तर-सम्बन्धों से बनी हुई (अभि) व्यक्तिता की सार्थकता अथवा अर्थमयता भी इसी सेमिओटिक ऑर्डर के भीतर, उसी संकेतशास्त्रीय व्यवस्था के भीतर में ही सिद्ध हो सकती है। इस पते पर रहने वाली कविता का अर्थ समाजविज्ञान तय करता है। कोई ऐसा भी कह सकता है कि आधुनिक पाश्चात्य संस्कृति से हमें इस पते की जानकारी मिली।

प्रो. पोलोक के द्वारा दर्शायी गयी दूसरे प्रकार की कविशिक्षा व्याकरण, मीमांसा और न्याय (ग्रामर, हर्मेन्यूटिक्स और लॉजिक)—इन तीनों साधनों के द्वारा कवि और भावक का निर्माण करती है और उसकी समझ, साहित्य वर्बल आइकन के रूप में उपस्थित होती है। वे साधन और वह निर्माण भाषा और लेखन को, लेखक-सर्जक को, वाचक-भावक को तथा संरचित कृति को तथा इन चारों के अन्तर-सम्बन्धों से निर्मित (अभि) व्यक्तिता अर्थवत्ता को संरचना-शास्त्रीय विश्व में, ऐसे सेमिओटिक ऑर्डर में रख देती है। इस पते पर रहने वाली कविता का अर्थ भाषा विज्ञान—उक्ति मीमांसा के अनुसार करना पड़ेगा। यह पता हमें प्राचीन भारतीय संस्कृति ने प्रदान किया, ऐसा दावा भी कोई कर सकता है।

आधुनिक गुजराती (बल्कि भारतीय) भावक इन दो विश्वों के बीच में बँटा हुआ, कुछ हद तक उलझा हुआ है। जैसा कि डॉ. पारेख-पीटर्स दिखा पाये हैं, यह उलझन सुलझा पाना इतना आसान नहीं है; क्योंकि यह उलझन भी है और तानों-बानों की बुनावट भी।

इस सन्दर्भ में पूर्व दर्ज किये गये तीसरे विश्व में, प्रतिभासमीमांसा के विश्व (फिनोमिनोलोजिकल यूनिवर्स) में भाषा-सर्जक-कृति-भावक की व्यक्तिता को रखकर देख पाने की सम्भावना पैदा होती है।

इस पद्धति से अब हम एडमण्ड हुसेर्ल, रोमन इंगार्डन और वुल्फ गांग

आइज़र की मान्यताओं के सन्दर्भ की पड़ताल करेंगे।

छ

एडमण्ड हुसेर्ल (सन् १८५९-१९३८) की प्रतिभासमीमांसा एक तरह की ज्ञान-मीमांसा (Epistemology) है। जानना अर्थात् क्या, समझना अर्थात् क्या, इन प्रश्नों के उत्तर आत्मसजग मनुष्य एवं आत्मसजग संस्कृतियाँ सदा से खोजते आये हैं। आधुनिक युग के आरम्भ के बाद लगभग तीन दशकों के उपनिवेशवादी अनुभवों के पश्चात गुजरात की संस्कृति उसके सुधारकयुगीन जोश ('जोस्सा') से आगे बढ़ते हुए गोवर्धनराम त्रिपाठी-आनन्दशंकर ध्रुव आदि के ज्ञान-मीमांसापरक गम्भीर प्रयासों तक जा पहुँची थी। 'हिन्द स्वराज' के कर्ता सन् १९०८ में उपनिवेशवादी शासकों के समक्ष ज्ञान-मीमांसा को चुनौती दे सके, मानो उसी के लिये भूमिका तैयार होने जा रही थी। हमारे उस सांस्कृतिक विश्व के सन्दर्भ में हुसेर्ल की यह प्रतिभासमीमांसा हमारे लिये काफ़ी उपयोगी बन पड़ती है।

इस प्रतिभासमीमांसा की बुनियाद में दो मान्यताएँ स्थित हैं :

१. मनुष्य का अपनी वैयक्तिक चेतना का ज्ञान ख़ुद अपनी मन:स्थितियों को समझने के लिये उसे एक विश्वसनीय भूमिका प्रदान करता है। (शर्त बस यही है कि इन मन:स्थितियों में से कौन-सी स्थायी एवं अन्तर्गत है तथा कौन-सी अस्थायी एवं आगन्तुक है, उसका व्यतिरेक कर पाने में सम्बन्धित व्यक्ति सक्षम हो।)

२. मन:स्थितियों की गन्तव्य-ता intentionality उन मन:स्थितियों को उनका संकेतित अर्थ प्रदान करती है।

सच्चा ज्ञान सम्भव हो पाये इसके लिये व्यक्ति के द्वारा अपनी मन:स्थितियों में से जो अन्तर्गत हैं तथा जो आगन्तुक हैं, उनके बीच का अन्तर समझना तथा उन्हें अलगाना आवश्यक हो जाता है। आगन्तुक से अन्तर्गत को अलगाने की इस प्रक्रिया को हुसेर्ल कोष्ठकों में रखने की प्रक्रिया (bracketing) का नाम देता है।

हुसेर्ल की ब्रेकेटिंग की यह विभावना उपनिवेशवादी प्रभावों में से हमारी

मनोवृत्तियों को मुक्त करने की प्रक्रिया में कितनी अधिक उपयोगी सिद्ध होती है, यह सचमुच विचारणीय है।

ब्रेकेटिंग की विभावना को हुसेर्ल प्रातिभासिक ह्रस्वीकरण (Phenomenological reduction) के रूप में स्थापित करता है।

यह कौन-सी प्रक्रिया है? इसके बारे में समझाते हुए प्रो. रोज़र स्क्रूटन लिखते हैं :

> All references to what is susceptible to doubt or mediated by reflection must be excluded from the description of every mental state, leaving the remnant of pure immediacy along.
>
> (जो कुछ भी संदेहास्पद हो सके ऐसी अथवा जो कुछ भी विचार प्रक्रियाओं के द्वारा परोक्ष बन जाता है, उन तमाम के उल्लेख, प्रत्येक मनोमय स्थिति के वर्णन में से बाहर रखने चाहिए, ताकि मात्र विशुद्ध प्रत्यक्षता ही शेष रह जाय।)

ब्रेकेटिंग के द्वारा इस प्रकार से प्राप्त हो सकने वाली 'विशुद्ध प्रत्यक्षता' में हुसेर्ल अपनी ज्ञान-मीमांसा के 'जानना अर्थात् क्या?' 'समझना अर्थात् क्या?' आदि प्रश्नों के उत्तर खोजता है।

हुसेर्ल की प्रतिभासमीमांसा यदि इतनी भर होती, तो सम्भवत: वह हमारे लिये अधिक उपयोगी सिद्ध न होती। कट्टरतावादी ह्रस्वीकरण की ओर हमें धकेलने वाला कोई कारक ऐसी अपूर्ण ज्ञान-मीमांसा में से शायद पैदा होता; यह ख़तरा तो उसमें बना ही रहता। किन्तु प्रतिभासमीमांसा की दूसरी उतनी ही महत्त्वपूर्ण विभावना है : इंटेंशनालिटी। हुसेर्ल के पूर्ववर्ती चिन्तक, फ्रांज ब्रेंटानी (Franz Brentano) (सन् १८३८-१९१७) की मान्यता में भी महत्त्व रखने वाली इस संज्ञा की जड़ें ब्रेंटानो से भी गहरी है। बेंटानो ने इंटेंशनालिटी संज्ञा मध्यकालीन यूरोपीय चिन्तन-परम्परा में से प्राप्त की थी। हुसेर्ल द्वारा इस संज्ञा का विनियोग ब्रेंटानो के प्रभाव को सूचित करता है।

इंटेंशनालिटी की विभावना पाश्चात्य दर्शन की एक महत्त्वपूर्ण समस्या के समाधान के रूप में प्रस्तुत की गयी थी। यह समस्या ज्ञान-मीमांसागत समस्या थी। प्लेटो से आरम्भ होने वाली आदर्शवादी (आइडियालिस्ट) दर्शन परम्परा में ज्ञान के विषय का आदर्श ज्ञेय (आइडियाज) के रूप में स्वीकार होता था। ये आइडियाज अमूर्त, सम्पूर्ण, स्थल निरपेक्ष, कालनिरपेक्ष (एब्स्ट्रेक्ट, परफेक्ट,

यूनिवर्सल तथा इन्टर्नल) माने जाते थे। ऐसे में ब्रेंटानो ने (और तत्पश्चात् हुसेर्ल ने) ज्ञान के विषय को इस प्रकार से वैयक्तिक ज्ञाता से स्वतन्त्र, अलग, क्वचित् तथा आकस्मिक रूप से अनुसन्धित मानना स्वीकार न करते हुए आइडियालिस्ट परम्परा से अलग चलना पसन्द किया। ब्रेंटानो भौतिक विज्ञान (Science) की पद्धति का अनुसरण करना चाहता था। इसलिए उसने ज्ञाता बल्कि प्रथम पुरुष एक वचन (I, आई, मैं) की जागृत चेतना (Consciousness) में से फलित होने वाले ज्ञान विषय को पहचानने का प्रयत्न किया—न कि उस आदर्शवादी परम्परा के अमूर्त, सम्पूर्ण, स्थलनिरपेक्ष, काल निरपेक्ष ज्ञेय को।

ब्रेंटानो के सम्मुख अब दो प्रश्न उपस्थित हुए :

१. मेरी अपनी जागृत चेतना की ज्ञेय सामग्री जब मेरे समक्ष (प्रथम पुरुष एकवचन रूपी ज्ञाता समक्ष) प्रस्तुत होती है, तब मैं किसका ज्ञान प्राप्त करता हूँ? सिर्फ़ अपने ख़ुद के बारे में, सिर्फ़ अपनी चेतना के बारे में, या फिर मेरे चेतना-विस्तार के बाहर की किसी व्यक्तिता (Entity) के विषय में?

२. दूसरा प्रश्न यह कि ज्ञेय को ज्ञाता से भिन्न कैसे अलगाया जाय?

इन प्रश्नों के उत्तर के रूप में ब्रेंटानो ने इंटेंशनालिटी की विभावना का पाश्चात्य परम्परा से स्वीकार किया और उसका स्पष्टीकरण किया। ब्रेंटानो उस विभावना को कुछ इस तरह से स्पष्ट करता है : प्रत्येक मानसिक स्थिति या घटना में किसी-न-किसी सामग्री की ओर संकेत रहता है। दूसरे शब्दों में कहें तो प्रत्येक मानसिक स्थिति किसी-न-किसी विषय की ओर आकृष्ट होती है, खिंचाव महसूस करती है। वह विषय को इंगित करती है, प्रत्येक मानसिक स्थिति इस प्रकार से किसी-न-किसी विषय की ओर खींचती-बढ़ती है। अत: उस विषय को मन:स्थिति का लक्ष्य अथवा गन्तव्य माना जा सकता है। इस लक्ष्य या गन्तव्य के रूप में अपनी मन:स्थिति के भीतर ही मुझे अपने ज्ञान का विषय प्राप्त होता है। इस लक्ष्य अथवा गन्तव्य रूपी ज्ञेय भाव को ब्रेंटानो 'गन्तव्य-ता' अथवा 'इंटेंशनालिटी' का नाम देता है।

इंटेंशनालिटी की यह विभावना इस तरह आदर्शवाद से विपरीत चलती है। फर्स्ट पर्सन अथवा 'आई' अर्थात् 'मैं' रूपी ज्ञाता स्व-चैतन्य में से प्राप्त सामग्री के सम्मुख रखे जाने पर किसको जानने का उपक्रम होता है, इस प्रश्न

का उत्तर इस विभावना में निहित है। गन्तव्यता की यह विभावना ऐसे ज्ञाता और ऐसे ज्ञेय के बीच क्या सम्बन्ध है, इस प्रश्न का उत्तर भी प्रदान करती है।

प्रतिभासमीमांसा के लिये तो यह विभावना अत्यधिक महत्त्व रखती ही है, साथ-ही-साथ कला-मीमांसा के लिये भी वह उतना ही महत्त्व रखती है। भावक अपने चैतन्य से प्राप्त होने वाली कलानुभव की सामग्री के विषय में किस तरह से जानता है तथा वह ज्ञान उसे अपने चैतन्य के बाहरी कलाकृति स्वरूप गन्तव्य की ओर किस तरह खींचता है, ऐसे प्रश्न पूछ पाना अब सम्भव है।

साहित्य-कृति के भावक के साथ के सम्बन्ध को केवल सान्निध्य अथवा केवल मुठभेड़ के रूप में देखने का उपक्रम एक तरह से सपाट काव्य-शास्त्र तथा सतही काव्य-मीमांसा में ही परिणत होगा। ज्ञाता और ज्ञेय के बीच के सम्बन्ध विषयक मूलगामी दार्शनिक प्रश्नों के लिये ऐसे सपाट काव्य-शास्त्र में कोई स्थान नहीं है। साहित्य के निजीपन के विषय में रूमानी बातें करने वाला काव्य-शास्त्र तथा साहित्य की लोकाभिमुखता के विषय में कृत्रिम वास्तववादी बातें करने वाला काव्य-शास्त्र—इन दोनों की मर्यादाएँ स्वत: ही खुलकर सामने आ जाती हैं।

गन्तव्यता की विभावना के आधार पर हुसेर्ल वाक्प्रयोगों की मीमांसा प्रस्तुत करता है। अभिव्यक्ति (expression) और निर्देशन (indication) यहाँ हमें अभिधा और लक्षणा शब्दशक्तियों का सहज स्मरण हो आता है। इंटेंशनालिटी द्वारा सूचित ज्ञेय पदार्थ का लक्ष्यार्थ के साथ का सम्बन्ध भी हम देख पाते हैं। हुसेर्ल की योजना में 'अभिव्यक्ति/एक्सप्रेशन' दरअसल वाक्प्रयोगों का वक्ता के प्रयोजनों के साथ जुड़ा हुआ पहलू है। जबकि 'निर्देशन/इंडिकेशन' वाक्प्रयोगों को 'pointing out' करने वाला, सूचित या इंगित करने वाला पहलू है। इस तरह से प्रयोगगत संज्ञा के बाहरी विस्तार की ओर हमें खींचने वाला वह एक पहलू है।

हुसेर्ल की महत्त्वपूर्ण विभावना अर्थात् pre-intentions (पूर्व-सूचित-गन्तव्यों) की विभावना। यह विभावना वाक्प्रयोगों के साथ सबद्ध, वाङ्मय व्यवहार के विश्लेषण में से निपजने वाली विभावना है।

> Every originally constructive process is inspired by pre-intentions, which construct and collect the seeds of what is

to come, as such, and bring it to fruition.

(प्रत्येक मूलभूत रूप से रचनात्मक प्रक्रिया पूर्वसूचित गन्तव्यों के द्वारा परिचालित होती है। ऐसे गन्तव्यों के द्वारा जो कि आने वाले बीज का निर्माण करते हैं और उन्हें एकत्रित करते हैं तथा उन्हें पुष्पित-पल्लवित करके फलदायी बनाते हैं।)

इस मत के अनुसार सर्जनात्मक वाक्यों के समूह में शामिल वाक्य एक-दूसरे के साथ की आन्तर-प्रक्रियाओं के द्वारा अब जो आने वाला है, ऐसे अनुभव (गन्तव्य ज्ञेय) का सूचन कर देते हैं। तदुपरान्त वे आने वाले ज्ञेयार्थ के लिये एक अपेक्षा भी खड़ी करते हैं। ऐसी अपेक्षा को हुसेर्ल 'प्री-इंटेंशन' की संज्ञा का नाम देता है। हमारे भारतीय स्फोटवाद में आने वाली वाक्यगत पद में अनुस्यूत अपेक्षा, योग्यता और सन्निधि के त्रिक में से 'अपेक्षा' की विभावना का 'प्री-इंटेंशन' के सन्दर्भ में सहज स्मरण हो आता है।

सर्जनात्मक वाक्य समूह में, या यों कहें, काव्य में, इन बीजों को एकत्रित करने से लेकर आरम्भिक फलागत तक की प्रक्रिया (वाक्यगत स्फोट तथा काव्य प्रबन्धनगत रसनिर्मिति का स्मरण कराने वाली प्रक्रिया) हुसेर्ल का अनुसरण करने वाले रोन इंगार्डन (Roman Ingarden) तथा उनके बाद आने वाले वुल्फगांग आइज़र (Wolfgang Iser) जैसे साहित्य मीमांसकों द्वारा कैसे आकार लेती है, आगे, देखेंगे।

साहित्य विवेचन या आलोचना के क्षेत्र में अमेरिकी नव्य विवेचन (Phenomenological criticism) के अन्तर्गत पाठक प्रतिभाव सिद्धान्त (reader's response theory)—इन दोनों को आमने-सामने रखने की चेष्टा कोई कर सकता है। किन्तु नव्य विवेचन केवल कृति के पाठ के अध्ययन तक सीमित रहता है और प्रतिभासमीमांसा पर आधारित पाठ प्रतिभाव सिद्धान्त केवल पाठक को मनोगत प्रक्रियाओं के अध्ययन तक ही सीमित रहता है, ऐसा मानना उचित नहीं है।

वुल्फगांग आइज़र ऐसे सरलीकरण को अस्वीकार करते हुए कहता है :

> The literary work has two poles, which might be called artistic and aesthetic. The artistic refers to the text created by the author and the aesthetic to the realization accomplished by the reader.

(साहित्य कृति के दो ध्रुवान्त होते हैं, जिन्हें कलापरक ध्रुवान्त और सौन्दर्य-शास्त्रपरक ध्रुवान्त कहा जा सकता है। कलापरक धुवान्त साहित्यकार लेखक के द्वारा रचे गये पाठ अथवा प्रबन्ध को सूचित करता है और सौन्दर्य-शास्त्रपरक धुवान्त पाठक के द्वारा सिद्ध किये गये (उस पाठ के) वास्तवीकरण को सूचित करता है।)

आइज़र द्वारा प्रयुक्त 'रिअलाइजेशन' शब्द मूलत: रोमन इंगार्डन के कला-चिन्तन में से प्राप्त होता है। अब आइज़र कलाकृति के 'लोकेशन' का, उसके स्थानक का निर्धारण करने के लिये सर्जक और भावक के साथ के कृति के सम्बन्धों का विश्लेषण करता है। क्या कृति सर्जक-अन्तर्गत है? आइज़र कहता है :

> From this polarity, it follows that the literary work can not be completely identical with the text or with the realization of the text, but must lie halfway between the two.

> (साहित्य-कृति के इन दो धुव्रों के होने से फलित होता है कि साहित्य-कृति न तो कृति-पाठ या कृति-प्रबन्ध के साथ सर्वथा एकरूप है, और न ही वह पाठ/प्रबन्ध के पाठक द्वारा सिद्ध किये गये वास्तवीकरण के साथ। साहित्य-कृति इन दोनों के बीच कहीं अपना स्थानक रखती है।)

कृति के स्थानक को इस तरह से पाठ और पठन के बीच कहीं निर्धारित करते हुए आइज़र कृति का उन दोनों के साथ सम्बन्ध बनाये रखने वाले साहित्य विवेचन का पुरस्कार करता है। अमेरिकी न्यू-क्रिटिसिज़्म के अतिरेक-विकृत प्रयोगों से तथा हरेक पाठक के साथ नूतन कृति-पाठ की कल्पना करते हुए अतन्त्र बनने वाले भाव-निष्ठ विवेचन के द्वारा वह अपने द्वारा सूचित विवेचन को इस प्रकार से भिन्न धरातल पर प्रस्थापित करता है।

अब प्रश्न यह उठता है कि जिसे आइज़र साहित्य कृति (लिटररी वर्क) कहता है, उसका सम्बन्ध कृति-पाठ (टेक्स्ट) तथा पाठक (रीडर) के साथ किस प्रकार से स्थापित होता है?

पठन की प्रक्रिया अर्थात् the reading process ऐसी संज्ञा प्रयुक्त करके वह विभिन्न सम्बन्धों के विश्लेषण का आरम्भ करता है। पठन को एक प्रक्रिया के रूप में देखना पसन्द करते हुए वह एक दूसरी संज्ञा तक पहुँचता है। यह संज्ञा है कार्य (action)। यह संज्ञा भी प्रतिभासमीमांसा की एक मूलभूत संज्ञा है। ब्रेंटानो तथा हुसेर्ल की ज्ञान-मीमांसा की बुनियाद में 'मेंटल एक्शन'

संज्ञा विद्यमान है। अपनी चेतना के द्वारा प्रस्तुत की जाने वाली 'मेंटल स्टेट्स' को प्रथम पुरुष एकवचन रूपी 'मैं' (I) किस प्रकार से जान-पहचान सकता है, यह सवाल दरअसल प्रतिभासमीमांसा की मूलभूत समस्या को प्रस्तुत करता है। ज्ञान-विषयक इस प्रश्न के उत्तर में ब्रेंटानो और हुसेर्ल के अनुसार 'फिनोमिनोलोजिकल रिडक्शन' अथवा 'ब्रेकेटिंग' की प्रक्रिया के रूप में तथा 'इंटेंशनालिटी' के गन्तव्य बोध सहित एक 'एक्शन' या कार्य ही विभिन्न अन्वयों को स्थापित कर सकता है।

'The Reading Process : A Phenomenological Approach' नामक निबन्ध के आरम्भ में आइज़र इस मुद्दे को अधिक स्पष्ट करते हुए लिखता है :

> The Phenomenological theory of art lays full stress on the idea that, in considering a literary work, one must take into account not only the actual text but also in equal measure the actions involved in responding to the text.
>
> (प्रतिभासमीमांसा का सिद्धान्त इस विभावना पर पूर्ण बल देता है कि साहित्य-कृति के विषय में सोचते हुए हमें मात्र कृति के वाङ्मय पाठ/प्रबन्ध को ही लक्ष्य में नहीं लेना है, बल्कि उतनी ही मात्रा में, उस पाठ/प्रबन्ध का प्रतिभाव प्रदान करने में जिसका समावेश रहता है, ऐसे [पाठक के] [मानसिक] कार्य को भी लक्ष्य में लेना है।)

यहाँ उल्लेखित 'action involved in responding to the text' वाक्यखण्ड में प्रयुक्त 'action' शब्द पूर्णतः समझना आवश्यक है। यह शब्द आइज़र की काव्य-मीमांसा को ब्रेंटानो-हुसेर्ल की ज्ञान-मीमांसा के साथ जोड़ता है, बल्कि उसमें प्रतिष्ठित करते हुए उसकी मजबूत नींव डालता है। पाठ/प्रबन्ध का पठन-पाठन जिस ज्ञान-मीमांसा के प्रतिष्ठित कार्य के माध्यम से करता है, उस 'मेंटल एक्शन' का स्वरूप हुसेर्ल की 'प्री-इंटेंशंस' की विभावना के द्वारा सुस्पष्ट होता है। 'पूर्व गन्तव्य' की उस विभावना पर हमने इससे पूर्व विचार-विमर्श किया है। इसकी और भी अधिक विशद चर्चा रोमन इंगार्डन ने गन्तव्यपरक वाक्य सह-रूप (intentional sentence co-relative, इंटेंशनल सेंटन्स को-रिलेटिव) की विभावना के द्वारा आगे बढ़ायी है।

इंगार्डन की यह विभावना हुसेर्ल की ज्ञान-मीमांसा को आइज़र आदि की काव्य-मीमांसा के साथ जोड़ने वाली महत्त्वपूर्ण कड़ी बनती है। इंगार्डन

दर्शाता है कि कोई भी वाङ्मय कृति का पाठ/प्रबन्ध (टेक्स्ट) अनेक वाक्यों से निर्मित होता है। पाठक ज्यों-ज्यों उस पाठ/प्रबन्ध को अपने पठन के द्वारा सक्रिय करता जाता है, त्यों-त्यों उस पाठ/प्रबन्ध के वाक्य एक या दूसरी तरह से एक-दूजे के साथ जुड़ते चले जाते हैं। अब इन वाक्यों का निश्चित ढंग से समूह बनता चला जाता है; उस प्र-क्रिया के द्वारा वह पाठ/प्रबन्ध अपना स्व-रूप प्राप्त करता जायेगा और या फिर कविता अथवा नाटक अथवा कथा या विज्ञान विषयक लेख या अन्य किसी स्व-रूप के द्वारा पहचाना जायेगा।

यहाँ वाक्यों (सेंटेंसिज) को समग्र कृतिसंकुल के घटक तत्त्वों के रूप में देखा गया है। एक के बाद एक वाक्य अपनी-अपनी गन्तव्यता सहित, इंटेंशनालिटीपूर्वक प्रस्तुत होते जायेंगे, एक-दूजे के साथ जुड़ते जायेंगे, इस प्रक्रिया का परिचालक बल पाठक (रीडर) की पठन प्रक्रिया के द्वारा प्राप्त होता जायेगा। इस तरह action of reading (एक्शन ऑफ़ रीडिंग) में स्थित मेंटल एक्शन यहाँ इंगार्डन की वाक्यमीमांसा और पठनमीमांसा को हुसेर्ल की ज्ञान-मीमांसा के साथ जोड़ता है।

प्रकारान्तर से देखने पर इंगार्डन की इस मीमांसा में प्रत्येक वाक्य अपना अर्थ तथा अपना गन्तव्य लेकर आयेगा और अन्त ऐसे ही वाक्यों के साथ पठन के दौरान अपना अर्थ तथा अपने गन्तव्य लेकर आयेगा। अन्य ऐसे ही वाक्य पठन के दौरान एक-दूजे के साथ जुड़ते जायेंगे और इस प्रकार से वाक्यों के समाहार के रूप में समग्र वाङ्मय कृति का स्व-रूप पाठक को ज्ञान के रूप में उपलब्ध होने की बात मूलतः यह मीमांसा करती है। उनकी यह मीमांसा हमें भारतीय भाषामीमांसा की परम्परा के अभिहितान्वयवाद का सहज स्मरण कराती है। जो जड़ से ही जुड़े हुए या अन्वित हैं, ऐसे पदों को पूर्व-सुनिश्चित स्वरूप में ही पाठ में (टेक्स्ट में, उच्चारण रूप में अथवा लेखन रूप में) प्राकट्य होता है, ऐसा मत अन्विताभिधानवाद के अन्तर्गत प्रस्तुत हुआ है। इससे भिन्न अभिहितान्वयवाद में कहा गया है कि जो स्वतन्त्र कारक के रूप में, मूल रूप में बिना किसी एक पूर्व निश्चित संवाद के अलग-अलग प्रकट होता है, ऐसे अभिहित अर्थात् कथित सार्थ कारकों के तत्पश्चात् एक के बाद एक अन्वय अर्थात् जुड़ाव होने से कथयितव्य की रचना होती है। रोमन इंगार्डन की पाठमीमांसा इस भारतीय भाषामीमांसा का सहज स्मरण कराती है।

इंगार्डन दर्शाता है कि वाक्यों की विविध गन्तव्यता या इंटेंशनालिटी के अन्तर-सम्बन्ध स्थापित होने से, उस कार्य के द्वारा, अन्ततः 'there arises a particular world—'एक विशेष विश्व का पाठक के समक्ष निर्माण होता है।' इस विश्व विशेष का उद्‌भव जो सम्भव बनाता है, उसे इंगार्डन गन्तव्यपरक काव्य सह-रूपों (Intentional Sentence Co-relative) की संज्ञा के रूप में पहचान देता है।

आइज़र की काव्य-मीमांसा इस छोर को आगे बढ़ाती है। वह कहता है :

> For this bringing to frution, the literary text needs the reader's imagination, which gives shape to the interaction of co-realatives foreshadowed in structure by sequence of sentences.
>
> ([डाले हुए बीज को] फल बनाने के लिये साहित्यिक कृति के पाठ को पाठक की कल्पनाशक्ति की अपेक्षा रहती है। [वह कल्पनाशक्ति] जिसकी संरचना की पहले ही झलक मिल चुकी है, ऐसे सह-रूपों के बीच की आन्तर-प्रक्रिया एक [निश्चित] आकार प्रदान करती है।)

इस प्रक्रिया को समझाते हुए वह जोड़ता है :

> The individual sentences not only work together to shade in what is to come; they also form an expectation in this regard.
>
> (भिन्न-भिन्न वाक्य [अब] एक साथ कार्यान्वित होकर जो आने वाला है उस [अर्थबोध] की झलक देते हैं; तदुपरान्त वे [वाक्य] इस [अर्थबोध] के विषय में एक अपेक्षा भी पैदा करते हैं।)

इस तरह से

> As this structure is characteristic of all sentence co-relatives, the interaction of these co-relatives will not be fulfilment of the expectation, so, much as a continual modification of it.
>
> (तमाम वाक्य सह-रूप अनुबन्धों के लिये यह संरचना लाक्षणिक होने के कारण इन सह-रूपों अनुबन्धों के बीच की आन्तर-प्रक्रिया के द्वारा [प्रारम्भिक] अपेक्षाओं की न केवल पूर्ति होती है, बल्कि वे [अपेक्षाएँ] निरन्तर परिवर्धित भी होती रहती हैं।)

आइज़र की काव्य-मीमांसा ऐसी 'कंटिन्यूअल मीडिफिकेशन ऑफ़

एक्सपेक्टेशंस' अर्थात् मूल अपेक्षा में निरन्तर होने वाले विवर्तों की विभावना के माध्यम से इंगार्डन और हुसेर्ल-ब्रेंटानो की ज्ञान-मीमांसा-भाषामीमांसा में एक महत्त्वपूर्ण काव्य-मीमांसापरक तथ्य जोड़ती है। काव्य का पठन भावक की काव्यारम्भ में बोई गयी अपेक्षा को न केवल सन्तुष्ट करता है, बल्कि पठन के दौरान वह निरन्तर उस अपेक्षा को उलटता-पलटता रहता है। उसकी यह सूझ-बूझ काव्य-मीमांसा को ध्यानार्ह बनाती है।

आइज़र की काव्य-मीमांसा के अनुसार यहाँ केवल अपेक्षापूर्ति नहीं, अपेक्षा परिवर्तन, बल्कि एक अर्थ में अपेक्षाभंग की काव्य के सर्जनात्मक पठन का लक्षण है।

आइज़र इस मुद्दे को अधिक दृढ़ करते हुए कहता है :

> For this reason, expectations are scarcely ever fulfilled in truly literary texts.
>
> (इस वजह से सच्ची साहित्य कृति में [पाठ के आरम्भ में बोई गयी] अपेक्षाएँ शायद ही सन्तुष्ट की जा सकती हैं।)

आज, गुजरात में, जब तुरन्त समझ में आ जाय, पठन में अधिक परिश्रम की माँग न करे, फौरन लोगों तक पहुँच जाय, ऐसी कृतियों को सच्ची सर्जनात्मक कृतियाँ मानने का आत्मघाती दुराग्रह व्यापक होता जा रहा है, ऐसे में आइज़र के इन उत्तरवर्ती वाक्यों में अभिव्यक्त होने वाली स्पष्टता पर विशेष तवज्जो देने की आवश्यकता है। आइज़र लिखता है :

> The more a text confirms and expectations it has initially aroused, the more aware we become of its didactic purpose. (आरम्भ में ही अपने द्वारा पैदा की गयी अपेक्षाओं का एक वाङ्मय कृति जितना अधिक समर्थन करती जायगी, उतना ही अधिक हम उस कृति के बोधात्मक प्रयोजन के प्रति सजग होते चले जायेंगे।)

कृति के साथ के भावक के सक्रिय सम्बन्ध को ऐसी बोधक रचनाएँ नष्ट कर देती हैं। पूर्व निर्णीत अपेक्षाओं को पूर्वनिर्णीत रूप से तुष्ट करने वाली ऐसी कृतियाँ भावक को निष्क्रिय बना देती हैं। आइज़र ऐसी कृतियों को 'diactic purpose' से मोड़कर नीतिबोध कराने वाली कृतियों के रूप में देखता है। यही नहीं, घिसी-पिटी संवेदनाओं का अपेक्षित आलेखन करने वाली, थोक में लिखी जाने वाली और निष्क्रियतापूर्वक पढ़ी जाने वाली, पद्य और गद्य

की, चतुराईपूर्ण या भावुकता से लिसड़ी हुई जो काव्याभासी या कथाभासी रचनाएँ आज गुजरात में टिड्डियों के झुण्ड की भाँति फैल रही हैं, वे भी निश्चित रूप से आइज़र द्वारा निर्देशित दोष से युक्त हैं।

भावक की सक्रियता को ख़तरे में डालने वाली ऐसी कृतक-कला के विषय में वह जो भी कहता है, उसके साथ गुजराती भावक भी इत्तेफ़ाक रखेगा :

> More often than not, the very clarity of such text will make us want to free ourselves from their clutches.
>
> (अधिकांशतः ऐसी कृतियों की सरलता ही हमें इन कृतियों के चंगुल से ख़ुद को आज़ाद कराने के लिये प्रेरणा देंगी।)

ज

प्रतिभासमीमांसा के औज़ारों से परखने पर भावक की सक्रियता का प्रश्न व्यापक सन्दर्भ में समझा जा सकता है। पाठक और लेखक के बीच के सम्बन्ध की मीमांसा विभिन्न क्षेत्रों के शासितों और सम्बन्धित क्षेत्रों के शासकों के बीच के सम्बन्ध के विषय में समझ विकसित करने में सहायक हो सकती है। शासन जब एक-एन्द्री बन जाता है, तब राज्य के अन्य तन्त्र (फ़ौजी या एकपक्षीय शासन के अधीन) अथवा राष्ट्र की समस्त प्रजा को (विदेशी शासन के अधीन) अथवा सत्ता के स्थानक का, लोकेशन ऑफ़ पावर का प्रश्न भी इस सन्दर्भ में यहाँ स्पष्ट होता है। जब शासन-सत्ता का स्थानक एक स्थान निबद्ध बनता है, तब ह्रस्वीकरण की एक विचित्र प्रक्रिया का आरम्भ होता है। आरम्भ में तो शासित समुदाय को सत्ता के स्थानक के बाहर धकेल दिया जाता है। अतः ऐसा प्रतीत होता है जैसे केवल शासित समुदाय का ह्रस्वीकरण हुआ हो, केवल उसी समुदाय को ब्रेकेट ऑफ़ कर दिया गया हो। किन्तु क्रमशः आगे बढ़ते हुए यह बात समझ में आती है कि स्वयं शासक के अपने स्थानक का मानो स्व-निर्मित ह्रस्वीकरण हुआ हो, वैसे समग्र संरचना के एक मर्यादित अंश में संकुचित हो जाता है। जैसे-जैसे शासक के प्रभाव का क्षेत्र फैलता जाता है, वैसे-वैसे शासक की सजगता का क्षेत्र संकुचित होता जाता है। जैसे-जैसे उसकी सत्ता (उसके पॉवर) का विस्तरण होता है, वैसे-वैसे उसकी सत्ता (आत्मसजग अस्तित्व) संकुचित होती है। बावजूद इसके समग्र संरचना पर (साम्राज्य पर, उपनिवेशों पर,

न्याय-वाणिज्य आदि संस्थाओं पर) उसका कठोर शासन प्रभावी बनता चला जाता है।

पाठक के साथ लेखक का सम्बन्ध भी कुछ ऐसा ही हो सकता है। इस परिस्थिति में लेखक के लिये 'ग्रन्थकर्ता' (author, ऑथर) शब्द सर्वथा उचित ठहरता है। क्योंकि अब ग्रन्थ (टेक्स्ट, पाठ) से सम्बन्धित सर्वसत्ता या ऑथोरिटी ऑथर रूपी, ग्रन्थस्वामी/ग्रन्थकर्ता रूपी लेखक/रचयिता के पास केन्द्रित हो जाती है। पाठक उसके शासन का मात्र शासित बनता है। ग्रन्थ/प्रबन्ध/पाठ/टेक्स्ट ऐसे स्थानक/लोकेशन पर पहुँच जाता है जो कि दरअसल जिसने अपना लचीलापन खो दिया है, ऐसा संकुचित स्थानक बन जाता है।

कुछेक धर्म-पन्थों के मूल ग्रन्थों के ग्रथन के पीछे इस प्रकार की 'एक लेखक-एक अर्थघटन' की ऑथोरिटी का आग्रह जिम्मेदार हो सकता है। अन्तिम तथा एकमात्र सच्चा पैगम्बर कौन तथा एकमात्र पवित्र पुस्तक कौन-सी, इसको लेकर यहूदी, ईसाई एवं मुस्लिम संस्कृतियों के बीच व्यापक नरसंहार का कारण बनने वाले धर्मयुद्धों की इतिहास गवाही देता है। 'मामेकं शरण व्रज' कहने वाले प्रभु 'यथेच्छसि तथा कुरु' ऐसा ग्रन्थ के अन्त में कहते हैं; उसी को यदि हम 'सेविंग ग्रेस' का नाम दें तो इन शब्दों की अर्थबहुलता यहाँ सिद्ध होती दिखती है।

'ऑथर' रूपी साहित्य स्वामी बनने वाले लेखक के पास जो भाषा होती है, उसकी झलक इस व्याख्यान के आरम्भ में दृश्यगत मिलान कुंदेरा के प्राग शहर में पुराने नगर चौक में हज़ारों लोगों को बहकाने वाला भाषण करने के लिये ऊँची बाल्कनी में खड़े क्लेमेंट गोटवाल्ड के मुख में होगी। यही वाणी ऐसे ही लाखों लोगों का मनोरंजन करके उन्हें अपने जीवन के सच्चे प्रश्नों के प्रति उदासीन कर देने वाले कथाकारों, मौलवियों, पादरियों के पास तथा चमकीले संवाद बोलने वाले सिल्वर स्क्रीन के सुपरस्टारों के पास होती है। इस वाणी का शायद सबसे भयंकर एवं ख़तरनाक प्रयोग करोड़ों रुपये/डॉलर/दिनार ख़र्च करके बनाये जाने वाले संचार माध्यमों के प्रचलित सम्मोहक विज्ञापनों में देखा जा सकता है।

इस भाषा से रचा गया एक महाप्रबन्ध मेगा टेक्स्ट अर्थात् हमारे ऊपर शिकंजा कसने वाला उत्तर आधुनिक ग्लोबल कल्चर, भूगोल व्यापी 'संस्कृति' उस

भाषा का मार्मिक विश्लेषण गेराल्ड ग्राफ़ (Gerald Graff) ने 'Determinacy/Indeterminacy' नामक निबन्ध में किया है। इसके लिये उसने प्रथम दृष्टि में निर्दोष प्रतीत होने वाले एक वाक्यखण्ड को चुना है। यह वाक्यखण्ड, 'It goes without Saying' ('कहने की आवश्यकता नहीं है कि') जो कि अत्यन्त सहजता से बोला जाता है, काफ़ी प्रचलित है। ग्राफ़ लिखता है :

> We use phrases like "It goes without saying" or "I strongly believe" in hope of goining credibility for what we are saying, but...the very expression by which we clain that cridibility betrays how fragile and challengeable it is.
>
> (हम ''इट गोज विदाउट सेविंग'' और ''आई स्ट्रोंगली बिलीव'' जैसे वाक्यखण्डों का प्रयोग करते हैं। हम जो कहते हैं, उसके प्रति विश्वसनीयता पैदा करने के लिये हम ऐसा कहते हैं, किन्तु...इस तरह की अभिव्यक्ति के द्वारा हम जिस विश्वसनीयता का दावा करते हैं, वह बात अपने आप में इस बात पर सवाल उठाती है कि यह दावा कितना खोखला और बेबुनियाद है।)

इतना विश्लेषण करने के बाद वह एक महत्त्वपूर्ण विभावना प्रस्तुत करता है। वह दर्शाता है कि इस प्रकार के वाक्प्रयोगों से निर्मित संरचना वास्तव के आधार पर नहीं, बल्कि वाणी के सहारे ही टिकी रहती है।

ग्राफ़ लिखता है :

> Yet if "it goes without Saying" is merely a rhetorical move, a "trope" of language, then the state of obviousness it declares is ceretified not by anything in the real world or the nature of things, but only by fiction-making power of language itself.
>
> (यदि ''इट गोज विदाउट सेविंग'' [जैसी उक्ति] केवल वाग्मितापरक चालबाजी है, भाषागत 'अलंकार' मात्र है, तो उसके द्वारा घोषित की गयी [सम्बन्धित परिस्थिति की] स्वयं सिद्धता वास्तविक जगत के किसी अंश के द्वारा अथवा वस्तुस्थिति के द्वारा प्रमाणित नहीं होती है, बल्कि केवल भाषा की अपनी कथा-उत्पादकता शक्ति के द्वारा ही प्रमाणित होती है।)

इन व्याख्यानों के आरम्भ में हमने काव्यालंकार की विधेयक शक्ति का परिचय प्राप्त किया था। भाषागत अलंकार रखना और वाग्मिता अर्थात् ट्रोप ऑफ़ लेंग्वेज और र्‍हेटरिक के सन्दर्भ में वाग्मितागत अलंकार की श्रोता/पाठक की स्वतन्त्रता के सन्दर्भ में निषेधक ऐसी शक्ति की चर्चा करते हुए ग्राफ़ लिखता है :

> It is in the nature of language to disguise these fiction-making power with claims of truth or sincerity, but once we see the disguise, we can no longer accept the claims.
>
> (इन कथा-उत्पादक शक्ति को अनदेखा करना भाषा का स्वभाव है। सत्य और प्रामाणिकता के नाम पर वह यह काम करती है। एक बार यदि हम इस छद्मवेश को पहचान लेते हैं तो फिर हम उन दावों को स्वीकार नहीं कर पाते।)

भावक की सक्रियता अर्थात् क्या, इस प्रश्न का उत्तर ग्राफ़ के इस भाषा-विश्लेषण में से, अलंकार-विश्लेषण में से प्राप्त होता है। जब टेक्स्ट उस स्वामित्वाकांक्षी 'ऑथर' की वाग्मितायुक्त, हुक्मनामा रूपी अथवा प्रभुसम्मित उपदेशक वाणी की उपज होती है, तब ऐसे में पाठक के लिये इस भाषा-प्रपंच के छद्मवेश को पहचानना और इस दावे को चुनौती देना ज़रूरी हो जाता है।

पाठक के टेक्स्ट एवं 'ओथर' अथवा प्रभुता-लेखक (प्रभुता-आलेखक) के साथ के सम्बन्ध को ग्राफ़ झुकाव के विरुद्ध का पठन (reading against the grain) कहता है। इसका स्पष्टीकरण करते हुए ग्राफ़ लिखता है :

> Not that we have been concerned with not only a certain theory of how texts mean, but also a certain method of reading texts. It is a method which does not take the texts apparent contexts and intentions at face value, but looks at the doubts they repress or leave unsaid and how this repressed or 'absent' elements can undermind or undo what the text say. This method has been described as 'reading against the grain.
>
> (यहाँ यह उल्लेख करना आवश्यक होगा कि हमारा सरोकार प्रबन्ध के अर्थघटन से जुड़े केवल एक सिद्धान्त के साथ ही नहीं, बल्कि प्रबन्ध के पठन की एक विशिष्ट पद्धति के साथ भी है। यह पठन-पद्धति

प्रबन्ध के दृश्य सन्दर्भों तथा गन्तव्यों को ज्यों-का-त्यों स्वीकार नहीं कर लेती, बल्कि उसने जिन संशयों को दबा दिया हो अथवा अनकहा छोड़ दिया हो, उन संशयों पर भी तवज्जो देती है। वे दबा दिये गये या 'अनुपस्थित' अंश उस प्रबन्ध के कथयितव्य को किस प्रकार नकार सकते हैं, यह भी इस वाचन पद्धति के द्वारा लक्षित होता है। इस पद्धति को 'रीडिंग अगेंस्ट ग्रेइन' नाम से पहचाना जाता है।)

'झुकाव विरुद्ध का पठन' पाठ को चुनौती देता है, उलटाता है, पलटाता है, उसकी प्रभुसत्ता के शिकंजे में से निकल छूटता है। इस सन्दर्भ में ग्राफ़ के द्वारा प्रयुक्त एक शब्द हमारा ध्यान आकृष्ट करता है। यह शब्द है : 'absent element'—अ-प्रस्तुत तथा अन-उपस्थित की चर्चा अलंकार-मीमांसा करते समय, संस्कृत काव्य-शास्त्र के सन्दर्भ में, पूर्ववर्ती व्याख्यानों में की जा चुकी है।

'अनुपस्थित' की ये दो विभावनाएँ यहाँ इस तरह से सहोपस्थित होती हैं। एक है संस्कृत अलंकार-मीमांसा के द्वारा रची गयी 'अप्रस्तुत' रूपी अनुपस्थित की विभावना। दूसरी है, ग्रीक-रोमन वाग्मिताशास्त्र के सन्दर्भ में 'द्रोप' की चर्चा करते हुए गेराल्ड ग्राफ़ के 'रिप्रेस्ड' या 'दमित/दलित' के अर्थ में जो अनुपस्थित है, उसकी विभावना। इस व्याख्यान में भावक कृति की आरम्भिक अपेक्षा से लेकर कृति के अन्त तक उसकी अपेक्षापूर्ति तक पहुँचता है, उस प्रक्रिया का तथा कभी-कभी उस अपेक्षा के भंग तक पहुँचने की वैकल्पिक प्रक्रिया का अध्ययन किया गया है।

अपेक्षा से लेकर अपेक्षापूर्ति तक की प्रक्रिया प्रतिभासमीमांसा के प्रभाव में कई काव्य-मीमांसा में समझायी गयी है, यह हम देख चुके हैं। संस्कृत अलंकार-मीमांसा में इसके साथ तुलना सम्बन्ध से जिसका अध्ययन हो सकता है, यह चर्चा सम्भवत: अधिक गहन ढंग से हुई है। उसमें स्थित अनुपस्थित-उपस्थित 'अप्रस्तुत-प्रस्तुत' की विभावना की चर्चा भी हम पूर्ववर्ती व्याख्यानों में कर चुके हैं।

किन्तु जब जो 'एब्सेंट' है, वह 'रिप्रेस्ड' होगा, अर्थात् जो अनुपस्थित है, अप्रस्तुत है, वह दमित/दलित होगा।' ऐसे में कृति में बीजक्षेप द्वारा जो अपेक्षा जन्मी होगी, उसकी अपेक्षापूर्ति में उस कृति का फलागम नहीं है; बल्कि उसके अपेक्षा भंग में, उस अपेक्षा के बन्धन में से मुक्ति प्राप्त करने में ही सच्चा फलागम है।

ऐसी 'रिप्रेस्ड' संज्ञा के अनुवाद में 'दमित' तथा 'दलित' इन दो संज्ञाओं को रखा जाना सहेतुक है। मानव व्यक्ति तथा समाज जीवन को समझने के लिये दो ध्रुवों के समान दो विधा शाखाएँ आज उपलब्ध हैं। एक है सायकोलॉजी या मनोविज्ञान; दूसरी है पोलिटिकल साइंस या राज्यशास्त्र। जो साहित्यिक प्रबन्ध में अर्थात् लिटररी टेक्स्ट में तथा संस्कृति रूपी बृहद प्रबन्ध में अर्थात् कल्चर एज ए मेगा टेक्स्ट में 'रिप्रेस्ड' है, उन दोनों के बीच गहरा सम्बन्ध है। यदि इस सम्बन्ध को देखा जा सके तो जो 'रिप्रेस्ड' है वह 'दमित' और 'दलित' है, ऐसा समझा जा सकेगा। सच्चा और ऊँची कोटि का भावक कृति के सन्मुख होता है, तब ऐसे में झुकाव विरुद्ध के पठन' के द्वारा कृति का दृश्य गन्तव्य यदि दमनकारी या दलनकारी सिद्ध होता दिखे तो उसे उलटाकर-नकारकर एक नये गन्तव्य का, नयी अपेक्षापूर्ति का, नयी 'टेक्स्ट' का निर्माण किया जा सकता है।

कारयित्री प्रतिभा से सर्जित प्रबन्ध की जितनी महिमा है, उतनी ही महिमा (शायद उससे अधिक महिमा), आज की मनोवैज्ञानिक-राजनीतिपरक परिस्थिति में, भावयित्री प्रतिभा का किये जाना अनिवार्य बन गया है। इस समय में कारयित्री से भी बढ़कर भावयित्री प्रतिभा साहित्य और अन्य कलाओं के निर्माण एवं प्रवर्तन में हिस्सेदार बने, ऐसे प्रबन्धन करना आवश्यक बन गया है।

—अस्याः सर्गविधौ (२००२ से)

गुजराती से अनुवाद : गार्गी शाह

आलेख का रचना-वर्ष : २००२

अपराध से उत्तर तक

'मेघदूत' की एक वाचना

न्यूयॉर्क की एशियाटिक सोसायटी की प्रदर्शनी में जापानी चित्रकला के कुछ अनूठे कथाचित्र देखने को मिलते हैं। हल्के और ध्यानार्ह रंगों की घुमावदार रेखाओं में खेतों, सीमाओं, गली, आँगन, घर-वग़ैरह एक के बाद एक चित्रों की शृंखला चलती है। इनमें कुछ विशेष लोगों की विविध प्रवृत्तियों के निरूपण के साथ सर्व साधारण मानव जीवन की कहानी व्यक्त होती चलती है। इस चित्रमाला की एक विशेषता यह है कि प्रत्येक दृश्य को चित्रकार ने इस प्रकार आलेखित किया है मानो आकाश में किसी ऊँचे दृष्टि-बिन्दु से उसे देखा गया हो। और इससे भी महत्त्वपूर्ण वैशिष्ट्य इसका यह है कि इस प्रकार से उरेहे गये इन चित्रों के कथानक पर बीच-बीच में चित्रों के ही आने वाले सुनहले रंग के बादल दृश्यों को आच्छादित करते रहते हैं। लगता है ऊँचाई से देखने वाले चित्रकार तथा नीचे वाले दृश्यों के बीच तैरते बादल कहीं-कहीं अवरोध बन जाते हैं; किन्तु क्या मात्र अवरोध? ये बादल बेशक चित्रकार ने ही चित्र में उरेहे होते हैं। गाँव की सीमा पर से काष्ठ की डोल में पानी भरकर घर लौटती कन्या की नाज़ुक बहँगी का एक छोर ऐसे ही किसी क्रीड़ारत बादल के समूह में विलुप्त हो जाता है। और फिर उसके बाद के चित्रफलक में यह कन्या गली में प्रवेश करती होती है और जब बादल के दूसरे सिरे से यह पुनः दिखायी देती है तो इसकी नाज़ुक बहँगी की काष्ट की कलात्मक डोल, जो पानी से छलक रही थी, अब आधी रह गयी है। कहाँ गया यह

पानी ? चित्रकार ने तो यह बात बादल से ढँक दी है। देखने वाला कल्पना करने के लिये मुक्त है। छुपा देना वो ही यहाँ बन गया दिखाना।

'मेघदूत' पढ़ते समय यह दूसरा मेघ स्मरण हो आया। भारतीय कवि का हो अथवा जापानी चित्रकार का, मेघ गोपन एवं प्रागट्य का साधन बन जाता है। मेघदूत में जीवन के इतने अधिक चित्र हैं कि जिन्हें प्रदर्शन खण्ड की दीवाल भरने तक सीमित नहीं कर सकते, वस्तुतः वे इतनी अधिक मात्रा में हैं कि देश के दक्षिणी छोर से उत्तराखण्ड की सीमाओं तक के समस्त भारतवर्ष को भरा-भरा बना देते हैं।

ये चित्र मेघ को दिखाये गये हैं और मेघ के बहाने हमें देखने को मिलते हैं। मेघ को यक्ष कहता है, 'तू देखेगा'। देखने वाला मेघ गतिशील है, भले यक्ष खड़ा रह गया हो। इन चित्रों के सन्दर्भ में मेघ का स्वयं का परिप्रेक्ष्य—पर्स्पेक्टिव—नित्य परिवर्तित परिप्रेक्ष्य बन जाता है। काव्यारम्भ में, आषाढ़ के पहले दिन रामगिरि के शिखर पर से यह मेघ ऊपर आकाश में यक्ष की आँखों द्वारा देखा जाता है। तदनन्तर मेघ की आकाशी ऊँचाई से कहीं हमें नीचे के वन, जनपद और खेत दिखायी पड़ते हैं। तो कहीं हमें महानगर के ऊँचे प्रासादों पर से वह मेघ दिखायी पड़ता है जो समान ऊँचाई पर स्थित उस महल की धूप-सुगन्ध से भारी होकर नीचे आ गया होता है। तो कभी यह शिव-पार्वती के स्वैर-विहार के समय उनके पैरों के नीचे दिखायी पड़ता है। कालिदास कुशल चित्रात्मकता का कवि है। मेघ के माध्यम से वह बहुत कुछ कह जाता है। हमारी आँखों के समक्ष अर्द्ध वर्तुलाकार एक सौ अस्सी अंशों में मेघ प्रकट होता रहता है और दृश्य उकेरता जाता है।

जापानी चित्र और भारतीय काव्य को पास-पास रखें तो लगता है, क्या कालिदास ने वो ही कलाप्रयुक्ति का विनियोग कविता में नहीं किया है, अपितु कुछ बदलाव के साथ, जो चित्रकार ने शताब्दियों बाद अपने ढंग से उपयोग में ले ली ? चित्रकार जहाँ बाह्य भू-दृश्यों को ढँकता है, वहीं ऐसा तो नहीं कि कवि अपने मेघ के आच्छादन से सांकेतिक रूप में किसी चित्त-प्रदेश को आवृत्त कर रहा है ? रामगिरि से हिमगिरि तक की दृश्य-मालाओं को देखता तथा सहृदय को दिखाता हुआ मेघ, एक चित्र-कुशल कवि के लिये जितना प्रागट्य की प्रयुक्ति बन सकता है, क्या उतना ही एक काव्य-कुशल कलाकार के लिये गोपन, ध्वनन, वक्रोक्ति की प्रयुक्ति

भी बन पाता है ?—देखते हैं।

२

इन प्रश्नों का आकलन करने हेतु हमें कालिदास के काव्य से चार क़दम पीछे रहकर थोड़ा अन्तर रखना होगा। पहले तो हमें काफ़ी ध्यानपूर्वक स्वयं 'मेघदूत' की संरचना को समझना होगा। यह विरहदग्ध और अधीर यक्ष अपनी प्रेयसी को संदेशा पहुँचाने के लिये मेघ से क्या-क्या कहता है ? कितनी पंक्तियों में, कब और क्या बात करता है ? दूसरा, कालिदास मेघदूत के कवि के रूप में नहीं, अपितु समग्रतया एक सामर्थ्य-सम्पन्न तथा कुशल रचनाधर्मी के नाते किस तरह से मानवीय परिस्थिति तथा अस्तित्व मात्र से परिचित होने के लिये मन्थन करता है ? इसमें यह कवि अन्ततोगत्वा किन लोगों तथा उनकी कौन-सी जीवनशैली के पक्ष में खड़ा रहता है ? एक सर्जक के नाते उसे कौन-सी विषय-वस्तु आधारभूत लगती है और उसे प्राप्त करने के लिये वह कौन-से साधनों, कौन-सी भाषा और कैसी संरचना का उपयोग करता है ?

तो हम क्रमशः इन दो प्रश्नों पर विचार करेंगे—पहला 'मेघदूत' की संरचना एवं दूसरा कालिदास की रचनाधर्मिता।

३

विरह-व्याकुल प्रणयी जब संदेश भेजने की तैयारी में होता है तब उसकी क्या हालत होती है ? इस बारे में एक अत्यन्त ही सुन्दर मुक्तक प्राकृत-अपभ्रंश परम्परा में प्राप्त होता है, जिसका अनूठा गुजराती अनुवाद श्री हरिवल्लभ भायाणी ने किया है—

> 'कम्पित तथा स्वेद भीनी दो अँगुलियों से फिसल-फिसलकर जाती लेखनी 'स्वस्ति' भी पूरा नहीं लिख सकी।'
>
> (मुक्तक माधुरी, पृ. ८२)

व्याकुल नायिका का पत्र कितना संक्षित है ? वह तो पहले ही शब्द 'स्वस्ति' से आगे नहीं बढ़ पाती है और बढ़ भी गयी होती तो क्या वह

विरह के कारण अस्त-व्यस्त हुए अपने मन की व्यथा को व्यक्त करने से अलग कुछ कह पाती? ('स्वस्ति' शब्द की ही कैसी विडम्बना!) उसके द्वारा यह तो सम्भव ही नहीं था कि वह सुन्दर शब्द-चित्र से युक्त कोई प्रलम्ब आलेखन कर पाती।

इस मुक्तक के सन्दर्भ में देखने पर 'मेघदूत' के यक्ष का यह संदेश-काव्य कुछ प्रश्नों को जन्म दे जाता है। इनमें आरम्भिक प्रश्नों का सम्बन्ध काव्य के क़द तथा रचना के विभक्तिकरण से है; परन्तु बाद के प्रश्न यक्ष (इसी तरह मेघ) की अस्तित्व-मीमांसा से सम्बद्ध हैं और अन्त में समग्र काव्य की ज्ञान-मीमांसा से जुड़े प्रश्न हैं। अर्थात्, स्ट्रक्चरल, ओंटोलोजिकल तथा एपिस्टेमोलोजिकल प्रश्नावली सामने आती है।

हालाँकि यक्ष विरह-व्याकुल है। उसके मन के सुख के साथ, उसके हाथ के सोने के कंकण ढीले होकर निकल गये हैं और हाथ के इन कंकण के साथ ही वह स्वयं एकदम रिक्त हो गया है। आषाढ़ के पहले ही दिन मेघ को देखते ही उसके मन में कुछ-न-कुछ होने लगा और वह 'धूमज्योतिः सलिलमरुतां सन्निपातः' ऐसे अचेतन मेघ के माध्यम से भी संदेश भेजकर अपनी प्रियतमा को आश्वस्त करने हेतु अधीर हो जाता है। ऊपरिलिखित मुक्तक की तरह पहले तो यक्ष भी इतना ही बोल सका, 'संदेशं मे हर धनपति क्रोध विश्लेषितस्य' कि मेरा संदेश ले जा—बस। इतना-सा...

पर बाद में कुछ अलग ही स्वर में, वह आगे जोड़ता है : 'मार्गं तावच्छ्रणु कथयस् त्वत् प्रयाणानुरूपं, संदेशं मे तदनु जलद श्रोष्यसि श्रोत्रपेयं'। तेरे प्रयाण के अनुरूप जो रास्ता है, वह मैं तुझे बताता हूँ, तू पहले उसे सुन। उसके पश्चात् मैं तुझे मेरा संदेश कहूँगा, जो तुझे ध्यान में रखना है। पहले मार्ग का वर्णन, फिर संदेश 'यह इतना संदेश'—यह स्वर यक्ष का है ही नहीं, उसकी तो आवाज़ कुछ अलग ही है। वर्णन और संदेश का अनुक्रम इसे सूचित करता है।

और मात्र अनुक्रम नहीं, प्रमाण भी। मेघदूत के १ से १०३ श्लोक तक मेघमार्ग तथा अन्य बातों का वर्णन है। यह वर्णन अविस्मरणीय एवं सौन्दर्यात्मक बिम्बों से स्पष्ट एवं भरपूर बन पड़ा है, इसे मात्र रास्ते का नक़्शा नहीं समझें। फिर, बाद में जाकर १०४ तथा १०६ से ११७ तक के तेरह श्लोकों में यक्ष का संदेश दिया गया है।

तो कुल १२० श्लोकों के इस काव्य में, पहले सबसे अधिक श्लोकों में जो कवि-कर्म हुआ है, जो आलेखन हुआ है, वह क्या है? क्यों है? काव्य की समग्रता के साथ इसका क्या सम्बन्ध है? 'मेघदूत' का संदेश क्या है?

४

यह समझने के लिये हमें थोड़ा प्रयास कालिदास की समग्रता को समझने का करना होगा। प्रत्येक कवि के पास उसकी अपनी भाषा होती है और यह संस्कृत या अँग्रेज़ी अथवा गुजराती नहीं होती। यह तो कवि की स्वभाषा होती है। और इस भाषा के स्वयं के कुछेक मूलभूत शब्द और संकेत होते हैं। यदि हम यह नहीं समझते कि कालिदास की स्वभाषा क्या और कैसी है तो फिर 'मेघदूत' के ये शताधिक श्लोक, केवल भारत भूमि का सौन्दर्य वर्णन बनकर रह जायेंगे एवं यक्ष के चैतन्य के लिए, उसकी विरह-कथा के लिये केवल परकीय, आगन्तुक और अन्ततः विरोधी सामग्री की एक राशि बनकर रह जायेंगे और काव्य में जो परकीय है, आगन्तुक है, उसके जैसा असुन्दर और कुछ नहीं हो सकता। तो कालिदास सौन्दर्य की संरचना किस प्रकार से करते हैं, यह समझने के लिये उसकी काव्य की अखण्डिता एवं समग्रता को पहले आत्मसात् करना चाहिए, और इसके लिये उसे कवि की स्वभाषा को समझना होगा।

कालिदास की इस स्वभाषा का संकेत सम्भवतः सर्वाधिक विशिष्ट शक्ति से देने वाली दो संज्ञाएँ : काम और शाप हैं। दोनों के अर्थ कवि के स्वकीय अर्थ हैं तथा दोनों यह भी सूचित कर जाती हैं कि कवि मानवीय नियति की दृष्टि से कौन-सी ताक़तों के साथ है और किनको वह चुनौती देता है।

कालिदास तपस्वी महादेव के उस तीसरे लोचन से ज़रा भी विचलित नहीं है, जिससे उन्होंने कामदेव को राख की ढेरी में बदल दिया था। बल्कि वे तो उस कुछ भी न देखने वाली एवं सर्व को भस्म करने वाली तीसरी दैवी आँख को अपनी इस देखने वाली आँख से ही देखता है। रति राख की जिस राशि के पास बैठकर विलाप करती है, जबकि कालिदास उस राशि के चितकबरे रंग को देखने तथा उसका इन्द्रियगम्य बिम्ब प्रस्तुत करना चूकते नहीं हैं। कालिदास द्वारा निरूपित रति एवं अज के विलाप, जो नियति स्नेहभाव को अशक्यवान् बनाने वाली है, उसी नियति को

प्राणीजनों द्वारा दी गयी चुनौती बन जाते हैं। कालिदास के ये शापित-दण्डित है, शरणागत नहीं। उनके मुख में 'अमो अग़्नानी कांई न समज्यां, न ओळख्या भगवंत ने' ऐसी, नरसिंह मेहता ने कालीय नाग की पत्नीयों के मुख में रखी पंक्तियाँ आती है, न वा 'ऐसे कृष्ण भगवान आप की रक्षा करे' ऐसे आशीर्वचन। कालिदास के कविता में शिव के अग्नि से धधकते तीसरे नेत्र की तुलना में उनके दृष्टियुक्त दो लोचनों की महिमा अधिक है। काम-दहन करती प्रलयंकर आँख अन्ततः कुमार को जन्म देती प्रणयंकर आँखों के सामने झुक जाती हैं। हालाँकि कालिदास कोरे रोमांटिक नहीं हैं। उन्होंने त्रिलोचन के तीन नेत्रों की पहेली का जो उत्तर दिया है वह जितना सरल है, उतना ही जटिल भी है। शिव के तीन लोचनों की त्रिराशि का उपयोग कालिदास अपने तरीक़े से करते हैं।

दुर्वासा का शाप 'अभिज्ञान शाकुन्तल' का एक प्रेरक बल है। यह तत्त्व शकुन्तला के जीवन प्रवाह को एक नया मोड़ प्रदान करता है। परन्तु शकुन्तला, जिसे यह शाप दिया गया है, स्वयं इस शाप को कभी स्वीकार ही नहीं करती। राजसभा में जब इसका परिणाम सामने आया तब भी शकुन्तला यह नहीं सोचती कि इसके मूल में उसका कोई अपराध है। अँग्रेज़ नाटककार क्रिस्टोफर मार्लो के नाटक 'डॉक्टर फोस्टस' के अन्त में जब उसे (फोस्टस) सज़ा दी जाती है तो वह पश्चातापपूर्वक सभी अपराधों को स्वीकार करते हुए रो पड़ता है। पर यहाँ रंचमात्र भी ऐसा नहीं होता। शकुन्तला रोष महसूसती है, निपट-निर्दोष। इसीलिए तो दुर्वासा का शाप उसके जीवन-प्रवाह का पथ मोड़ सकता है; परन्तु उसके मूल को सोख नहीं पाता।

नागदमन की नागिनें अथवा मार्लो के नाटक का फोस्टस, ग्रीक ट्रेजडीकार सोफोक्लिस का राजा इडिपस या ईसाई धर्म-ग्रन्थ में 'ओल्ड टेस्टामेंट' में निरूपित मनुष्य-जाति के माँ-बाप, इन सबमें अपराध और दण्ड, क्राइम एण्ड पनिशमेंट को जोड़ने वाली एक कड़ी है 'गिल्ट'। गिल्ट अथवा अपराधभाव और भार, आख़िर किस बात का निर्देश करते हैं ? ये केवल सज़ा पाने वाले की भूल का निर्देश नहीं करते, इसका संकेत तो सज़ा स्वयं ही कर देती है। यह अपराध तो संकेत करता है समग्र परिस्थिति द्वारा ध्वनित होने वाली बृहद् व्यवस्था को, एक जीवन प्रणाली को। नागिनें 'नाग-दमन' वाली मात्र अपनी हार को ही स्वीकृति नहीं दे रही

हैं, वे अपना 'अज्ञान' भी स्वीकार रही हैं, एवं इससे वे उस नये 'ज्ञान' को भी स्वीकार कर रही हैं जो उन्हें प्राप्त हुआ है। अरे, ज्ञान प्राप्ति का यह भी कोई तरीक़ा हुआ? फोस्टस भी अन्त में एक सत्ताधीश को, एक जीवन व्यवस्था को, एक सज़ा दे सकने वाली अस्तित्व व्यवस्था को सिर नीचा करके स्वीकार करता है। यह कोई तरीक़ा हुआ जीने का? जानने का? और होने का?

नागिनें कहती हैं, 'हम पहले तो भगवन्त को नहीं पहचान पायीं।' अब उन्हें पहचाना—पनिशमेंट द्वारा, गिल्ट के रूप में। यह भी एक अभिज्ञान है। कालिदास के पात्र इस तरह का अभिज्ञान नहीं स्वीकारते। यक्ष, जो 'शापेनास्तंगमितमहिमा' है, क्या कहता है? 'जानामि त्वां...मैं तुझे जानता हूँ'—पर वह किसे जानता है?—शाप देने वाले धनपति कुबेर को? हाँ, उस धनपति कुबेर को (जिसके क्रोध ने उसे छिन्न-विच्छिन्न कर डाला है।) परन्तु इससे अधिक कुछ नहीं। जानामि त्वां—यक्ष जानता है मेघ को, धनपति को नहीं, शकुन्तला या यक्ष—से कोई राजा इडियस या विद्वान फोस्टस या रोती हुई नागिनें थोड़े ही हैं।

इनके जीवन के केन्द्र में 'गिल्ट' नहीं, अपितु 'डिफायंस' है, अपराधभाव नहीं, अवज्ञा है। यक्ष और शकुन्तला अपराध को स्वीकार नहीं करते, बल्कि शाप को चुनौती देते हैं।

हालाँकि यह चुनौती अपने आभिजात्य से दे रही हैं। इस तरह कालिदास की सृष्टि अलेक्जेण्डर सोल्ज़ेनित्सिन की दुनिया जैसी नहीं, बल्कि बोरिस पास्तरनाक की दुनिया के सदृश्य है। इनकी चुनौती में हुंकृति नहीं, बल्कि अपनी ही मस्ती का रंग है। रति, शकुन्तला, पुरुरवा, यक्ष—कालिदास के ये सब अपनी मस्ती के रंग में रँगे हुए हैं तथा शाप और अनुशासन की ओर बिलकुल ध्यान ही नहीं देते हैं। इनकी धुन को, लगन को और गूँज को कोई भी वस्तु विक्षेप पैदा नहीं कर सकती। अर्वाचीन विश्व साहित्य में यदि कालिदास के इन पात्रों का कोई सगोत्र खोजना है तो वह डॉ. फोस्टस नहीं, डॉ. जिवागो होगा। गुलाग का निवासी नहीं, लारा का प्रेमी होगा।

''वेदाभ्यासजडः कथं नु विषयव्यावृत्तकौतूहलो। निर्मातुं प्रभवेन्मनोहरमिदं रूपं पुराणो मुनि''—ऐसा प्रश्न कालिदास का पुरुरवा प्रणय और सौन्दर्यलुब्ध अपनी मस्ती में पूछ सकता है। परम्परा तथा धार्मिक कथा के अनुसार तो रूपसी उर्वशी का सर्जन नरसखा नारायण ने अपनी जंघा को चीरकर

किया था; परन्तु पुरुरवा के गले यह बात कभी उतरी ही नहीं। इस सन्दर्भ में उसने जो कारण दिये हैं वे भी बड़े रोचक हैं। वह सोचता है कि जो मुनि इन्द्रियों के कुतूहल से व्यावृत तथा जड़ है, वह इस मनोहर रूप की रचना कैसे कर सकता है? पुरुरवा किसी राक्षस या दानव की तरह देवताओं के विरुद्ध संघर्ष में तो नहीं उतरा था। वह तो देवराज की अप्सरा को एक दानव के चंगुल से छुड़ाकर लाया है। पुरुरवा, महेन्द्रमित्र होकर भी, कितनी सहजता व सच्चाई के साथ देवाधिदेव नारायण को ही जड़ कह सकता है! ...यह है कालिदास की अपनी भाषा।

पर, उर्वशी को खो देने के बाद प्रमत्त बने पुरुरवा की तुलना में अधिक स्वस्थतापूर्वक एवं दुष्यन्त द्वारा परित्यक्त, मातृज्योति के साथ जाती हुई शकुन्तला की तुलना में अधिक क्रियाशीलता से मेघदूत का यक्ष उसे दी गयी सज़ा का उत्तर देता है। रामगिरि के शिखर पर ठहरा हुआ यह यक्ष, अत्यन्त क्षीण एवं महिमाभ्रष्ट लग रहा होने के बावजूद, आषाढ़ के प्रथम दिवस के वेदनासिक्त क्षण में भी मेघ का सर्जन कर सकता है। कौन है यह यक्ष-सर्जित मेघ? इसका काव्य-प्रयोजन क्या है?

५

'आइ वाण्डर लोनली एज़ ए क्लाउड' कवि वर्ड्स्वर्थ कहता है। वर्ड्स्वर्थ के महान पुरोगामी कवि अपने 'मेघदूत' में, यक्ष की चेतना के बल पर, ऐसे ही एक यायावर, सौन्दर्यविहारी तथा यथार्थ में एकाकी मेघ का सर्जन करता है। 'क्लाउड, 'मेघ' तो उसने रचा ही है, पर वर्ड्स्वर्थ की पंक्ति के 'आई', 'हूँ' के सर्जन में भी अपनी अद्‌भुत रचनाकारिता का परिचय दिया है—न केवल कालिदास ने बल्कि यक्ष ने भी। 'आइ एज़ ए क्लाउड' यह मूलभूत वाक्य-रचना वर्ड्स्वर्थ की काव्य-पंक्ति में है। मेघदूत की संरचना में जो आधारभूत वाक्य रचना है क्या वह यही नहीं है—'आइ एज़ ए क्लाउड'।

'मेघदूत' एक आवारा बादल के सौन्दर्य विहार का काव्य है, साथ ही यह एक विरही यक्ष के एकाग्र प्रणय का भी काव्य है। और फिर यह काव्य शाप तथा अपराध को अस्वीकार करने वाले, एक निजरंगी विद्रोही का मुक्तिगीत भी है। तो ये तीनों वस्तुएँ एक ही कृति में एक साथ किस तरह

से सार्थकता प्राप्त करती हैं? अर्थात् कौन है इस मेघ-यक्ष के सन्दर्भ में? क्या है यह मेघ-मार्ग, अलका के सन्दर्भ में? क्या है इस (न केवल तेरह श्लोकों का, न उन एक सौ तीन श्लोकों का, न शेष चार का भी) सम्पूर्ण काव्य का संदेश?

६

मेघ और यक्ष का नाता बड़ा निराला है। वैसे तो मेघ यक्ष का मित्र है, सहायक है। 'सन्तप्तानां त्वमसि शरणं' यक्ष की इस उक्ति से प्रारम्भ करके 'भर्तुमित्रं प्रियमविधवे विद्धि मामम्बुवाहं' (उत्तरमेघ, ३६) मेघ की इस उक्ति तक, अर्थात् मेघदूत के आरम्भ से लगभग अन्त तक, इन दोनों के मध्य बहुत अधिक सखाभाव निरूपित हुआ है।

पर ज़रा ध्यान से देखें (क्योंकि कालिदास 'पढ़ने' से अधिक 'सुनने' का और 'सुनने' के उतना ही 'देखने' का कवि है) यह काव्य के आरम्भ में ही 'कनकवलय-भ्रंश-रिक्त-प्रकोष्ठ' दिखायी देता है। एकदम क्षीण हो चुका है और फिर 'शापेनास्तंगमितमहिमा' है। उसकी सारी महिमा और तेज़ फीके पड़ गये हैं। अस्त हो गये हैं। यह 'धनपतिक्रोधविश्लेषित' है, बुरी तरह बिखराव का शिकार है। उधर सामने वाला मेघ? मेघ तो मदोन्मत है 'वप्रक्रीड़ापरिणतगज प्रेक्षणीय' है, उपद्रव मचाते हाथी के सदृश्य। यह मुग्ध सिद्धांगनाओं को उड़ते पहाड़ के शिखर समान बड़ा ही ठाटदार लगता है। प्रचण्ड पुष्करावर्तकों के कुल में जन्मा यह मेघ बलवान है। यह कवि ने दृश्य बिम्बों के माध्यम से यक्ष और मेघ के बीच अत्यन्त ही ध्यानाकर्षक विरोध दर्शाया है और फिर यह तो आरम्भ है।

यक्ष जहाँ विरही है, वहीं मेघ विद्युत्वधू के साथ विहार करता है। यक्षयुग्म तो केवल परस्पर स्नेहायुक्त ही है, पर मेघ तो जनपदवधुओं के दृष्टिपार से आरम्भ करके, विदिशा नगरी से सटकर बहती वेत्रवती नदी के अधरों का रसपान करता, उज्जयिनी की पौरांगनाओं के चंचल नेत्र-कटाक्षों पर रीझते हुए, वहीं निर्विन्ध्या नदी के मिलन का मज़ा लेता और फिर इससे भी आगे गम्भीरा नदी के उल्लसित हृदय में परछाईं के रूप में प्रवेश करके, उसका नील सलिलवसन खींचकर उस विवृतजघना नायिका के साथ रतिविलास भोगता हुआ प्रवास करता है।

यक्ष एकाकी है, विरही है, संतप्त है, एकनिष्ठ, कृशकाय और रिक्त-रिक्त है, जबकि मेघ सभर, बहुगामी है। सौन्दर्य और जीवन से ओतप्रोत है। गर्भाधान के उत्सव से आनन्दित बलाकाओं एवं नयी फसल के आने की आशा से उल्लसित जनपद वधुओं से उसका जीवन भरा-भरा है। ऐसे इन दोनों के बीच मैत्री? इस यक्ष और इस मेघ के बीच? यक्ष और मेघ? यक्ष-मेघ, मेघ-यक्ष। और तभी हमारे मन में कौंध पैदा होती है कि—

७

कि यक्ष के सिवाय दूसरा कुछ भी नहीं। इस रामगिरि के शिखर पर अन्य कोई नहीं है, वह अकेला है। एकदम रीता। निकट ही कुछ वनफूल खिले हैं। और आकाश में वह देखता है वाष्प के गुच्छ, प्रकाश की कौंध, पानी और पवन के मिलने से बना बादल। बस, और वह भी जड़, अचेतन। 'अमित ए अवकाश तणी मही, क्यहींय चेतन एक दीसे नहीं' (असीमित आकाश में कहीं एक भी चेतन दिखायी नहीं पड़ता—गुजराती कवि 'कान्त' उन्नीसवीं सदी में जैसे कहता है।)

यक्ष और शून्यता। बीईंग एण्ड नथिंगनेस। शाप और विरह के कारण यक्ष भीतर से जड़ सदृश्य हो चुका था। और ऊपर आकाश में अचेतन मेघ, पवन के द्वारा धकियाया और फेंका हुआ। जड़ के सम्मुख जड़।

और तब यक्ष के समक्ष विकल्प है : अन्तर्बाह्य अचेतनता स्वीकार करना? या फिर उस शाप का तिरस्कार कर एक धुन और हठ से आकाश और चिदाकाश में चैतन्य का सर्जन करना?

और तभी मेघदूत के पाँचवें-छठे श्लोक में कालिदास की स्वभाषा की संज्ञाओं के तीन मन्त्रोचार स्फुरित होते हैं, 'कामार्ता हि प्रकृति-कृपणाश्चेतना चेतनेषु' ...'जातंवंशे भुवन विदिते' ... 'जानामि त्वां'... ।'काम', 'चेतना, 'जानामि'—तीन जादुई शब्द। और क्या रचा जाता है? मेघ? नहीं, रचना होती है स्वधर्मी सर्जकता की। शाप के विरुद्ध सर्जकता। सर्जकता ही संदेश।

८

चित्रकार को बाज़ार में कोरा कैनवस बिकता हुआ मिल जाता है; परन्तु उस कैनवस की सतह पर अपने चित्र का 'स्पेस' तो उसे स्वयं ही अपने ब्रश से बनाना होता है। कवि को भी बाहर से कुछ चीज़ें मिल सकती हैं, जैसे काग़ज़, बाज़ार से; घटनाएँ और भाषा, परम्परा से। किन्तु काव्य की स्वभाषा के शब्द लिखने के लिये 'स्पेस' (व्यंजना) का निर्माण तो स्वयं को ही करना पड़ता है। इसी क्रिएटिव स्पेस का, सर्जनात्मक व्यापकता का निर्माण कवि ने 'मेघदूत' के पाँचवें तथा छठे श्लोक के मध्य कर लिया है। 'धूमज्योतिः सलिल मरुतां सन्निपातः... मेघ'। यह पाँचवें श्लोक की आरम्भिक पंक्ति है और कितनी दुर्लभ सहजता से कवि छठे श्लोक के आरम्भ में यक्ष के मुँह से कहला देता है, 'जातं वंशे भुवनविदिते पुष्कारावर्त्तकानां, जानामि त्वां...' इन्हीं दो श्लोकों के बीच 'मेघदूत' की सर्जकता का प्रारम्भ होता है।

'मैं तुझे जानता हूँ'—'तेरा कुल भुवनविदित है'—कहाँ गयी वह अचेतन वस्तु, जिसका आलेखन पाँचवें श्लोक में किया गया था? कहाँ से आया यह मेघ का नया अभिज्ञान? मेघ के इस अभिज्ञान की, मेघ के इस अभिनव 'एपिस्टेमोलोजिकल स्टेटस' (ज्ञान-मीमांसागत अवस्था) की भूमिका कौन-सी है? कवि लिखता है : ''कामार्ता हि प्रकृतिकृपणाश्चेतना चेतनेषु'' हम यहाँ कवि का स्मित देख सकते हैं। यक्ष ने यहाँ जो मेघ की अचेतनावस्था की जगह चेतनावस्था की स्थापना की है, वह उसकी किसी तरह की कृपणता या प्रमत्तावस्था पर आधारित नहीं है। यक्ष न तो कृपण है, न प्रमत्त ही। वह तो आर्त है, कामार्त है। यक्ष की यही कामातुरता, कामना या काम, मेघ-चैतन्य की भूमिका है। यह नया मेघ, (आषाढ़ के इस बाह्य आकाश में नया आगन्तुक नहीं, यह तो यक्ष के आषाढ़ी मनाकाश में नवोदित मेघ है), यक्ष की तीव्र कामुकता या यों कहें कि उसकी कामोल्लसितता में प्रतिष्ठित है। क्षीण, शापित यक्ष अपने इस काम-बल से ही तो शक्तिशाली-भुवनविदित मेघ का सिरजनहार बन गया है।

इस मेघ को यक्ष का स्वरूप भी कह सकते हैं और उसका प्रतिरूप भी। इसीलिए तो दोनों के मध्य की मैत्री भी निरन्तर है, और वह विरोधाभास भी यथावत् है।

मेघ के सर्जन द्वारा यक्ष अपनी पहचान भी पाता है और उससे मुक्त भी होता है। कालिदास के पात्र स्वयं को जानने के प्रयास में, स्वयं से मुक्त होते हैं, और स्वयं से मुक्त होते-होते वे स्वयं से बाहर आते हैं। यही तो है कालिदास के जगत के त्रिनेत्र की प्रहेलिका। शंकर ही संकुल अस्तित्व। अन्त:विरोधों से युक्त एवं अन्त:सम्बन्धों से अखण्ड। मेघ और यक्ष भी इसी भव की परिभाषा हैं।

इसीलिए कहता हूँ कि पाँचवें और छठे श्लोक के मध्य, चमत्कारिक स्थल पर क्षणार्थ में ही 'मेघदूत' अपने समग्र वर्तमान को प्राप्त कर लेता है। वैसे तो यहाँ व्यवस्था यह है कि यक्ष पहले तो मेघ को उसके यात्रा-पथ से परिचित करवाता है और फिर अपनी ओर से संदेश देता है। किन्तु यक्ष जैसे ही मेघ की ज्ञान-मीमांसागत भूमिका बदल डालता है, वैसे ही मेघमार्ग स्वयं यक्ष संदेश बन जाता है। मेघमार्ग ही यक्ष संदेश है और यह संदेश बस इतना भर—शाप का अस्वीकार, केवल सौन्दर्यानुभूति का स्वीकार। याने मेघमार्ग और कुछ नहीं, यह केवल यक्ष की सौन्दर्यानुभूति का प्रकट रूप है। मेघ तो अभी वहाँ जायेगा या जाने वाला है, पर यक्ष तो प्रत्येक स्थल पर पहले ही हाजिर है। ऊपर-ऊपर से देखें तो यह सम्पूर्ण काव्य यक्ष के भूतकाल और मेघ के भविष्यकाल से सम्बद्ध है। यक्ष अपनी प्रिया के साथ शाप पूर्व की अन्तरंगता में जी रहा है और मेघ अब अपनी यात्रा का प्रारम्भ करेगा। इस प्रकार पहली दृष्टि में तो लगता है कि यह काव्य अतीत और अनागत में विभक्त हो गया है और इसका वर्तमान तो बिलकुल रीता-रीता है; परन्तु ऐसा नहीं है। जिस क्षण से यक्ष ने मेघ के अभिज्ञान को पलटा है, उसी क्षण से सम्पूर्ण काव्य को उसका विस्तृत वर्तमान प्राप्त हो गया है। उस क्षण में यक्ष रामगिरि तथा हिमगिरि इन दो स्थलों पर मौजूद होता है। उस क्षण में यक्ष विरही होने के साथ-साथ तृप्तकाम भी है। समूचे मेघमार्ग पर रह-रहकर सम्भोग की अनन्त कामनाओं से भरा-भरा यक्ष मिथुन ही दिखायी देता है, इसके अलावा अन्य कोई नहीं। काव्यारम्भ में जानकी का उल्लेख ओर गिरिनाम में राम का नामोल्लेख हुआ है, पर सेतुबन्ध का नहीं; इसका निर्माण तो यक्ष ने किया है आकाशमार्ग से अलकापुरी तक : मेघमार्ग का शापसागर पर, सौन्दर्य सेतु।

९

पर इसकी सम्भावना तभी बन पायी जब आषाढ़ का यह प्राकृतिक मेघ अनिवार्यत: 'मेघदूत' के काव्यबिम्ब में रूपान्तरित कर दिया गया। इस रूपान्तरण ने 'मेघ' को इस कथाकाव्य में एक 'पात्र' के रूप में ढाल दिया, तब वह किसी वर्णनात्मक काव्य की केवल एक वस्तु तक सीमित नहीं रह गया है। और जब 'मेघ' वस्तु से 'पात्र' में रूपायित हो गया तो फिर यह काव्य भी यक्ष द्वारा किया गया सौन्दर्यवर्णन न रहकर, एक प्रक्रिया का कथन बन जाता है। यह है मेघ के नये अस्तित्व की सिद्धि। मेघ की यही सिद्धि है जो 'मेघदूत' के सर्वाधिक श्लोकों को काव्याभिव्यक्ति के स्तर पर वर्णन की कोटि में से उठाकर कथन की कोटि में ले जाकर बिठा देती है। वर्णन और कथन में भेद क्या है? इन दोनों के मध्य का यह भेद केवल सतही प्रकार की शैली का नहीं है, यह तो समग्र काव्य की संरचना के साथ उसकी गति को भी नियन्त्रित करता है। वर्णन जहाँ वर्णित की सुस्थिरता यानी उसकी अगतिकता को व्यक्त करता है वहीं कथन काव्य और उसके कथानक की प्रक्रिया यानी उसकी गत्यात्मकता को वहन करता है। यह अगतिकता और गत्यात्मकता सतही नहीं है। वर्णन विक्षुब्ध समुद्र का भी हो सकता है, और कथन पात्रों की केवल आन्तरिक प्रक्रियाओं (इतिवृत्त के निर्वहन से भिन्न) का भी हो सकता है। पर साहित्य कला में वर्णन जहाँ अभिव्यक्ति की समग्रता में ही सुस्थिरता और अगतिकता की रचना करता है, वहीं कथन, प्रक्रिया और गत्यात्मकता रचता है।

'मेघदूत' वर्णनात्मक काव्य होता तो उसमें 'मेघमार्ग' में प्रकट संदेश के तेरह श्लोकों से, पूर्व मन्थरगति वाले वे शताधिक श्लोक स्थान पाते, और वे काव्य की समग्रता, संश्लिष्टता और उसकी आनुपातिक योजना को लेकर कई प्रश्न पैदा करते। पर जब 'मेघ' वस्तु न रहकर 'पात्र' में रूपायित हो गया और मेघदूत के दीर्घ अंश वर्णन न रहकर कथन बन जाते हैं। ऐसे में वर्णन के रूप में जो दृश्य उरेहे जाते हैं, वे भू-दृश्य (लैण्डस्केप) न रहकर यात्रा-विवरण बनकर एक प्रक्रिया का रूप ले लेते हैं। प्रथम स्तर पर यह प्रक्रिया यात्रा विवरण है, पर इससे गहरे स्तर पर यह यक्ष की शापमुक्ति की प्रक्रिया है। कैसे? आगे देखिए।

यक्ष के पास एक ऐसा 'स्व' है जो शापित, गतिहीन एवं एकाकी है। इस

'स्व' (आइ) के आगे-पीछे कुछ भी नहीं है। रामगिरि के कगार पर वह अकेला है। वहाँ उसे देखने-सुनने वाला कोई नहीं है। 'स्व' (आइ) की इस शापित स्थिति में से 'आइ एज़ ए...' वाली गतिशीलता में आना यह उसकी शापमुक्ति की शर्त है। भौगोलिक गति यदि सम्भव नहीं है तो फिर आन्तरिक संरचना ऐसी होनी चाहिए कि आन्तरिक एवं चैतसिक प्रक्रिया की गतिमयता की सम्भावनाएँ निर्मित हो सकें। इस आन्तरिक संरचना के प्रतिरूप में एक कवि और कविता के पास व्याकरणिक, भाषिक एवं वाक्यीय संरचना से अधिक या कहें कि इससे कम, बल्कि इससे भिन्न और क्या हो सकता है ? अपने देशकाल से प्राप्त बोध हेतु इस संरचना को हमने तुलनात्मक दृष्टि से 'आइ एज़ ए क्लाउड' इस वाक्य की संरचना की तरह समझना पसन्द किया है। मूल बात कवि की स्वभाषा की संरचना एवं यक्ष की चैतसिक प्रक्रिया की है।

यक्ष को अपने इस शापित, गतिहीन, 'स्व' (अहं) में से मुक्त होना है। इस शाप से मुक्त होने, गतिशीलता से अलकापुरी की ओर गति करने एवं अपने एकाकीपन को समाप्त कर मिथुनावस्था प्राप्ति हेतु वह अपने 'स्व' में से पृथक एक ऐसे 'अन्य' की रचना करता है जो उसका 'स्वकीय' है। यह 'अन्य', यक्ष के 'स्व' से भिन्न तो है ही, उसकी स्व-संकलित शून्यता से भी इसका दूर-दूर तक कोई नाता नहीं है। बावजूद इसके यह समान रूप से सन्तुलित हो सके इस सीमा तक संलग्न है। इस तरह यह 'अन्य' यक्ष की शापमुक्ति की आख़िरी शर्त बनता है। यह अस्तित्व की अनिवार्य ज्ञान-मीमांसा है, 'आइ एज़ ए क्लाउड'।

इस 'अन्य' (दि अदर) के बग़ैर 'स्व' शापित, गतिहीन और जड़ है। और इस 'अन्य' के अभाव में यह काव्य वर्णनात्मक बनकर रह जाय एवं विरही व्यक्ति लम्बे-लम्बे वर्णन करता है तो सम्भव है इसकी विरह वेदना की उत्कटता सन्देह के घेरे में आ जाय। अर्थात् इस अन्य की ग़ैर-मौजूदगी में शापमुक्ति असम्भव है। मेघ की अनुपस्थिति में यह यक्ष रामगिरि का क़ैदी है। 'मेघ' के बग़ैर यक्ष की शापमुक्ति सम्भव नहीं है; क्योंकि 'देट इज दिस'।

१०

पर कवि कालिदास की रचनात्मकता की विशेषता यहाँ इस बात का संकेत कर रही है कि बिना यक्ष के, इस 'मेघ' की निर्मिति असम्भव है। 'दिस इज़ देट'। कालिदास इस अन्य को, इस शापमुक्ति को, इस कथन प्रक्रिया को और इस गतिशीलता को किसी काव्येतरता से नहीं लाये हैं। इस 'अन्य' की संरचना किसी पूर्व निर्धारित दर्शनशास्त्र, फ़िलोसॉफ़ी के आधार पर नहीं की गयी है (धार्मिक, विवरणात्मक काव्य, जैन रासो अथवा जैनेतर आख्यान इसके विरोध में पाये जाते हैं। यहाँ आगन्तुक ही समाधान होता है।) इसी प्रकार कालिदास के इस 'अन्य' के रचाव में सामाजिक यथार्थ में सार्थक हो चुकी किसी विचारधारा (आइडियोलॉजी) की भी किसी तरह की कोई भूमिका नहीं है। (एक श्रेष्ठ रचनाधर्मी श्री उमाशंकर जोशी की 'मेघदूत' के सन्दर्भ में एक सामान्य रचना 'कविजन' उनके 'आतिथ्य' काव्य संग्रह में है। इस दृष्टि से उसे देखा जा सकता है।) कालिदास के 'मेघ' का निर्माता तो कामार्त यक्ष ही है। यह किसी भी रूप में आगन्तुक नहीं है और इसलिए असुन्दर नहीं है। मेघमार्ग का सौन्दर्य भी वस्तुपरक न होकर, उसकी उद्‌भावना भी काव्य की इसी संरचना में से हुई है।

इस कथोपकथनात्मक कृति का एकाकी एवं सज़ायाफ़्ता नायक अपने 'स्व' के साथ एवं सामने एक 'अन्य' का सर्जन कर लेता है। यह 'दिस' के काउंटर पाइण्ट के रूप में 'देट' की रचना है। यहाँ तुलना करने की दृष्टि से ऐसी ही एक पाश्चात्य रचना का स्मरण हो रहा है। रचना का शीर्षक है, 'कोन्सोलेशन ऑफ़ फ़िलॉसॉफ़ी' जिसकी रचना की है ग्रीक-रोमन परम्परा के लेखक बोएथियस ने। बोएथियस एक राज कर्मचारी है जो कठोर एवं क्रोधी स्वभाव के राजा द्वारा सज़ा पाया हुआ है और कारागार में पड़े-पड़े मृत्युदण्ड की प्रतीक्षा कर रहा है। वह जानता है कि राजा ने उसकी सम्पत्ति छीनकर उसके परिवार को घरबारविहीन कर दिया है, पर उसे भीतर-ही-भीतर इस बात की चिन्ता साले जा रही है कि राजा उसे जीवित छोड़ेगा या नहीं। बोएथियस जानता है, और मानता भी है कि वह निरपराध है, फिर उसे यह सज़ा क्यों दी गयी ? यह प्रश्न उसे कचोटता रहता है। इस प्रकार बोएथियस भी 'शापेनास्तंगगमितमहिमा' है और 'धनपति क्रोध-विश्लेषित' तो है ही। यह भी निपट रीता हुआ और शापित

है, फिर भी अपराध को अस्वीकृत करता है।

और यह भी अपने शापित, कारागार में बन्दी, शून्य एकाकी अस्तित्व के प्रतिबिम्ब के रूप में एक 'अन्य' का सर्जन करता है। 'कोन्सोलेशन ऑफ़ फ़िलॉसॉफ़ी' के अनुसार लेडी फ़िलॉसॉफ़ी तमाम पहरेदारों को पारकर कारागार में बन्दी बोएथियस से मिलने पहुँचती है। बोएथियस इस महिला के समक्ष अपनी मानसिक वेदना तथा समस्या सम्बन्धी अपनी सोच को रखता है। लेडी फ़िलॉसॉफ़ी उसके उत्तर देती है। वह बोएथियस को समझाते हुए कहती है कि उसे जीवन की दुर्घटना को समय के छोटे-छोटे खण्डों में रखकर देखने की बजाय, उसे समय के विस्तीर्ण परिदृश्य में रखकर समझने का प्रयास करना चाहिए। बोएथियस को इससे राहत महसूस होती है। लेडी विदा लेती है। सोचने की बात यह है कि यह लेडी कहाँ से आयी और पहरेदारों को पार कर कहाँ निकल गयी?

हालाँकि यह लेडी बोएथियस के चित्त में से आयी थी और वहीं लौट गयी। इस प्रकार लेडी फ़िलॉसॉफ़ी केवल बोएथियस की चेतना का निर्माण है, तो भी लेडी बाहर से भी आयी थी। चाहे लेडी फ़िलॉसॉफ़ी के पात्र की परिकल्पना बोएथियस की ही क्यों न हो, परन्तु फ़िलॉसॉफ़ी तो एक परम्परागत सर्जन के अन्तर्गत एक स्वतन्त्र शास्त्र या कला है और इस प्रकार 'कोन्सोलेशन ऑफ़ फ़िलॉसॉफ़ी'—पुस्तक के पूर्व का एवं बाहर का एक सार्थक ग्रन्थेतर सर्जन है। लेडी बोएथियस द्वारा बुलायी गयी थी, उसे रचा नहीं गया था।

परन्तु कालिदास का यक्ष मेघदूत के पाँचवें तथा छठे श्लोक के इस मनोरम स्थल पर आषाढ़ ही नहीं, कविता के मोहक पल में अपनी पर्युत्सुकता, अन्यथावृत्ति चेतस् एवं अपनी कातर काम शक्ति के बल पर उसकी रचना कर लेता है। मनुष्य के पास अपनी कामना के सदृश्य अन्य है ही क्या? मेघदूत के मूल में ज्ञान नहीं, अपितु काम है, चैतन्य है। मेघदूत मनुष्य की प्राणशक्ति का काव्य है, एक 'वाइटल पोइम' है।

११

भारतीय साहित्य परम्परा में दो यक्ष प्रसिद्ध हैं—एक यक्ष कालिदास का और दूसरा है व्यास का। व्यास का यह यक्ष तालाब के तट पर पाँच प्यासे

पाण्डवों के प्राण हर लेता है। पाँचवें पाण्डव युधिष्ठिर के भी प्राण लेने को तैयार होता है। उसके पास जीवन की व्यवस्था से जुड़े कुछ प्रश्न हैं। यद्यपि इन प्रश्नों के उत्तर पहले से ही उसके पास हैं। प्रश्नों के उत्तर में युधिष्ठिर उससे जो कुछ कहते हैं, केवल एक समान-भाव मिलता है या केवल एक भावसाम्य मिलता है। इससे इतना ही फलित होता है कि युधिष्ठिर यक्ष के पास तैयार रखी जीवन-व्यवस्था को स्वीकार कर लेते हैं। व्यास का यह यक्ष तो उस जीवन-व्यवस्था का चौकीदार है। उस व्यवस्था को स्वीकार करने पर ही प्यासे को पानी मिलता है। जो कोई उसे अस्वीकार करता है, यक्ष उसे तालाब के तट पर ही मृत्युदण्ड दे देता है। अपराध और दण्ड!

कालिदास का यक्ष इससे बिलकुल ही निराला है। उसने अपनी कामना के चलते धनपति कुबेर की जीवन-व्यवस्था को भंग कर डाला है। राज राजेश्वर की धार्मिक विधि में जो शतदल, क्रमबद्ध कमल रखे जाते हैं, उनमें छिपा हुआ यक्ष का कामना-भ्रमर कुबेर को दंश दे गया। वहाँ न भ्रमर के लिये कोई जगह है न यक्ष के लिये ही। इसलिए वह राजराजा धनपति कुबेर की नगर व्यवस्था और नगर में से फेंक दिया गया। इस तरह वह एक 'आउट साइडर' है, इतरजन है। पर उसका भी अपना एक सत्य है। यक्ष भले ही उस व्यवस्था के अनुरूप न बैठता हो, पर यह तालाब के तट पर प्यासों को दण्ड देने वाला यक्ष नहीं है। इसने तो स्वयं को ही दण्डित किया है, स्वयं ने ही अपने को तालाब से दूर फेंका है और स्वयं ही तृषित है।

यह एक ऐसा यक्ष है जो तैयार उत्तरों वाले प्रश्न नहीं पूछता। यह तो तयशुदा उत्तरों से भिन्न उत्तर देने वाला यक्ष है। ग़लत उत्तर देने के कारण उसे सज़ा दी जाती है। और फिर भी वह पुनः-पुनः अपना वही पुराना (मूल) उत्तर देता है। चाहे वह अलका के दक्षिण में फेंका गया हो, पर यह तो सदैव अपराध के उत्तर का ही अधिवासी है।

कौन सा यक्ष अपना स्वजन बनेगा? महाकवि व्यास का या केवल कवि कालिदास का?

गुजराती से अनुवाद : बंसीधर शर्मा

आलेख का रचना-वर्ष : १९८७

The Sun Must Bear No Name
वॉलेस स्टीवन्स की कविता

The Sun Must Bear No Name
वॉलेस स्टीवन्स की कविता

१

बीसवीं शती के पूर्वार्द्ध के एक महत्त्वपूर्ण अमेरिकन कवि वॉलेस स्टीवन्स एक काव्य में कहते हैं : "The sun/must bear no name."

सूरज का कोई नाम नहीं होना चाहिए। यह कहकर कवि क्या इंगित करता है? 'वस्तु' के साथ हमें एक नया ही, अलग ही सम्बन्ध है। किसी भी वस्तु का नामकरण करना अर्थात् उसका मानवीकरण करना; उसका एक अतिविशाल, मानव मन के लिये अमेय, केवल 'वास्तविक' (अर्थात् वस्तुजनित) सन्दर्भ के स्थान पर एक अन्य ही मानव मन पहुँच सके इतना मर्यादित, मानव मन जिसका नाप निकाल सके इतने सीमित सन्दर्भ की रचना करना। कई बार ऐसा लगता है कि नामकरण की प्रवृत्ति मछलियों को समुद्र से निकालकर ऐक्वेरियम में रखने जैसी प्रवृत्ति है।

हमारी संस्कृति के एक उन्मेष में तो नाम का बहुत बड़ा माहात्म्य है। इस परम्परा में 'राम नाम की महिमा' 'राम' से भी बड़ी मानी गयी है। 'जप' को 'तप' के समकक्ष माना गया है और 'मन्त्र' के निरन्तर रटन को उसकी सिद्धि का मार्ग माना जाता है, इस परम्परा में 'सूरज का कोई नाम नहीं होना चाहिए' यह कहने वाले कवि को सहजतया न भी समझ सकें।

न समझ पायें यही अच्छा है, क्योंकि तभी प्रश्नों की परम्परा सुरक्षित रखने

की और अनुभव प्राप्ति के नये-नये मार्ग खोजने की छटपटाहट भी पैदा होगी। सूरज को कोई नाम न देने पर क्या होगा? उसके अति विशाल, अमेय, अमानुषी सन्दर्भ में (जिसे रिल्के 'angelic order' कहते थे, उस अ-मानुषी, अतिबृहद सन्दर्भ में) हमारा क्या होगा? सूरज के साथ हमारे सम्बन्ध का क्या होगा? 'कान्त' खण्डकाव्यों में पाण्डु, सहदेव आदि मनुष्य (या चक्रवाक जैसे 'किशोर-रसज्ञ'-ता के प्रतीक) प्रेम-सम्बन्ध को मानव-विधि की मर्यादा से मुक्त कराने के लिये मौत तक की क़ीमत अदा करते हैं।—तो सूरज के साथ, वस्तुमात्र के साथ, हमारे सम्बन्ध को केवल मानवीय (जिसे नीत्शे 'human all-too-human' कहता है, वैसे) सीमांकनों के बाहर ले जाने के बदले में हमें कौन-सी और कितनी नकद रकम देनी होगी? अपनी ही अन्य परम्परा में केवल एक-दो बार नेति, नेति बोलकर चुप हो जाने वाले अपने मौन से अनुभव की कैसी समृद्धि प्राप्त करता होगा?

स्टीवन्स के कई काव्यों में इस प्रकार के प्रश्न धीरे-धीरे पैदा होते हैं, एक कवि के रूप में पूछते रहते हैं और शीघ्र ही भव्य प्रत्युत्तर देने की अधीरता न होने के कारण इन प्रश्नों के अपने ही मर्म हौले-हौले खुलते रहते हैं।

यदि सूरज को नाम नहीं देंगे तो हमारी पृथ्वी का क्या होगा—वस्तु को मानवीय सन्दर्भ से मुक्त करने पर हमारे अपने 'वास्तव' का क्या होगा, इन प्रश्नों का मर्म खोलने वाली स्टीवन्स की तीन कृतियों पर अब दृष्टिपात करें।

२

ऐसा नहीं है कि वस्तु-जगत पर ठप्पा लगाने के आनन्द को स्टीवन्स नहीं जानते या लुत्फ़ नहीं उठा सकते। तितरबितर लगने वाले वस्तुसमूह पर एक सशक्त मानव-चित्त अपनी सत्ता, अपना विशिष्ट व्यक्तित्व थोप दे, और वस्तुसमूह के अस्तव्यस्त जगत के स्थान पर एक सु-स्थिर, मानवीय वास्तव की सृष्टि रचे, इस घटना का स्टीवन्स ने एक सुन्दर काव्य में प्रतीकात्मक ढंग से निरूपण किया है। उस काव्य का शीर्षक है : 'Anecdote of the Jar'। कतिपय ज़ेन लघु-कथाओं में निरूपित मानव-चित्त की सहज, सुन्दर लीलाओं से विभिन्न, फ्रांज काफ्का की कतिपय लघु-कथाओं में आलेखित मानव-चित्त की बीहड़ टूटती-मचलती

विभीषिकाओं से भी नितान्त अलग एक लघु-कथा स्टीवन्स ने इस काव्य में प्रस्तुत की है। काव्य इस प्रकार है :

I placed a jar in Tennessee,
And round it was upon a hill.
It made the slovenly wilderness
Surround that hill.
The wilderness rose upto it,
And sprawled around, no longer wild.
The jar was round upon the ground.
And tall and of a port in air.
It took dominition everywhere.
The jar was gray and bare.
It did not give of bird or bush,
Like nothing else in Tennessee.

(Poems by Wallace Stevens, P. 21)

टेनिसि के टीले वाले, अतिप्राकृत, अरे! जिसे जंगली कहना होगा ऐसे प्रदेश की बात कवि ने शुरू की है। वहाँ 'slovenly wildness' फैली हुई है। यह विशेषण कितना उपयुक्त लगता है? मानव-योजनाओं के प्रति मुँह फुलाकर यह गन्दी-फूहड़ प्राकृतावस्था खड़ी है! ("संस्कृति नहीं"!)

उस समय 'कवि' वहाँ आता है। अपने साथ एक 'jar' लाता है। वैसे तो मिट्टी ही, लेकिन उसे मनुष्य ने अपने हाथ से, अपने हुनर द्वारा घाट दिया है, आकार के साथ ही अर्थ दिया है। ग्रीस से मानव संस्कृति के प्रथम प्रभात से पाया हो ऐसा यह मृण्मय पात्र है :"The jar was gray and bare"। आसपास की बिलकुल प्राकृत और बिखरी हुई वास्तविकता के साथ उसे कुछ भी लेना-देना नहीं है। यह तो है, "like nothing else in Tennessee" ये वस्तुमय नहीं है, चित्तजन्य है; 'वास्तविक' नहीं है, 'चैतसिक' है।

मानव-चित्त की यह कृति (जो 'चैतसिक' है और 'सांस्कृतिक' है, वह) इस वीराने में रखी गयी। टेनिसि का यह वीरान 'वास्तविक' है और 'प्राकृतिक' है। तो ऐसे वीरान के बीच ऐसा मृण्मय, ग्रीक-सरलता से आकार प्राप्त पात्र रखा गया तो क्या हो गया? "The wilderness rose upto it, / And sprawled around : no longer wild।"। अन्तिम शब्द

ध्यान आकर्षित करते हैं, "no longer wild"। चारों ओर बिखरी हुई 'वास्तविकता' इस बिलकुल नये, विशिष्ट, सशक्त केन्द्र के आसपास इकट्ठी हो गयी और बिलकुल नयी आकृति में, नये ही अर्थ में, नये ही अस्तित्व के रूप से व्यवस्थित हो गयी। अब यह 'प्राकृत' नहीं रही।

टेनिसि के जंगली प्रदेश के ग्रीक-शैली के "gray and bare" मृण्मय पात्र ने कैसा वशीभूत कर लिया, इसकी लघु-कथा प्रस्तुत कर स्टीवन्स के अपने पुरखों ने अमेरिका खण्ड को (या उसके उत्तर भाग को) किस तरह जीत लिया, किस तरह वहाँ नयी संस्कृति का विकास किया, इस विषय में बात कर रहे हों ऐसा भी हो सकता है। लेकिन यह केवल लघु-कथा ही नहीं है। यह तो कवि-कर्म की, तमाम सर्जक की सर्जन-प्रक्रिया की कथा है।

वस्तु-जगत तो चारों ओर फैला हुआ है—हमारी नज़र बिखरी हुई और अर्थशून्य है। कवि उसे आकार प्रदान करता है, अर्थ (अलबत्ता काव्यार्थ) प्रदान करता है।

और, अन्ततः यह लघुकथा अनुभव मात्र का प्रतीक भी हो जाती है। वस्तु-जगत में तो उत्तेजना के अनन्तविध 'टेनिसि प्रदेश' हमारे आसपास फैले हुए ही हैं। अमेय उत्तेजना-पुंज को केवल एक चैतसिक केन्द्र प्रदान कर हमारा चित्त उसमें से एक अनुभवप्रद आकार तैयार करता है। यह आकार नया ही होता है और उस उत्तेजना पुंज को वह पूर्णरूप से एक नयी ही सत्ता में, नये ही अस्तित्व में परिवर्तित कर देता है। मानव-चित्त के इस बुनियादी आकार-निर्माण के चमत्कार को कवि इस लघु-कथा द्वारा निरूपित करता है।

सम्पूर्ण वर्णन उस चमत्कार का यशोगान कर रहा है। हाँ, यद्यपि एक-आधी पंक्ति बीच में ही कान को सुनायी देती है सही—"The wilderness no longer wild"—जिसका आकार निर्मित हुआ उस वस्तु में कोई बुनियादी परिवर्तन हो गया! जो वस्तु अनुभव की सीमा में आयी, वह वस्तु जड़मूल से ही कुछ बदल गयी! 'The wilderness' अब रह गयी : 'no longer wild।'

स्टीवन्स इस दुर्घटना से वाकिफ है। उसी तरह उसकी बात सूचित करता है, इस काव्य में। और अन्य काव्यों में तो यह बात स्टीवन्स विस्तार से करता है।

वास्तव पर, अर्थात् वस्तु-जगत की अमेय व्यापकता पर, जब भी चैतसिक आकार थोप दिया जाता है, तब (चाहे यह वास्तव मानव-अनुभव को लभ्य हो, फिर भी) उस वास्तव में से कुछ बुनियादी तत्त्व ही निकल जाता है। वास्तवानुभव के आनन्द के नशे में भी कुछ खो देने की व्यथा भी कवि को होती है। स्टीवन्स जितने आकार निर्माण के नशे के कवि हैं, उससे अधिक इस व्यथा के आलेखक-सर्जक हैं।

३

आकार-निर्माण के आनन्द-नशे के समय भी, इन्द्रियोद्बोधन-इन्द्रियव्यत्यय आदि उत्सव के प्रहरों में भी, 'wilderness' पर 'jar' के विजय-मुहूर्त पर ही जो सर्वप्रथम वेदना का अनुभव मानव-चित्त करता है, उसके संचलन को स्टीवन्स ने एक कविता में इस तरह ग्रहण कर लिया है :

> I measure myself
> Against a tall tree.
> I, find that I am much taller.
> For I reach right upto the sun,
> With my eyes;
> And I reach to the shore to of the sea
> With my ear.
> Nevertheless I dislike
> The way the ants crawl
> In and out of my shadow.
>
> (Collected Poems, P. 74)

प्रथम सात पंक्तियों में तो एक आकारवादी की गर्वोक्ति है। इन्द्रियों और चित्त, इन दोनों की सहायता से आकारवादी मानव प्रकृति के और वस्तु-जगत के साथ अपनी तुलना करता है। "I measure myself / Against a tall tree : / I find that I am much taller" इस तरह, समान्य रूप से अशक्य लगने वाली उलट-बाँसी से काव्य का आरम्भ यह आदमी जान-बूझकर ही करता है। यह उसकी गर्वोक्ति है। अशक्य लगने वाली बात करने के बाद, उस बात की और उस अधिकार की सच्चाई को भी यह आदमी साबित करने वाला है। उसके सबूत एक आकारवादी के सबूत हैं। इन्द्रियाँ, चित्त और आकार निर्माण—ये तीन शक्तियाँ उसकी

साक्षी हैं। "वृक्ष चाहे कितना ऊँचा हो, वह सूरज की बराबरी कर सकता है ? मेरी आँखें तो बराबरी कर सकती हैं।" "वृक्ष चाहे कितना ही चौड़ा हो, वह समुद्र की बराबरी कर सकता है ? मेरे कान तो बराबरी कर सकते हैं।" मलार्मे और बोदलेर की तरह ये रोमानी आकारवादी भी इन्द्रियाँ और चित्त, इन दोनों की शक्तियों का गर्वगीत गाते हैं।

किन्तु नहीं। स्टीवन्स अपने आपको 'रोमांटिक' बताता है सही, लेकिन साधारण अलग। वे उन्नीसवीं शती के रोमानी कवि नहीं हैं। वे बीसवीं शती के हैं। इसीलिए ही, विशुद्ध प्रतीकवादी-आकारवादी को जो नहीं दिखायी देता, यह उनको दिखायी देता है : चींटियाँ। मलार्मे-बोदलेर को जो चुनचुनाहट नहीं होती, यह उन्हें होती है : "Navertheless I dislike / The way the ants craw / In and out of my shadow।" आकारवादी की चुस्त सीमा रेखा को ध्यान में न लेकर सीमांकन का उल्लंघन कर छोटी-सी चींटियाँ बाहर से अन्दर और अन्दर से बाहर आवागमन करती ही रहती हैं!

आकार की सीमा को यथेच्छ लाँघकर वस्तु-चींटियों के इस संचरण को बारीक़ नज़र से देखने वाले इस कवि के पास जो है, उससे उन्नीसवीं शती के आकारवाद में और रोमेन्टिसिज्म में जीने वाले हमारे कवि-आलोचकों को बहुत कुछ प्राप्त करना है। हमारी सुरेख अंकित परछाइयों की सीमा को लाँघने वाली, उसकी उपेक्षा करने वाली, इससे पर अमेय और मातबर वास्तव का विलक्षण संकेत करने वाली अतिवास्तविक वस्तु-चींटी के प्रति कब तक आँख-मिचौली करेंगे ?

४

वस्तु-जगत अमेय, अगोचर है और इसीलिए उसके अनुभव के लिये चित्तगत 'symbolic forms' अनिवार्य होगा, यह सही; लेकिन इन आकारों को दृढ़ बनाते रहना, उनकी सीमाओं को अतिपवित्र और अनुल्लंघनीय मानना, उस लक्ष्मणरेखा के पार पैर रखने का प्रयास करने वाले को दशाननजन्य पाण्डित्य के डर से चुप ही कर देना—इससे तो अनुभव-दारिद्रय को निमन्त्रित करने जैसा ही होगा।

रोमांटिक आकारवाद का भी एक साहस है। लेकिन इससे भिन्न, इसी कारण ही अलग दिशा का भी साहस हो सकता है टेनिसि-प्रदेश में जाकर एक ग्रीक-दृढ़तापूर्वक मृद्-पात्र रखकर यहाँ की बिखरी हुई प्राकृतता को आकृत करना भी साहस है। लेकिन इससे भिन्न, परछाइयों की सीमा का उल्लंघन करने वाली चींटियों के सीमोल्लंघन को समझने के लिये मन्थन करना, अपनी मानवीय अस्तित्व की मानी हुई सीमा के उस पार का संकेत होने पर उसे साफ़ नज़र से देखने का साहस भी नहीं चूकना चाहिए, यह सूचन स्टीवन्स करता है।

नीत्शे कहता है कि शिल्प और स्थापत्य का, आकारवाद का देवता अपोलो कभी अतिदृढ़, स्थगित और आख़िर क्रूर बनकर स्पार्टा का जड़-बल-जयी 'Doric State'—परिवर्तित हो जाता है; तब आकार एक कारागृह बन जाता है।

एक संस्कृति में, एक साहित्य में या एक व्यक्ति के निजी जीवन में जब ऐसा समय आता है तब अपोलो को चुनौती देने के लिये जिस कलाकार की ज़रूरत पड़ती है, उस कलाकार की बात भी स्टीवन्स ने एक कविता में की है। उसे स्टीवन्स 'anti-master-man' कहता है। यह मनुष्य वस्तु और अपने बीच सभी पर्दे दूर करना चाहता है। ऐसा है यह मनुष्य, जो सूरज और आँख के बीच सूरज का नाम हटा देना चाहता है। इसका आलेखन स्टीवन्स इस तरह करता है :

> He brushed away the thunder, then the clouds,
> Then the colossal illusion of heaven, Yet still
> The sky was blue. He wanted imperceptible air.
> He wanted to sees. He wanted the eye to see
> And not be touched by blue.

(Collected Poems, P. 241)

घटाटोप को दूर कर, आकाश के भारी भ्रम को हटाकर, अवकाश के नीलेपन से भी तंग आकर, कोई वि-नायक, कोई 'anti-master-man' अपोलो के 'magic mountain'—के उस पार के अमेय, अनिर्वचनीय, बृहद का आमना-सामना करना चाहे, तब उसकी चुनौती झेलने के लिये एक बिना नाम सूरज अवश्य उदित होगा।

सन्दर्भ :

Poems by Wallace Stevens. New York : Vintage Book; 1959.
The Collected Poems of Wallace Stevens, New York, Alfred A Knott, 1961.

'सीमांकन अने सीमोल्लंघन', 1979, से

गुजराती से अनुवाद : तुलसीभाई पटेल

आलेख का रचना-वर्ष : १९७७

"COLLISION-E"; सर्गेई आइज़ेंस्टाइन की कला

"COLLISION-E";
सर्गेई आइज़ेंस्टाइन की कला

१

'Intellectual Cinema'—के सुख्यात दिग्दर्शक सर्गेई एम. आइज़ेंस्टाइन एक उत्तम फ़िल्म-मेकर ही नहीं, एक प्रभावशाली फ़िल्म-कला-मीमांसक भी थे। 'Notes of a Film Director'—यह दिग्दर्शक के रूप में उनके आन्तरिक मनोमन्थन का निखालिस अहवाल है। लेकिन 'Film Sense' और 'Film Form' ये दो ग्रन्थ उनकी कला-मीमांसा (aesthetics) के सुग्रथित ग्रन्थ हैं। ये दो ग्रन्थ संयुक्त रूप में बाद में प्रकाशित हुए। 'फ़िल्म' को 'फोर्म' मानने वाले तथा फ़िल्म में सजग रूप से रूपनिष्ठ प्रयोग करने वाले दिग्दर्शकों में आइज़ेंस्टाइन अनूठे लगते हैं, चाहे वे अकेले नहीं हैं। ज़ार की तख़्त जैसी कुर्सी पर मुठिया पर पैर लटकते रखकर, इस सोवियत फ़िल्म-कार ने एक तस्वीर खिंचवाई थी, जो बाद में सुख्यात हुई। 'फॉर्म' अर्थात् 'आकार' की रूढ़िचुस्त विभावना के तख़्त पर भी, बग़ावतपूर्वक मुठिया पर पैर लटकाकर यह कलाकार सुस्थिर है! आकार के साथ आइज़ेंस्टाइन के कला तथा कला विचार के अनूठे सम्बन्ध की जाँच-पड़ताल करना, इस निबन्ध का उपक्रम है।

आइज़ेंस्टाइन की कला-मीमांसा आकार की विभावना के भी मानो गहन स्तर में पहुँचकर एक अन्य विभावना पर दृष्टिपात करती है। आइज़ेंस्टाइन के विमर्श और प्रयोग के सन्धि-स्थल पर, देहली दीपक जैसी यह विभावना है : Juxtapositon, सहोपस्थिति। 'Film Form' ग्रन्थ में वह कहता है :

> The cinema [is] above all else an art of juxtaposition. (P. 239)

फ़िल्म में सहोपस्थिति द्वारा दृश्य-दृश्य के बीच नये-नये सम्बन्ध स्थापित करने वाले आइज़ेंस्टाइन सर्वप्रथम फ़िल्मकार नहीं थे। उनकी फ़िल्मों का आरम्भ तो, सोवियत क्रान्ति के बाद १९२० से भी कुछ बाद में हुआ। इससे बीस वर्ष पूर्व १९०२ में, इस कीमिया को आज़माने वाली एक महत्त्वपूर्ण फ़िल्म, रूस में नहीं किन्तु अमेरिका में बनी थी। यह फ़िल्म है, एडविन एस. पोर्टर की 'The Life of an American Fireman'। इस प्रारम्भिक फ़िल्म में पोर्टर ने आग बुझाने के विविध तबकों को उत्तेजक रूप से परस्पर एक साथ रखकर उस छोटी-सी फ़िल्म में दस्तावेज़ी मूल्य के उपरान्त भावनातत्त्व भी जोड़ दिया है। उन्नीसवीं शती के दमकल को वेग से आगे बढ़ते देखने का 'ऐतिहासिक मज़ा' तो शायद आता है, लेकिन इसके अलावा भी इन दृश्यों का गतिशील गुम्फन पोर्टर जिस ढंग से करता है, इसका अपना मज़ा आज भी ताज़गी से भरा लगता है। मुझे यह फ़िल्म देखने का मौक़ा १९७० में मिला था। विषय की ऐतिहासिकता तथा कला की उसकी अपनी साम्प्रतता दोनों का अनुभव हुआ था।

पोर्टर के बाद फ़िल्म में इस प्रकार की संरचना के तत्त्व को विशेष विकसित करने वाला फ़िल्मकार है डी.डब्ल्यू. ग्रिफ़िथ। ग्रिफ़िथ की फ़िल्म से आइज़ेंस्टाइन परिचित थे और उन्हें पोर्टर-ग्रिफ़िथ की परम्परा के भी, तकनीक के इस सन्दर्भ में कह सकते हैं। फिर भी, आइज़ेंस्टाइन ने फ़िल्म की आकारगत सम्भावनाओं को कौन-से नये परिमाणों में सिद्ध किया, यह भी देखना चाहिए।

ग्रिफ़िथ की संरचना और अपनी संरचना के बीच एक तात्त्विक तफावत आइज़ेंस्टाइन स्वयं दर्शाता है। "Dickens, Griffith and The Film Today" शीर्षक निबन्ध में वह लिखता है :

> For us this (Giffith's) Quantitative accumulation even in such "multiplying" sitiuation was not enough : we sought for and found in juxtapositions more than that—a qualitative leap (Film Form) P. 239).

आकार का तत्त्व यदि सामग्री को लाँघ जाने के सर्जक-कर्म से उत्पन्न होता है, तभी वह कला का घटक बनता है, क्या कविता में, नाटक में,

कथा में या फ़िल्म में। 'Quantitative accumulation' और 'Qualitative leap' के बीच स्पष्ट भेद बताकर आइज़ेंस्टाइन ने सहोपरिथति और आकार सम्बन्धी अपनी विभावना के बारे में एक महत्त्वपूर्ण विधान यहाँ किया है।

फ़िल्म में आकार का तात्पर्य क्या है और यह किस तरह निर्मित होता है, यह समझने के लिये तीन मुद्दे ध्यान में ले सकते हैं :

(१) अमेरिका और रूस में सिनेमा-टेकनिक के विकास का इतिहास,

(२) आइज़ेंस्टाइन के अपने सिद्धान्त और सिनेमा सम्बन्धी उसकी मानसिक भूमिका—भाषा, साहित्य, रंगभूमि और सर्कस की परम्परा में सुगठित,

(३) आइज़ेंस्टाइन की फ़िल्में।

इन तीनों के सन्दर्भ में फ़िल्म में आकार अर्थात् क्या? यह चर्चा, और आइज़ेंस्टाइन ने इस विभावना को व्यवस्थित रूप प्रदान कर फ़िल्म की कला-मीमांसा की रचना कैसे की; इस निबन्ध में इन बातों को स्पष्ट करने का प्रयास है।

२

आइज़ेंस्टाइन को केन्द्र में रखते हुए अन्य चार फ़िल्मकारों की कला में आकार की विभावना किस तरह स्पष्ट होती गयी और विकसित हुई, इस पर दृष्टिपात करें। इन चार फ़िल्मकारों में दो अमेरिकन : पोर्टर और ग्रिफ़िथ; और दो रूसी : कुलेशोव और पुडोव्किन। इन चारों के तार आइज़ेंस्टाइन के साथ जुड़े हुए हैं और फ़िल्म में आकार की विभावना पर इस पंचकोण के सन्दर्भ में विचार करना होगा।

कारेल राइत्स नामक एक फ़िल्म-विवेचक की अधिकृत पुस्तक है : 'The Technique of File Editing'. (1953) उसमें ग्रिफ़िथ की 'American Fireman' विषयक फ़िल्म के बारे में राइत्स एक महत्त्वपूर्ण मुद्दा प्रस्तुत करता है :

Porter's decision to construct a story from previously shot material was unprecedented. It implied that the meaning of a shot was not neccessarily self-contained but could be modified by joining the shot to others. (P. 17)

—राइत्स के कथनानुसार पोर्टर ने इस फ़िल्म में एक 'अ-पूर्व' करामात की : अपनी फ़िल्म में उसने दस्तावेज़ी विभाग में दबे पड़े पुराने (और विशेषकर स्वकीय बिना महत्त्व के) फ़िल्मी दृश्यों का उपयोग कर दिया। दस्तावेज़ी विभाग में जिस फ़िल्म के टुकड़े थे, उनमें फ़िल्माये गये दो दृश्य पड़े थे—एक, दमकल-स्थान से लोग जल्दी से दमकल चलाते हुए निकल पड़ते हैं। दो, सुलगते घर के आगे आकर अपना काम शुरू करते हैं। इस 'प्राप्त-सामग्री' में पार्टर ने अपनी ओर से कुछ नहीं जोड़ा। ये दो दृश्य तो सचमुच 'दस्तावेज़ी' थे, अर्थात् वास्तव में दमकल आग बुझाने के लिये निकला होगा उस समय के दृश्य थे। ग्रिफ़िथ ने उनमें तीसरा 'कृत्रिम' (staged) दृश्य जोड़ दिया। इस 'दृश्य' में एक स्त्री को दमकलवाला बचाता है और उस स्त्री की पुत्री, जो सुलगते हुए घर में रह गयी है, इसलिए घबड़ाकर वह दमकलवाले को अपनी पुत्री को बचाने के लिये विनती करती है, यह निरूपण पोर्टर ने किया। माता और बालिका के इस 'कृत्रिम' दृश्य को न 'दस्तावेज़ी' दृश्यों के साथ जोड़कर 'edit' करके पोर्टर ने एक भावनातत्त्वपूर्ण छोटा-सा चलचित्र १९०२ में बनाया। इस 'सहोपस्थिति' की रचना पोर्टर ने अपनी कल्पना द्वारा की थी और राइत्स के कथन अनुसार यह तकनीक 'अ-पूर्व' थी।

लेकिन, इस निबन्ध के सन्दर्भ में मुद्दा यह है कि पोर्टर ने इसके द्वारा कोई नया 'अर्थ' उत्पन्न किया? उसे प्राप्त दृश्य एक और दो की सामग्री को इस प्रकार परिवर्तित की, जिससे कोई नयी ही अनुभूति प्राप्त हो? पोर्टर अपनी तकनीक द्वारा प्राप्त-सामग्री से कोई अ-पूर्व आकार की रचना कर सके?

तकनीक की ही बात करते हुए राइत्स अपने ग्रन्थ में अन्य दो फ़िल्मकारों की एक फ़िल्म की चर्चा करता है। ये दो फ़िल्मकार हैं : पुडोव्किन और कुलेशोव। राइत्स की पुस्तक में पोर्टर के साथ तुलना अभिप्रेत नहीं है, लेकिन इस निबन्ध में आइज़ेंस्टाइन केन्द्र में है, इसलिए हम पुडोव्किन-कुलेशोव की फ़िल्म की तुलना पोर्टर की फ़िल्म के साथ करके 'आकार' के तत्त्व का मर्म, फ़िल्म के सन्दर्भ में प्राप्त कर सकते हैं।

पुडोव्किन-कुलेशोव ने एक रसप्रद प्रयोग किया। एक अभिनेता

(मोश्जुखिन) के चेहरे का क्लोज़अप (निकटन ?) लेते हुए उन्होंने क़रीब तीन दृश्य फ़िल्माये। इन निकटनों में अभिनेता का चेहरा ख़ास भावरहित था और कोई विशेष अनुभव की अभिव्यक्ति नहीं करता था। अब इस दृश्य को दिग्दर्शकों ने अन्य तीन दृश्यों के साथ जोड़ दिया। प्रथम दृश्य एक टेबिल पर सूप की रकाबी का था। दूसरा, एक मृत स्त्री के खुले कॉफ़िन का था। तीसरा, खेलती हुई एक छोटी-सी लड़की का था। पुडोव्किन स्वयं ही अपनी 'Film Technique' नामक पुस्तक में लिखता है कि प्रेक्षकों को अभिनेता के चेहरे में, तीन दृश्यों की सहोपस्थिति में, तीन प्रकार के भाव 'दिखायी दिये' : विचार में निमग्न चेहरे का भाव, दुःखी चेहरे का भाव और आनन्दित चेहरे का भाव। अब, असल में इस चेहरे के सामने उन तीन दृश्यों में से एक भी दृश्य नहीं था और अभिनेता इन तीनों में से एक भी भाव व्यक्त नहीं करते थे। फिर भी, केवल सहोपस्थिति के कारण उस चेहरे में प्रेक्षकों को हर्षशोकादि भाव 'दिखायी दिये'। (पृ. ३०)

पोर्टर की फ़िल्म और पुडोव्किन-कुलेशोव की फ़िल्म की तुलना करने से 'अर्थ' सम्बन्धी मुद्दा स्पष्ट होता है। 'American Fireman' की फ़िल्म में असली दृश्यों में 'अधिक' अर्थ पैदा होता है, लेकिन मोश्जुखिन के चेहरे वाली फ़िल्म में तो चेहरे में 'अलग' ही अर्थ अभिव्यंजित होता है। असल में अर्थ में केवल वृद्धि करना यह एक बात है; लेकिन संरचना द्वारा एक नया ही अर्थ सूचित करना, यह अलग ही बात है। फ़िल्म में आकार की रचना हुई यह कहना तभी उचित माना जायेगा जब यह दूसरी घटना घटित होगी।

लेकिन पोर्टर की 'American Fireman' की फ़िल्म में एक अन्य ही तत्त्व अ-पूर्व रूप से रचा जाता है। 'अर्थ' का तत्त्व नहीं, 'समय' का तत्त्व।

सुलगते घर में स्त्री को बचाने का दृश्य पोर्टर ने कुछ नये ढंग से चित्रित किया है। जैसा कि हमने देखा, यह दृश्य कृत्रिम दृश्य है, यानि कि असल दस्तावेज़ी फुटेज में से नहीं है। अब पोर्टर इस दृश्य को दो दृष्टिकोण से चित्रित करता है : एक, सुलगता हुआ घर बाहर से, और दो, घर के अन्दर से। लेकिन यह 'बाहर' और 'अन्दर', दोनों ओर से जो दिखायी देता है, वह दृश्य तो एक ही है। एक ही दृश्य घटित होते जितना समय लगेगा और यही दृश्य पहले बाहर से और फिर अन्दर से, इस प्रकार दो दृष्टिकोण से

देखने में जितना समय लगेगा, इन दो समय में अन्तर तो होगा ही। इनमें दूसरा समय अधिक लम्बा होगा। अर्थात् 'कथ्य-समय' (narrated time) की अपेक्षा 'कथन-समय' (the time of narration) अधिक होगा। कथन-समय को, अर्थात् जो घटना घटित हुई उसे पर्दे पर प्रस्तुत करने में लगते समय को, उसकी निजी महत्ता इस तरह प्रस्तुत करके पोर्टर ने सिनेमा के खातिर एक नूतन ही तकनीक का आरम्भ किया। जेम्स जॉयस उपन्यास में एक ही प्रसंग को एकाधिक चैतसिक दृष्टि से देखते हुए चित्रित करता है और उस प्रसंग की आन्तरिक समृद्धि प्रगट करता है। लेकिन फ़िल्म में तो जो है उसे फ़ोटोग्राफ़ी द्वारा दिखाना ही है, अतः कथ्य-समय और कथन-समय के बीच भेद दिखाना फ़िल्म में अधिक कठिन है, इसीलिए १९०२ में पोर्टर द्वारा की गयी यह करामात फ़िल्म-कला के लिये महत्त्वपूर्ण प्रस्थान की सम्भावना हुई।

दूसरे ही वर्ष में 'The Greet Train Robbery' (1904) नामक फ़िल्म में पोर्टर ने अपनी इस तकनीक को विशेष रूप से विकसित किया। एक पहाड़ी प्रदेश में लुटेरे एक रेलवे स्टेशन के स्टेशन मास्टर और तार-ऑफ़िस के क्लर्क को बाँध देते हैं और ट्रेन को बन्दूक़ की नोक पर लूट लेते हैं और फिर खाई प्रदेश में भाग जाते हैं, इस घटना का चित्रण इस फ़िल्म में किया गया है। इसके दृश्य ९ और १० जिस ढंग से संयोजित किये गये हैं, सो ध्यान आकर्षित करते हैं। नवम दृश्य में 'a beautiful scene in the valley' इस शीर्षक के अन्तर्गत (संवाद-युग पूर्व की इस फ़िल्म में) लुटेरों को भागते हुए दिखाया गया है। तत्पश्चात् दृश्य में 'interior of telegraph office' में मुँह में डाटा लगा हुआ, हाथ-पैर बँधा हुआ क्लर्क फिर दिखता है! ये दोनों दृश्य एक के बाद एक आते हैं, फिर भी उसमें आने वाली घटनाएँ एक साथ घटित घटनाएँ हैं। जब लुटेरे भाग जाते हैं, तभी क्लर्क भी हाथ-पैर बँधी हुई दशा में उछल-कूद करता है। दोनों एक ही समय पर घटित घटनाएँ हैं, और पोर्टर उन्हें एक के बाद एक दर्शाकर कथन की एक रीति निष्पन्न करता है। अलबत्ता, इन सहोपस्थित घटनाओं का क्रम दोनों में से एक भी दृश्य में नूतन 'अर्थ' निष्पन्न नहीं कर पाता, इसका उल्लेख करना चाहिए। दूसरी ओर, आइज़ेंस्टाइन का लक्ष्य सहोपस्थिति की तकनीक द्वारा दृश्यों को नवीन ही अर्थछाया से रसमग्न करना था।

डी.डब्ल्यू. ग्रिफ़िथ ने १९०९ में 'The Lonely Villa' नामक फ़िल्म बनायी। एक ओर से लुटेरे हमला करते हों और बचाव-टोली दूसरी ओर से, और बीच में हो 'Lonely Villa'—ऐसी उसकी योजना है। आज तो कई 'सनसनीखेज' फ़िल्मों में देखने को मिलती है, यह तकनीक ग्रिफ़िथ ने पहली बार अपनी इस फ़िल्म में आज़मायी। लुटेरा-टोली और बचाव-टोली दोनों एक-दूसरे का पीछा बार-बार तेज़ गति से करते हैं, जो प्रेक्षकों को दिखाया जाता है, इस प्रकार एक नाट्यात्मक तंगदशा पैदा होती रहती है। रंगभूमि से सिनेमा किस प्रकार अलग है, यह समझने के लिये पोर्टर-ग्रिफ़िथ-पुडोव्किन आदि के ये प्रयोग प्रत्यक्ष देखने चाहिए।

ग्रिफ़िथ की अति ख्यात (और अमेरिका के गाँवों में दंगल पैदा करने वाली) फ़िल्म है : 'The Birth of a Nation'। इसमें अमेरिकन राष्ट्र रंगभेद की समस्या का प्रतिकार कर, आन्तरविग्रह से निकलकर किस तरह सच्चा जन्म पाता है, इसकी कथा ग्रिफ़िथ ने अत्यन्त उत्तेजक रूप से प्रस्तुत की है। उसमें एक दृश्य अब्रहाम लिंकन की हत्या का है। जिस थियेटर में लिंकन की हत्या हुई थी, उसके अलग-अलग विभागों में होने वाली घटनाओं पर ग्रिफ़िथ का क़ैमरा घूमता रहता है और हत्या होने से पहले के क्षणों के अलग-अलग दृश्य बताकर ही ग्रिफ़िथ एक तंगस्थिति पैदा करता है! अलबत्ता, हत्या की यह घटना स्वयं अमेरिकन लोगों में इतनी तो सुपरिचित थी कि ग्रिफ़िथ का क़ैमरा अन्यत्र घूमता-स्थिर होता है, तब भी प्रेक्षक उस ऐतिहासिक हत्या के दृश्य के लिये अत्यन्त उत्सुक रहते हैं और इस तरह एक तंग-स्थिति पैदा होती है। फिर भी ग्रिफ़िथ ने काटना (cut), निकटन (close-up), शब्दोल्लेख (title) आदि को जिस सफ़ाई से पर्दे पर प्रस्तुत किया है, इसमें सिनेमा समय की उसकी सूझबूझ प्रदर्शित होती है।

फिर भी, पोर्टर की प्रारम्भिक करामातें और ग्रिफ़िथ के आकर्षक व्यवस्था पैदा करने वाले कौशल्य से आइज़ेंस्टाइन की कला एवं कला-मीमांसा किस प्रकार अलग है; इस पर विचार करना ही होगा।

'American Fireman' से 'The Birth of a Nation' तक की फ़िल्मों में सहोपस्थिति की तकनीक की विविध मुद्राएँ हमने देखीं। लेकिन Technique और Theme इन दोनों के बीच सम्बन्ध समझने के बाद ही किसी भी तकनीक को पूरी तरह समझ सकते हैं। इस दृष्टि से ग्रिफ़िथ

की 'The Birth' फ़िल्म और आइज़ेंस्टाइन की 'The Battleship Potemkin' फ़िल्म का तुलनात्मक ढंग से परीक्षण किया जा सकता है।

'The Birth' फ़िल्म में ग्रिफ़िथ एक बहुत बड़े ऐतिहासिक समयपट को आकारित करता है। इस समयपट को फ़िल्म में कुछ ही घण्टों में प्रस्तुत करने के विभिन्न प्रसंगों को, बीच की समयावधि को रद्द करके, नयी कड़ियाँ बनाकर फ़िल्मकार को इन सभी को जोड़ना पड़ता है। एक दिवस के घण्टों को, ये दिवस ऐतिहासिक दृष्टि से चाहे कितने ही महत्त्वपूर्ण हों, फिर भी पर्दे पर अतिवेग से दिखाना पड़ता है। फिर भी, यह पूरा ऐतिहासिक समयपट कुछ तेज़ गति से थोड़े ही घण्टों में अलपझलप तो नहीं गुज़रना चाहिए। इस कसौटी में ग्रिफ़िथ किस तरह पार उतरता है यह जानने के लिये 'The Birth' में ऐसे ही एक महत्त्वपूर्ण दिवस के निरूपण के उदाहरण पर दृष्टिपात करें।

दिवस है, जैसे कि हमने पहले बात की वह लिंकन की हत्या का। पर्दे पर शब्दोल्लेख (title) आता है : 'Time 8:30. The Arrival of the President.' ऊपर दृश्य चलता है। कुल १९ दृश्य (shots) आते हैं और तुरन्त दूसरा शब्दोल्लेख झिलमिलाता है : 'Time 10:30' पर नये दृश्य शुरू होते हैं। ८:३० से १०:३०—दो घण्टे। और यह समयावधि केवल १९ दृश्यों में ग्रिफ़िथ ने दर्शायी है। कहानी का प्रवाह गतिशील बना और प्रेक्षकों की जिज्ञासा उत्तेजित होकर सन्तुष्ट हुई। दृश्यों की सहोपस्थिति का मुख्य परिणाम : कथारस का कौशलपूर्ण निर्वहण। —हाँ, इसमें से ही हॉलीवुड पैदा होती है। भव्य ऐतिहासिक परिणाम और लाखों प्रेक्षकों को पकड़ रखनेवाली कहानियाँ 'Ben Hur' या 'Ten Commandments' जैसी फ़िल्में यकायक नहीं बनी हैं।

दूसरी ओर आइज़ेंस्टाइन के सामने भी ऐसी ही कसौटी आ गयी थी—उसके अपने ही राष्ट्र का जन्म। सोवियत रूस का वह 'प्रतिबद्ध' कलाकार था। साम्यवादी राष्ट्र किस तरह पैदा हुआ, यह दर्शाना तो उसका ही काम था—कला का एवं सरकारी। इसीलिए उसने '1905' नामक एक फ़िल्म की योजना भी बनायी। 1905 में, ग्रिफ़िथ की तरह ही सोवियत रूस के जन्म-पूर्व की महत्त्वपूर्ण (लेकिन असफल) १९०५ ई. की क्रान्ति से शुरू करके विशाल समयपट पर काम करने का विचार था। उसके कथापट पर विचार करने के लिये एक फ़िल्म-कथा भी लिखी गयी, लेकिन

आइज़ेंस्टाइन अलग ही क़िस्म का कलाकार था।

उसने '1905' फ़िल्म बनाना छोड़ दिया। ऐतिहासिक समयपट का विचार भी छोड़ दिया। भव्य प्रसंगों की गतिशील श्रृंखला का विचार भी छोड़ दिया। इन सबके बजाय आइन्स्टाइन ने एक छोटे-से क़िस्से पर आधारित 'The Battleship Potemkin' नामक फ़िल्म बनाने का निश्चय किया। इस फ़िल्म पर सविस्तार विचार हम थोड़ी देर बाद करेंगे, लेकिन यहाँ एक बात का उल्लेख अवश्य करेंगे कि सहोपस्थिति की पोर्टर-ग्रिफ़िथ से जो तकनीक प्राप्त हुई उसे आइज़ेंस्टाइन ने इस नयी वस्तु (theme) के साथ संलग्न करके उस तकनीक का अर्थ ही मानो बदल दिया। अब तकनीक एक लम्बे समयपट में कथारस को सुरक्षित रखकर आर-पार आगे बढ़ जाने की युक्ति न रही। अब यह कुछ और ही हो गयी।

क्या हुई, यह तो आइज़ेंस्टाइन ख़ुद ही बता सकते हैं, वे इतने सजग कलाकार थे। 'Dickens, Griffith and the Film Today' निबन्ध में ही वे कहते हैं :

> The school of Griffith before all else is a school of tempo. However, he did not have the strength to compete with the young Soviet school of montage in the field of expression and of relentlessly effcetive rhythm, the task of which goes far beyond the narrow confines of the earlier. (Film Form, P. 235).

—'Tempo' और 'Rhythm' इन दोनों के बीच बुनियादी भेद है, और उस पर आइज़ेंस्टाइन की दृष्टि पड़ी। 'टेम्पो' यह कहानी-रस के साथ संकलित तत्त्व है। 'रिद्म' में इससे बहुत अधिक अभिप्रेत है, कला की रचना में समतुला के साथ यह तत्त्व संकलित है। बड़े कथानक को और विशाल समयपट को फ़िल्म में समाविष्ट करने के लिये और प्रेक्षकों के रस को तीव्रगति से घटित घटनाओं की श्रृंखला में जकड़ने के लिये फ़िल्मकार एक के बाद एक उत्तेजक दृश्यावली को पर्दे पर प्रस्तुत करता रहे, यह एक बात हुई, यही टेम्पो। आइज़ेंस्टाइन को यह अभिप्रेत नहीं था— चाहे वह एक आर्थिक-राजकीय विचारधारा का प्रतिबद्ध कलाकार हो।

आवेग (tempo) की युक्तियों से लय (rhythm) की विभावना (और संरचना) को अलग करना, यह आइज़ेंस्टाइन को समझने के लिये आवश्यक

है। उसी तरह 'linkage' (शृंखलाबद्धता) की युक्तियों से 'montage' (चमत्क्रमिकता?) की संरचना को अलग करना, यह भी इस फ़िल्मकार को पाने के लिये ज़रूरी है। पहला व्यावर्तन अमेरिकन-रूसी फ़िल्मों के बीच मानें तो, दूसरा व्यावर्तन तो रूसी फ़िल्म-परम्परा का अन्दरूनी ही व्यावर्तन है।

रूसी फ़िल्म-परम्परा का सुन्दर चित्रण करने वाली पुस्तक, 'Kino, A History of the Russian and Soviet Film'— में जेय लेइडा (Jay Leyda) कहता है :

> The basic technical contribution of Kuleshov, the artistic legacy that he handed to Podovkin and Eisenstein for further investment, was the discovery that there were, inherent in a single piece of unedited film, two strenght : its own, and the strength of its relation to other pieces of film. In his textbook Pudovking quotes Kuleshov as saying, "In every art there first is a material, and secondly a method of composing this material specifically adapted to this art..." and Podovkin goes on to explain :
>
> Kuleshov maintained that the material in film work consists of pieces of film, and that the method of composing is their joining together in a particular creatively conceived order. (P. 175)

—कुलेशोव द्वारा प्राप्त इस विरासत का आइज़ेंस्टाइन ने क्या किया इसकी जाँच-पड़ताल होनी चाहिए। बारीक़ी से सोचने वाले फ़िल्म-विवेचक पीटर वोलन ने 'Signs and Meaning in the Cinema' नामक अपनी पुस्तक में इस विषय पर सुन्दर चर्चा की है। वे कहते हैं कि 'Eisenstein made use of the discoveries which had been made by Kuleshov and Vertov' (पृ. ३९) 'Made use of'— ये शब्द सचमुच अर्थसभर हैं। अपने पुरोगामियों द्वारा निर्मित युक्तियों को आइज़ेंस्टाइन ने नये ही प्रयोजन के साथ जोड़ दिया, नये ही लक्ष्य की ओर मोड़ दी।

कुलेशोव का लक्ष्य करामात की ओर था। फ़िल्म-सन्धान के एक प्रयोग में उन्होंने अमेरिका के व्हाइट हाउस को मास्को के एक मुहल्ले में आयोजित किया! इसे कुलेशोव ने 'creative geography' और 'artificial landscape' नाम दिया!! अन्य एक ऐसे प्रयोग में अलग-अलग स्त्रियों

के अंगोपांग फ़िल्म में जोड़कर उन्होंने एक फ़िल्म-सुन्दरी निर्मित की थी! अलबत्ता, पहले उल्लेख किया ही है तद्‌नुसार कुलेशोव ने ऐसी शरारतों से आगे बढ़कर अभिनेता मोस्जुखिन के चेहरे में केवल अनुसन्धान-कला से विभिन्न भावों का आभास हो, यह प्रयोग भी किया था। फिर भी इन सभी प्रयोगों और आइज़ेंस्टाइन की कला के बीच भेद है।

इस भेद को स्वयं आइज़ेंस्टाइन ने स्पष्ट कर दिया था। "The Cinematographic Principle and the Ideogram" नामक निबन्ध में वह अपनी लाक्षणिक सूत्र-शैली में लिखता है :

> In front of me lies a crumpled, yellowed sheet of paper. On it is a mysterious note :
>
> 'Linkage—P' and 'Collision—E'

—इस रहस्यपूर्ण टिप्पणी में इस कलाकार ने बहुत कुछ सूचित कर दिया है। इसे समझाते हुए आगे लिखता है :

> This is a substantial trace of a heated bout on the subject of montage between P (Pudovkin) and E (myself)...A graduate of Kuleshov school, he loudly defends an understanding of montage as a linkage of pieces into a chain. Again, "bricks." Bricks arranged in a series to expound an idea. I confronted him with my view-point on montage as a collision. A view that from collision of two given factors arises a concept. ('Film Form', P.37)

—कुलेशोव और पुडोव्किन के समान ही आइज़ेंस्टाइन भी प्रतिबद्ध कलाकार थे। उनको भी 'concept' में, विचार और चिन्तन में रुचि थी और फ़िल्म द्वारा साम्यवादी विचारधारा लोगों तक पहुँचाने का काम उन्होंने भी स्वीकारा था। फिर भी, विचारों को लोगों तक पहुँचाना और लोगों को विचार तक पहुँचाना; इन दोनों में जो भारी अन्तर है, इसे हर सच्चा कलाकार जानता है। पुडोव्किन अपनी फ़िल्म के दृश्य एक विचार या मूल्य का समर्थन करने के लिये आयोजित करते थे। लेकिन विचार प्रस्तुत करना और समझना ('to expound an idea') इस का काम आइज़ेंस्टाइन ने स्वीकार नहीं किया था, उन्हें तो लोगों को विचार करने के लिये बाध्य करना था। उनके फ़िल्म की दृश्य-संरचना ही विचार को उत्पन्न करने वाली होती थी ('arise a concept')। Ten Days that

Shock the world—यह रूसी क्रान्ति को निरूपित करती प्रतिबद्ध फ़िल्म ही है। फिर भी उसमें क्रान्ति के दरम्यान वीरान हुई गली के नुक्कड़ पर नदी के पुल का दृश्य 'विचार करने के लिये विवश' करता है। इस दृश्य में पुल पर एक घोड़ागाड़ी का घोड़ा मशीनगन के हमले में लुढ़क जाता है और पुल के बराबर बीचोंबीच गाड़ी खड़ी रह जाती है। बाद में, दूर से आने वाले सरकारी आदेश अनुसार यह पुल (जो मध्य भाग से दो भागों में ऊँचा हो सकता है) ऊँचा होता है। आधे भाग के एक छोर पर घोड़े का शव कुछ देर के लिये लटकता रहता है और अन्त में धमाके के साथ (मूक-फ़िल्म में भी!) नदी में पटकता है। एझरा पाउण्ड चाहे ऐसा यह एक कल्पना है, इससे विचार स्फुरित होते हैं, सिर्फ़ समझाये नहीं जा सकते। केवल कड़ियाँ आयोजित करना एक बात है। चकमक के पत्थरों की तरह प्रसंगों को टकराकर उस टकराहट (collision) से इप्सित विचारणा को चिंगारी की तरह प्रकट करना दूसरी बात है। फ़िल्मकार स्वयं कहता है तदनुसार—

Linkage—P. परन्तु Collision—E.

फ़िल्म में आकार का महत्त्व तो, इस तरह पोर्टर-ग्रिफ़िथ-कुलशोव-पुडोव्किन और सर्गेई आइज़ेंस्टाइन ये तीनों स्वीकार करते हैं। सहोपस्थित दृश्यों से आकार-निर्माण की लीला तो तीनों करते हैं; लेकिन तीनों के बीच जो अन्तर है, उसे समझने पर ही 'आकार' अर्थात् आइज़ेंस्टाइन के मन में क्या है, इसे समझ पायेंगे। टकराहट और आकार के बीच सम्बन्ध देखने वाला यह कलाकार रूढ़िगत आकारवाद से तो आगे ही निकल गया था। उपरान्त, जैसे कि हमने पहले देखा तद्नुसार आइज़ेंस्टाइन को तो सहोपस्थिति से सर्जन करना है : 'qualitative leap'— एक नये ही अस्तित्व में उछाल!

Tempo नहीं, Rhythm. Link नहीं, Collision. Accumulation नहीं, Leap. आइज़ेंस्टाइन के कला विचार में 'आकार' की विभावना ने एक ऐसी गतिशीलता पायी है कि उनकी कला में ऐसे विस्फोटन द्वारा अपने आपको लगभग लाँघकर, आकार से अधिक आकार का सर्जन किस तरह होता है, यह देखना चाहिए। Rhythm, Collision और leap, जैसी संज्ञाओं से 'आकार' की विभावनात्मक नींव में समाहित स्थिरता का, स्थगितता के तत्त्व को मानो नकारने वाले यह कलाकार स्वयं 'आकार' को ही नया अर्थ

देता है। आइज़ेंस्टाइन का लयझंकृत, उछलता, टकराता विस्फोटक आकार कुछ और ही है। 'Collision-E' इसमें प्रथम संज्ञा को विशेषण मानने पर सचमुच ही आइज़ेंस्टाइन का यह एक उपनाम ही हो जायेगा!

२ : क

उनकी कला में और उनके कला विचार में आकार की ऐसी अभिनव विभावना निर्मित हुई, उसकी जड़ में आइज़ेंस्टाइन की मनोसृष्टि का निर्माण करने वाले कई परिबल भी समाविष्ट हैं। इनमें जापानी भाषा का उनका अध्ययन सर्वप्रथम हमारे दृष्टिपथ में आता है जो उनके समर्थ पुरोगामी एज़रा पाउण्ड का स्मरण कराता है।

'Notes of a Film Director'—नामक पुस्तक का हमने उल्लेख किया है तद्नुसार उनके आन्तरिक जीवन का स्पष्टभाषी अहवाल जैसा है, उसमें जापानी भाषा सीखने के लिये उन्होंने जो मनोमन्थन किया उसका उल्लेख इस प्रकार है :

> Japanese is unusually difficult.
>
> And not because there is a complete absence of sound association with the languages we know, but because of the manner of thinking, resulting in word order which is entirely different from the one in European languages.
>
> It was precisely this "unusual" way of thinking that later helped me master the nature of montage. (P. 11)

—जापानी भाषा की तरह आइझेंस्टाइन की कला में भी 'this unusual way of thinking' यही आकार-स्थापक तत्त्व हो गया। तो उसमें 'unusual' क्या था?

'Linkage' से 'Montage' को अलग दर्शाने वाले आइज़ेंस्टाइन के अपने हस्ताक्षर समान 'Collision' का आविर्भाव करने वाले को जापानी भाषा में उनको ऐसा कौन-सा तत्त्व मिला था, यह उनके शब्दों में ही देखें :

> The point is that the copulation...of two heiroglyphs of the simplest series is to be regarded not as their sum, but as their product, i.e., as a value of another dimension,

> another degree; each seperately corresponds to an object, to a fact, but their combination corresponds to a concept. ('Film Form', P. 30)

—इस फ़िल्मकार को पसन्द आया यह तो है चित्रलिपि के दो घटकों की संलग्नता से उत्पन्न "a value of another dimension, another degree." इसी पुस्तक में आइज़ेंस्टाइन लिखता है कि जापानी भाषा में योजित चित्रलिपि घटक अनुसार : "कुत्ता+मुँह = भौंकना", "मुँह+बालक = चीख़ना" और "मुँह +पंछी =गाना!" —और वह कह देता है : "But this is – montage!"

मोंताज़ अर्थात् वास्तव के साथ नये ही ढंग से काम करके उसमें से वास्तवाधिक सर्जन करने की तरक़ीब।

यदि "यही तो है मोंताज़" ऐसा है तो फिर यह मोंताज़, कला का यह आकार, न तो है गतिशील पटकथा प्रस्तुत करने की युक्ति या न तो है पहले स्पष्ट रूप से कथित राजकीय-आर्थिक विचारों को प्रसिद्ध करने की योजना। आइज़ेंस्टाइन स्वयं कहता है तदनुसार यह तो है एक ऐसी कला-प्रक्रिया जिसमें :

> by the combination of two 'depictables' is achieved the representation of something that is graphically undepictable.

—कथ्य घटकों की अनूठी आयोजना द्वारा जो अकथ्य का सूचन कर सके, ऐसी कला-प्रक्रिया है मोंताज़।

ईंट पर ईंट रखकर दीवार चिनने की प्रक्रिया है चौकसीपूर्ण लिंकाझ की प्रक्रिया। दो रसायनों की टकराहट द्वारा एक अकल्पित नये ही परिणाम की, शक्ति पैदा करने की प्रक्रिया है मोंताज़ की प्रक्रिया। एक में से रचा जाने वाला 'आकार' और दूसरे में से उत्पन्न 'आकार' ये दोनों बिलकुल अलग चीज़ें हैं। दूसरा 'आकार' तो आकारवाद की नींव में समाहित सुस्थिरता की रूढ़ि का उल्लंघन करने वाला आकार है।

इसके उपरान्त, आइज़ेंस्टाइन का साहित्य-परिचय और एक ताज़गीपूर्ण सूझ द्वारा साहित्य का समसंवेदन अनुभव करने की उनकी क्षमता भी उनकी फ़िल्म-कला और फ़िल्म-कला-मीमांसा के साथ संकलित है।

आइज़ेंस्टाइन जेम्स जॉयस के रसिक पाठक थे। युलिसिस ही नहीं, फिनिगन्स वेक का भी उन्होंने पठन किया था।

•

और केवल 'कहानियाँ' के रूप में ही नहीं, उपन्यास के रूप में भी कला का स्वरूप समझने के बाद जॉयस के प्रति आइज़ेंस्टाइन का प्रतिभाव कैसा था, अगर एक ही शब्द में कहना चाहें तो : उत्कट। 'Film From' पुस्तक में भी रहा नहीं गया इसलिए, आइज़ेंस्टाइन जॉयस की बात कर देता है, और आइज़ेंस्टाइन जॉयस के बारे में कहना चाहे तो किस विषय पर बात करेगा?—कलाकृति की संरचना के बारे में वह कहता है कि इन उपन्यासों में :

> The effect is at times astounding, but the price paid is the entire dessolution of the very foundation of literary diction, the entire decomposition of literary method itself. (P. 185)

जॉयस की उपन्यास-कला आकार-तत्त्व को कैसी चुनौती देती है, यह आइज़ेंस्टाइन ने बारीक़ दृष्टि से पहचान लिया। वे स्वयं भी कुछ ऐसा ही करते थे। वे भी थे Collision Eisenstine!

हाँ, यह कलाकार अपने विस्फोट को, एक साम्यवादी कलाकार के विस्फोट को, जॉयस के कला-विस्फोट की अपेक्षा अधिक अच्छा माने, एक पूँजीवादी प्रयोग की अपेक्षा बेहतर मान ले, तो उन्हें क्षमा नहीं करना चाहिए? क्षमा करना चाहिए ऐसा प्रसंग तो है ही! क्योंकि आइज़ेंस्टाइन कहता है :

> This (Joyce's experiment) frequently produces an explosion, but an explosion directed not outwards widening art's frame, which is only to be achieved by expanding its content in an anti-imperialisation and revolutionary directions, but inwards, towards means, not torwards content. The explosion is not creative and progressive, but destructive. (P. 185)

—बड़े भाई साहब! क्रान्तिकारी और पूँजीवादी कलाकारों के यह भेद हैं!

किन्तु 'means' और 'content' के बीच यह भेद ईंट की थप्पियाँ बनाते (और 'टकराहट' के कलाकार आइज़ेंस्टाइन को जो पसन्द नहीं थे, ऐसे) किसी लिंकाझ कलाकार के मुख में जितनी शोभा देता, उतना इस मोंताज़ के (और आइज़ेंस्टाइन स्वयं समझाता है, वैसे प्रकार के 'collision—montage' के) इस कलाकार के मुख में शोभा नहीं देता। लेकिन भाइयो! सुबद्ध क्रान्तिकारी तो ऐसे ही होंगे!

फिर भी, आइज़ेंस्टाइन को न्याय करने के लिये एक बात ध्यान में लानी चाहिए। उनके जीवनीकथाकार मारी सेटन 'Sergei M. Eisenstine'—नामक जीवनकथा में (पृ. ४९०) लिखती हैं तद्नुसार जॉयस पर रूसी कला संस्था के एक अधिकृत आक्रमण के समय आइज़ेंस्टाइन जॉयस का बचाव करने के लिये खड़े हुए थे। कार्ल राडेक नामक एक 'अधिकारी' विवेचक ने 'James Joyce or Social Realism?' शीर्षक एक (क्या कहेंगे?) लेख लिखा था, तब आइज़ेंस्टाइन ने उसे योग्य प्रत्युत्तर दिया था। तब जॉयस की कला का उन्होंने उस अवसर पर पुरस्कार किया था। जॉयस के बारे में आइज़ेंस्टाइन को जो कोई मतभेद था, उसे सरकारी नीति अनुसार कभी जाहिर करना पड़ा था, इसमें वे एक अन्य साहित्यिक सम्बन्ध के कारण बच गये थे। यह सम्बन्ध था, जापानी कविता के साथ उनका सम्बन्ध। हाइकु और टाँका के विषय में प्रतिभाव प्रकट करने में इस सच्चे साहित्य-रसिक फ़िल्मकार के ''साम्राज्यवाद'' को ध्यान में रखने की फ़र्ज़ बाधारूप नहीं हुई थी, कारण कि यह तो सुदूर भूतकाल की बात थी। 'Film Form' में वे लिखते हैं :

> We have mentioned laconism. Laconism furnishes us a transition to another point. Japan possesses the most laconic form of poetry : the haikai and the even earlier tanka.
>
> Both are little more than heiroglyphs transposed into phrases. So much so that half their quality is appraised by their Caligraphy. The method of their resolution is completely analogous to the structure of ideogram. (P. 30-31)

'Laconic', अर्थात् मध्यावकाश सभर, परिपूर्ण कथन न करते हुए बहुत कुछ कल्पना पर छोड़ देने वाले, ऐसी संरचना के प्रति आइज़ेंस्टाइन को आदर और आकर्षण था, जो उन्हें हाइकु की विशेषता कैसी ताज़गीपूर्ण

और सचोट रूप से समझा देती है ! कला के आकार में भी यह ' laconic ', मध्यावकाश सभर छटा उन्हें सविशेष प्रिय है और उनकी फ़िल्मों के आकार को आकाराधिक बना देती है।

•

' Depictable ' (कथ्य) से ' Undepictable ' (अकथ्य) तक जाने के लिये मथते, ' exposition of an idea ' के स्थान पर ' rise of a concept ' को रखने के लिये इच्छुक यह फ़िल्मकार एक प्रतिबद्ध कलाकार थे, वास्तव में यह भूलना नहीं चाहिए। उनकी प्रतिबद्धता सजग थी और कलाकार की थी। इसीलिए फ़िल्म की तरक़ीबें, करामातें और तकनीक के दरवाज़े पार करते-करते, प्रत्येक दरवाज़े पर अपनी नकद कलासूझ (ग्रीक भाषा में जिसे ' techne ' कहते हैं, उस कला की सूझ) को नकद जकात अदा करते हुए यह कलाकार आख़िर अपने लक्ष्य तक पहुँच जाते हैं। यह लक्ष्य है : ' Intellectual Cinema '।

इस निबन्ध के प्रथम वाक्य में ही हमने यह उल्लेख किया—' Intellectual Cinema ' अर्थात् मनुष्य जिन-जिन आर्थिक, राजकीय, सामाजिक, धार्मिक, भाषायीय संस्थाओं के बीच तथा उनके द्वारा जीता है, इन सभी सन्दर्भों के साथ मावन जीवन को समझकर उसकी बात करने वाला सिनेमा। यहाँ बुद्धि और भावना अलग नहीं रह सकते, क्योंकि मानव की अखण्डता में ये अलग नहीं हैं और यह कला मानव की अखण्डता की कला है। यह बात समझाते हुए आइज़ेंस्टाइन कहता है :

> When we spoke about an intellectual film, we thought primarily of the kind of a structure which would direct the thinking of the spectator and would lead to emotional understanding...To accuse me of tearing the emotional form the intellectual is without foundation. Quite the contrary I wrote : Dualism in the sphere of 'feeling' and 'rationale' must be overcome by this new form of art.
>
> –'Film Sense', P. 333.

फ़िल्म-कला में जो आकार आइज़ेंस्टाइन को अभिप्रेत है, यह आकार

'भावना' और 'बुद्धि' के कृत्रिम द्वन्द्व को लाँघकर मानव की अखण्डता को सिद्ध करने का प्रयास करता है। यह है उसका सर्वोपरि सहोपस्थिति-तन्त्र।

•

लेकिन यह सहोपस्थिति तो अनेक प्रकार से सिद्ध हो सकती है, और मुख्यतः उत्तेजना ही उत्पन्न करना चाहती फ़िल्म से लेकर मुख्यतः प्रचार ही करना चाहती फ़िल्म तक, प्रत्येक फ़िल्म का अपना सहोपस्थिति का तन्त्र होता है। उपरान्त आइज़ेंस्टाइन की अपनी ही जो खोज सर्वोपरि सर्जकतायुक्त सहोपस्थिति के लिये थी, उसमें भी अनेक स्तर पर उसे रुकना पड़ा था और तत्पश्चात् ही वहाँ से आगे बढ़ सका था। इन सभी को निखालसतापूर्वक स्वीकार कर आइज़ेंस्टाइन ने 'मोंताज़' को भी पाँच स्तरों में विभाजित किया है : 'The Metric Montage' (छन्दोबद्ध मोंताज़) 'The Rhythimic Montage' (तालबद्ध मोंताज़); 'The Tonal Montage' (सुरजन्य मोंताज़); 'The Overtonal Montage' (सुरावलिजन्य मोंताज़) और अन्त में 'The Intellectual Montage' (प्रज्ञामय मोंताज़)।

'Old and New'—नामक फ़िल्म में भावना की स्पर्धा का दृश्य आइज़ेंस्टाइन ने निरूपित किया था, उसमें श्रमिकों के काम को छोटे-छोटे दृश्यों में बाँटकर, ये दृश्य क्रमशः एक-दूसरे के बाद आकर उसकी गति को बढ़ाकर, फ़िल्मकार ने फ़िल्म में स्पर्धा की उत्तेजना पैदा करने का प्रयत्न किया था। आइज़ेंस्टाइन कहता है :

> I laughed when I saw the more impressionable members of the audience quietly rocking from side to side at an increasing rate of speed as the pieces were accelerated by shortening. ('Film Form', P. 80)

—यह करामात है "छन्दोबद्ध मोंताज़!" उसमें ईंट की थप्पी जैसा कुछ नियन्त्रित, अतिनियन्त्रित और पुनरावर्तित होने वाला संरचना तत्त्व है—इसके प्रभाव से लोग झूलते हैं किन्तु कलाकार हँस पड़ता है।

लयबद्ध मोंताज़ में यही तत्त्व कुछ विशेष स्पष्ट होकर आता है। आइज़ेंस्टाइन कहता है तदनुसार उसमें :

> in determining the length of the pieces, the content within the frame is a factor possessing equal rights to consideration. (P. 74)

फ्रेम की सामग्री का अर्थ और उत्तेजना पैदा करने का अर्थेतर ध्येय, इन दोनों का यहाँ समान बजना। सुरजन्य और सूरावलिजन्य मोंताज़ एक दृष्टि से समान हैं। दोनों में आइज़ेंस्टाइन जिसे 'melodic-emotive' अर्थात् सुरावटपूर्ण और भावनामय तत्त्व कहता है, वह सहोपस्थिति का नियामक होता है। सुरावलिजन्य मोंताज़ में, एक फ़िल्म के लम्बे दरम्यान, भावना के एकाधिक प्रहारों के 'संगीत' परस्पर मिल जाते हैं और एक सुन्दर गुम्फन रचा जाता है। अंगी रस और अंग रसों के गुम्फन की चर्चा रस-सिद्धान्त में होती है, ऐसा ही सुरावलिजन्य मोंताज़ में पाया जाता है।

किन्तु सर्वोपरि मोंताज़ तो है प्रज्ञामय मोंताज़।

> Intellectual montage is montage not of generally physiological overtonal sounds, but of sounds and overtones of an intellectual sort. (P. 82)

—'Physiological' और 'intellectual' के बीच यह भेद दो संस्कृतियों के सन्दर्भ में समझने योग्य है। एक सन्दर्भ अमेरिकन संस्कृति का : फ़िल्म एक शारीरिक उत्तेजना का निमित्त हो जाय, इस हद तक 'सनसनी' उत्पन्न करने वाली हॉलीवुड की 'कला' में 'intellectual overtones' कितने यह प्रश्न हैं। आइज़ेंस्टाइन को, शरीर को, केवल रक्त को, उत्तेजित करने वाली फ़िल्म में रुचि नहीं है। ग्रिफ़िथ तो उनके परोक्ष कलागुरु माने जाते हैं। लेकिन ग्रिफ़िथ की कला से हॉलीवुड जो सीखा, यह आइज़ेंस्टाइन नहीं सीखे—उन्होंने तो कुछ विशिष्ट ही पाया है। दूसरा सन्दर्भ है सोवियत संस्कृति : मनोविज्ञान की दो शाखाएँ, एक फ्रायड की चित्तप्रधान शाखा और दूसरी पावलोव की वर्तनमूलक शाखा। सोवियत संस्कृति में सदा इस दूसरी शाखा की प्रधानता स्वीकार की गयी है। उपरान्त, जहाँ-जहाँ कला प्रचार-प्रधान हो जाती है वहाँ-वहाँ उस 'शारीरिक' उत्तेजना के तत्त्व को बढ़ावा मिल जाता है। आईझेंस्टाइन को इस प्रकार की कला भी अभिप्रेत नहीं थी।

संक्षेप में, मोंताज़ के प्रकारों में सर्वोपरि प्रकार 'प्रज्ञामय मोंताज़' का आइज़ेंस्टाइन जिस तरह वर्णन करता है, उसमें उसकी फ़िल्म-सूझ प्रगट

होती है। उनकी दृष्टि से फ़िल्म हॉलीवुड-पद्धति में केवल रक्त-मांस गरम करने का साधन नहीं है, या नहीं है प्रचार-पद्धति द्वारा लोगों को सोचने के लिये बाध्य करने के बजाय लोगों को 'काम करते' बना देने का साधन। आइज़ेंस्टाइन तो फ़िल्म द्वारा दर्शक के मन में 'सोचने की स्फूर्ति' पैदा हो इसलिए प्रयत्नशील थे। यह है उनका 'film sense'। प्रत्येक उत्तम 'film form' की जड़ें ऐसी 'film sense' की उर्वर भूमि में पोषण प्राप्त करती हैं।

३

इस फ़िल्म-सूझ के मूल में आइज़ेंस्टाइन का एक अन्य अनुभव भी है। सचमुच ही इस अनुभव ने उन्हें एक बोधपाठ पढ़ाया, जिसका उन्होंने एक निबन्ध में वर्णन किया है। यह निबन्ध है : 'Through Theatre to Cinema'.

१९२४ में आइज़ेंस्टाइन ने एक नाटक का दिग्दर्शन किया। इस नाटक का नाम था 'Gas Mask'। एक नया प्रयोग था। विषय तो श्रमजीवी के जीवन के साथ संकलित था ही, फ़ैक्टरी की ज़हरीली हवा उनकी कहानी में तो घुमड़ रही थी ही, लेकिन तदुपरान्त भी एक प्रयोग उन्होंने किया। न केवल विषय, न केवल कहानी बल्कि निरूपण का स्थल भी उन्होंने प्रयोगात्मक रूप से पसन्द किया : एक गैस-फ़ैक्टरी। कोई रंगभूमि में नहीं, परन्तु गैस बनाने वाली फ़ैक्टरी में आइज़ेंस्टाइन अपने अभिनेताओं को ले गये, यह नाटक धूमधाम से प्रस्तुत किया गया।

और फ़्लॉप! पूरा हुआ।

इस अनुभव से आइज़ेंस्टाइन सीखे। उन्होंने उस निबन्ध में लिखा है : "The element of 'play' was incompatible with acrid smell of gas." ('Film Form' P. 16) और ऐसे ही मज़ाक़ के साथ अपनी खिल्ली उड़ाते हुए इसमें जोड़ते हैं : "The cast fell to pieces and the driver dropped into cinema."

नाटक की बैलगाड़ी पलट गयी और कलाकार उड़कर रूपेरी पर्दे के कपड़े पर पड़े! लेकिन 'नाटक' चाहे छोड़ दिया, 'play' को साथ में लेकर आये। यह 'play', 'क्रीड़ा', 'रमणीयता'—इनको लेकर आने वाले कलाकार

ने सिनेमा को भी नया रूप दिया।

कारण कि वे नाटक में से अगर 'रमत' साथ में लेकर आये तो एक दूसरी वस्तु वहीं छोड़कर आये। यह दूसरी वस्तु है कहानी। आइज़ेंस्टाइन लिखते हैं कि अपने "revolt against the theatre" में उन्होंने रंगभूमि के एक महत्त्वपूर्ण तत्त्व का त्याग कर दिया।

'A very vital element of the theater – the story.

'क्रीड़ा' सही लेकिन 'कहानी-रस' नहीं। इस सूझ के साथ आइज़ेंस्टाइन ने 'Strike' नामक फ़िल्म बनायी। इस फ़िल्म में मोंताज़ के प्रथम प्रयोग और रंगभूमि में, रंगभूमि छोड़कर प्राप्त किये गये पदार्थ पाठ : इन दोनों का समन्वय किया गया।

'Strike' का एक अनुक्रम सुन्दर है। भयप्रद भी है। मज़दूर हड़ताल पर हैं। ज़ार के सैनिक आ पहुँचते हैं। गोलीबारी। मज़दूरों में अनेक घायल होकर, मौत पाकर ज़मीन पर गिर पड़ते हैं; और तुरन्त आइज़ेंस्टाइन एक दूसरी ही बात पर्दे पर खींचकर लाते हैं : एक बलवान साँड़ को कसाई की छुरी से हलाल करने का दृश्य। उपरान्त फिर मज़दूरों का क़त्ल। और एक लय का जन्म।

इस अनुक्रम द्वारा बौद्धिक और हार्दिक, इन दोनों तत्त्वों को, आइज़ेंस्टाइन ने संकलित कर दिये। कोई 'कहानी' आगे नहीं चली। अरे! रूढ़ दृष्टि से तो इस साँड़ की बात बीच में आने से हड़ताल की उस मूल बात में खलल पहुँचा। लेकिन इस कलाकार को हड़ताल की बात इस तरह कहनी ही कहाँ थी?

तो यह साँड़ और उसके हलाल होने का दृश्य क्या है? आज हम कह सकते हैं कि केवल प्रतीक है। रूपनिर्माण की प्रक्रिया में प्रतीक का स्थान आइज़ेंस्टाइन को सहज ही मिल गया—क्योंकि कथानिर्माण की प्रवृत्ति से इस फ़िल्मकार ने अपने आपको मुक्त कर दिया था।

आइज़ेंस्टाइन के प्रारम्भिक प्रयोगों में उनकी कड़ी मेहनत और असफलता भी दृष्टिगोचर होती है। 'Strike' में तो ऐसे अनुक्रमों में कहीं सहोपस्थिति का ऐसा अतिरेक होता है कि आइज़ेंस्टाइन का अपना मुँह, यदि प्रेक्षक की नज़र चकोर हो तो, पर्दे पर बार-बार दिखता रहता है! जॉयस के उपन्यासों में 'exit the author' ('लेखक महाशय बीच में ना टपकें') वाली बात

कला से सिद्ध होती है, वह आइज़ेंस्टाइन की प्रारम्भिक फ़िल्मों में नहीं होती।

'The Cinema as Art'—नामक ग्रन्थ की लेखक-जोड़ी, स्टेफनसन और डेब्रिक्स कहते हैं तद्नुसार :

> because of extreme fragmentation due to montage, certain sequences of Eizenstein's 'Strike', as we see them today, are downright incomprehensible. (P. 60)

दुर्बोधता के बिना प्रयोगशीलता कहीं भी मिल सकती है? लेकिन इस दुर्बोधता की जड़ में तो यह नवीनता है जिसे आइज़ेंस्टाइन फ़िल्म के माध्यम से नये ढंग से प्रयोजित करना चाहते थे, फ़िल्म के अर्थ को जो गहरी घनता देना चाहते थे श्रह गहनता है। इसीलिए प्रारम्भिक दुर्बोधता धीरे-धीरे एक विशिष्ट वेधकता में परिणत हुई।

इस वेधकता के कारण 'Strike' में भी परिलक्षित होते हैं। ये हैं उनकी कला के दो पहलू। आईवर मोंटेग्यू नामक मर्मज्ञ विवेचक इन दोनों का स्पष्टतापूर्वक नामकरण करता है :

> ...two aspects of his career are apparent in every foot to *Strike*. On the one hand, here and there, actual material is arranged with economy and laconism into a realism poignant in its universality; on the other, the fantastic clowning of the circus shows itself in detail everywhere, and in the exaggerated, even hypertrophied, treatment of particular episode and the plot in general. ('Kino', Leyda. P 193)

आईवर मोंटेग्यू ने दो परिबलों का आलेखन किया : 'Economy' और 'Clowning'। हमने देखा कि प्रथम परिबल आइज़ेंस्टाइन के जापानी काव्य प्रकार हाइकु और टाँका प्रति की दृष्टि से आविर्भूत हुए हैं। मोंटेग्यू द्वारा प्रयोजित 'laconism' शब्द, आइज़ेंस्टाइन ने यही शब्द प्रयुक्त किया था, उसका स्मरण हमें कराता है। 'क्रीड़ा' और 'Clowing' के बीच सम्बन्ध है। लेकिन मोंटेग्यू ने सर्कस के साथ उसका सम्बन्ध जोड़ा उसका कारण रूस की फ़िल्म परम्परा की अभिनेताओं द्वारा करवाई जाती कसरतें नहीं होंगी, लेकिन हमने पहले देखा तद्नुसार ज़ार की कुर्सी पर तिरछे पैर रखकर फ़ोटो खिंचवाते इस कलाकार के स्वभाव के अन्तर्गत मज़ाक़ का

(उनके ‘Clowning’ का) उस लेखक का ख़याल भी हो सकता है।

सेटन द्वारा लिखित जीवन-कथा में यह अभिगम आइज़ेंस्टाइन के जीवन में कितना प्रबल था तद्विषयक उल्लेख किया गया है :

> His feelings were more complex. He felt himself to be like his special clown, not as a performer, but as a clown. He must act out the part of clown in life. (P. 24)

इन दो मुद्दों का स्वतन्त्र महत्त्व तो जो भी होगा, लेकिन उनके परस्पर सम्बन्ध का महत्त्व आइज़ेंस्टाइन के सौन्दर्य-शास्त्र को समझने के लिये मूलगत है। जापानी काव्यप्रकार और सर्कस के जोकर, इन दोनों के बीच यह नया सम्बन्ध अन्य कोई नहीं किन्तु आकार और रीति के बीच का सम्बन्ध है : आइज़ेंस्टाइन की कला आकार में (‘Iaconism’) (मध्यावकाशपूर्णता) और रीति में ‘Clowning’ (आत्मपरिहासपूर्ण लीलावृत्ति) परस्पर पोषण करती है?

आइज़ेंस्टाइन के कला-आकार ईंट की व्यवस्थित गड्डियों से उत्पन्न मजबूत, सख़्त, स्थिर आकार नहीं है। ये तो कई जगह अवकाश रखकर, विद्युत-प्रवाह की तरह अति गतिशील हिल्लोल हवा में लेकर आगे बढ़ते, अनुसन्धानों से रचे जाने वाले आकाराधिक आकार हैं। ऐसी ‘laconic form’ की रचना के लिये उनकी रीति आत्मपरिहासपूर्ण लीलावृत्ति है। जैसे कोई ‘circus-clown’ सर्कस के अन्य कलाकारों की अपेक्षा कुछ विशेष अंगचापल्य रखता हो तभी वह झूले पर विचित्र ढंग से घूम सकता है, फिर भी वह अपनी शक्ति की अधिकता साबित करने के बजाय स्वयं अपने को ही विषय बनाकर दूसरों को हँसाता है, उसी तरह कई कलाकार भी आकार-निर्माण में पूरे निपुण होने पर भी, मानो आकार-स्थिरता की उस पार की क्षणभंगुरता का पूरा पता लग गया हो ऐसे, कुछ आकारों को पिघलाने की छटा से ही कृति की गतिशीलता निर्माण करते हैं।

आकार के साथ ऐसा अनूठा सम्बन्ध आइज़ेंस्टाइन की कलाकृतियों में परिलक्षित होता है। आइज़ेंस्टाइन को आत्मपरिहासपूर्ण, और इसीलिए विदग्ध विदूषक के रूप में देखने पर ही उनकी कला का रूप भी विशेष सरलता से देख पायेंगे—और उनकी अन्तिम अपूर्ण फ़िल्म ‘Viva La Mexico’ की करुणता को भी आत्मसात् कर सकेंगे।

४

आइज़ेंस्टाइन की कला और कला मीमांसा में 'आकार' का तत्त्व किस तरह कौन-सा स्थान प्राप्त करता है, इसकी हमने विविध रूप से जाँच-पड़ताल की है। पोर्टर-ग्रिफ़िथ और कुलेशोव-पुडोव्किन इन दो परम्पराओं के ऐतिहासिक सन्दर्भ में आइज़ेंस्टाइन की कला को अलग दर्शाया। सहोपस्थिति के तत्त्व को केन्द्र में रखकर, उसके साथ 'Tempo', 'Rhythm', 'Collision'—इन तीन संज्ञाओं को रखकर केन्द्रस्थ संज्ञा को समझने का प्रयत्न किया। भाषा और साहित्य, इन दो प्रतीकात्मक रूपों के साथ आइज़ेंस्टाइन की फ़िल्म के प्रतीकात्मक रूप के कैसे सम्बन्ध की कल्पना की है, विविध निबन्धों के सन्दर्भ में उस पर विचार किया। और अन्त में सर्कस और नाटक की कला के कुछ तत्त्वों का उल्लेख कर आइज़ेंस्टाइन की फ़िल्म-कला में प्रतिबद्धता और क्रीड़ा के परस्पर विरोधी हो सकें वैसे तत्त्वों का सम्बन्ध क्या है, इसे समझने का प्रयत्न किया। 'आकार' संज्ञा का अर्थ इन सभी के द्वारा नये-नये परिमाणों में खुलता गया।

अब, इस अन्तिम विभाग में, आइज़ेंस्टाइन की तीन फ़िल्म, 'The Battleship Potemkin', 'October' और 'Ivan the Terrible'— के अमुक अंशों के सन्दर्भ में, उनकी कला में आकार के स्थिरता-स्थापना के कार्य का उल्लंघन करने वाला नया ही कार्य किया है, इसे समझने का प्रयत्न करेंगे।

'Potemkin' फ़िल्म में ज़ार के अन्यायी और क्रूर शासन के विरुद्ध पोटेम्किन नामक युद्ध-जहाज़ के सैनिकों की बग़ावत का निरूपण किया गया है। इन बाग़ियों को लोगों का कैसा सहज आविर्भूत समर्थन मिला और फिर भी उन्हें अन्त में कैसी पशुता से कुचल दिया गया, वेधक दृश्यावली में यह बात फ़िल्मकार कहता है : सड़ा हुआ, कीड़ों वाला खुराक खाते खलासी, अफ़सरों के प्रति शिकायत करते खलासी, अन्त में विद्रोह करते खलासी—इन तीन दृश्यों का गुच्छ और बग़ावत के बाद विविध प्रकार के भोजन लेकर आने वाले ग्रामवासी उनकी असंख्य छोटी-छोटी नावों का युद्ध-जहाज़ की तरफ़ जाना और समुद्र की जगमगाहट में उस सम्पूर्ण ही दृश्य का अंकित होना, इन तीन दृश्यों का गुच्छ, परस्पर अर्थसभर लयान्वय से जुड़ जाते हैं। लेकिन यह कौन-सा अर्थ है?

यह अर्थ है इस फ़िल्म की साम्यवादी विचारधारा का प्रचार। यहाँ अर्थ

केवल 'विचार' नहीं है; लेकिन विचार और प्रचार दोनों का पुट यही इस फ़िल्म का अर्थ है। परन्तु, फ़िल्म के सन्दर्भ में इस पुट में एक और तत्त्व जुड़ जाता है। फ़िल्म तो हमें एक असफल विद्रोह की बात करती है, सफल साम्यवादी क्रान्ति की नहीं। अतः उस अर्थ-पुट में समग्रतया एक 'करुणात्मक' (tragic) अर्थछाया जुड़ जाती है। लेकिन किसलिए है यह करुणात्मकता?

संरचनाजन्य करुणात्मकता और भावजन्य करुणात्मकता के बीच भेद यह है कि भावजन्य करुणात्मकता में 'जीवन' की घटनाएँ महत्त्वपूर्ण होती हैं, (प्रियजन की मृत्यु, नायक का विनिपात आदि) लेकिन संरचनाजन्य करुणात्मकता में घटनाएँ सर्वथा शोकजनक न हों तो भी, घटनाओं का अन्य भावों में होने वाले विवर्त प्रेक्षक अनुभव करता है फिर भी, फ़िल्म की रचना सतत एक भंगुरता का अनुभव कराती है। सभी अनुभवों का संविधान कुछ ही देर में टूटकर ढेर हो जाय और समग्र फ़िल्म की संरचना में ही 'The tragic' का अनुभव होता रहे : 'Potemkin' की गति भाव के प्रति है।

लेकिन 'October' (१९२८) में एक अन्य दिशा की पहचान प्रेक्षकों को मिलती है। इस फ़िल्म में रूस की ज़ार विरुद्ध क्रान्ति की बात निरूपित है। क्रान्ति के बाद प्रथम तो उदारमतवादी नेता केरेन्स्की की सरकार की स्थापना हुई और तत्पश्चात् लेनिन की सरकार। यह सुखान्त फ़िल्म है और 'Potemkin' में विद्रोह असफल होने वाला है, किन्तु दोनों के बीच इतना ही भेद नहीं है। असली भेद तो संरचना का है। 'October' के कुछ उदाहरण द्वारा उसकी संरचना की विशेषता समझेंगे।

केरेन्स्की ज़ार के महल से राज्य चलाने का प्रयत्न करता है; लेकिन उसके आदेश को कोई स्वीकार ही नहीं करता। वह सीढ़ी चढ़ता है। एक दरवाज़ा खोलता है, खण्ड। दूसरे छोर पर दूसरा द्वार खुलता है, खण्ड। उस छोर द्वार खोलता है, खण्ड... आख़िर देश के ये नये प्रमुख ज़ार के सरकारी काम करने के असली खण्ड में आ पहुँचते हैं। तब तक तो पर्दे पर सीढ़ियाँ, खण्ड और दरवाज़ों की ऐसी वेगवती हारमाला आ गयी थी कि केरेन्स्की की ये सारी 'चाल' हास्यास्पद हो गयी थी। ज़ार के खण्ड में उसका कोई प्रभुत्व नहीं है, उसके नये स्वामी तो अभी आने वाले हैं, इस दृश्यमाला द्वारा फ़िल्मकार यही दर्शाता है, और साथ ही इस कामचलाऊ स्वामी को कुछ भी कहे बिना हास्यास्पद ठहराता है।

आगे बढ़ते हुए केरेन्स्की जब हताशा में गादी-तकिया पर नाटकीय ढंग से झुक जाता है तब केवल संरचना के कारण यह अभिनय कृत्रिम नहीं लगता है।

इस फ़िल्म की संरचना में वह विदूषक सतत अपनी अनूठी रीत से बौद्धिक सूक्ष्मता की चमक दिखाया करता है। बोल्शेविक-विरोधी 'Death Brigade' की स्त्री-सैनिक जिस ढंग से प्रेमी-युगल के शिल्प की ओर देखती है, ट्रोट्स्की एक गुप्त बैठक के समय लेलिन को पहचानकर आश्चर्य दिखाने के लिये जो विचित्र, हास्यास्पद आघात शरीर को देता है, जनरल कोर्निलोव की साम्यवाद-विरोधी सेना आक्रमण करती है तब 'For God and Country' इस पंक्ति के साथ ही विकृत धार्मिक मुखौटे और चमकते लश्करी चाँद और पोषाक जिस ढंग से पर्दे पर चमक जाती है, ये सब इस फ़िल्म को एक विलक्षण हास्य से रसमय कर देता है।

यह फ़िल्म जितनी 'heroic' नहीं है, उतनी 'humorous' है। और यह कुछ जैसी-वैसी बात नहीं है। आइज़ेंस्टाइन अक्टूबर क्रान्ति पर फ़िल्म बनाये और यह फ़िल्म गाता-बजाता 'क्रान्ति का महाकाव्य' न बनकर एक 'मज़ाक़' (अलबत्ता, क्रान्तिविरोधियों की, फिर भी 'मज़ाक़') हो जाय, यह कितना सूचक है।

'महाकाव्य' बनने का मोह न रखते हुए, एक अनूठी 'मज़ाक़' करके अपनी बात कहने वाला, कह सकने वाला, कलाकार अलग ही मिट्टी का होगा!

यह 'मज़ाक़' आइज़ेंस्टाइन की कला-संरचना का बुनियादी तत्त्व है : यही उसका 'Collision'। लेकिन यह 'मज़ाक़' अर्थात् क्या?

'Ivan the Terrible' (१९४६) में इसकी सूझ प्रेक्षकों को विशेष मिलती है। इवान, रूस का भयानक ज़ार, इस फ़िल्म का नायक है। उसकी राज्य करने की शक्ति इस फ़िल्म में स्पष्ट होती रहती है। सभी उसकी निर्णय शक्ति के वशीभूत हैं। और फिर भी, पूरी फ़िल्म के पश्चात् 'भयंकर इवान' कुछ हास्यास्पद ठहरता है।—उसकी फ़ौलादी शक्ति कम नहीं है, उसकी धाक साधारण भी कम नहीं होती, ज़ार के रूप में उसकी सत्ता तो फ़िल्म के अन्त में बढ़ती दिखती है। और फिर भी वह हास्यास्पद लगता है। घटनाएँ उसकी भयंकरता की द्योतक हैं। घटनाओं की संरचना उसकी भयंकरता को मूर्खतापूर्ण और हास्यास्पद ठहराती हैं। यह संरचना कभी

दृश्य की इकाई की अन्दरूनी आयोजना में है। इवान अपने एक दरबारी को अपने घुटनों के नीचे झुकाकर, उसे हलबलाकर, डराकर हँसते-हँसते कहता है कि, "तू तो मेरा साधन मात्र है—जा मेरा काम कर!" तब उस दृश्य की आन्तरिक संरचना एक मज़ाक़ जैसी है। इवान की ऊँची और लम्बी दाढ़ीवाली आकृति, उसका मध्यकालीन महालय का भेदी खण्ड और वह काँपता हुआ फिर भी हँसता दरबारी—तीनों की सहोपस्थिति तीनों को हास्यास्पद बनाती है। लेकिन यह संरचना, दृश्य की इकाइयाँ परस्पर संकलित हों, इसके आयोजन में भी हैं। ज़ार जब खीजकर मास्को छोड़कर बर्फ़ के मैदानों के पार एकान्त महल में जाता है और लोग उसके पैर में झुककर वापिस लाने के लिये बर्फ़ के मैदान में लम्बी कतार में चलते हुए जाते हैं, तब फ़िल्मकार थोड़ी देर के लिये जन्तु जैसी कतार का दृश्य, अफाट मैदान के बीच ऊपर से खींचता है, तो कुछ देर उस उजाड़ महल की खिड़की भर देता लम्बी दाढ़ी वाले इवान का चेहरा अंकित करता है। दोनों के बीच क़द-सन्दर्भ का भेद ऐसा है कि उस जन्तु-कतार के मानवों का यह अहंकार-एकलता का मानव दोनों : प्रेक्षकों में हास्य पैदा करता है।

यह मज़ाक़ किसकी है ?—इवान एक भव्य आकार है। और आइझेंस्टाइन की संयोजना उस भव्य आकार की खिल्ली उड़ाता है। केरेन्स्की एक भपकाभरा आकार है। आइज़ेंस्टाइन की दृश्यावली उस भपकापूर्ण आकार की खिल्ली उड़ाता है।

आकार, कई बार, एक दबदबापूर्ण 'Symbolic Form' हो जाय तब सजग कलाकार उस प्रतीकाकार की क्रूरता को और शून्यता को चुनौती देता है। और कोई कलाकार इस चुनौती को उस 'भव्य आकार' की मज़ाक़ उड़ाकर फेंक देता है और उस मज़ाक़ द्वारा ही उसे पदभ्रष्ट करता है।

ज़ार के तख़्त के मुठिया पर पैर लटकाकर बैठा हुआ यह कलाकार 'आकार' के विरुद्ध खिल्ली उड़ाकर विद्रोह करने वाला एक विचारक है।

सिग्मण्ड फ्रायड ने 'Wit and it's Relation to the Unconscious' नामक ग्रन्थ में सविस्तार बताया है कि मज़ाक़-विनोद विद्रोह का कितना बड़ा साधन है। आइझेंस्टाइन तो सोवियत रूस का प्रतिबद्ध कलाकार, अत: फ्रायड का नाम देकर इस सिद्धान्त का स्वीकार करेगा नहीं। सोवियत रूस में फ्रायड के सिद्धान्त का महत्त्वपूर्ण स्थान नहीं है। फिर भी, 'Film

Sense' पुस्तक में आइज़ेंस्टाइन अपने मोंताज़ सिद्धान्त को समझाने के लिये नवतर रीत अपनाता है। मोंताज़ अर्थात् क्या, इसकी समझ वह एक मज़ाक़ के साथ तुलना करके पाठक को देता है। मोंताज़ का संविधान कैसा? तो, कहेगा, इस मज़ाक़ के संविधान जैसा : एक विधवा युवान स्त्री एक कब्र के आगे रो रही थी। 'बानु! शान्त हो जाओ। ईश्वर दयालु है। आपके पति के अलावा कोई ऐसा दूसरा युवक अवश्य कहीं होगा, उसके साथ रहकर अभी आप जीवन का आनन्द पा सकती हो।' बानु ने रोते-रोते उत्तर दिया; 'हाँ भई, हाँ। लेकिन वह दूसरा युवक ही इस कब्र में सोता है।'—आइज़ेंस्टाइन कहता है कि इस छोटी-सी कहानी का जो संविधान है, वही संविधान उसकी फ़िल्म-कला के मोंताज़ का है!

धर्म, राज्य, परिवार और अन्य अनेक भव्य संस्थाओं के 'आकार' की खिल्ली उड़ाने के लिये आइज़ेंस्टाइन ने अपनी फ़िल्मों में 'टकराहट' के (Collision—के) तत्त्व को केन्द्र में रखा।

'आकार' नहीं, 'टकराहट' का वह कलाकार था। यूरोपीय बुर्ज़ुआ समाज का आकार का आग्रह, जो गुजरात में भी वणिक-संस्कृति को बहुत पसन्द आया था, यह आइज़ेंस्टाइन को कबूल नहीं है।

वह क्रान्तिकारी कलाकार है। फिर भी, कुछ तथाकथित क्रान्तिकारियों की तरह वह किसी एक वाद की अन्धभक्ति में केवल प्रचारक नहीं बन बैठता। आइज़ेंस्टाइन तो हास्य-शास्त्र द्वारा दृढ़ीभूत आकारों की जड़ को उखाड़ फेंक देता है और 'टकराहट' की प्रक्रिया द्वारा प्रेक्षकों को सोचने के लिये बाध्य करता है।

अन्त में, इस सजग कलाकार ने अपनी 'Notes of a Film Director'— में जो कहा है, उसके द्वारा ही आकार से आगे जाने वाले इस फ़िल्मकार की दृष्टि में हास्य-शस्त्र द्वारा जडबेसलाकता, अनुशासन की अछिद्र घनता को भी कैसे चूर-चूर किया जा सकता है, उसका ख़याल पायें :

> What, then, will be the comedy and laughter brought to the world by the young proletarian class which took power in October and...is advancing to final victory?...
>
> Will this laughter be the result of idle fun and merry making after a good meal or an attempt to escape from life's adversities?

All of us have to be present at the birth of a new type of laughter, may, take an active part in writing a new page in the world history of humor...

Laughter is a new kind of weapon. A type of light gun, very effective in cases where there is no need to employ heavy tanks of social wrath...

The comic quality of a social mask and the devastating force of social ridicule must and will form the basis of militant humor, the inevitable form of our laughter. (P. 112)

— 'Militant humor, the inevitable form of our lagughter' क्या है ? 'inevitable form of our laughter' अतिस्थिर कला-आकारों को और उन्हें सन्दर्भ देनेवाले जड़ और क्रूर राज्य-धर्म-भाषा-अर्थ आदि के आकारों को हँसकर पिघलाने वाला यह प्रति-आकार है।

प्राचीन भारतीय रसविचार में हास्य में से शृंगार का संक्रमण होना संभव है। आज की नयी शासनव्यवस्था में हास्य से वीर तक, कभी-कभार करुण तक भी संचार हो सकता है, यह बात आइज़ेंस्टाइन की फ़िल्म कला और उनका जीवन स्वयं कह जाते हैं।

'सीमांकन अने सीमोल्लंघन', 1977, से

गुजराती से अनुवाद : तुलसीभाई पटेल

आलेख का रचना-वर्ष : १९७७

यू.आर. अनन्तमूर्ति : स्मरणांजलि

मृत्यु मनुष्य को उसके अन्तिम बरसों के सँकरे कमरे से हाथ पकड़कर बाहर लाती है और स्वजनों की स्मृति बनकर उन्हें अपने पूरे जीवन के विशाल महल में जी चाहे वहाँ घूमने तथा किसी भी खिड़की से बाहर देखने के लिये मुक्त कर देती है। यू.आर. अनन्तमूर्ति का सम्पूर्ण जीवन कितना रसपूर्ण, संघर्ष से समृद्ध एवं सर्जनशील था; हमें इसे जानने का अवसर उनके निधन ने दिया है।

अनन्तमूर्ति को उनकी राजकीय विचारधारा के सन्दर्भ की अपेक्षा उनकी व्यापक अनुकम्पाशीलता के परिप्रेक्ष्य में देखना मुझे ठीक लगता है। अर्थात् मेरे-तेरे संकुचित भाव को लाँघकर आगे बढ़ने की उनकी व्यक्तिगत तत्परता और तत्सम्बन्धी वाङ्मयगत कलाकुशलता के परिप्रेक्ष्य में सोचना उचित है। मैं मानता हूँ कि उनकी लोहियावादी विचारधारा भी, उस रास्ते उनकी ओर जाने वाले भी सुगमता से समझ सकेंगे। इस तरह मैंने अनन्तमूर्ति को व्यक्तिगत रूप से और वाङ्मयरूप से कई दशक से एवं निकट से पहचाना है।

•

हमारी मैत्री की शुरुआत पूना के सेंटर फ़ॉर इण्डियन पोएट्री के एक कवि-मिलन में सन् १९६५ में हुई थी। सदानन्द भटकल (पोप्युलर बुक डिपो और प्रकाशक के मालिक, भारतीय भाषाओं में लिखे जाने वाले साहित्य के मर्मज्ञ एवं चाहक) और मराठी के प्रभाकर पाध्ये के आमन्त्रण पर तत्कालीन युवा पीढ़ी के कई लेखक एकत्र हुए थे। तब अनन्तमूर्ति तीस-बत्तीस वर्ष के थे।

ऊँचे मजबूत कलेवर के सुहावने युवक थे। उज्ज्वल गेहुएँ रंग के खुले चेहरे वाले लेखक थे। कन्नड़ भाषा के 'नव्य' अभियान के आगेवान थे। तब ताज़ा रचित मेरी 'नव्य' गुजराती कविता 'मगननी हठ' (मगन की हठ) का काव्यपाठ मैंने किया था। गिरीश कर्नाड, दिलीप चित्रे सभी को उस शाम मज़ा आया था। अनन्तमूर्ति ने उस शाम को तथा उस कृति को दशकों तक याद किया था। उस कवि सभा में 'संस्कार' उपन्यास पर सविशेष चर्चा हुई थी। कइयों को उसमें सार्त्र-कामू की अस्तित्ववादी और विद्रोही विचारधारा प्रतीत होती थी और ऐसा था भी। विशेष रूप से मुझे लग रहा था कि यूरोपीय जीवन के आपातकाल से कुछ अलग प्रकार की भारतीय जीवन की एक आधुनिक समस्या लेखक ने 'संस्कार' में प्रस्तुत की है। मृतदेह का निबटारा न कर सकने की हमारी समस्या की तथा प्रस्तुतता खो चुके कतिपय 'संस्कारों' का अन्तिम संस्कार करने की हमारी अक्षमता की बात की है। कृति के अन्तिम दृश्य में आने वाली ओपन स्पेस, गाँव के बाहर मैदान का खुलापन यही (पास्तरनाक कृत 'डॉ. जिवागो'—के भूमिदृश्यों की तरह) इस उपन्यास का प्रबलतम पात्र है—मैंने चर्चा करते हुए यह कहा, जो उस उपन्यासकार को अच्छा लगा।

'संस्कार' जैसे सुख्यात उपन्यास में ही नहीं, किन्तु उनकी कविता में भी संकीर्ण जगह से खुले विस्तार में अपने आपको तथा सबको ले जाने के लिये उनकी कड़ी मेहनत निरन्तर पायी जाती है। उनकी एक कविता है 'Wrinkles on Grandpa's Shoulder'। चार खण्डों में विभाजत पैंतालीस पंक्तियों की दीर्घ कृति है। शीर्षक ही देखिये :

> दादा के चेहरे पर की झुर्रियों की बात नहीं है। ये तो उनकी गोद में बैठकर देखी जा सकती हैं। यह तो कन्धे पर की झुर्रियाँ देखने की बात है। दादा के एक कन्धे की झुर्रियों को देखने के लिये उनके दूसरे कन्धे पर चढ़ना होगा।

कृति की प्रथम पंक्ति उस दृश्य को एक अकल्पित कल्पन के साथ जोड़ती है :

> The wrinkles on grandpa's shoulder
> Are the contoured hills and valleys seen
> from above.

'दादा के कन्धे पर की झुर्रियाँ तो ऊँचाई पर से देखे गये टेढ़े-मेढ़े मोड़

वाले टीले और खाइयाँ हैं।'

'हिल्स एण्ड वेलीज'? छोटे-से बच्चे की नज़र से देखोगे तभी वृद्ध दादा की चमड़ी में टीले और खाई दिखायी देगी। धीरे-धीरे समझ सकोगे कि एक शरारती और प्रेमपूर्ण पोता जिस अधिकार और प्रेम से दादा के कन्धे पर चढ़कर दादा को देखता है, इसी तरह अनन्तमूर्ति अपने देश को, अपनी संस्कृति के अतीत को अधिकार और प्रेमपूर्वक देखते हैं। इसी कारण 'संस्कार' उपन्यास नाईपोल या रश्दी शायद लिख न सकें ऐसा इनसाइडर का, आउटसाइडर का नहीं; 'सरस्वतीचन्द्र' जैसा आत्मीय उपन्यास हो सका है। उसके नायक को 'महान' और 'ऐतिहासिक' बनने के लिये 'दर्शक' के सत्यकाम की तरह युद्धकाल में जर्मनी या कहीं अन्यत्र जाना नहीं पड़ता। अपने देश के एक पहाड़ की सौमनस्य गुफा तक की, दादा के कन्धे की झुर्रियों तक की 'अनप्लांड' सफ़र एक व्यापक दर्शन के लिये पर्याप्त है। कविता की अगली पंक्ति देखिये। ये पंक्तियाँ उसे अपने दादा की शिखा पकड़ने वाला बालराजा बना देती हैं :

Riding royal on the elephant
clutching grandpa's tuft – the King.
His is too rode thus upon his grandpa's
shoulder, like me.

'गजराज पर चलती राजसवारी
दादा की शिखा पकड़कर—राजाधिराज।
यह छोरा भी अपने दादा के कन्धे पर सवार,
मेरी तरह।'

इन अन्तिम दो शब्दों (मेरी तरह) में अपनी संस्कृति सम्बन्धी सूचित अनन्तमूर्ति का सहज प्रेमपूर्ण स्वाधिकार को जो जानता और अनुभव करता है, दादा की शिखा पोता उनके कन्धे पर चढ़ बैठकर खींचता है, दादा के कन्धे पर की झुर्रियों में वह पहाड़ देखता है, यह स्नेह और सहजतापूर्वक भारतीय संस्कृति की गवेषणा अनन्तमूर्ति कर सकते थे। केवल निर्दोष खिलवाड़ स्नेह का सम्बन्ध है। अपनी चेष्टा करने का आत्मरति का यह इलाक़ा है ही नहीं। प्रजा की वेदना की आग पर अपनी रोटी सेंकने वाले उद्दाम-उदारवादी राजनीतिक लेखकों से बिलकुल अलग सम-संवेदनशील राजनीतिक लेखक कैसे होने चाहिए, यह अनन्तमूर्ति का साहित्य पढ़ने वाला समझ सकता है।

•

यह तो सुविदित है कि विचारधारा की दृष्टि से अनन्तमूर्ति लोहियावादी थे। उनके विचार जगत का दूसरा पहलू भी था, जो प्राय: नज़रअन्दाज़ रहा है। उनका विद्याभ्यास कर्नाटक के एक देहात की संस्कृत पाठशाला में आरम्भ हुआ था। वहाँ उनकी प्राथमिक शिक्षा हुई। अनन्तमूर्ति आजीवन, सजग रूप से और स्वेच्छा से मध्य-परम्परा के द्वैतवादी विचारक रहे, जैसे वे लोहियावादी थे, उसी तरह। उनके इस द्विदल ओरियेंटेशन का पता मुझे समयसर लग गया था। केवल मंच पर के भाषणों से नहीं, किन्तु पुणे से पेरिस तक की, बेंगलुरु से बर्लिन तक की और ऐसी अनेक सन्ध्याकालीन गोष्ठियों से पता चला था। आधुनिक राजकीय विचारधाराओं की तरह ही प्राचीन-मध्यकालीन भारतीय दर्शनों के वे अच्छे अध्ययनशील थे। ए.के. रामानुजन के साथ उनका मेल था। दोनों को मध्यकालीन कन्नड़ भक्त कवियों का मिज़ाज बहुत पसन्द था। लेकिन उनमें जो 'जगत् (भी) सत्यम्' में मानने वाले इन भक्तों की कविता सविशेष पसन्द करते थे। इसलिए उनको सभी एकान्तवादी हठाग्रह ना-पसन्द थे, जैसे सामाजिक वैसे ही साहित्यिक, जैसे उदारमतवादी (राइटिस्ट) वैसे ही उद्दामवादी (लेफ्टिस्ट)। राजेन्द्र शाह हो या यू.आर. अनन्तमूर्ति उनके बारे में सही समझ (न कि ग़लतफ़हमी) प्राप्त करनी हो तो उनके एकाध विधान को न पकड़कर उनकी व्यापक वाङ्मय-सृष्टि को पहचानने के लिये मन्थन करना चाहिए।

•

उमाशंकर जोशी और अनन्तमूर्ति जैसे सर्जकों के सामाजिक उत्तरदायित्व की अतिशय महिमा करने वाला अभिगम कई बार भावक की आँख पर पसन्द-नापसन्द के अर्धपारदर्शक चश्मे इस तरह पहन लेते हैं कि उनकी नज़र उस आवरण के पीछे उन लेखकों के लेखन के मूलाक्षर, इन पाठकों की नज़र पढ़ नहीं पाती। कलाकृति को अपरोक्ष देखने का मज़ा गँवाना नहीं चाहिए। आर्ट गैलरी में जाकर वहाँ की (न कि केवल नगरचौक की) एक बेंच पर बैठकर, निरामय आँख से कलाकृति को लम्बे समय तक देखते रहना, यह आनन्द बिलकुल गँवाने योग्य नहीं है।

तत्पश्चात् के वर्षों में अनन्तमूर्ति का जो व्यापक सम्मान हुआ, यह शायद सांस्कृतिक सन्दर्भों के बारे में उनकी अभीप्सा के कारण हुआ। कई दशक के बाद दिल्ली के निकट नीमराणा के रिसोर्ट-क़िले में हम इकट्ठे हुए थे। तब निर्मल वर्मा और वी.एस. नाईपोल भी थे। नाईपोल को नोबेल पुरस्कार प्राप्त हुआ था। उन्होंने मंच पर से कहा कि इस इनाम का आनन्द तो उन्हें था ही; लेकिन उनके बजाय अन्य किसी भारतीय लेखक को यह पुरस्कार मिला होता तो, इस स्थिति में यह पुरस्कार यदि यू.आर. अनन्तमूर्ति को मिला होता तो अपने को लगभग उतना ही आनन्द होता। निर्मल वर्मा मेरी बगल में बैठे थे—ऐसे ही निर्मल। मुझसे मन-ही-मन इन तीनों की तुलना हो गयी।

'टेक्स्ट' और 'कॉंटेक्स्ट' अलबत्ता परस्पर गाढ़ सम्बन्ध से जुड़े हुए हैं, तथापि अलग हैं। टेक्स्ट और कॉंटेक्स्ट के पाठ और सन्दर्भ को ऐसे संकुल सम्बन्ध को ध्यान में रखकर विचार करने पर मुझे लगा था कि नाईपोल मुख्यतः सन्दर्भ के वाङ्मयकार हैं; निर्मल वर्मा प्रभावक रूप से कृति के सर्जक हैं और अनन्तमूर्ति उभयान्वयी साहित्यकार लगे थे।

•

राष्ट्रीय साहित्य अकादेमी के अध्यक्ष के रूप में अनन्तमूर्ति चुने गये, तब अकादेमी में नया मन्वन्तर आसीन हुआ। अकादेमी संस्था ही नहीं, आन्दोलन के रूप में काम करने लगी। साहित्य-संसार के जो मैनेजर इसके पूर्व पकड़ जमाकर बैठे थे, उनको मुँह की खानी पड़ी। कन्नड़ 'नव्य' साहित्य के अग्रणी इस नये अध्यक्ष की अगुवाई से 'नवोदय' नामक नये लेखकों की प्रथम पुस्तक का प्रकाशन अकादेमी करेगी, यह योजना प्रत्येक भारतीय भाषा में लागू हुई। 'मेकर्स ऑफ़ इण्डियन लिटरेचर' इस नाम की श्रेणी में, जिनका अवसान हुआ है ऐसे महत्त्वपूर्ण भारतीय लेखकों पर अकादेमी पुस्तक प्रगट करनी थी। इस दक्षिण ध्रुव के विपरीत नये अध्यक्ष ने 'नवोदय' द्वारा अकादेमी को उत्तर ध्रुव भी दिया। साथ ही भारतभर में अकादेमी के कार्यक्रमों का आयोजन करके अकादेमी को दिल्ली के बाहर निकालने का वराह-कृत्य भी विशेष असरकारक रूप से किया। भारतभर के छोटे-बड़े गाँवों में अकादेमी की उपस्थिति दिखने लगी। भारतीयता के बारे में, लेखक के उत्तरदायित्व के बारे में, मातृभाषा और पितृभाषा के बारे में इन्होंने लाईवली कन्वर्सेशंस,

उत्साहपूर्ण संवादों का आरम्भ किया और उसे स्थायित्व दिया। जब वे मंच पर से बोलते तब सभागृह और मंच के बीच अन्तर कम हो जाता, दोनों मानो एकाकार हो जाते थे। अपने अनुगामी (जो स्वयं एक उत्तम और अन्तर्मुख लेखक हैं)—को हस्तान्तरण समारम्भ में उन्होंने जो कहा (मैंने ख़ुद सुना है), यू डोंट हेव टु बी सो स्टिफ... रिलेक्स!... अनन्तमूर्ति यानी भारतीय साहित्य का रिलेक्स्ड लेकिन अलर्ट कन्वर्सेशन, तनावमुक्त फिर भी सावध गोष्ठी।

•

सामाजिक सक्रियता, संस्कृति चिन्तन और कला निर्मिति—इन तीनों के बीच रक्त का सम्बन्ध है; यह सम्बन्ध लहूलुहान न हो जाय, यह सबको देखना होगा। शायद हम ऐसे उन्नतभ्रू (बायीं या दायीं भ्रमर ऊँची करके देखने वाले) भ्रम में पड़े कि कला निर्मिति रोगग्रस्त हो गयी है, इसे किसी जनता अस्पताल में या प्राचीन वैद्यालय में ले जाकर एक या दूसरी सामाजिक चेतना की और एक या दूसरे राजकीय विचार की बोतलें चढ़ाने की ज़रूरत है, ऐसा लगता है कि इस प्रकार का भ्रम आज परस्पर दंगल करने वाले महानुभाव संयुक्त रूप से रखते हैं। कृति का ब्लड ग्रुप जाने-पहचाने बिना अपनी-अपनी ब्लड बैंक से मनपसन्द बोतलें लाने वाले आजकल पूरे दक्षिण एशिया में स्थान-स्थान पर घूम रहे हैं।

•

नये-नये साहित्य-सर्जन में नयी-नयी समय-मीमांसा तो होती ही रहेगी। जैसे प्रचलित साहित्य-विचार का पुनः परीक्षण होता रहेगा, वैसे समाज-विचार, राज्य-विचार, अर्थकारण की परिस्थितियाँ आदि का निरन्तर परीक्षण होता ही रहेगा। इसमें ही प्रजा की जीवन्तता की जड़ी-बूटी समाहित हैं। इस विषय में भिन्न-भिन्न लेखकों का भिन्न अभिगम भी रहेगा। लेकिन एक हज़ार वर्ष पूर्व हमारे देश में रचे गये 'काव्यप्रकाश' नामक ग्रन्थ में कश्मीरी विचारक आचार्य मम्मट के कथन अनुसार अपनी बात प्रस्तुत करने की भी

एक रीति होती है, कविता की रीति : सर्जक अपना मन्तव्य भावक के प्रति इस तरह प्रस्तुत करता है, जैसे प्रियतमा अपने प्रियजन को समझा रही हो, न कि मालिक ग़ुलाम को आदेश दे रहा हो इस तरह। साहित्य इस तरह अपना (विरासत में प्राप्त मूल्यों के पुनः परीक्षण का) काम कर रहा हो तब राज्यसत्ता (धर्मसत्ता या अर्थसत्ता के उकसाने से) उस काम में यदि हस्तक्षेप करती है, तो इससे समस्त प्रजा को नुकसान ही होता है।

अनन्तमूर्ति के सम्पूर्ण साहित्य में इस तरह 'कान्तासम्मित उपदेश' स्नेहपूर्ण परामर्श झलकता रहता है। जो राजकीय विचार उनको प्रजा के लिये अहितकर लगा, उसका उन्होंने (स्वार्थ को न देखते हुए) निरन्तर विरोध किया, कई बार प्रियजन सहज आवेग से, स्नेह के अतिरेक से—जिसका उन्होंने आवेश का शमन होने पर निवारण कर दिया, लेकिन स्वार्थ न होने के कारण मूल विरोध चालू रखा।

गुजराती से अनुवाद : तुलसीभाई पटेल

आलेख का रचना-वर्ष : २०१४

सरहदों के आरपार : सुनील गंगोपाध्याय के साथ

गुजरात में उनकी कविताओं और फ़िक्शन के अनेक उत्साही पाठकों और एक पाठक और दोस्त के तौर पर मेरे लिए, एक लम्बी और रोमांचक यात्रा इस वर्ष 23 अक्टूबर को एक आकस्मिक अन्त पर आ पहुँची। आकस्मिक इसलिए कि आप सुनील गांगुली को हमेशा जीवन और शुरुआतों से जोड़कर देखते थे, न कि मृत्यु और अन्त से।

न केवल एक लेखक के बल्कि भारत की समकालीन साहित्यिक संस्कृति के निर्माताओं में से एक के तौर पर उनके कार्य की महत्ता हमेशा से कहीं अधिक आज जीवित है। यहाँ मैं तेज़ी से घूमते कोई पाँच दशकों की एक यात्रा के मानचित्र की रूपरेखा खींचने का प्रयत्न करूँगा, जिसके दौरान एक दिलचस्प अजनबी देश के अन्य हिस्सों की तरह यहाँ गुजरात में भी हमारे लिए एक आवश्यक उपस्थिति बन गयी।

1960 के दशक के गुजरात में यहाँ के नये कवि सिर्फ़ एक बंगाली लघु पत्रिका से परिचित हुए। इसके नाम *'कृत्तिबास'* का सन्दर्भ, जैसा हमने जाना, एक मध्यकालीन कवि से था जिसने बंगाली रामायण लिखी थी। हमने अपने कुछ 'बाङ्ला जानने वाले' मित्रों से अपने हाथ लग पाये कुछ अंकों में से कविताएँ पढ़कर सुनाने और अनुवाद कर देने का अनुरोध किया। हमें हर्षमिश्रित प्रसन्नता हुई कि (मध्यकालीन सुनायी देने वाले नाम वाली) वह लघु पत्रिका ख़ासी 'आधुनिक' थी! इससे हमारे भीतर उसके कवि-सम्पादक को लेकर और भी उत्सुकता जागी। 'यह एक ऐसी पत्रिका है जो अतिक्रमणों की बात कर सकती है'—हमने ख़ुद से कहा और वह हमें अच्छा लगा। मुझे स्वीकार करना चाहिए कि *कृत्तिबास* में

बनिस्बत सुनील गांगुली और बाक़ी बंगाली कवियों के हमने अपने आप को ज़्यादा खोजा; ऐसी थी उस समय हमारी मन:स्थिति! हम हर जगह अपने आप से मिल लिया करते थे! हमने कल्पना की कि 'शुनील' हर तरह से हमारे ही जैसा था, सिवाय इस बात के कि उसके नाम के पहले अक्षर को 'श' की ध्वनि के उच्चारित किया जाना था क्योंकि वह बंगाली था। अन्यथा वह, हमें यक़ीन था, हमारे जैसा था। अलबत्ता यह बात भी थी कि हमें ख़ुद नहीं पता था कि हम कौन थे! या कि वह बंगाली अतिक्रमणकारी कौन था।

यह उस समय से पहले की बात है जब मैं 1970 के दशक के मध्य में थोड़ा रूखा, थोड़ा मिलनसार लगने वाले एक आकर्षक युवा बंगाली कवि-उपन्यासकार सुनील गांगुली (या बंद्योपाध्याय, मैंने किसी से पूछा था) से मिला था, शायद भारत भवन, भोपाल में या उससे कुछ समय पहले पुणे के इण्डियन राइटर्स सेंटर में। साल और तारीख़ के विवरण फ़िलहाल मेरे मन में धुँधला रहे हैं लेकिन बहुअर्थी *'कृत्तिबास'* और उसके बहुआयामी कवि-सम्पादक के हमारे सम्पर्क का ऐतिहासिक महत्त्व कभी भी संशय में नहीं रहा। गुजरात के लेखकों के लिए गाँधी-मार्क्स का विवाद और उसका संश्लेषण नया विषय नहीं था। और सुनील गंगोपाध्याय, जैसा कि हमने धीरे-धीरे जाना, किसी भी क़िस्म के वर्गीकरण की समझ से हमेशा परे था। जैसे-जैसे हमने उसे पढ़ा और उसके उपन्यासों पर बनीं फ़िल्में देखीं, हमने समझना शुरू किया कि कभी तो वह कृत्रिम सीमाओं से बच निकलता था (अपनी अनेक प्रेम कविताओं में) और कभी उनसे दो-दो हाथ करता उन्हें चुनौती देता था (मिसाल के तौर पर वह जिस तरह लालन फ़क़ीर को अपने फ़िक्शन में सन्दर्भित करता है)। यह तो हमें बहुत बाद में पता लगा कि उसके जन्म और उसके बचपन और उसके वयस्क जीवन और उसके कार्य की जगहों को तमाम विभाजनकारी शक्तियों से निर्मित एक हिंसक भौगोलिकता ने छिन्न-भिन्न कर दिया था। पिछले वर्ष मैंने (एक पुराने शब्द का प्रयोग करते हुए) उससे पूछा था कि क्या बंग-भंग को 'अनडू' करने का कोई तरीक़ा है। जब उसने 'नज़दीकी भविष्य में तो नहीं' कहा तो ख़बर वाले उसके हिस्से में कोई नयी बात नहीं थी और मैं ऐसी किसी चीज़ को खोज भी नहीं रहा था। लेकिन उस आवाज़ का स्थिर स्वर (जिसे मैं बहुत ध्यान से सुन रहा

था) एक ऐसे मस्तिष्क को प्रतिबिम्बित कर रहा था जिसके भीतर की कड़ियल बौद्धिकता ने अपने आप को नर्म भावनाओं से साथ जोड़ पाना सम्भव जान लिया था।

समय बीतने के साथ हमने इस व्यक्ति और लेखक को और अधिक समझा जो इतनी सारी सरहदों के साथ इतने सारे तरीक़ों से निपटारे किया करता था। वह ख़ुद हमारे सामने कई सरहदों से होकर आता था जिनमें से भाषाई सरहद सबसे कम मुश्किल हुआ करती थी। अधिक मुश्किल सरहदें विश्लेषणात्मक टूटफूट की होती थीं जो समकालीन भारतीय संस्कृति के पहचान हैं। हमने इस बात को महसूस किया और समझा कि सुनील गंगोपाध्याय इस टूटफूट को बड़ी स्पष्टता और एक महत्तर संवेदना के साथ समझता था। उपयुक्त कार्यों और आवश्यक नियन्त्रण के साथ उसने (अन्य लोगों के साथ) भारतीय साहित्य के महासंघ के निर्माण के रचनात्मक और सांस्थानिक कार्य का नेतृत्व किया।

'कृत्तिबास' की अपनी शुरुआती रीडिंग्स मुझे यह समझने में मदद करती हैं कि अय्यप्पा पणिक्कर की 'केरल कविता', जयन्त महापात्र की 'चन्द्रभागा', मीनाक्षी–सुजीत मुखर्जी की 'वर्णमाला', सदानन्द भटकल की 'इण्डियन राइटिंग टुडे' और अनन्तमूर्ति, निर्मल, विंदा, शक्ति, कोलटकर, अडिगा और अनेक अन्य के साथ उसका क्रियाशील अन्तर्सम्बन्ध था। परस्पर कार्य करते हुए और एक साथ उन्होंने संकेतविज्ञान के एक नये क्षेत्र का सृजन किया। हरेक शब्दरूप एक ही समय में अपने आप में प्रशंसनीय एक आइकन भी था, लेकिन साथ ही वह एक बीजांक भी था जो एक महत्तर अर्थ को खोलता था (जैसे 'दीर्घ दीर्घतारो अभिधा व्यापार' अथवा जैसे 'ध्वननि ध्वनन') जिसका गूढ़ार्थ ससन्दर्भ निकाला जाना होता था क्योंकि वह स्वयं एक बड़े सांकेतिक स्पेस के गिर्द चक्कर लगा रहा होता था। एक को याद करना सभी बाक़ियों को भी याद करना है। एक नये भारतीय साहित्य के इन शब्दरूपों ने प्रदर्शित किया कि नया भारतीय साहित्य 'साहित्य' पहले है और 'भारतीय' बाद में। सुनील गंगोपाध्याय की रचनाओं में 'क्षेत्रीय' के पक्ष में व्यक्तिगत की बलि कभी नहीं दी जाती, न ही किसी महत्तर दर्ज़े को हासिल करने के लिए 'बंगालीपन' को त्यागा जाता है। वह अन्तर्राष्ट्रीय स्तर का लेखक है फ़क़त इसलिए कि वह एक लेखक है, और ऐसा उम्दा लेखक। शुक्र है वह हमारे कतिपय

अन्तर्राष्ट्रीय लेखकों से इस क़दर अलहदा है जो अन्तर्राष्ट्रीय के रूप में लेखक से बेहतर हैं।

भारतीय कविता के लिए उन्नीस सौ साठ का दशक कई भाषाओं में एक जादुई दशक था, जब कविगण भाषाओं के आरपार एक दूसरे को उनकी कविताओं के अनिश्चित अनुवादों की मार्फ़त जानते थे, अक्सर सामाजिक तौर पर बग़ैर एक दूसरे से मुलाक़ात किये। प्रभाकर पाध्ये और ए. बी. शाह ने पुणे में एक छोटा सा सेंटर फॉर इण्डियन पोएट्री स्थापित किया था, और, बाद में, अशोक वाजपेयी ने भोपाल में एक कहीं अधिक प्रभावशाली *भारत भवन* के माध्यम से अखिल भारतीय परिदृश्य को जीवन्तता प्रदान की। सुनील गांगुली से मेरी पहली मुलाक़ात पुणे या भोपाल में हुई थी, न कि कोलकाता या मुम्बई/वडोदरा में। स्थान ने अपना महत्त्व ज़ाहिर किया था; मुलाक़ात की जगह ने मुझे कवि को पहचानने में मदद की : मैंने सुनील गंगोपाध्याय को एक 'भारतीय' कवि के रूप में देखा जो उसके 'बंगाली' या मेरे 'गुजराती' कवि को कोई नुकसान नहीं पहुँचाता था। एक भारतीय कवि बन जाने का मतलब होता था एक बंगाली, मराठी, कन्नड़ या गुजराती कवि से ज़रा भी अधिक या ज़रा भी अलहदा न बनना। सुनील गंगोपाध्याय एक कवि था, एक बंगाली कवि, एक भारतीय कवि—सब कुछ एक साथ। और मुझे बाद में पता चला कि वह एक विकट उपन्यासकार था जिसे बंगाल और अन्य जगहों पर बहुत अधिक पसन्द किया जाता था।

1991 में मैंने सुनील दा और स्वाति जी को गुजरात आमन्त्रित किया। तब तक मैंने 'श' की ध्वनि का त्याग कर दिया था लेकिन मैं उसे कहीं बेहतर जानता था—व्यक्तिगत रूप से भी और उसकी ताज़ा कविताओं, फ़िक्शन और उसके फ़िक्शन पर बनी फ़िल्मों के माध्यम से भी। उस समय में सौराष्ट्र विश्वविद्यालय का कुलपति था। एक कवि सम्मलेन के लिए हमने राजकोट से सूरत तक की यात्रा की। देर दोपहर का समय था जब हमारी कार राजकोट और अहमदाबाद के बीच चोटिला पहाड़ी की बगल से गुज़री। शिखर पर चामुण्डा शक्ति का मन्दिर विराजमान था। हमारे ड्राईवर, युवा रमेश ने, जो उसी इलाक़े का रहनेवाला था, यूँ ही चलते-चलते बताया कि पहाड़ी की चोटी पर रात बिताने की किसी को भी अनुमति नहीं होती। "क्यों?" सुनील दा ने तनिक कड़ाई से

पूछा। मुझे अच्छी तरह याद है, उसके स्वर से तनिक अचम्भित हो गये रमेश ने साहसपूर्वक कहा कि अगर कोई भी, विशेषतः पुरुष वहाँ सूरज ढलने के बाद दिख जाय तो देवी उसे नीचे फेंक देती है। "क्या तुम ऐसे किसी को जानते हो जिसे नीचे फेंका गया हो?" सुनील दा ने पूछा, 'पिछले साल एक रिपोर्ट आयी थी' रमेश ने बेपरवाही से उत्तर दिया। "गाड़ी रोको," सुनील दा ने आदेश दिया और स्वाति जी से कहा, "चलो चोटी पर रात बिताई जाय। शायद तुम्हें बख़्श दिया जाय। देखें मुझे क्या होता है।" मुझसे बोला : "तुम भी आना चाहोगे?" ज़ाहिर है मुझे उस दिन से बहुत पहले ही यह बात समझ में आ गयी थी कि सुनील गंगोपाध्याय हम में से किसी के भी जैसा नहीं था। लेकिन देवी चामुण्डा ने मेरी उस समझ पर मोहर लगा दी थी।

वह क्या चीज़ थी जिसने उसे भारतीय लेखकों में इस क़दर अद्वितीय बनाया था? मैं सोचता हूँ कि सतह के ठीक नीचे एक विकट करुणामय आदमी था, एक छोकरा जो हरदम नयी शरारत करने पर आमादा रहता था, एक कड़ियल लेकिन प्यारा लड़का, जिसकी उपस्थिति का अहसास भर हमने 'कृत्तिबास' के पन्नों में किया था। भारत में और विदेश में मैंने उसी लड़के को अक्सर किसी अति गम्भीर जगह पर बिना चेतावनी दिये सतह पर आते देखा है और वह करते और कहते देखा है जिसे बस वही लड़का कर और कह सकता था। उसे कोई भी चीज़ आक्रान्त नहीं कर सकती थी।

यह वही लड़का है जो नीरा का दोस्त और प्रेमी था। एक पके हुए और बड़े कवि सुनील गंगोपाध्याय ने सुन्दर नीरा और उस प्यारे लड़के, दोनों पर कविताएँ लिखीं। कवि ने अपनी नीरा के चेहरे की उस चमक के बारे में अविस्मरणीय ढंग से लिखा है जब डूबते सूरज की तिरछी रोशनी उस पर पड़ती है। मुझे वही पंक्तियाँ याद आयीं जब सौराष्ट्र की उस दोपहर के शक्तिशाली सूरज ने उस मज़बूत कवि के लड़कों जैसे चेहरे पर वार किया था और कार चोटिला पहाड़ी से दूर जा रही थी जिसकी रात्रि-सीमा को वह पुरुष-बालक पार करना चाह रहा था। कई जगहों पर, सत्ता के विविध प्रकारों की जगहों पर, दिल्ली और कोलकाता में, पेरिस और न्यूयॉर्क में, बमुश्किल दबायी जा सकी एक प्रसन्न लेकिन कड़ियल मुस्क़राहट के साथ, रचनात्मक अतिक्रमणों के लिए तत्पर, उसे अप्रत्याशित

रूप से सतह पर आते मैंने देखा है।

हमें उसकी याद आयेगी।

[*स्रोत :* इण्डियन लिटरेचर, वॉल्यूम 56, सं. 6 (272) (नवम्बर/दिसंबर 2012) पृष्ठ 69-72। साहित्य अकादेमी द्वारा प्रकाशित]

अँग्रेज़ी से अनुवाद : अशोक पाण्डेय

आलेख का रचना-वर्ष : २०१२

अशोक वाजपेयी की कविता
विकल्पों की निर्भीक खोज

अशोक वाजपेयी की कविता
विकल्पों की निर्भीक खोज

१

ऐसा तो नहीं है कि और कई बड़े-बुलन्द दरवाज़ों के सामने भी, प्रवासी और पाठक के रूप में, मैं खड़ा नहीं रहा हूँ—'डिवाइन कॉमेडी' का वो भयानक द्वार, 'इन्फर्नो' की निर्दय शर्त सिर पर लिये खड़ा, भला कैसे भूला जा सकता है? 'Abandon all hope, ye who enter here', कहता है, दान्ते का दुस्सह दरवाज़ा एक बार तुम्हारी पीठ के पीछे बन्द हुआ, कभी खुला नहीं। उसकी बिलकुल बगल में आल्डस हक्स्ली के दरवाज़े खड़े हैं। अपार आशाओं के प्रदेश में ले जाने वाले और विकल्पों के अमर्यादित विस्तारों में घुमाने वाले 'Door of perception', जो रसायनों के धक्के से खुलते ही जाते हैं। उसका अन्तहीन खुलना, खुलते ही जाना, नरकागार के द्वार के बन्द हो जाने से कम डरावना नहीं है। काफ्का केसल के लिये शायद दान्ते से, तो टोमस मान आल्प्स के उस जादुई रुग्णालय के लिये शायद हक्स्ली से अपने-अपने दरवाज़े ले आये हो। केसल से बाहर आना, मेजिक माउंटेन से नीचे उतरना, नामुमकिन-सा है। आधुनिक मानव-संस्कृति के रास्ते के वे दो डेड एण्ड्स हैं। दोनों छोर बन्द।

क्या सचमुच बन्द? पूर्वकालीन महान कवियों ने कह भी दिया हो, तो भी जीवन की ओर, संस्कृति की ओर जाने वाला कोई-न-कोई रास्ता ढूँढ़ना, या बनाना, वो तो हर समय के कवि का, बल्कि मानव का स्वयं चुना हुआ काम है। अशोक वाजपेयी का 'दरवाज़ा' इसी रास्ते से, और इसी सवाल से सटा

हुआ है। इसीलिए कुछ अलग-सा है, वैसे तो सादा-सीधा बन्द किवाड़ जैसा दिखता है, 'पर फिर भी' यह कवि जानता है और हमें बतलाता है, कि हर दरवाज़ा 'थोड़ा-सा बाहर-अन्दर और थोड़ा-सा अन्दर-बाहर फिसल ही जाता है' ('विवक्षा', वाजपेयी, २००६, पृ. ८४)। दरवाज़े थोड़े से बाहर-अन्दर, अन्दर-बाहर फिसलते रह जाने से जो स्पेस बनता रहता है, वहाँ 'हमारी बनायी दुनिया' बस सकती है, कुछ ज़्यादा ही ब्रेव, कुछ ज़्यादा न्यू न हो, भले वैसी और वहाँ अशोक वाजपेयी की कविता का स्थानक/लोकेशन दिखायी देता है। वहाँ तक जाने का छोटा-सा रास्ता अगर हो, पुरोगामी महान कविता के राजमार्ग से हटकर चलने वाले छोटे से डायवर्जन जैसा, तो वो रास्ता 'वहीं से निकलेगा'—'उजाले और अँधेरे के झिलमिल रेखांकनों के पास से'। ('रास्ता', वाजपेयी, २००६, पृ. ७१)। 'विवक्षा' के कवि उसी पगडण्डी की तलाश में लगे हुए हैं—दशकों से। इस कवि की दुनिया में दाख़िल होने का दरवाज़ा मुझे वहीं कहीं शायद मिल जाय। मैं भी 'भारत भवन' से निकल दूर तक जाकर उसे ढूँढ़ता हूँ, दशकों से।

यह तीसरा दरवाज़ा, कहाँ और कैसा है ? वैसे तो, इन्फर्नो या एलएसडी के साथ उसका कुछ ताल्लुकात दिखायी नहीं देता है। हर घर और हर कचेरी में लगा हुआ होता है। आम-दरवाज़ा सा मालूम पड़ता है। फिर भी वो कुछ ऐसी 'आवाजाही' पैदा करता है जो अपनी सामान्यता के आवरण में छिपाकर हमारी घर-कचेरी वाली दैनिक दमनशीलता को छुपाये-दिखाये रहती है। और हमारे दैनिक प्रतिकार को भी।

न काफ्फा, न मान के, ऐसे अशोक वाजपेयी के इस तीसरे दरवाज़े के दोनों ओर जो आवाजाही मुझे दिखायी पड़ी है उसके बारे में थोड़ी बातें इस लघु-निबन्ध में प्रस्तुत हैं। सन् १९६०, १९९७ और १९९० में लिखी गयी उनकी तीन कविता की साख में मेरी ये सुनवाई प्रस्तुत है।

२

इन तीनों में पहली कविता, अलबत्ता, 'दरवाज़ा' है। कौन-सा ? कोई भी हो सकता है। इस दरवाज़ा के ऊपर 'ये हू एंटर हीअर' ऐसा कोई भारी-भरकम आदेश लिखा नहीं होगा। आपकी हर रोज़ वाली ऑफ़िस का दरवाज़ा हो सकता है। जिस पर चिपकाये एक मैले से सफ़ेद काग़ज़ पर लिखा हो—

'प्लीज क्लोज द डोअर बिहाइण्ड यू'। ऐसा कचेरी का दरवाज़ा बड़े बाबू अशोक जी ने न जाने कितनी बार देखा होगा? परेशान भी होते रहे होंगे। बड़े बाबू की परेशानी को कवि अशोक वाजपेयी ने कुछ और ही काम में लगा दिया।

'दरवाज़ा' रचना जैसे-जैसे आगे चलती है, वैसे-वैसे हमारा जाना-माना यह दरवाज़ा झिलमिलाने लगता है, उसकी परिचितता स्वयं अपरिचित बनने लगती है। वस्तु कल्पन में, कल्पन प्रतीक में परिवर्तित होने लगते हैं। ये कोई हयवदन जैसा, मेटामोर्फोसिस जैसा, 'बड़ा' परिवर्तन नहीं है। इसकी 'टोनालिटी' ही अलग है, यह सप्तक तार स्वरों का नहीं है। इसके अण्डरटोन, सुनने वाला सजग न हो तो, अनसुने रहे जा सकते हैं।

बात की शुरुआत ये छोटे-से गद्य-काव्य के पहले ही वाक्य के भूतकाल सूचक क्रियापद से होती है : 'दरवाज़ा खुल सकता था'। (विवक्षा, २००६, ८४) क्यों भूतकाल? क्या आपको थोड़ी देर लगा कि नहीं खुलेगा, पर फिर खुल सका? या तो आपने देखा कि पहले खुलने वाला दरवाज़ा आजकल नहीं खुल सकता? कहने का मतलब शायद ऐसा नहीं था। दरवाज़ा खुल सकता था, 'कोई खोले तभी नहीं। अपने आप भी, क्योंकि पूरी तरह बन्द नहीं था।' क्यों भला? क्योंकि—'किसी ने किया ही नहीं'—कब दरवाज़ा बन्द नहीं किया, किसने नहीं किया, क्यों नहीं किया? इस गद्य-कविता की टोनालिटी क्या है? उसके काकु क्या है? 'किसी ने किया ही नहीं', ये उक्ति क्या कोई परेशान होकर बोलता है, खुलासा देते हुए बोलता है, मौज़ में आकर बोलता है? उत्तर में जो एक वाक्य आता है उसके क्रियापद की कालरचना ग़ौर करने काबिल है : सभी दरवाज़े अपने आप खुल सकते हैं क्योंकि 'सबको जाने की जल्दी होती है, ठीक से बन्द करने की नहीं।' 'जाने के बाद दरवाज़ा भुला दिया जाता है' ये कैसी क्रिया-काल रचना? निराला का 'वह (निरन्तर) आता' हुआ आदमी मेरी आँखों के सामने इस वाचन-क्षण आ जाता है। देखता हूँ 'लकुटिया टेक', कलेजे के टूक करता, 'वो' आता ही रहता है, और सताता। व्याकरण के (और इतिहास के) तीनों काल की आवाजाही दोनों रचनाओं में मानो क्रियान्वित है।

बस्तील के दरवाज़े तोड़ने के लिये या तोड़ने के बाद चिल्लाती हुई कविता यहाँ सुनने में नहीं आती है। दरवाज़े वहीं खड़े दिखायी देते हैं। सिर्फ़ उनके बावजूद उनके दोनों और हमारी आवाजाही बनी रहती है। तो यहाँ अब बात दरअसल दरवाज़े की जितनी नहीं उतनी आवाजाही की होने लगती है। या

तो कहो आवाजाही न होने की बात : अगर न जाते और वहीं घिरे रहते तो दरवाज़ा बना रहता—अगर 'प्लीज क्लोज द डोअर' अथवा 'एबंडन ओल होप, ओल ये' ऐसा आदेश पढ़कर हम आदेशानुसार काम करते तो ऑफ़िस वाला दरवाज़ा इन्फर्नो वाले दरवाज़े में बदल जाता। क्योंकि वाजपेयी की कविता बताती है कि 'दरवाज़ा घिरे हुए को रोकता है और अनघिरे हुए को अन्दर आने से थामता है'।

ऐसी रोकथाम होती भी है, ऐसे दरवाज़े बन्द रहता भी है। उन्हें तोड़ने की अलग ढंग की कविता लिखी भी जाती है। लेकिन इस 'दरवाज़ा' कविता में वो कविता लिखी गयी नहीं है। मानो सोल्जेनित्सिन का नहीं, पास्तरनाक का उपन्यास है, ये दरवाज़े पर बड़े चाव से जो लिखा गया है, 'ओल ये हू एंटर ओर लीव हीअर, प्लीज क्लोज द डोउर एण्ड एबेंडन ऑल होप। बाय ऑर्डर'। उस लेखे को अनदेखा-सा करके अपनी आवाजाही चालू रखने वालों की कविता यहाँ लिखी गयी है। कवि और आम आदमी ठीक-ठीक जानता है कि 'अगर न जाते और वहीं घिरे रहते तो दरवाज़ा बना रहता' लेकिन बड़े बाबू के दफ़्तर में आम आदमियों की 'आवाजाही दरवाज़े से होती (रहती) है' और वो बुलन्द दिखने वाला दरवाज़ा 'थोड़ा-सा बाहर-अन्दर और थोड़ा-सा अन्दर-बाहर फिसल ही जाता है', बाबू परेशान हो सकते हैं, एक नया ऑफ़िस ऑर्डर कलर पेपर पर टाइप करवाकर दरवाज़े पर चिपकवा सकते हैं, 'ऑल ये...' वाला; पर कवि प्रसन्न है और 'दरवाज़ा' नामक कविता लिखता है, जो दरवाज़े के ख़िलाफ़ है। बड़े बाबू के भी ख़िलाफ़।

यह कवि हमारा रहबर नहीं है, हमराह है। इसीलिए जानता है और कविता के अन्तिम वाक्य में कहता भी है कि : 'दरवाज़ा कभी पूरी तरह से बन्द नहीं होता', ऑफ़िस का और इन्फर्नो का, क्योंकि 'हम ऐसा करना जानबूझकर भूल जाते हैं।'

हमारी जानबूझकर भूल जाने की क्षमता को पहचान लेना, ऐसा अच्छा कवि-कर्म दूसरा कौन-सा हो सकता है, भला?

३

चलते रहने की बात करने वाला यह रचनाकार है, सो एक कविता उन्होंने जूतों के बारे में भी लिखी है, 'पिता के जूतों' के बारे में (वाजपेयी, २००६, २२६)।

हालांकि ये कोई 'हेरिटेज जूते' तो नहीं हैं, कोई 'महान पिता' के, अमर से। दो बार मृत्यु का उल्लेख इस रचना की पहली पंक्तियों में ही आ जाता है : एक 'पैतृक वृक्ष' है, 'और उसके नीचे रखे हैं वे काले जूते। मरे हुए चमड़े के।' जूते मरे हुए चकड़े के हैं। और उसे पहनकर चलने वाले पैर? काले जूते हैं 'कुछ पसरे हुए जीवित पैरों के दबाव से' जीवन की कुछ निशानियाँ शेष हैं उनके पसरे हुए आकार में। लेकिन वो सब था 'जीवित पैरों के दबाव से' / जो अब नहीं है।' 'जो अब नहीं है।' सिर्फ़ चार शब्दों का बना यह अन्तिम वाक्य एक फाइनालिटी हमारे सामने रख देता है।

पिता की मृत्यु की कविता है, दो बार मृत्यु के उल्लेख से अधोरेखित है, लेकिन सहजोक्त काव्य की मुखरता से मुक्त है। क्योंकि एक सूक्ष्म वक्रोक्ति से यह काव्य-कृति जीवित है।

अगली कड़ी में, हालांकि, मुझे कुछ कम ही पसन्द है : 'पैर नहीं है / और न ही वह आदमी' ऐसी कुछ फ़िज़ूल-ख़र्ची के दोष से भरी पंक्ति से शुरू होने वाली दूसरी कड़ी का अन्त भी 'वह आदमी...चुपचाप चला गया / किसी और चबूतरे पर बैठकर / आगे की यात्रा तय करने के लिए'—ऐसी 'फ़िलॉसफ़ी' करते हुए बोला है। मानो वो अतितरल काव्य-पदार्थ कवि के हाथ से फिसल रहा हो।

लेकिन, अपटिक्षेपेण, कविता वापस आती है, 'वृक्ष पर फुदकने वाली रंगीन चिड़िया' का रूप लेकर। चिड़िया? कहाँ से आयी इस कृति में? आगन्तुक है, कृति के लिये परायी है? ना। 'वृक्ष' शब्द पर सुहृदय पाठक ध्यान दें। 'पैतृक वृक्ष' से तो कविता की शुरुआत हुई है और 'चबूतरे' से भी। सो, 'वृक्ष पर फुदकने वाली रंगीन चिड़िया' अभिधा और व्यंजना, सहजोक्ति और वक्रोक्ति, दोनों रूप में बड़ी चारुता से इस कविता में प्रस्तुत होती है, परायी नहीं है। चबूतरा है, सो चिड़िया सहसा दिखायी दे, स्वाभाविक है। मुख्यार्थ काव्योद्‌भवी है; कल्पना रचना के भीतर से आयी है; चिड़िया वहीं की है। अभिधा में औचित्य है; पर चारुता है व्यंजना की : पैतृक वृक्ष पर भी 'फुदकने वाली रंगीन चिड़िया' है, छोटी-सी पोती, शायद। पुत्र दिवंगत पिता की उत्तरक्रिया के लिये गाँव आया है, शोकाकुल है। पोती पैतृक वृक्ष के चबूतरे पर रंगीन चिड़िया-सी फुदकती है, अबोध और 'जानबूझकर भूल जाने' वाली। पितामह/मातामह चल बसे; पुत्र-कवि पैतृक गाँव में आया है। पिता की अनुपस्थिति से व्यथित है। उनके जूते देखकर कुछ फ़िलॉसफ़ी करने लगा

है। तभी, अनायास आ पहुँचती है 'चिड़िया'। रंगीन है, फुदकने वाली है, जीवन से भरी-भरी है। प्रत्यक्ष है। स्वयं, पूर्ण उपस्थित है। अब अविलम्ब यह कविता वह प्रत्यक्षता का, पूर्ण उपस्थिति की कविता बन जाती है। जीवन-काव्य की सहजोक्ति से सजीव, और काव्य-जीवन वक्रोक्ति से समृद्ध।

पुत्र, कवि अब तो ख़ाली, काले जूते जैसा पड़ा रहता है। 'जूते कोशिश करके भी याद नहीं कर पाते / उन पैरों को जो उनमें थे'। पुत्र, कवि अब कुछ कर सकता नहीं, मृत्यु और अनुपस्थिति के सामने वो लाचार है। 'जूतों' की अब एक ही आशा है, क्षमता है : 'वे सपना देखते हैं नन्हे पैरों का / जिनके लिये वे हमेशा बड़े साबित होंगे।' (वाजपेयी, २००६, २२६-२२७)

४

दरवाज़ा है, जूते हैं और पगडण्डी भी।

और फिर इन तीनों के बारे में प्रश्न—न कि प्रस्ताव, न सुझाव, न दर्शन आदि। मुझे ये बात अशोक वाजपेयी की कविता में पसन्द आयी।

'घाटी' (वाजपेयी, २००६, ३३) केवल चार पंक्ति की रचना है। वैसे बात उसमें जितनी घाटी की है, उतनी या उससे अधिक मार्ग की, बल्कि 'पगडण्डी' की है। और उस पर चलने वाली की, पहली ही पंक्ति है : 'घाटी में जाकर गुम हो गयी एक पगडण्डी', कृति का आरम्भ ही यात्रा के ऐसे अन्त के सँजोग से होता है। छोटा-सा रास्ता था, वो भी न रहा। ऐसे रास्ते पर चलने वाले को 'प्रवासी' या 'यात्री' जैसा बड़ा नाम देना कुछ ठीक नहीं रहेगा। हम उसे सिर्फ़ 'वह' कहें, जैसे कवि कहता है।

'पर वह जो चलते-चलते पगडण्डी पर'—कृति की दूसरी पंक्ति है। सुहृदय पाठक ग़ौर से सुनें, देखें, 'पर' से शुरू होती है, 'पर' से समाप्त है। मुँह में अपना ही पुच्छ लिये हुए अनन्तता सूचक सर्प जैसी इस पंक्ति का संरचन-परक मतलब क्या है? अलबत्ता 'लेकिन' के अर्थ में पहला 'पर' शब्द है; 'ऊपर' के अर्थ में अन्तिम। फिर भी, एक चकरावा है। क्या एक रुक न पाने वाला सफ़र व्यंजित होता है? और वो भी घाटी में 'उस' की पगडण्डी भी गुम हो गयी तब?

यहाँ दूसरी काव्यपंक्ति समाप्त होती है, लेकिन वाक्य अपूर्ण है। वाक्य जाकर तीसरी काव्य पंक्ति तक चल पड़ता है 'पर वह जो चलते-चलते' ('चलते' की द्विरुक्ति पर ध्यान दें) 'पगडण्डी पर / उसी में समा गया'— तीसरी पंक्ति केवल चार शब्दों की है। फिर से वो ही अन्तिमता, फाइनालिटी, जो 'जो अब नहीं है' में पिता की अनुपस्थिति के चार शब्दों में जूती वाले कविता में सुनायी दी।

'गुम हो गयी' पगडण्डी, 'समा गया' उस पर चलने वाला। 'कुछ न रहा, सब कुछ गँवा देने के बाद भी जो कुछ बचा रहता है / मैं उसका कवि हूँ'—ऐसा कहने वाला यह कवि है। ('पथहारे का वक्तव्य', वाजपेयी, २००४, २००७) 'पथहारा' रचना में है उससे भी प्रगाढ़ अनुपस्थिति 'घाटी' काव्य में आलेखित है। पगडण्डी और उस पर चलने वाला 'वो' दोनों गुम हो गये हैं, समा गये हैं। अब?

चार पंक्तियों की रची हुई इस रचना का अन्तिम चरण है : 'घाटी तक पहुँचा वह?' बस, इतना ही। अन्तिम शब्द है 'वह'। अन्तिम चिह्न है प्रश्नार्थ। कवि एक छोटा-सा, बड़ा-सा सवाल उठाकर चुप हो जाता है।

मेरी मातृभाषा तो गुजराती है, पर मैं हिन्दी भाषा बहुत सुना करता हूँ। अनगिनत फ़िल्मों के निरन्तर बजते ही रहते गीतों में; इनइनत राजकीय नेताओं के होते ही रहते भाषणों में; मुझे केवल उपभोक्ता के रोल में फिट करते चलते टेले-मार्केट में, टेली बाइट्स में वो ही भाषा मुझे बाइट किये जाती है। जो पुण्य और शासनशील वाणी सुना ही करता हूँ, वो कभी चुप रह सकती नहीं है।

इसी भाषा के कुछ कवि ऐसे भी हैं जो इस बहुबोली को चुप रहने का इल्म सिखाते हैं। बिना बोले बहुत जताने का इल्म, जैसे माता सन्तान को दुलार जाती हो। ऐसे एक कवि के बारे में लिखना था, सो यह लेख अशोक वाजपेयी की मातृभाषा में मैंने लिखा है। निराला, शमशेर और वैसे निराले कवियों की मातृभाषा में।

मूल हिन्दी भाषा में लिखा गया आलेख

आलेख का रचना-वर्ष : २०१४

सुमतीन्द्र नाडिग : संस्कृति और पूछताछ

एक

सुमतीन्द्र नाडिग की *दाम्पत्य गीता* और पंचभूत के अँग्रेज़ी अनुवाद का प्रकाशन एक उपयुक्त अवसर है जब इन दो महत्त्वपूर्ण रचनाओं की लाक्षणिकता के बारे में विचार किया जा सकता है। यह देखना दिलचस्प है कि किस तरह ये दोनों कविताएँ कल्पना और अभिव्यक्ति की भारतीय परम्परा से सम्बद्ध होती हैं। एक कवि और संस्कृतिपुरुष के तौर पर नाडिग दशकों से अपने समकालीन समाज में अर्थ के निर्माण में लगे होने के साथ-साथ उनमें समयसिद्ध सांस्कृतिक मूल्यों को पुनर्परिचित करते चलते हैं। यह दोहरा कार्य इन दोनों रचनाओं में देखा जा सकता है, जो उनके शब्द चयन को एक अपना ही स्पर्शगम्य गुण प्रदान करता है। अलबत्ता ये दो गतिविधियाँ (अर्थ का निर्माण और मूल्यों का संरक्षण) हमेशा एक दूसरे की अच्छी साथी नहीं होतीं! इसी बात में इन दो रचनाओं में हमारी आलोचनात्मक जिज्ञासा की गुंजाइश निहित है।

भारत में कविता के एक कार्यों में से एक, विशेषत: उसके सांस्कृतिक इतिहास के मुश्किल समयों में, समकालीन समाज में अपनी पुरातन धरोहर को रेखांकित करना रहा है। बीते समय के ये मूल्य और ज्ञान ऐसे उपहार हैं जिन्हें ऐसी प्रवृत्ति वाले कविगण अपने पाठकों को ऐसी भाषा और मुहावरे में दिया करते हैं जो उन्हें आकर्षक लगे। उनकी कविताओं की पंक्तियाँ दूसरी रचना को – पुरातन भारतीय संस्कृति की उस ''मूल'' रचना को – रेखांकित करने का कार्य करती हैं। ये रेखांकन पुरानी संस्कृति की स्रोत रचनाओं की महत्ता और श्रेष्ठता पर बल देते हैं। विषयवस्तु और

शैली के हिसाब से *दाम्पत्य गीता* और *पंचभूत* इस आवश्यकता को पूरा करती हैं। *पंचभूत* के प्रारम्भ में उद्धृत किया गया रिल्के का एक अंश इस बात को पुष्ट करता है।

दो

इन दो कविताओं में हमारी प्राचीन संस्कृति का यशोगान करती आवाज़ को इन दो कविताओं में जोर से और साफ़ सुना जा सकता है। लेकिन यदि आप अधिक ग़ौर से सुनेंगे तो आपको ये कविताएँ किसी और आवाज़ में बोलती सुनायी देंगी जो अधिक गूढ़ और मुलायम है। इन्हें हमेशा प्रिंट में दर्ज नहीं किया जाता। कभी-कभी वे पंक्तियों के दरम्यान होती हैं। ऐसे ही एक चरम मामले में मैंने स्याही की मदद से की गयी एक ऑफ़-द-ऑर्केस्ट्रा टिप्पणी पर ग़ौर किया! *दाम्पत्य गीता* की अपनी प्रति के पृष्ठ 76 पर पहले बन्द की सातवीं पंक्ति पर स्वयं कवि द्वारा स्याही की मदद से एक संशोधन किया हुआ है। प्रिण्ट में पंक्ति है : *''कहाँ जा चुका था, वह साथी, वह मित्र जो सप्तपदी में तुम्हारे साथ था।''* कवि ने मुद्रक द्वारा छापे गये ''चुका था'' को मिटा दिया है और अपनी क़लम से उसे ''चुका है'' कर दिया है। प्रिण्ट में कविता के टेक्स्ट (जिसे आप चाहें तो आधिकारिक टेक्स्ट कह सकते हैं) से यह अर्थ निकलता प्रतीत होता है कि भूतकाल में *''वह मित्र जो सप्तपदी में तुम्हारे साथ था''* जा चुका था लेकिन अब वापस आ गया है। स्मृतिगत कविता ने अपना काम कर दिया है! कवि के अपने हस्तलेख में संशोधित किये गये कविता के टेक्स्ट से संकेत मिलता है कि *''वह मित्र''* अभी भी लापता है! *''कहाँ जा चुका है, वह साथी?''* संस्कृतिपुरुष के मुद्रित टेक्स्ट को कवि के अपने हस्तलेख द्वारा स्याही से लिखकर बाधित कर दिया गया है। नाडिग के कुछ पाठकों की सम्भवतः कवि द्वारा रचे गये ऐसे व्यवधानों में दिलचस्पी होगी। निश्चय ही भरपूर गले से गाये गये प्रशंसा और अभिकथन के बहुत सारे गीतों में वे अपनी आवाज़ भी मिलायेंगे।

पूछताछ करने वाली और बाधित करने वाली एक ऐसी शरारती आवाज़ के ऐसे अतिक्रमण और भी हैं जो कि नाडिग के नैरेटिव और गीतात्मक पद्य के औपचारिक और अभिकथनपूर्ण संगीत को तोड़ते हैं। एक कवि

को पढ़ने का मतलब न केवल उसके टेक्स्ट को पढ़ना है बल्कि उसके द्वारा मिटायी गयी चीज़ों को भी।

एक शान्त स्वर में नाडिग एक ऐसे समय का ज़िक्र करते हैं जब "जल्दी समझने के लिए एक फुसफुसाहट बहुत होती थी।" (खण्ड 26, *दाम्पत्य गीता*।) क्रिया का भूतकाल में किया गया प्रयोग बतलाता है कि अब एक फुसफुसाहट काफ़ी नहीं होती। कवि को इसका मलाल है। यह दाम्पत्य का एक संकट है। दम्पत्ति अब एक दूसरे मन्द स्वरों को सुन और समझ नहीं पाते। यह आज के भारत में साहित्यिक अभिव्यक्ति का संकट भी है। ख़ास तौर पर अँग्रेज़ी में हो रहे भारतीय लेखन में और भारतीय भाषाओं में भी, फ़िक्शन और कविता का स्वर ऊँचा कर दिया गया है (कभी-कभी वह एक चीख़ होती है) ताकि उसे सुना जा सके। अपनी रचनाओं में कुछ स्थानों पर नाडिग चाहते हैं कि वे एक बार फिर फुसफुसाहट की भाषा में संवाद शुरू करें।

तीन

लेकिन पिछले डेढ़ सौ सालों के अनेक अन्य भारतीय कवियों की तरह वे एक संस्कृति पुरुष भी हैं। औपनिवेशिक ताक़तों ने भारतीय साहित्यिक रचनात्मकता को इस अन्तराल में आकार देने के साथ-साथ बेडौल भी बनाया है, उसे एक "नयी आवाज़" दी है, लेकिन उस पुराने समय के कवियों की विनम्र मन्द स्वर को कुछ गुना तीख़ा भी बनाया है। *ध्वनि और व्यंजना* से अभिधा और मुख्यार्थ की दिशा में हुआ यह विस्थापन, जिसे कोई भी विवेकशील पाठक अनेक ख्यातिप्राप्त लेखकों में देख सकता है (और हालिया समय में फ़िक्शन/काव्यात्मक से आत्मकथात्मक और डॉक्यूमेंट्री लेखन की दिशा में हुए विस्थापन को भी), उन्हीं शक्तियों का दिया "उपहार" है। आपको अपने पुरखों से विरसे में हमेशा हथकरघा ही नहीं मिलता; कभी-कभी आपको भारी-भरकम उधार भी मिलता है।

1850 के बाद के भारतीय लेखन की ऊँचे सुर वाली आवाज़ के भीतर इकलौती ठीकठाक चीज़ उसके नाटकीय इस्तेमाल में है। भाषा का नाटकीय स्वरूप कभी-कभी इस कालखण्ड के भारतीय गद्य और पद्य (इण्डो-

इंग्लिश गद्य और पद्य को मिलाकर) की अति-अनावृत्त और स्पष्ट भाषा को थोड़ी बहुत बारीक़ी और व्यंजना बख़्शता है - *अन्यार्थ* और *ध्वनि* जिनके माध्यम से कविता की भाषा जीवन्त हो उठती है।

अपनी *दाम्पत्य गीता* के विराट वास्तुशिल्प के भीतर नाडिग ने एक सतर्क संकेतक रख छोड़ा है। इसे खण्ड 20 में देखा जा सकता है जिसमें कवि और उसकी सखी-पत्नी के बीच के "झगड़े की बाबत कवि पाठक को सम्बोधित करता है।" कवि श्रोताओं को "एक ऑडियंस" के रूप में सन्दर्भित करता है, झगड़े को देखने और सुनने के लिए जिसकी आवश्यकता है। ("क्या आप जानते हैं यह औरत कितनी क्रोधित हो सकती है?/ कभी-कभी उसका क्रोध चिलचिलाते सूरज के जैसा होता है/ ऐसे मौक़ों पर मेरे अहम की सरहदें जल जाती हैं/ और भीषण विनाश लाने वाली आग पसरने लगती है।") कवि जानता है कि पाठक बेपरवाह ऑडियंस भी हो सकते हैं जो "मुझे बताते हैं कि हमारा झगड़ा/ हमारा दृष्टिकोण है।" लेकिन इस पाठक-ऑडियंस का एक और पहलू है। ऑडियंस स्क्रिप्टराइटर भी है : "प्रिय ऑडियंस, आप ही समाज हैं/ और विवाह के ये नियम आपके द्वारा बनाये गये हैं/ हमने स्क्रिप्ट का अनुसरण करने की चेष्टा की है।" सो कवि-पति-अभिनेता पाठक-ऑडियंस-स्क्रिप्टराइटर से पूछता है : "आपको हमारा नाटक कितना पसन्द आया?"

अपने अन्त के काफ़ी नज़दीक, *दाम्पत्य गीता* का खण्ड 20 सहमति का काव्यशास्त्र और समाजशास्त्र प्रस्तुत करता है। नियम समाज द्वारा बनाये गये हैं; परम्पराओं द्वारा। विवाहित दम्पत्ति उन पर खरा उतरने का प्रयास करता है। उसके बाद वह परम्परा द्वारा अनुमोदित किये जाने की इच्छा करता है। यही कारण *दाम्पत्य गीता* को शादी के रिसेप्शनों में दिया जाने वाला सांस्कृतिक रूप से उचित उपहार बनाता है! लेकिन किताब इतने ही से कहीं अधिक है।

किताब इतने ही से कहीं अधिक है क्योंकि "ऑडिटोरियम" की बाबत खण्ड 20 में और भी वर्णन हैं। तीन स्थलों को इस खण्ड में वर्णित किया गया है : पहले मंच है जहाँ "आपके द्वारा बनाये गये" संस्कृति के ऊँचे नियमों और परम्पराओं के अनुसार रह रहा, नाट्य-अभिनय कर रहा दम्पत्ति जोड़ा अपने आपको निरीक्षण के लिए प्रस्तुत करता है। ऑडिटोरियम है जिसमें समाज-ऑडियंस बैठता है। उसके पास स्वीकार करने या न

करने का अधिकार है। लेकिन एक और स्थल है जिसे कवि ने केवल दम्पत्ति के लिए आरक्षित रख छोड़ा है। यह स्थल है "ग्रीन रूम।" ये वह स्थल है जो एक अर्थ में, इस "अति संस्कृत" ऑडिटोरियम को एक अदालत बन जाने से बचाता है! "ज़ाहिर है ग्रीन रूम में हमारे तौर-तरीक़े अलग होंगे" — कवि ख़ामोशी से बताता है। इस इकलौती पंक्ति की अण्डरटोन और विट खण्ड 20 को उसकी रचनात्मकता से नवाज़ते हैं।

वह पंक्ति दम्पत्ति को स्क्रिप्टराइटर-समाज द्वारा थमायी गयी स्क्रिप्ट का हिस्सा नहीं है। वह एक 'एड-लिब' है—दम्पत्ति द्वारा रचा गया एक विचलन। यह 'एड-लिब' उसी मिटाये जाने जैसा है जिसका ज़िक्र यहाँ पहले किया जा चुका है।

दाम्पत्य गीता और *पंचभूत* के अनेक पाठक सुमतीन्द्र नाडिग की साफ़-स्पष्ट आवाज़ में हमारी प्राचीन संस्कृति के उत्सव का आनन्द लेंगे। कुछ दूसरे पाठक, गहरी दिलचस्पी से उसकी पूछताछभरी फुसफुसाहट को भी सुनेंगे—और, चूँकि इन दो आवाज़ों के परस्पर सम्बन्ध का लक्षणविज्ञान तनिक संदिग्ध है—वे हैरत करेंगे कि कहीं नाडिग अपनी *गीता* के रिल्के की तरह, सम्भवतः पहली चीज़ से टकरा गये हैं!

गुजराती से अनुवाद : अशोक पाण्डे

आलेख का रचना-वर्ष : २००३-०४

एक पत्र : सम्मानित होने से सविनय अस्वीकार का

कार्यकारी अध्यक्ष,
'आद्यकवि नरसिंह मेहता निधि',
गुजरात

मान्यवर,

आपका दिनाँक १६ सितम्बर, २००८ का पत्र मिला। जिसके माध्यम से मुझे विदित हुआ कि आपके 'ट्रस्ट' की ओर से मुझे २००८ का 'नरसिंह मेहता अवार्ड' देना तय किया गया है। आपका निर्णय मेरी अस्मिता ('अस्मि', 'मैं-पना') को पोषित एवं सन्तुष्ट करता है। उस दृष्टिकोण से आप सभी ट्रस्टियों के प्रति मैं आभार व्यक्त करता हूँ।

मैं सोचता हूँ कि आपके द्वारा दिये जाने वाला यह अवार्ड मेरे कवि-कर्म से जुड़ा है। यदि मैं अपने इस कार्य की निरन्तरता बनाये रखना चाहता हूँ तो 'मेरे होने' को लेकर मुझे आगे भी विचार करना होगा।

काव्य रचना का मेरा यह कार्य मेरे निकट तर्कशुद्ध निरीक्षण-क्षमता से सम्पन्न एक भावनाजन्य चेतना (क्रिएटिव इमोटिव कांशसनेस) का रचनात्मक कर्म है। इस चेतना को तभी विवेचनात्मक रखा जा सकता है जब वह स्वयं अपने ऐतिहासिक क्षण का सन्दर्भ सहित निरीक्षण करने तथा इस निरीक्षण की साधन रूप भाषा को निजी तरीक़े से उपयोग में लाने की स्वतन्त्रता को यथावत् बनाये रखती हो। इसके लिये पहली शर्त है—शरणागति का अभाव। यदि मैं किसी व्यक्ति, विचारधारा, भावुकता अथवा

संस्था-शरणायन्न होता हूँ तो मेरी आज तक की काव्य की समझ तथा उसके पढ़ने-लिखने में अवरोध पैदा हो सकता है। शरणागति विषयक मेरे इस मत में भूल भी हो सकती है। यदि ऐसा हुआ तो जब मुझे लगेगा कि मेरा यह मत भूल भरा है तो बिना किसी झिझक के इससे किनारा करने में मैं देर भी नहीं करूँगा। परन्तु दशकों तक विचार करते, पढ़ते-लिखते और जीवन जीते रहने से मेरा यह मत मुझे सही लगा है। शरणागति तथा निरीक्षणपरक चेतना एक दूसरी के लिये विघातक है। आजकल तो हमने एक ऐसी वाणिज्य-व्यवस्था खड़ी कर दी है जिसके एक ओर अस्मिता की मुद्रा अंकित है और दूसरी ओर शरणागति की छाप है।

कहीं ऐसा तो नहीं है कि आपका ट्रस्ट और उसकी पोषक ताक़तें आज गुजराती प्रजा की स्वतन्त्र विचार शक्ति छीनकर उसे भावुकता, समूह महिमा एवं शरणागति की ओर ले जा रही हैं। इस बारे में यदि आप थोड़ा विचार करेंगे तो हम एक-दूसरे के निकट आयेंगे।

अभी तो ऐसी कोई निकटता मुझे लगती नहीं है। प्रखर एवं सर्वग्राही आर्थिक शक्तियाँ, उनका साधन बनती राजनीतिक ताक़तें और संरचनाएँ एवं अन्त में वे सांस्कृतिक-साहित्यिक संस्थाएँ जिनका उपयोग राजनीतिक शक्तियाँ करती हैं—इन तीनों के बारे में मुझे हाल तो यह लगता है कि मेरी और आपकी समझ में पर्याप्त अन्तर है। विचारशील प्रजा, समाज एवं व्यक्तियों को अनुयायियों, भक्तों, अनुचरों और आयोजकों में बदल देने से मेदिनी तो जमा की जा सकती है, पर इसमें स्वतन्त्रता और सृजनशीलता दोनों की बलि चढ़ जाती है।

मैं स्वतन्त्रता और सृजनशीलता दोनों के प्रति समर्पित हूँ और किसी भी क़ीमत पर इसे छोड़ने को तैयार नहीं हूँ, बल्कि इनके लिये मैं दूसरा सब कुछ छोड़ने की तैयारी रखता हूँ।

अत: आपकी ओर से दिया जाने वाला यह 'अवार्ड' खेद सहित अस्वीकार करता हूँ।

आशा करता हूँ कि अन्य बातों में सम्पर्क बना रहेगा।

सितांशु यशश्चन्द्र
१९-०९-२००८

गुजराती से अनुवाद : बंसीधर शर्मा

आलेख का रचना-वर्ष : २००८

अविचल बने रहने की पहचान

अविचल बने रहने की पहचान

प्रिय गीता-भरत,

भरत का आदेश और गीता का सुझाव हो, तब लेख लिखे बिना कैसे रह पाता? एक तीसरा फेक्टर भी है—मेरी अपनी इच्छा।

कैसी है इच्छा? भरत-गीता का कहना है कि आप 'कड़त' काव्य के विषय में और आपकी ज़िन्दगी में, कविता-नाटक में आने वाले संघर्ष और युद्ध के विषय में लिखिए, खुलकर लिखिए। सोचा, इतने प्यारे मित्रों ने कहा है तो ज़रूर लिखना चाहिए। लेकिन जैसे ही क़लम (या लैपटॉप) उठाता, मन कह उठता जंग लड़ने की चीज़ है या लिखने की? इसमें आपबीती बयान करने बैठना ठीक नहीं है और इसी ख़याल के साथ लैपटॉप बन्द हो जाता। इससे पहले 'यदि यह मेरा अन्तिम प्रवचन हो'— उस स्मरणीय व्याख्यान माला में, साहसी, कुशल, सन्मित्र अविनाश पारेख के द्वारा दिये गये स्नेहपूर्ण निमन्त्रण के बावजूद कुछ ऐसा ही अनुभव हुआ था। आपबीती कहने की बात आते ही ज़बान पर जैसे ताले पड़ जाते हैं। कन्धे का फ्रेक्चर होने के बावजूद बड़ौदा से मुम्बई आकर वह 'अन्तिम प्रवचन' दिया था। (फिर शायद आयोजकों ने भी सोचा होगा कि उनके लिये मेरा यह अन्तिम प्रवचन हो तो!) और आज जब यह लेख लिख रहा हूँ (कन्धे का फ्रेक्चर हो गया तो, ऐसी गति से, पिछले तीन महीने से!) वह भी अन्ततः मेरी अपनी इच्छा से ही। इसीलिए मेरे मन में सवाल उठता है : कैसी है यह इच्छा? यह लेख उसी इच्छा के बारे में है और उस अनिच्छा के बारे में भी।

इच्छा, अनिच्छा और जंग की बात होमर ने जिस प्रकार से अपने एपिक

में की है, उस प्रकार से तो केवल भास ने 'दूतवाक्यम्' नाटक में और व्यास ने उस नाटक के मूल में रहे 'महाकाव्य' में की है। कृष्ण महाभारत का युद्ध टालने के लिये अन्त तक प्रयत्न करते रहे, इसके बारे में भास-व्यास ने अनोखे ढंग से बात की है। और इसके बाद कैसे अर्जुन को युद्ध करने के लिये प्रेरित करते रहे, उसके विषय में भी! होमर की तो रीत ही निराली है!

गीता, आप—भरत-नीतिन-कान्ति सब जब मुझे पहली बार मिले तब आप सब मुम्बई यूनिवर्सिटी के बी.ए.-एम.ए. के उत्तम और साहसी विद्यार्थी थे। और मैं था भवन-सोमाणी में नया-नया आया हुआ अध्यापक! उन सालों में सन् १९६५-१९६८ की समयावधि में मेरी होमर की कविता में गहरी दिलचस्पी पैदा हुई थी। विशेष रूप से उसके ओडिस्युस में! प्रथम काव्य-संग्रह को उसके नाम के साथ और उसे मिले हुए अभिशाप (उसके डाँड के साथ) जोड़ने की इच्छा हो आयी। इतनी गहरी रुचि जागी थी कि क्या बताऊँ! भरत, जो लड़नी पड़ती है, वह लड़ाई और जो दिया जा चुका है, वह अभिशाप—दोनों कितनी गहराई से जुड़े होते हैं, जीवन में, नहीं नीतिन!

ट्रॉय के युद्ध में बाद में आने वाली ओडिस्युस के डाँड की बात तो कान्ति, उस काव्य-संग्रह के प्रथम पृष्ठ पर ही अंकित की जा चुकी है; और तुम सबने उसकी सार्थक दृष्टिपूर्ण आलोचना भी की है।

पर आज उस युद्ध को टालने के लिये कम-से-कम अपनी खातिर रोकने के लिये ओडिस्युस ने क्या प्रयत्न किये, उसके विषय में बात करने की इच्छा हो आयी है। गीता, जो युद्ध की कथा कहना ही नहीं, अपितु उसकी करनी भी जहाँ तक सम्भव हो, टालता नहीं है, वह युद्धवीर नहीं, बल्कि युद्धखोर बन जाता है—आज यही बात मैं करना चाहता हूँ। युद्ध जैसा वर्ज्य और युद्ध जैसा धर्म्य और क्या है, भरत ? तो युद्ध टालने के लिये ऑडिस्युस ('ओडिस्युस ऑफ़ निम्बल विट्स') शब्दों का जिसके लिये होमर बार-बार प्रयोग करता है, वह युद्धवीर) क्या करता है, आओ, देखते हैं :

ख़ूबसूरत हेलन को ट्रॉय का राजकुमार उठाकर ले गया है। ग्रीस के राजा, ज़मींदार आदि सब इस अपमान का बदला लेने के लिए, हेलन को पुनः उसके पति राजा मीनोलाउस के पास ग्रीस में ले आने के लिये तथा ट्रॉय को परास्त-ध्वस्त करने के लिये कटिबद्ध होते हैं। वे सभी अपने एक

उत्तम योद्धा, इथेका के राजा ऑडिस्युस को युद्ध में शामिल होने का निमन्त्रण भेजते हैं।

ऑडिस्युस को निमन्त्रण तो मिला ही था, उस पर वह था भी महान योद्धा! पर बावजूद इसके लड़ने का उसका बिलकुल मन नहीं बना था। हेलन की बात हेलन जाने, पेरिस की बात पेरिस जाने और मीनोलाउस की मीनोलाउस! बिना बात मैं क्यों लड़ने के लिये निकल पड़ूँ?

क्या कुछ ऐसी ही मन:स्थिति रही होगी ऑडिस्युस की? या फिर युद्ध का अर्थ क्या होता है, वह भलीभाँति जानता होगा? ह्यूमन कंडिशन, मानवीय परिस्थिति, वैसे भी संदिग्ध होती है। संघर्ष के समय में वह अर्धपारदर्शी बन जाती है। हमारी आँखों की, अन्त:दृष्टि की तब परीक्षा होती है। ऐसा तब होता है जब बाहरी जंग का आरम्भ होते ही भीतर का संघर्ष भी शुरू हो जाता है; और यह भीतर का संघर्ष ही अधिक दुष्कर होता है। यदि कविता ऐसा दुष्कर संघर्ष नहीं बनेगी तो केवल युद्धखोर का शोर अथवा कठपुतली की क्रिया बनकर रह जायेगी। संघर्ष की कविता के सन्दर्भ में मेरी ख़ुद के साथ यह पहली शर्त है।

पता नहीं ऑडिस्युस के मन में क्या रहा होगा; पर जो भी हो, युद्ध का बुलावा मिलते ही वह तुरन्त चल नहीं पड़ा; ऐसा होमर का कहना है। ग्रीस के आत्मसम्मान की बात है, हेलन जैसी रूपसुन्दरी को वापिस लाने का काम करना है। समग्र ग्रीक संस्कृति को युद्ध में शामिल होने का आह्वान मिला है। वह स्वयं एक प्रसिद्ध योद्धा है—और होमर लिखता है कि ऑडिस्युस, युद्ध में शामिल न होना पड़े, इसके लिये ख़ुद पागल होने का दिखावा करने लगा। जहाँ कुछ भी उगाया नहीं जा सकता था, ऐसी पथरीली बंजर ज़मीन पर वह हल चलाने लगा। उसके मित्र, साथी ग्रीक योद्धा वहाँ आये। दृश्य देखकर समग्र परिस्थिति वे समझ गये। एक साथी महल में जाकर ऑडिस्युस के पुत्र टेलेमेक्स को ले आया और उसे हल के पास लिटा दिया। ऑडिस्युस यदि सचमुच पागल हो गया है, तो वह हल चलाना बन्द नहीं करेगा। वरना...मित्रों की युक्ति ऑडिस्युस ने बूझ ली। झुककर एक पिता ने अपने पुत्र को गोद में उठा लिया। फिर महल में जाकर माँ पेनेलपी को उसकी सन्तान सौंपकर, दीवार पर टँगे शस्त्रों को उतारकर उन्हें अपने साथ लेकर उस बेजोड़ योद्धा ने ट्रॉय की ओर अपने साथियों सहित प्रस्थान किया।

गीता, युद्ध जहाँ तक सम्भव हो, न खेलने की और एक बार शिरकत करें तो अन्त तक लड़ लेने की चीज़ है। यह बात न सिर्फ़ मैं और तुम, बल्कि मनुष्य मात्र जानता है। कुछेक कमभागी महानुभाव लड़ाकू और ख़ून के प्यासे होते हैं। उनके गुण-गान उनके जैसे ही कमभागी कवि-लेखक-पत्रकार करते रहते हैं। युद्ध की कविता, युद्ध के रूप में कविता, कविता का युद्ध—उसकी बात ही अलग है।

युद्ध को जहाँ तक सम्भव हो, टालने की बात भास-व्यास-होमर एक ही स्वर में करते हैं। उसके बाद अशोक और गांधी। तीनों ही सर्जक और दोनों जननायक जब युद्ध करने की बात आती है तो आख़िर तक लड़ने की बात करते हैं। अशोक का युद्ध शोक भी एक अनन्य संस्कृति-घटना ही है ना! हो, साथ-साथ तो युद्ध ना कीजिए, यदि कीजिए तो टुकड़े-टुकड़े हो जाना स्वीकार कीजिए।

'धोली धजा' काव्य सार्वजनिक जीवन में मिली एक पराजय के समय लिखा गया था। लिखते समय मन में, मन के किसी अन्य इलाक़े में, विनोद चलता रहा कि : मेताजी, ये आपके 'पराजय बेला' के पद हैं ना! नरसिंह तो नर-सिंह था। मेरा व्यक्तिगत स्तर पर किया गया विनोद मेरी कविता को कोई ख़ुद के प्रति लाड़-दुलार, सेल्फ़-पिटी या सेल्फ़-लव के दायरे में घसीट न ले जाय, इसकी सावधानी से निपजा था। 'धोली धजा' पराजय में भी शरणागति न स्वीकारने का संदेश देने वाला काव्य है। जिस प्रकार मेरे प्रिय जननायक हो चि मिन्ह, चे गुवेरा और मोहनदास गांधी का जो आग्रह था, उसी प्रकार से यह निजी जीवन में मनोमन्थन का काव्य है। इसमें चारणी कविता की लय गूँथी हुई है। यह लय है विजय के अभाव में भी पराजय को स्वीकार न करने की, पराजय के समय में भी स्वतन्त्रता बनाये रखने की, मध्यकालीन गुजरात की वाणी और जीवन की लय! यह कृति लिखी गयी थी सन् २००१ में।

दूसरी एक घटना, उससे भी पुरानी है। भरत-गीता याद है, तुम लोग मुम्बई से ट्रेन में बिना आरक्षण के बड़ौदा आये थे और अनिश्चित समयादि के लिये अनशन पर उतरे अपने इस मित्र का साथ देने के लिये एम.एस. यूनिवर्सिटी कैम्पस के एक कामचलाऊ खेमे में आ पहुँचे थे? सन् १९८७-८८ के समय की बात है, क्यों ठीक कहा ना मैंने? एक आगबबूला कुलपति उस वक़्त मुझ पर टूट पड़े थे। तत्कालीन मुख्यमन्त्री उस कुलपति के

भूतपूर्व विद्यार्थी थे। मेरा जीत पाना लगभग नामुमकिन था। किन्तु साथ-साथ मेरा हठ भी था कि मैं हार मान लूँ यह भी असम्भव है। फिर जो कुछ भी घटित हुआ, वह शब्दों में बयान करने की आवश्यकता नहीं है।

'सिंहवाहिनी स्त्रोत' का सन् १९९४ में प्रकाशन हुआ। सन् १९९० से १९९३ तक सौराष्ट्र यूनिवर्सिटी के कुलपति के रूप में कार्य-भार सँभाला।

जो अडिग न हो, ऐसी वाणी कविता नहीं बन सकती—क्योंकि कविता तो लिखने वाले और पढ़ने वाले दोनों को अडिग बना देती है। आज प्रजा को विनम्रता के पाठ पढ़ाने के लिये हमारे अग्रणी सब कुछ करते हैं : कथाएँ कहलवाते हैं, स्तम्भ लेखन करवाते हैं, तमाशों का आयोजन करते हैं, भेंट-वर्षा करते हैं, टी.वी.-सिनेमा के मधुर पेय के साथ ग़ुलाम मानसिकता की गोली निगलवा देते हैं और यह भी यदि कारगर साबित न हो, तो अन्त में भयभीत-आतंकित कर देते हैं। इसमें वाणी का भरपूर दुरुपयोग होता है। समग्र दक्षिण एशिया में यह खेल जारी है। जंग समस्त तन्त्र या व्यवस्था के ख़िलाफ़ होती है, न कि तन्त्र के किसी एक या अन्य ग़ुलाम-गीत के ख़िलाफ़। 'सांढु का सिंग सडे' थी 'इब्राहिम रुगोवा माटे एक गुजराती कविता' तक की विगत दो दशकों की रचनाएँ इसी समझ से पैदा हुई हैं। 'सिंह वाहिनी स्त्रोत' और 'जलस्त्रोत—एक रणाख्यान' उसकी भिन्न मुद्राएँ बनती हैं। 'रणाख्यान' का 'रण' दो अर्थ लेकर आता है : रेगिस्तान और युद्धक्षेत्र।

'बावो' कविता लिखने का मुझे बिलकुल अलग ही प्रकार का आनन्द मिला था। ठीक वैसा ही, आनन्द टाइटेनिक ना तूतल पर 'एक भूंगलु गाणुं' गाने में भी आया था और कुछ वैसी ही प्रसन्नता इससे पूर्व 'हो चि मिन्ह माटे' और 'चे गुवेरा माटे गुजराती कविता' लिखने में मिली थी। मूल मुद्दा यह है कि कान्ति की विनोद और प्रतिकार के बीच ख़ून का रिश्ता है। ज़रूरी नहीं है कि 'पोएट्री ऑफ़ प्रोटेस्ट' केवल वीररस की हो। वह हास्यरस की भी हो सकती है, किन्तु शर्त केवल इतनी है कि वह 'हास्य-कविता' के मार्ग पर भटकनी नहीं चाहिए। क्योंकि इस प्रकार की 'हास्य-कविता' में प्रतिकार की नींव में विद्यमान वेदना का नितान्त अभाव खटकता है।

•

जंग का कुछ ऐसा ही सम्बन्ध इरोटिका के साथ है। जिस जीवन की रक्षा के लिये जंग लड़नी पड़ती है, उसी जीवन के लिये गहन और उत्कट प्रेम उस जंग को पराजय विहीन बना देता है। उस गहन और उत्कट नये में से 'इरोटिका', कामना की कविता जन्म लेती है। 'मगन एक सूफ़ी रोमांस' (१९६९), 'सूफ़ी दाएरा' (१९८२), 'प्रलय' (१९८४), 'स्त्री' (१९८६), 'डूबवुं' (१९९५) आदि रचनाओं के बिना काव्यों का 'ग्लीफुल रिवोल्ट', 'जटायु' संग्रह का मिथकीय प्रतिकार अथवा 'वखार' की कविता की इतिहास-बोधपूर्ण जंग खेलती रचनाएँ जो टोनालिटी धारण करती हैं, उसे अर्जित कर पाना शायद सम्भव न हुआ होता।

•

'वागीश्वरी के नेत्र-सरोवर में से अंजलि भर पानी पीकर / काम में जुट गये मेरे मित्रों', हम जानते हैं कि अडिग बने रहने का, जंग का, एक सम्बन्ध एब्सर्ड के साथ भी है। दूसरे, पूर्ण-अर्थ-सम्पन्न ऐसे परात्पर विश्व के साथ, ट्रान्सेंडेंटल रियालिटी के साथ भी वह जुड़ा हुआ है। दोनों ही मोड़ मुझे सदा सुन्दर और सच्चे प्रतीत हुए हैं।

मेरे सम्मुख एक ओर नरसिंह की उपस्थिति है, तो दूसरी ओर विपाशा की। दोनों की वीरता मुझे बेहद पसन्द है। प्रथम पाठक के रूप में और दूसरी लेखक के रूप में मुझे पोषित करती है। 'नक्कामो माणस छे नरसीं मेला' (उठकर देखता हूँ तो...) इस पद्यनाटक के विषय में अन्यत्र लिखा है। विपाशा के विषय में वह स्वयं लिखे, यही उचित है।

मेरे लिये एब्सर्ड के अनुभव का आरम्भ एक तरह से सन् १९७१ में विपाशा के जन्म के साथ हुआ। कोई यहाँ एब्सर्ड को हताशा-निरर्थकता से जोड़ने की ग़लती हरगिज़ न करे। एब्सर्ड तो अक्खड़पन का नाम और काम है। जगत की अर्थात्मकता के गूढ़तम अभाव के अनुभव के समय, किसी सतही कम्प्रोमाइज़ या समझौते के सामने बिना घुटने टेके, एक अक्खड़पन या खुमारी बनाये रखने का नाम और काम है एब्सर्ड। इससे पूर्व भी अन्य कई प्रकार से जगत की विशृंखलता के अनुभव होते रहे थे

और बात थोड़ी-थोड़ी पल्ले पड़ती जा रही थी। मगन तो कब का मृगशीर्ष के बायें पैर का तारा हिलाकर आ चुका था। रात को गाजर खाने वाला किशोर एब्सर्ड के स्वाद से अनजान नहीं हो सकता।

उसका किसी निजी अनुभव के साथ कोई लेना-देना नहीं है। एब्सर्ड की समझ एक दार्शनिक समझ है, वह अनुभव एक दार्शनिक अनुभव है। 'अखिल ब्रह्माण्ड माँ एक सुं श्रीहरि' के अनुभव और उसकी समझ जितना ही प्रबल दार्शनिक अनुभव। दोनों में से क्या सच है, आप ही बताइए अखाजी!

मुद्दा यहाँ है अडिग बने रहने का, जंग का; जंग का एक छोर एब्सर्ड को स्पर्श करता है। 'आ माणस मद्रासी लागे छे', 'केम मकनजी क्यां चाल्या' जैसे नाटकों के पात्रों के अडिग होने का सम्बन्ध जगत और जीवन की विशृंखलता की समझ सीधे अविचल खड़े रहने की दृढ़ता के साथ है; कामचलाऊ बैसाखियों का अथवा उनके ठेकेदारों की शरणागति स्वीकारने से इनकार इन कृतियों में है, उनके साथ है।

विनम्रता के प्रचारकों के द्वारा तय किया गया एक लाख की राशि का पुरस्कार भी इस कारण से छोड़ा था।

•

इस लेख को आकार देने के पीछे की मूल इच्छा अन्ततः इसी से प्रेरित थी कि इसके विषय में दो-चार बातों को लिखते हुए इसके बारे में थोड़ा और जान पाऊँ, समझ पाऊँ। पहली बात मानव-चित्त के बारे में : मन करता है कि सम्प्रज्ञात और असम्प्रज्ञात चित्त को तनिक समझ पाऊँ। निजी और सामूहिक, मनोवैज्ञानिक और राज्य सत्तापरक असम्प्रज्ञात चित्त को ज़रा क़रीब से देख पाऊँ। अनकोंशियस के, इड के आदिम कारकों के सम्बन्ध सुपर ईगो के साथ किस कदर लड़ाकू होते हैं, स्वतन्त्रता की कामना करने वाले मनुष्य की जंग राज्य-अर्थकारण-धर्मकारण परात्पर विचारों की नियन्त्रक संयोजनाओं के सामने किस कदर लड़ी जाती है, उसे जानने-समझने में बतौर एक लेखक और बतौर एक मनुष्य के मेरा गहरा लगाव है, रुचि है। मगन हो या जटायु, या फिर हो चि मिन्ह और इब्राहिम रुगोवा ही क्यों न हो, या फिर हो 'वखार' काव्य का 'बीयेसेफ'

वाला आदमी या फिर परवर्ती अ-संग्रहस्थ 'बावो'—सभी अपनी-अपनी तरह से मुझे यही चीज़ समझाते रहे हैं। यद्यपि मैं पूरी तरह जान नहीं पाया हूँ, मनोमन्थन जारी है।

कई बार सोचता हूँ कि जागृत चित्त के नियन्त्रण के बिना इड़ के कारक क्या जीवन-विघातक सिद्ध न होंगे? या फिर वास्तव में जीवन-पोषक सिद्ध होंगे? नहीं जानता, ठीक-ठीक इसलिए जो लिख सकता हूँ, लिख रहा हूँ। देखते हैं। संघर्ष जारी है : इड का, सुपर ईगो का और स्वयं मेरा भी।

'यूसुफ महेरली, एक्सक्यूज मी...' कविता को पढ़ने की एक पद्धति उस जद्दोजहद के सन्दर्भ में किसी को प्राप्त हो सकती है।

दूसरी बात है उस टकराहट या जद्दोजहद के बारे में जो नाट्यकार की अपनी भाषा के साथ अविरल चलती रहती है। सिर्फ़ मेरी बात नहीं है। दूसरे शब्दों में कहूँ तो सम्बन्ध केवल टकराहट का ही हो, यह भी ज़रूरी नहीं है। और यह टकराहट केवल मेरी ओर से ही है, ऐसा भी नहीं है। और मेरी अपनी भी काव्यबानी अथवा नाट्यबानी के साथ एक ही टकराहट कहाँ है? वैसे भी हमारा स्नेह-सम्बन्ध अब कई दशकों को पार करते हुए गहन और मजबूत बन चुका है। आख़िरकार दोस्त, स्नेह और संघर्ष एक ही चीज़ के दो नाम, एक ही घटना के दो वर्णन ही तो हैं, नहीं!

मेरी वास्तविक जंग या यों कहिए मेरा वास्तविक प्रेम था गुजराती भाषा के साथ। मुझे उसके दायरे लाँघने थे : लयों के, अर्थों के, सन्दर्भों के, अनुभवों को प्रस्तुत करने वाली सामग्री के—एक बैरी या प्रेमी जिस तरह से उन्हें पार कर देता है, ठीक उसी तरह से। कैसे लाँघे गये वे दायरे, कितने लाँघे गये, हम कहाँ-कहाँ भटके, यह सब देखने के लिये पाठक हैं, आलोचक हैं। मेरे पास तो लड़ने के लिये और प्रेम करने के लिये गुजराती भाषा है। 'मुझे तो भा गयी है अपनी गुजराती भाषा।' यानी कि मानव की भाषा।

यदि उसका वात्सल्य चाहिए तो...

गुजराती से अनुवाद : गार्गी शाह

आलेख का रचना-वर्ष : २०१३

अनुवादकों के परिचय

•

डॉ. बंसीधर शर्मा
आलोचक, अनुवादक, सम्पादक। अनेक पुस्तकें प्रकाशित।
मोबाइल : ९४२७९६३९६५

•

तुलसीभाई पटेल
जन्म : १९३९
साहित्यालोचक, अनुवादक, शिक्षाविद्। अनेक पुस्तकें प्रकाशित।
मोबाइल : ९९९८०८९६३३

•

डॉ. धारा के. चोटाई
सौराष्ट्र विश्वविद्यालय, राजकोट से पी-एच.डी.।
संस्कृति-चिन्तक, शिक्षाविद्, अनुवादक।
ई-मेल : dharachotai@gmail.com

•

अशोक पाण्डे
कवि, गद्यकार, अनुवादक। 'कबाड़खाना' ब्लॉग के सम्पादक।
अनेक पुस्तकें प्रकाशित।
ई-मेल : ashokpande29@gmail.com